国际战略与安全形势评估

STRATEGIC AND SECURITY REVIEW
|2022/2023|

中国现代国际关系研究院

时事出版社
北京

图书在版编目（CIP）数据

国际战略与安全形势评估．2022—2023/中国现代国际关系研究院编著．—北京：时事出版社，2022.12
ISBN 978-7-5195-0520-2

Ⅰ.①国… Ⅱ.①中… Ⅲ.①国际形势—研究报告—2022-2023 ②国家安全—研究报告—世界—2022-2023 Ⅳ.①D5②D815.5

中国版本图书馆 CIP 数据核字（2022）第 197675 号

出 版 发 行：时事出版社
地　　　　址：北京市海淀区彰化路 138 号西荣阁 B 座 G2 层
邮　　　　编：100097
发 行 热 线：(010) 88869831　88869832
传　　　　真：(010) 88869875
电 子 邮 箱：shishichubanshe@ sina. com
网　　　　址：www. shishishe. com
印　　　　刷：北京良义印刷科技有限公司

开本：787×1092　1/16　印张：26.75　字数：330 千字
2022 年 12 月第 1 版　2022 年 12 月第 1 次印刷
定价：98.00 元

（如有印装质量问题，请与本社发行部联系调换）

主　编：袁　鹏

编委会：袁　鹏　傅梦孜　胡继平

　　　　傅小强　王鸿刚　张　健

主要撰稿人：（按拼音顺序排列）

　　　　陈文鑫　陈向阳　丁晓星　董　冰

　　　　樊小菊　郭春梅　黄　莺　黎文涛

　　　　李　超　李　东　李　锴　李　岩

　　　　李　艳　刘　冲　倪建军　曲　兵

　　　　王　瑟　王　旭　严　帅　杨首国

　　　　袁　冲　张书剑

卷 首 语

2022年是极不寻常的一年。中华民族伟大复兴战略全局与世界百年未有之大变局同步走到新的历史节点。站在历史的新十字路口，面对风高浪急的国际环境，世界何去何从，是各国都在普遍探寻的时代之问。

一

战争还是和平，是摆在世界面前的第一道选择题。自2月24日俄罗斯总统普京宣布对乌克兰"特别军事行动"以来，乌克兰危机延宕至今，成为2022年度影响世界局势的最大"灰犀牛"。

首当其冲的是俄乌两国。冲突造成数万人伤亡，数百万人流离失所，导致严重人道主义灾难。欧洲政治与安全秩序也经历深刻重塑。德国战后首次向战乱地区提供致命性武器，迅速推出1000亿欧元"特别基金"投资军备；意大利、丹麦等多国军费占国内生产总值（GDP）比重历史性突破2%；瑞典、芬兰放弃中立传统，快速加入北约；丹麦改变立场，加入欧盟共同安全和防务政策机制。这些变化都是时代性的，德国总理朔尔茨称之为"时代转折"，恰如其分。更根本的是，全球治理也在冲突中变得更加支离破碎。美西方对俄罗斯出台空前严厉的制裁措施，其他国家也面临美西方"长臂管辖"和次级制裁的威胁。全球产业链供应链稳定屡受冲击，全球通胀高企成顽疾，粮食危机、能源危机牵动全球神经。核电站遭炮击、能源管线被炸断、一连串战争"禁忌"被打破，人类自20世纪60年代古巴导弹危机以来，第一次离核战争如此之近。全球治理的集团化、对抗化趋势令人忧心。一些地区矛盾在乌克兰危机刺激和某些大国挑拨下再次升温，科索沃、纳卡地区等再度剑拔弩张。世界不太平，安全风险多，让每一个关心人类前途命运的人深感忧虑。

冰冻三尺，非一日之寒。乌克兰危机发展至此，有着复杂的历史经纬，是美西方与俄罗斯30年来地缘政治博弈的产物，是美国和北约不断向乌克兰"递刀拱火"、持续激化矛盾的结果，充分体现了当前国际安全机制不完整不充分不平衡的重大缺陷。乌克兰危机延宕发酵，军火援助火上浇油也是重要原因，多国武器库存见底，美国军火商开足马力生产，赚了个盆满钵溢。多国改变长期以来的低军费开支态势，欧洲军费应声上涨，部分亚太国家亦随风而动。这场正在加速演进的新一轮全球军备竞赛表明，冷战结束后的世界和平红利正在逐渐消退，未来的世界局势注定不会风平浪静。

更令人不安的是，美国以"民主对抗威权"定性乌克兰危机，借机强化北约和亚太军事同盟，拼凑团团伙伙，挑动阵营对抗，大搞霸权霸道霸凌，妄图再打一场"新冷战"。但过去几百年来的历史一再警示人们，阵营对抗只能将世界带进死胡同。一国安全不能以损害他国安全为代价，地区安全也不能以强化甚至扩张军事集团来保障。应对全球安全挑战的长久之道，在于秉持安全不可分割原则，重视彼此合理安全关切，坚持对话协商，构建均衡、有效、可持续的安全架构，才能实现普遍安全、共同安全。

二

复苏还是衰退，是世界面临的又一重大考验。2021年底以来，新冠病毒加速变异，席卷全球，持续引发经济社会动荡。沉疴不除，复苏基础不稳和动力不足的局面将很难改变。

过去 3 年来，中国有效应对了全球多轮疫情冲击，有效处置了国内多起聚集性疫情，人民生命安全和身体健康得到有效守护，统筹疫情防控和经济社会发展取得重大积极成果。中国优化疫情防控措施将给经济恢复带来重大积极影响，经济活力加速释放，经济新动能增多，存量政策和增量政策叠加发力，市场信心重新聚集，再加上前期的低基数效应，2023 年中国经济运行有望总体回升。而美西方国家通胀居高难下、衰退风险再度显露，给世界经济带来更大滞胀压力。

国际货币基金组织（IMF）展望报告认为，2022年世界经济增长处于"除金融海啸之外21世纪最疲弱的时期"，预计2023年全球经济进一步放缓，其中发达经济体增速将由上一年的2.4%腰斩至1.1%；中国经济仍有望保持复苏走势，增速将从3.2%回升至4.4%。高盛集团近期认为，消费板块有望成为2023年中国经济增长的亮点，将2023年中国经济增速的预测从4.5%上调至5.2%。

在此背景下，全球范围内经济分化更加突出，政策协调难度进一步加大。

一是成本危机走势分化。就中国而言，由于存在充足供给能力，在经历疫情防控优化短暂过渡期后，2023年将继续保持低通胀环境。但在全球范围，新冠疫情影响犹如一场战争，对粮食、资源、产品供应造成大规模大范围冲击，叠加去全球化势头和保护主义浪潮，高通胀态势仍将维持一段时期。据IMF最新预计，2023年全球平均通胀水平虽从2022年的8.8%下降，但仍将保持6.5%高位。

二是政策危机此起彼伏。国际金融市场动荡加剧，未来两年发展中国家进入偿债高峰期，叠加利率提升、美元坚挺、增长放缓等因素，发展中国家的债务负担不降反增，2023年或出现债务违约或重组高峰；美欧之间以及欧洲内部的"团结一致"经不起乌克兰危机久拖不决的考验，围绕能源价格、产业补贴、技术管控等产生的矛盾不断浮出水面，跨大西洋裂痕不断凸显。当此特殊时期，中美领导人在印度尼西亚巴厘岛二十国集团会议期间就推进部分领域交流与合作达成共识，大国财经政策对话协调尤为重要，但也殊为不易。

三是信心危机考验各方。据分析，全球约43%的经济体或于2022—2023年陷入技术性衰退，其经济总量超过全球GDP的1/3。虽然新兴经济体和发展中国家经济条件和前景相对有利，2022年较发达经济体增速领先1.3个百分点，2023年可能扩大到2.6个百分点，但广大发展中地区的粮食安全、社会稳定等风险仍处高发期，防控过渡期亦可能发生超预期冲击。

三

合作还是对抗，是摆在主要大国面前的另一道必答题。中美作为世界上最大发展中国家和最大发达国家，是责无旁贷的答卷人。

中美两国都深刻认识到，世界正处于深刻巨变之中。无论是党的二十大报告，还是美国新版《国家安全战略》报告，都对此有所论及。世界百年未有之大变局加速演进，世界进入新的动荡变革期，世界之变、时代之变、历史之变正以前所未有的方式展开，这是中方对当今世界形势的看法。美国新版《国家安全战略》报告引用总统拜登的话，也开宗明义指出，当前正处于世界历史的重要转折点。

全球的危机时刻为中美关系提供了新机遇。疫后经济复苏、应对气候变化、解决地区热点问题等等，诸多事项事关全人类前途命运，哪一项也离不开中美协调合作。中美已经错失了合作应对新冠疫情的机遇，不应再浪费合作为全球提供公共产品的新机遇。这是全世界的共同期待。

中国的新发展也将为中美关系提供新机遇。中国的发展离不开世界，世界的发展更需要中国。中国有14亿多人口和4亿多中等收入群体，市场规模巨大。当前，中国进入新发展阶段，贯彻新发展理念，构建新发展格局，坚持对外开放的基本国策，坚定奉行互利共赢的开放战略，推动建设开放型世界经济，不断以中国新发展为世界提供新机遇，为包括美国在内的世界各国提供更广泛的合作机会。同时，中国坚持走和平发展道路，中国的新发展亦将为世界注入更多确定性和稳定性，这显然对中美关系也是重要利好。

然而，未来的中美关系何去何从，仍存在很大不确定性。中期选举后的美国政治新生态将给中美关系带来巨大挑战。民主党、共和党分别以微弱优势控制参众两院，政治角力必将非常激烈。共和党从民主党手中取得众议院控制权，但优势微弱，"小胜即输"，这种心态可能促使共和党人最大化其微弱优势，对拜登的执政造成严重制约和掣肘。就此而言，拜登政府能否切实落实两国元首达成的重要共识，尚存疑问。就在中美元首巴厘岛会晤之后不久，美国国会共和党籍议员便致信拜登，要求其启动制定对华大战略，以对抗中国的经济、军事和政治影响。同时，国会共和党人还"磨刀霍霍"，准备在未来几个月推动一系列重要涉华立法，涉及科技、疫情溯源调查等多个方面。有望成为众议院议长的共和党领袖麦卡锡指责拜登政府"对抗中国不力"，声称将成立"中国问题特别委员会"，以"更好地应对中国"。凡此均给中美关系的健康稳定发展带来变数。

中美关系犹如逆水行舟，不进则退；两国元首巴厘岛会晤创造的"机会之窗"尤为可贵。双方应积极落实两国元首达成的重要共识，探讨新时期两国正确相处之道，找到两国关系发展的正确方向，共同搭建有利于中美战略稳定的"四梁八柱"，采取切实行动推动中美关系重回健康稳定发展轨道。

四

越是在冲突风险升高的关头，就有越多的国家和地区认识到和平、安全和发展的价值。美国高举"本国优先"大旗，以邻为壑，把霸凌主义包装成"民主价值"，日本、印度、澳大利亚等国虽趋利而往，但也心存不满，不肯"满仓下注"；东南亚加强区域团结，依托东盟平台维护地区和平稳定和发展成果，积极推动落实《2025年东盟经济共同体蓝图》；中亚在地缘动荡中稳住阵脚，推改革、求稳定、谋发展，加速摆脱大国影响，"抱团取暖"的一体化动力增强；中东阿拉伯世界逐渐偏离传统亲美轨道，开始探索独立发展道路，土耳其、以色列、沙特阿拉伯、埃及等地区主要力量关系日渐缓和，寻求多边合作实现地区稳定发展；非洲国家在新冠疫情、粮食危机、政局动荡的重重压力之下，求稳自强，不愿成为大国争夺的筹码，主张"非洲人解决非洲问题"；拉美左翼崛起，顺应"脱困求变"的主流民意，聚力经济发展、社会公平、政府效率和民生保障。世界各国人民对和平、安全和发展的殷切期盼，是国际格局稳定的重要力量，也是推动人类社会在迷雾四起的十字路口做出正确选择的关键因素。

中国作为世界上最大的发展中国家、国际社会中重要的一极，始终坚定支持团结合作，顺应时代潮流，维护绝大多数国家共同利益，全力推动历史朝着进步的方向前行。在2022年波谲云诡的全球局势中，"中国声音""中国主张"始终以和平发展合作共赢为底色。2月，中国成功举办冬奥会和冬残奥会，在疫情时代向世界传递超越分歧、携手合作、共克时艰的意愿和能力。4月，习近平主席在博鳌亚洲论坛年会开幕式上提出全球安全倡议，号召坚持共同、综合、合作、可持续的安全观，共同维护世界和平和安全。9月，习近平主席出席上海合作组织撒马尔罕峰会，与参会各国商讨深化务实合作、落实全球发展倡议的可行路径，重申坚持多边主义、完善全球治理的决心。11月，中国领导人在二十国集团峰会上倡议世界各国携手推动更加包容、更加普惠、更有韧性的全球发展，为世界经济复苏指明了方向；在亚太经合组织领导人非正式会议上，强调坚定推进亚太区域经济一体化，构建亚太命运共同体。12月，首届中国—阿拉伯国家峰会召开，中国提出中阿务实合作"八大共同行动"，弘扬守望相助、平等互利、包容互鉴的中阿友好精神，为南南合作树立典范。尤其是，2022年10月中国共产党第二十次全国代表大会胜利召开，明确提出以中国式现代化全面推进中华民族伟大复兴，中国真诚期待与各国一道弘扬和平、发展、公平、正义、民主、自由的全人类共同价值，共同应对各种全球性挑战，推动构建人类命运共同体。

世界在战争与和平、复苏与衰退、对抗与合作的盘互交错中走过了极不寻常的2022年，正迎来挑战与希望并存、风险与光明同在的2023年。站在历史的新十字路口，世界何去何从，各国民众尤其是发展中国家民众已经亮明了期待，中国的一系列重要论述与内外实践也指明了正确方向。沧海横流，方显英雄本色。在百年未有之大变局中，唯有始终坚守和平、奋力谋求发展的人民才是时代的英雄。中国人民愿同世界人民携手开创人类社会更加美好的未来，迎接又一个虽有风雨但必将开满鲜花的春天！

目　录

第一篇　世界总体形势

第一章　世界政治进入新时空 …………………………（3）

第二章　世界经济病中行 ………………………………（19）

第三章　国际安全险乱环生 ……………………………（41）

第二篇　大国战略与对华关系

第四章　美国内外发力护霸权 …………………………（61）

第五章　俄罗斯谋求转变发展道路 ……………………（79）

第六章　欧洲遭遇"时代转折" …………………………（102）

第七章　日本后安倍时代前途多舛 ……………………（118）

第八章　莫迪"新印度"轮廓渐显 ………………………（138）

第三篇　地区格局与战略走势

第九章　东北亚安全态势趋紧 …………………………（159）

第十章　东南亚冷静应对地区变局 ……………………（178）

第十一章　南亚稳定发展多向承压 ……………………（197）

第十二章　中亚在动荡中谋变革 ………………………（214）

第十三章　中东地缘格局加速重组 ……………………（230）

第十四章　中东欧成西方反俄前哨 ……………………（248）

第十五章　非洲在变局中求稳自强 ……………………（264）

第十六章　拉美"左转"中艰难调整 …………………（280）

第十七章　大洋洲地缘战略博弈升温 …………………（300）

第四篇　领域安全与全球治理

第十八章　国际反恐治理陷入困境 ……………………（323）

第十九章　数字时代"要塞"之争硝烟四起 …………（340）

第二十章　海洋安全环境进入板块活跃期 ……………（359）

第二十一章　集团政治回潮加剧全球治理赤字 ………（377）

第二十二章　2023全球十大趋势 ………………………（395）

第一篇
世界总体形势

第一章　世界政治进入新时空[*]

2022年，世界百年未有之大变局加速演进，世界之变、时代之变、历史之变以前所未有的方式展开，世界政治进入新时空。

一、全球政治乱象纷呈

新冠病毒感染疫情叠加乌克兰危机的系统性影响，多国经济、政治、社会高度承压，原有痼疾不断被放大，新旧政治乱象此起彼伏。

（一）西方社会严重撕裂

由于民主制度失灵，极端思潮泛滥，西方国家内部经济失衡、社会失调、政治失序现象愈益突出。

美国两党恶斗白热化。围绕2021年国会大厦暴乱事件，美国召开多场听证会，民主、共和两党大打口水仗；得克萨斯州小学枪击案等重大枪支暴力悲剧一次次撕开控枪问题的伤疤；最高法院推翻"罗诉韦德案"裁决，取消宪法规定的女性堕胎权利，令这个两极分化的国家进一步撕裂。而联邦调查局突击搜查前总统特朗普在佛罗里达州的住所海湖庄园，在美国国内引发轩然大波，拜登更公然指责特朗普及其支持者"代表了威胁我们共和

---

[*] 本章撰稿人：李岩、姚琨、孙茹、韩一元、赵敬雅。

国根基的极端主义",《纽约时报》称美国党派争斗"被陡然公之于众"。为在中期选举中捞取更多选票,两党的政治攻讦也愈演愈烈。英国《经济学人》杂志称,美国党派斗争极化、社会分裂加剧、政治冲突升级,甚至"可能会动摇美国的根基"。①

欧洲集体"右转"。欧洲不少国家的极右翼政党挺进议会或是参与执政。2022年4月,匈牙利欧尔班领导的青年民主主义者联盟与极右翼政党联盟在国会选举中大胜。6月,法国极右翼政党国民联盟在议会选举中得票率大幅提升。9月,右翼联盟在瑞典议会选举中取胜,反移民的极右翼政党瑞典民主党成为最大赢家,一跃成为议会第二大党;以极右翼的意大利兄弟党为首的中右翼联盟在意大利议会选举中获得历史性的胜利。德国、芬兰、奥地利、葡萄牙、西班牙等国的极右翼政党近年来均呈现快速崛起势头,半岛电视台称极右翼联盟像一场疫情,迅速席卷多个欧洲国家。②

英国"脱欧"后政局混乱。英保守党内部分裂愈演愈烈,内阁倒戈、丑闻缠身的约翰逊黯然下台。继任的特拉斯上任仅44天便宣布辞职,成为英国最短命首相。苏格兰筹划2023年秋举行第二次独立公投,追求与爱尔兰统一的新芬党则在北爱议会选举中首次成为第一大党。

安倍遇刺揭开日本社会疮疤。7月8日,日本前首相安倍晋三在奈良发表演讲时中枪身亡,震惊世界。但随后真相逐渐浮出水面,刺客系"统一教"受害人,而安倍家族与"统一教"关

---

① "The Raid on Mar‐a‐Lago Could Shake America's Foundations," https://www.economist.com/united‐sta‐tes/2022/08/10/the‐raid‐on‐mar‐a‐lago‐could‐shake‐a‐mericas‐foundations.

② 《继匈牙利、奥地利与瑞典之后:极右翼势力在意大利的胜利将对欧盟统一产生怎样的影响?》,https://chinese.aljazeera.net/news/political/2022/9/30/。

系密切。自民党与"统一教"长期利益互换的政治丑闻加剧民众对政府的不满与不信任，岸田内阁执政基础遭严重削弱。

（二）发展中国家频现动荡

英国广播公司称，2022年1~9月，超过90个国家和地区有民众因燃料供应与价格问题走上街头。[①] 2022年初哈萨克斯坦爆发大规模暴力冲突。斯里兰卡经历1948年独立以来最严重的经济危机，总统被迫辞职。巴基斯坦总理伊姆兰·汗4月遭国民议会罢免，随后发起多场示威活动。伊朗数十省爆发大型示威活动。

埃塞俄比亚政府与北部提格雷州州政府及其武装组织"提格雷人民解放阵线"长达近两年的内战严重破坏该国经济发展与社会稳定。索马里数十年来饱受与伊斯兰叛乱分子的冲突之苦。南苏丹多年内战后达成的和平脆弱不堪；苏丹军事政变后抗议和暴力事件不断，面临严重人道主义危机。西非的布基纳法索不到9个月时间爆发两次政变，马里局势仍不安定。联合国秘书长古特雷斯警告称，萨赫勒地区不安全局势日益加剧，包括恐怖主义和其他非国家武装组织的扩散，外加政治动荡，这一切正在该地区造成危机，并构成全球威胁。[②]

（三）多重因素加剧乱象

一是经济失速致矛盾累积。国际货币基金组织（IMF）10月发布《世界经济展望》，预测2022年全球增长率为3.2%，并将2023年世界实际增长率预期下调至2.7%。IMF悲观认为，占全球经济1/3左右的国家将在2022年或2023年发生经济萎缩，

[①] 《能源价格飙涨导致全球90余国爆发抗议示威——BBC分析》，https：//www.bbc.com/zhongwen/simp/wo-rld-63296561。

[②] 《联合国成立安全与发展问题独立高级别小组应对萨赫勒危机》，https：//news.un.org/zh/story/2022/09/1110411。

通胀压力比预期的更广泛、更持久，全球通胀2022年最高将达到9.5%。①经济下行、实际收入下降、价格上涨等引发民众不满情绪升级、社会思想极化，党派间相互指责推诿，从而加剧社会政治乱象。

二是发展不平衡致对立加深。首先是发达国家与发展中国家之间的不平衡。发达国家普遍收紧货币政策，新兴市场和发展中国家受到美元走强、借贷成本高企和资本外流三重打击，债台高筑的国家受冲击尤其沉重。新加坡《联合早报》指出，发达国家能源进口开销目前占国内生产总值的2%~4%，相比之下，一些发展中国家相关开销已飙升至国内生产总值的25%以上。②其次是发达国家内部的不平衡。西方国家通过天量放水来救市，但货币和财政刺激政策难以顾及大多数人，通胀高企致民众高度承压，阶层和社会对立反而加剧。

三是选举制度失灵致制度弊端凸显。发达国家的危机并非简单的执政党内部危机，而是政治、经济、社会等方面的全方位危机。西方一贯奉为圭臬的选举制度走向异化，美式民主沦为金钱政治，一人一票沦为少数精英统治，权力制衡沦为否决政治。西方民主制度失灵，难以选出真正优秀的领导人，传统精英与政客无法找到恰当解决方案而只能"摆烂"，极端民粹主义政党则趁势崛起。相当多的发展中国家国力较弱或处于转型期，自身资源有限、制度薄弱，在危机面前较为脆弱，复制西方模式又水土不服，在全球动荡局势中愈发难以自保。

---

① 《全球经济阴云密布，政策制定者需要沉稳应对》，https://www.imf.org/zh/Blogs/Articles/2022/10/11/polic-ymakers-need-steady-hand-as-storm-clouds-gather-over-global-economy。

② 《俄乌战事致发展中国家陷入能源成本高涨困境》，https://www.zaobao.com/news/world/story20220820-1304649。

二、大国博弈趋于白热

2022年2月，乌克兰危机爆发。美国纠集盟友打代理人战争，对俄罗斯掀起大规模经济战、外交战、舆论战，同时仍将中国作为最大对手，加强对华遏制力度。

（一）俄西对抗升级至战争边缘

美西方深度介入代理人战争，企图削弱俄罗斯。一是持续拱火。美通过400多亿美元的援乌法案，截至10月初，美向乌提供了175亿美元军援。①欧盟首次打破惯例对外提供军援，对乌提供了25亿欧元的军事援助。②美西方还向乌提供实时情报，在乌境外大规模培训乌军人。二是出台空前严厉的对俄制裁。美西方首次对俄这样的大国进行全方位、无差别制裁，对俄经济和金融制裁规模史无前例，将俄部分银行从环球同业银行金融电迅协会（SWIFT）结算系统剔除，冻结俄持有的美元、欧元等外汇资产，对俄众多关键产业祭出技术封锁和全面出口管制禁令，企图对俄能源价格设置上限等等。三是在国际上挺乌压俄。西方各国纷纷邀请乌总统发表视频演讲，政要访乌络绎不绝，欧盟破例授予乌克兰欧盟候选国地位。西方国家大规模驱逐俄外交官，将俄排挤出联合国人权理事会等国际机构，向国际刑事法院等提供资助，搜集俄战争罪证据，推动联合国大会（简称"联大"）谴责俄。四是妖魔化俄罗斯。美西方对俄发动舆论战，谷歌、脸书、油管等社交平台封禁"今日俄罗斯"、俄罗斯卫星通讯社的账号。

---

① 《美国国务卿授权6.25亿美元对乌军事援助》，https://world.huanqiu.com/article/49vZUBpwll5。

② 《外媒：欧盟拟向乌提供第六批军事援助》，http://www.cankaoxiaoxi.com/world/20220914/2490377.shtml。

俄西对抗深度冲击国际和平与安全。一是俄乌冲突升级的风险不断上升。美渲染俄可能发动核战争，总统拜登称"世界末日"风险达到了1962年古巴导弹危机以来的最高水平。[①] 二是加剧俄西军事对抗。北约将俄列为"最大和最直接的威胁"，借机强化在东欧军事部署，吸收瑞典和芬兰加入北约。三是美西方制裁殃及全球。美西方将经贸工具武器化，对俄极限制裁推升全球通胀压力，损害全球供应链和产业链安全，危及全球经济复苏，引发粮食和能源危机。

（二）中美博弈升温升级

美国将中国视为对国际秩序"最严峻的长期挑战"，[②] 整合西方力量对华实行"综合威慑"。

一是直接挑战中国主权和领土完整。美国顽固推行"以台制华"，纵容和支持"台独"分裂势力，掏空一中政策。美国会议员密集窜访中国台湾，为"台独"分裂势力撑腰。拜登政府纵容众议长佩洛西窜台，升级美台实质关系。美国继续以"切香肠"方式推进美台军事合作，美军舰艇通过台湾海峡，战机飞越台海，加剧地区紧张局势。总统拜登数次声称，如果大陆对台动武，美将进行军事干涉。美国国会参议院外委会通过"台湾政策法案"，企图给予台湾地区"准国家待遇"，动摇中美关系的政治基础。美国还不顾中方坚决反对，启动美台"21世纪贸易倡议"谈判。美国阻挠联合国人权高级专员巴切莱特访华，禁止进口新疆产品，推动联合国人权高级专员发表所谓"新疆

---

① Justin Gomez and Elizabeth Schulze, "Biden Warns Putin is 'Not Joking' about Nuclear Weapons," https://abcnews.go.com/Politics/biden-warns-putin-joking-nuclear-weapons/story?id=91157281.

② Antony Blinken, "The Administration's Approach to the People's Republic of China," https://www.state.gov/the-administrations-approach-to-the-peoples-republic-of-china/.

问题"报告，在联合国人权理事会带头对华施压，提出涉华人权决议案，加剧人权领域的集团对抗。美国还纠集七国集团（G7）、欧盟、北约对台湾、新疆、香港、西藏、南海等问题说三道四，无端指责中国采取的正当举措。

二是升级对华地缘政治博弈。美国变本加厉地制造地区分裂，强化美日印澳"四方安全对话"机制，举办美国与东盟峰会，加大力度拉拢东盟；大肆炒作中国与所罗门群岛的正常安全合作，散布中国建设军事基地的假消息，纠集日本、澳大利亚、新西兰、英国等国发起"蓝色太平洋合作伙伴"组织，举办首届美国与太平洋岛国峰会。美国刻意使用"自由对抗专制"的意识形态叙事，散布中国对乌克兰危机事先知情的假消息，挑拨中欧关系，将北约势力引入中美博弈。北约首次邀请日本、韩国、澳大利亚、新西兰领导人参加北约峰会，发表的新战略概念文件将中国列为"系统性挑战"，以"中国威胁"为借口加强对亚太投入。

三是加快对华经济和科技脱钩。美国出台"印太经济框架"倡议，企图构建排华"民主供应链"。美国强拉日本、韩国、中国台湾组建"芯片四方联盟"，强化半导体供应链安全。美国出台《芯片和科学法案》，企图迟滞中国技术进步和产业升级。总统拜登发布新的出口管制措施，禁止对华提供使用美国工具制造的某些芯片，对自由贸易发起了"最野蛮的一击"。[①] 美欧日宣布启动"全球基础设施伙伴关系"，未来五年拟提供6000亿美元投资和贷款，与"一带一路"唱对台戏。

此外，中美高层保持了一定的沟通和对话。两国元首通话，中央外事工作委员会办公室主任杨洁篪与美国家安全顾问沙利文

---

① 《社评：美国对自由贸易发起最野蛮的一击》，https://opinion.huanqiu.com/article/49ycklwMHs9。

在罗马和卢森堡会晤，中国国务委员兼外长王毅与美国国务卿布林肯利用联大等多边场合会晤，两国防长在香格里拉对话会间隙会晤。美国也一再对外宣称"一中"政策没有改变，不寻求同中国打"新冷战"。

（三）中间地带国家分量上升

乌克兰危机爆发后，处于大国对抗中间地带的国家分量上升，表现出一定的政策独立性。不结盟运动创始国印度受到西方拉拢：日本首相岸田文雄、时任英国首相约翰逊、欧盟委员会主席冯德莱恩等政要相继访印，美国总统拜登与印度总理莫迪举行视频会晤，吸收印度为"印太经济框架"创始成员国。但印度并未跟随西方谴责并制裁俄罗斯，反而趁机抢购俄折价石油，加深与俄贸易关系。不结盟运动另一创始国、二十国集团（G20）轮值主席国印尼坚持中立立场，抵制美西方将俄排除出 G20 的压力，印尼总统佐科访问乌、俄，表示愿意充当两国"对话与沟通的桥梁"。广大发展中国家不愿卷入大国对抗，东南亚、中东、非洲、拉美地区多数国家不愿跟随美西方拱火，呼吁早日结束敌对行动。一些国家不顾美国反对，维护本国经济利益。例如，尽管美国一再游说沙特不要减产石油，但石油输出国组织（OPEC）、俄罗斯及其他产油国依然决定削减产油量。

三、国际秩序根基松动

面对乱局，传统国际机制失效，国际合作难以有效展开，世界面临新的分裂危险，部分国家的霸权霸道霸凌行径则加重全球和平赤字、发展赤字、安全赤字和治理赤字。

（一）国际机制效用下降

一方面，联合国等国际组织作用式微，联合国集体安全体制的合法性与权威性遭遇大国角力的严峻挑战。乌克兰危机爆发后，美西方国家在联合国框架内频频向俄罗斯发难，涉及安理会、联大、人权理事会、国际法院、国际刑事法院等多个机构。除了给俄罗斯贴上"侵略"标签、暂停其在人权理事会成员资格、启动战争罪行调查外，还盯上了俄罗斯在安理会的否决权。列支敦士登常驻联合国代表克里斯蒂安·韦纳韦瑟代表美国、英国等83个共同提案国提出决议草案。2022年4月26日，联大通过第A/RES/76/262号决议，要求联大主席在安理会常任理事国投出否决票后的10个工作日内召开会议，就投否决票所涉局势进行辩论，相关常任理事国应说明行使否决权的理由。① 这标志着安理会否决权的行使受到限制，大国博弈尤其是俄西博弈开始触及联合国集体安全体制的根基。《联合国宪章》的宗旨和原则，特别是安理会集体安全的机制，承载着世界人民对两次世界大战惨痛历史教训的深刻反思，凝结了人类实现集体安全、永久和平的制度设计。"大国一致"原则和有关否决权的制度安排是联合国集体安全体制建立和有效运作的基础。美西方试图采取"切香肠"方式变相削弱俄罗斯、中国在安理会的权力，甚至主张剥夺俄罗斯在安理会常任理事国的资格，改变安理会基本架构和投票制度，无疑是对当前国际秩序和集体安全体制的破坏。

另一方面，若干国际机制受地缘政治因素影响有效性大打折扣。世界卫生组织（WHO，简称"世卫组织"）影响力下降，西方国家无视其抗疫建议，选择"集体摆烂"，削弱其权威性；在美国操纵下，新冠病毒溯源、中国台湾"国际参与"等政治性问题被提上世卫组织议程，损伤其客观性、专业性。G20也陷

---

① 《联合国大会授权在安理会出现行使否决权情况后召开联大会议》，http://news.un.org/zh/story/2022/04/1102322。

入窘境，俄西对峙将其推向分裂边缘，成员国难以就经济复苏、能源粮食短缺、气候变化等紧迫问题协商一致。世界贸易组织改革在美国阻挠下近乎停滞，三大支柱争端解决机制、多边贸易谈判以及贸易政策监督形同虚设，贸易保护主义之风席卷归来。世界银行、国际货币基金组织亦难适应时代变化，未能及时有效预警、协调、引导国家应对当前严峻的高通胀、债务、粮食能源危机等问题。

（二）小圈子盛行

一是美国固守冷战对抗的陈旧思维，热衷于搞排他性小圈子、小集团。密集提出一系列国际倡议，如"印太经济框架""全球基础设施和投资伙伴关系""印太海域态势感知伙伴关系""蓝色太平洋伙伴"倡议等。美西方国家密集提出"国际倡议"，不仅为拉拢、牵引盟友合作，凝聚西方阵营内部"自由国际主义"共识，也为推广利己的国际规则、机制，重塑所谓"基于规则的国际秩序"。

二是大肆实施单边制裁和"长臂管辖"，加剧世界分裂。美西方国家对俄罗斯祭出全面制裁，将俄这一全球重要经济体、大宗商品主要生产国和出口国排除于世界经济体系之外，再度重创已面临困境的全球化进程。在此背景下，平行体系加速演进。俄罗斯企业加快开设中资银行账户，寻求通过中国跨境支付系统绕过SWIFT制裁；印度亦计划将正在开发的金融信息系统与俄罗斯央行金融信息传输系统（相当于"俄版SWIFT"）连接。[①]

（三）多边议程遇阻

全球性的非传统安全挑战依然严峻。一是热浪席卷北半球，

[①] 《俄罗斯能否抗住西方SWIFT制裁？》，http://www.news.cn/world/2022-03/01/c_1128425865.htm。

史无前例，"考验人类生存极限"。二是重大跨国传染病多发。新冠病毒仍在全球肆虐，猴痘疫情快速蔓延，包括美国在内的多国出现疫苗、医疗资源短缺状况，人类生命健康脆弱性凸显。①三是能源危机和粮食危机加剧。持续高温干旱严重影响农作物生产和收成，加之俄乌都是能源、粮食生产大国，乌克兰危机直接推高能源价格，并加剧国际粮食短缺态势。

面对严峻的非传统安全挑战，全球治理陷入失序失效状态。联合国《2022年可持续发展目标报告》指出，世界面临地缘冲突、气候变化、疫情等多重危机的挑战，全球落实可持续发展目标的进展停滞不前：减贫进程严重倒退，2022年全球极端贫困人口将增加7500万~9500万；应对气候变化乏力，世界正处于气候灾难的边缘，2021年与能源相关的二氧化碳排放量增加6%，达到历史新高，而发达国家仍对扭转气候危机所需承诺持回避态度。②联合国可持续发展解决方案网络发布报告显示，在推动2030年议程的进展中，各国在将可持续发展目标纳入国家政策、财政、监测系统等方面的政策承诺和支持力度差异较大。在G20成员国中，美国等对2030年议程和可持续发展目标的支持度最低。2022年中国的可持续发展指数得分为72.4分，高于所在区域东亚和东南亚平均分数（65.9分）。③

四、中国和平发展负重前行

面对全球变局，中国始终坚持维护世界和平、促进共同发展

---

① 《猴痘数据全球超7.3万例》，http://www.who.int/publications/m/item/multi-country-outbreak-of-monkeypox--external-situation-report--8---19-octorber-2022。
② The Sustainable Development Goals Report 2022, UN, July 2022, p. 26, p. 52.
③ Sustainable Development Report 2022, SDSN, June 2022, p. 14.

的外交政策宗旨，以坚定信念和实际行动回应世界人民对和平、发展、合作、共赢的强烈期待。

（一）元首外交领航定向

元首外交已成为中国外交的鲜明特点和亮点。2022年，通过高频度的线上线下会谈接见、出席主持重要多边活动等方式，习近平主席与多国领导人进行深入战略沟通，在多个国际场合阐述坚定清晰的中国立场和中国主张，为中国同各国关系的发展领航定向，也为国际社会团结应对时代挑战注入信心。

"冬奥外交"向世界传达"一起向未来"的团结之音。近70个国家、地区和国际组织约170位官方代表出席盛会，习近平主席同多位外国元首、政府首脑和国际组织负责人举行20余场双边会晤。[①] 中俄两国领导人再续冬奥之约，实现两年多来第一次线下会晤，签署一系列合作文件。中方还同阿根廷宣布启动"2022中阿友好合作年"，同土库曼斯坦商议落实互设文化中心，同卡塔尔达成中东首例大熊猫合作协议，同中亚五国在建交30年基础上开启合作新阶段。年中，习近平主席出席博鳌亚洲论坛2022年年会、金砖峰会并发表重要演讲，以中国理念、中国方案回应如何重建疫后世界。2022年是金砖组织的"中国年"，6月22~24日，习近平主席相继出席金砖国家工商论坛开幕式，主持金砖国家领导人第十四次会晤、全球发展高层对话会，阐明中国在维护世界和平、促进全球发展、完善全球治理体系、深化金砖机制建设方面的坚定立场，并宣布了中方落实全球发展倡议的一系列重要举措和承诺。9月，习近平主席出席上海合作组织（简称"上合组织"）撒马尔罕峰会，同十多位国家领导人举行

---

① 《"冬奥外交"开年即巅峰，重磅金句一次打包!》，http://www.news.cn/politics/leaders/2022-02/11/c_1128357951.htm。

双边、多边会晤，引领中国同上合组织成员国关系迈上新台阶，推动通过包括《撒马尔罕宣言》在内的多份上合组织成果文件，达成贸易投资、金融、能源安全、粮食安全等领域诸多重要合作。习近平主席此次中亚之行，为世界和平、安全、发展引领了航向，将推动上合组织在国际和地区事务中发挥权威平台作用。①

（二）全球安全倡议为世界和平注入力量

世纪疫情叠加地缘政治冲突，全球和平赤字、安全赤字、信任赤字、治理赤字有增无减，人类社会面临空前安全挑战。在此背景下，习近平主席在博鳌亚洲论坛年会上创造性提出全球安全倡议，强调"人类是不可分割的安全共同体"，呼吁各国顺应和平、发展、合作、共赢的时代潮流，携手应对挑战，②回答了"世界需要什么样的安全理念、各国怎样实现共同安全"的时代课题，以中国智慧破解传统西方安全理论的安全困境。全球安全倡议的核心要义在于"六个坚持"，即坚持共同、综合、合作、可持续的安全观；坚持尊重各国主权、领土完整；坚持遵守《联合国宪章》宗旨和原则；坚持重视各国合理安全关切；坚持通过对话协商以和平方式解决国家间的分歧和争端；坚持统筹维护传统领域和非传统领域安全等。③

全球安全倡议不仅是中国外交传统与智慧的集中体现，也是中国维护全球和平与安全实践的真实写照。中国长期以实际行动支持联合国维和行动，是派遣维和人员最多的安理会常任理事国

---

① 徐步：《上海合作组织撒马尔罕峰会的历史意义》，http：//cn.chinadiplomacy.org.cn/2022-09/19/content_78426653.shtml。

② 《习近平主席在博鳌亚洲论坛2022年年会开幕大会发表主旨演讲》，https：//www.boaoforum.org/ac2022/h-tml/detail_1_501_15835_Headlines.html。

③ 王毅：《落实全球安全倡议，守护世界和平安宁》，http：//opinion.people.com.cn/n1/2022/0424/c1003-32406751.html。

和联合国第二大维和摊款国。2022年是中国派出首支成建制"蓝盔部队"参加联合国维和行动30周年。30年来，中国派出维和人员5万余人次，赴20多个国家和地区参加近30项维和行动，是名副其实的联合国维和行动关键力量。[①] 中国坚定维护《联合国宪章》宗旨和原则，积极探索和践行中国特色热点问题解决之道。在乌克兰危机问题上，中国秉持客观公正立场，积极同各方斡旋，为俄乌和谈创造条件、争取空间，并给予乌方多轮人道主义援助，与多国合作遏制危机外溢；在朝鲜半岛问题上，中国坚持"双轨并进"和"分阶段、同步走"，通过对话协商解决问题，反对单方面制裁，支持安理会发挥建设性作用；在阿富汗问题上，中国以务实态度同阿临时政府保持接触，帮助其包容建政、温和施政，支持阿经济重建，积极推动上合组织—阿富汗联络组框架下的多双边合作。中国积极参与国际合作，为全球安全治理贡献力量。中国全力推动和参与国际抗疫合作，已向120多个国家和国际组织提供超22亿剂疫苗；发起全球数据安全倡议，为制定全球数字安全规则提供借鉴；宣布"双碳"目标，积极落实《巴黎协定》，在联合国多边气候变化谈判中发挥建设性作用；提出国际粮食安全合作倡议，已累计向发展中国家提供1.5万多吨紧急人道援助。[②]

（三）全球发展倡议为世界稳定提供动力

2021年联合国大会上，习近平主席从全人类福祉出发，提出全球发展倡议，获得100多个国家及联合国等多个国际组织支持。2022年是全球发展倡议的落实年，中国携手广大发展中国

[①] 《2022年10月18日外交部发言人汪文斌主持例行记者会》，https://www.mfa.gov.cn/fyrbt_673021/202210/t20221018_10785260.shtml。

[②] 王毅：《为和平发展尽力 为团结进步担当》，https://www.fmprc.gov.cn/wjbzhd/202209/t20220925_10771110.shtml。

家，以一系列实际行动助力2030年议程加快落实。2022年1月，全球发展倡议之友小组正式成立，目前已有60多国加入。6月，习近平主席主持全球发展高层对话会，宣布中方落实全球发展倡议的重要举措，包括创设全球发展和南南合作基金，加大对中国—联合国和平与发展基金投入，成立全球发展促进中心等。会后还发布了中国准备率先落实倡议的32项具体举措，覆盖减贫脱贫、粮食安全、抗疫和疫苗、发展筹资、气候变化和绿色发展、工业化、数字经济、互联互通8个重点领域。本届联合国大会期间，王毅外长主持全球发展倡议之友小组部长级会议，会同小组国家，为落实2030年议程再采取七大方面举措，包括发布全球发展倡议项目库首批50个项目清单、推进"促进粮食生产专项行动"、推进"全球清洁能源合作伙伴关系"、发起成立数字教育联盟等，推动全球发展倡议由"写意画"进一步向"工笔画"迈进。

与此同时，"一带一路"倡议继续在提供国际公共产品、普惠全球发展之路上熠熠生辉。中国已同149个国家和32个国际组织签署了共建"一带一路"合作文件，形成3000多个合作项目，投资规模近1万亿美元；与84个共建"一带一路"国家建立了科技合作关系，支持联合研究项目1118项；同多国合作实施重大基建项目，如中老铁路、克罗地亚佩列沙茨跨海大桥、雅万高铁、匈塞铁路、吉布提港、瓜达尔港等，极大促进当地经济民生发展与改善。[1]

习近平主席在博鳌亚洲论坛年会上指出，人类是休戚与共的命运共同体，各国要顺应和平、发展、合作、共赢的时代潮流，

---

[1] 《2022年8月18日外交部发言人汪文斌主持例行记者会》，https：//www.fmprc.gov.cn/web/fyrbt_673021/j-zhsl_673025/202208/t20220818_10745415.shtml。

向着构建人类命运共同体的正确方向，携手迎接挑战、合作开创未来。在历史的十字路口上，不论面临多么严峻的形势、多么复杂的挑战，中国都将坚定背负起维护世界和平发展的重担，始终做世界和平的建设者、全球发展的贡献者、国际秩序的维护者。

（审定：张健）

第二章 世界经济病中行*

2022年，世界经济尚未摆脱疫情折磨，又遭乌克兰危机当头一棒。多重压力下，全球经济大幅放缓，通胀急速攀升，能源粮食危机爆发，供应链混乱加剧。与此同时，美国等部分西方国家经济政策明显内顾，"逆向货币战"全面爆发，各种经济小圈子、小团伙蹿起，全球经济集团化趋势隐现，系统性风险显著攀升。

一、带疫复苏步履维艰

2022年2月，一场超预期地缘政治冲突重挫世界经济扩张势头。全球经济"旧伤"未愈又添"新伤"，带疫复苏极度艰难。

（一）宏观经济前景黯淡

疫情持续消耗经济动能。2022年10月，世卫组织指出，新冠病毒感染疫情仍是"国际关注的突发公共卫生事件"。[1] IMF指出，目前全球基础疫苗覆盖人口达2/3，但低收入国家仍有

---

* 本章撰稿人：黄莺、徐刚、陈璐、陈文林、张运成。

[1] "Statement on the Thirteenth Meeting of the International Health Regulations (2005) Emergency Committee Regarding the Coronavirus Disease (COVID – 19) Pandemic," https：//www. who. int/news/item/18 – 10 – 2022 – statement – on – the – thirteenth – meeting – of – the – international – health – regulations – (2005) – emergency – committee – regarding – the – coronavirus – disease – (covid – 19) – pandemic.

3/4 人口尚未接种一剂疫苗。非洲加强针接种率仅为 2%，而其他地区达 1/3 至一半。① 随着北半球冬季的到来，预计报告病例数将有所增加。

通胀高企抬升经济成本。乌克兰危机爆发前，多数 G20 经济体通胀已超央行目标水平。② 2022 年，乌克兰危机推高大宗商品价格、气候异常加剧能源和粮食危机、供应链受阻尚未有效解决等因素叠加，为本轮通胀火上浇油。发达经济体通胀水平达 1982 年来最高。3～9 月，美国通胀已连续 7 个月达 8% 以上，创 40 年新高；欧元区 10 月通胀初值达 10.7%，再创历史新高。新兴市场和发展中经济体第三季度通胀达 11%，创 1999 年以来最高。③ IMF 预测，2022 年全球通胀将达 8.8%，2023 年将小幅降至 6.5%。

全球增长放缓分化加剧。多重压力下，2022 年全球经济增长大幅放缓，部分经济体衰退风险上升。IMF 最新预测，2022 年全球国内生产总值（GDP）增速将从 2021 年的 6% 腰斩至 3.2%。其中发达经济体增长 2.4%，美国、欧元区和日本分别增 1.6%、3.1% 和 1.7%；新兴市场和发展中经济体增长 3.7%，中国、印度、巴西、南非和俄罗斯分别为 3.2%、6.8%、2.8%、2.1% 和 -3.4%。④ 全球约 43% 的经济体或于 2022～2023 年陷入技术性衰退，其经济总量超过全球 GDP 的 1/3。⑤ 由于发达经济体增速放缓更加明显，预计其与新兴市场和发展中经济体的增速差将再次拉大，2022 年为 1.3 个百分点，2023 年扩

---

① World Economic Outlook, IMF, October 2022, p. 8.
② Economic Outlook Interim Report, OECD, September 2022.
③ World Economic Outlook, IMF, October 2022, pp. 2 - 4.
④ World Economic Outlook, IMF, October 2022, p. 9.
⑤ World Economic Outlook, IMF, October 2022, p. 8.

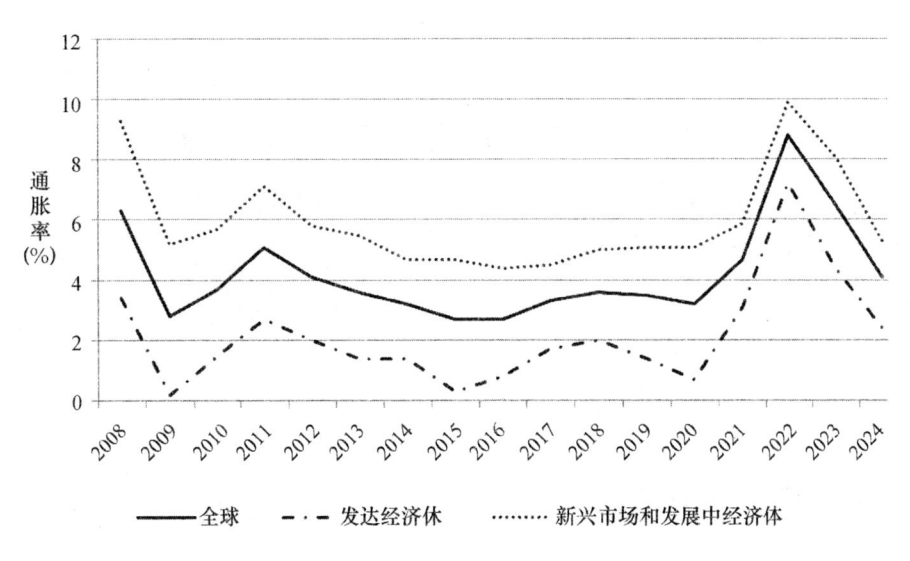

图 2-1　全球通胀变化趋势

资料来源：IMF 世界经济展望数据库。

大到 2.6 个百分点。

（二）贸易投资后劲不足

贸易增长势头分化。2021 年全球贸易额达 28.5 万亿美元，创历史新高。受通胀影响，2022 年上半年全球贸易额保持增长，一季度达 7.7 万亿美元，同比增加 1 万亿美元。但因运费上涨、需求转弱等因素，2022 年下半年贸易增长动力减弱。IMF 预测，2022 年全球贸易量增速将由 2021 年的 10.1% 降至 4.3%，2023 年进一步降至 2.5%。商品贸易严重受挫。俄罗斯、乌克兰在能源、粮食等市场占据重要地位，两国冲突对全球商品市场冲击巨大。联合国贸易和发展会议称，美西方对俄制裁产生寒蝉效应，私营部门"自我制裁"、过度遵守，贸易成本显著增加，贸易限制的影响将至 2022 年末更加凸显。[①] 世界贸易组织（WTO，简

---

① Trade and Development Report 2022, UNCTAD, October 2022, pp. 57-61.

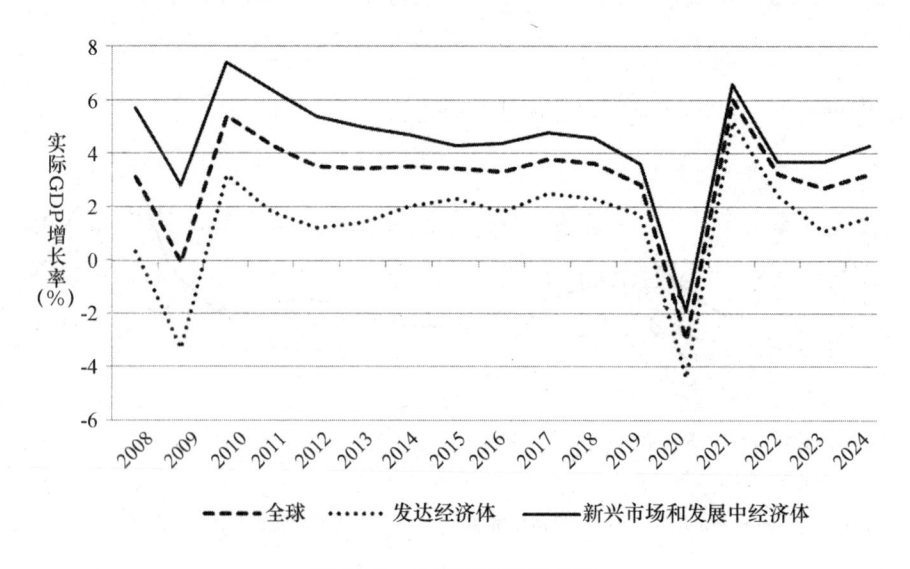

图 2-2　全球经济增长态势

资料来源：IMF 世界经济展望数据库。

称"世贸组织"）预测2022年全球商品贸易量仅增3.5%，2023年将进一步降至1%。服务贸易全面复苏。随着各国逐渐放开疫情管控，国际旅游业复苏势头强劲。2022年前5个月，国际旅客人数约达2021年的两倍。运输业持续增长，预计2022年商业航空货运收入将超过2019年。[①]

国际投资下行压力大增。2021年，全球外国直接投资（FDI）恢复至疫前水平（2019年约1.5万亿美元），达1.58万亿美元，同比增长64%。2022年上半年全球FDI同比仅增14%。一季度延续增长势头，但二季度明显疲软，较2021年季度均值下降7%。与2021年平均水平相比，2022年二季度流入发达经济体的资金约减少22%，至1370亿美元；流向发展中经济体的约增加6%，至2200亿美元。其中，中国呈持续上升趋

---

① Trade and Development Report 2022, UNCTAD, October 2022, pp. 56–57.

势，二季度流入量同比增加18%，高科技产业投资强劲。① 联合国贸易和发展会议预测，FDI下降趋势将持续至2023年。

（三）金融市场动荡异常

大宗商品价格高位波动。2021年全球工业产值回升、需求快速复苏，国际大宗商品价格持续上涨。2022年，乌克兰危机引发市场恐慌，大宗商品涨势更为迅猛。IMF预测2022年国际石油平均价格将上涨41.4%，达98.2美元/桶；非燃油主要大宗商品价格上涨7.3%，粮食价格上涨14.2%。② 2~8月，荷兰所有权转让中心天然气期货价格大涨159%，创新高。高油价、高气价致部分欧洲国家重返煤电，煤炭价格亦创新高，能源转型面临挑战。

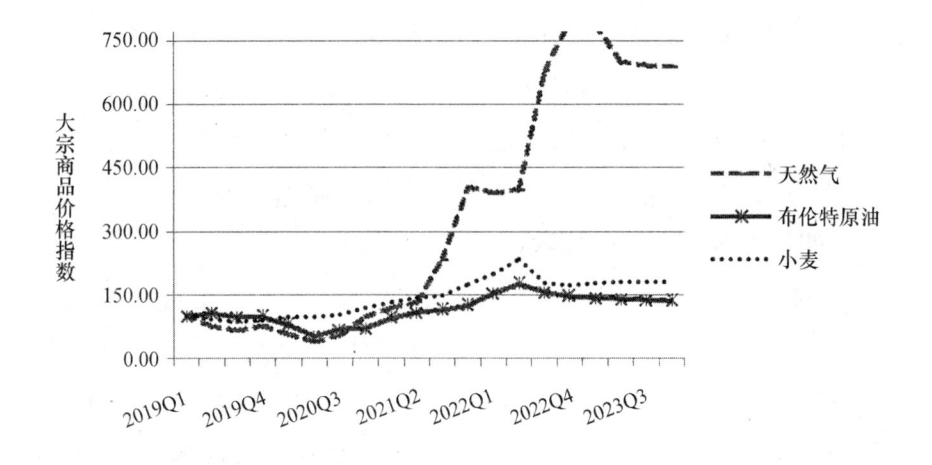

图2-3 主要大宗商品价格近期态势

资料来源：IMF, World Economic Outlook, October 2022。

注：以2019年1月为100。

---

① Global Investment Trend Monitor, No. 42, UNCTAD, October 2022, pp. 1-2.
② World Economic Outlook, IMF, October 2022, p. 138.

股债持续"双杀"。受主要经济体央行激进加息影响，全球债市面临数十年来最严峻的抛售潮。2022年初至11月初，10年期美债价格下跌约15%，收益率10月一度升破4.2%，创14年新高。欧元区、日本等债市同样跌幅严重。2022年前三季度，全球债券基金遭遇20年来最大规模资金外流。[1] 全球股市哀鸿一片。2022年初至11月初，美国纳斯达克指数大跌30%，标普500指数和道琼斯指数分别下跌20%和10%；德国DAX指数下落17%；恒生指数大跌33%。

非美货币集体贬值。受美连续大幅加息影响，美元指数不断刷新20年新高，9月末一度突破114，年初至11月初涨幅约16%。其他货币贬值压力大增。欧元9月末失守0.96，刷新20年新低；英镑9月末一度贬值逼近美元平价，创1985年以来最低；日元10月一度跌破150关口，创32年新低，韩元10月跌至近14年新低，二者被评为"亚洲表现最差货币"；离岸人民币10月一度跌破7.3关口。截至2022年7月，约90个发展中国家货币对美元贬值，其中34个贬值幅度超过10%。[2]

（四）数字经济发展看好

规模持续扩张。中国信通院2022年7月发布报告显示，2021年，全球47个国家数字经济增加值达38.1万亿美元，同比增长15.6%，占GDP比重为45%。其中，发达国家达27.6万亿美元，占GDP比重为55.7%。从总量看，美国数字经济规模蝉联世界第一，达15.3万亿美元；中国位居第二，达7.1万亿美元。信息通信技术（ICT）贸易繁荣发展。近两年来，ICT

---

[1] Patturaja Murugaboopathy and Gaurav Dogra, "Global Bond Funds See Biggest Outflows in Two Decades," https：//www.reuters.com/markets/europe/global - markets - flows - 2022 - 10 - 05/.

[2] Trade and Development Report 2022, UNCTAD, October 2022, p.46.

服务贸易增速高达30%，在服务贸易中增长势头最猛。① 数字金融服务显著增长。2019~2021年，低收入经济体中移动支付交易额占GDP的比重从40%升至70%；中等收入国家移动和网上银行的交易量增长一倍，交易额占GDP比例从225%增至324%。②

数字技术加速转型。据中国信通院报告，2022年全球第五代移动通信技术（5G）进程进一步加速。截至6月，全球5G网络人口覆盖率达26.59%。全球人工智能产业平稳发展，预计2022年全球人工智能市场收入达4328亿美元，同比增长19.6%。美国高德纳咨询公司10月预测，2022年全球IT支出（包括对设备、企业软件、IT服务等的投资）约为4.4万亿美元，2023年IT支出将增长5.1%，超4.6万亿美元。福布斯预测，2023年数字转型将会加速，人工智能、物联网、5G等数字技术之间边界将更加模糊。③

平台经济严重受挫。2020年初至2021年底，美国字母表、苹果、奈飞、亚马逊和元宇宙5家顶尖平台企业股价大涨，涨幅约在60%~110%之间。2022年受美联储加息、美元升值等因素影响，美科技股业绩滑坡、股价大跌。截至11月初，上述5家公司股价跌幅分别约达36%、20%、50%、35%、70%。尤其引人关注的是，元宇宙市值跌至3000亿美元以下，2021年最高

---

① Trade and Development Report 2022, UNCTAD, October 2022, p. 57.
② Financial Access Survey 2022, IMF, 2022, pp. 1-2.
③ Bernard Marr, "The 5 Biggest Business Trends in 2023 Everyone Must Get Ready for Now," https://www.forbes.com/sites/bernardmarr/2022/10/03/the-5-biggest-business-trends-for-2023/? sh=10a2b0334217.

时超过 1 万亿美元。①

二、地缘冲突扰乱经济运行

2022 年 2 月 24 日，俄罗斯对乌克兰发动"特别军事行动"，引发美西方与俄罗斯之间制裁与反制裁的持续较量和斗争，世界经济由此遭受二战以来猛烈的短期扰动和广泛深刻的长远影响。

（一）催生"完美风暴"

俄罗斯和乌克兰虽在全球经济、贸易中所占份额不大，但在大宗商品出口市场具有结构性的重要地位。美西方对俄罗斯实施的全方位、精准化制裁，以及俄针对性反制，对世界经济的冲击超过冲突本身，推动全球粮食、能源、金融多重危机螺旋上升，渐成"完美风暴"，致 16 亿至 17 亿人暴露在危机之下，② 143 个经济体增速下调③。

粮食危机雪上加霜。俄乌共占全球小麦、大麦、玉米出口的 27%、23% 和 14%，全球葵花籽油和葵花籽出口的 53%；2018~2020 年，超过 30 个国家从俄乌进口小麦，合计比重超过一半，亚美尼亚、蒙古、索马里、贝宁等国甚至接近 100%。④

---

① Robert Wall, "Facebook Parent Meta Stock Dives after Quarterly Earnings Miss," https：//www.wsj.com/livecoverage/stock-market-news-today-10-27-2022-us-economy-gdp-q3/card/meta-platforms-stock-sinks-in-off-hours-trading-after-earnings-G6yJDMMV01JcVkkwzl1b? mod=Searchresults_pos1&page=1.

② Global Impact of the War in Ukraine: Billons of People Face the Greatest Cost-of-living Crisis in a Generation, UN Global Crisis Response Group on Food, Energy and Finance, June 8, 2022, p. 17.

③ Kristalina Georgieva, "Facing Crisis Upon Crisis: How the World Can Respond," https：//www.imf.org/en/News/Articles/2022/04/14/sp041422-curtain-raiser-sm2022.

④ The Impact on Trade and Development of the War in Ukraine, Rapid Assessment, UNCTAD, March 16, 2022, p. 5.

俄罗斯和白俄罗斯（美西方的另一制裁对象）同时还是全球主要的化肥出口国，欧洲、中亚地区和巴西、印度等产粮地区和大国对其高度依赖。军事冲突直接冲击乌克兰粮食的收获与播种，切断海运通道、限制农产品和化肥出口等制裁与反制裁措施严重影响农产品和化肥的贸易和运输，其他粮食产区生产亦受干扰，导致近两年本已高涨的全球粮价在2022年2~3月急升至历史新高，脆弱国家粮食进口成本大涨，"非洲之角"饥荒迫近，近100万人面临灾难性饥荒。[①] 世界粮食计划署指出，全球正面临二战以来最严重的粮食危机。在多方斡旋下，2022年7月俄乌签署《黑海谷物倡议》，10月末俄罗斯宣布无限期中止该倡议，不到一周又表示将重新加入。这些曲折和反复预示着全球粮价虽连续几月回调，但仍面临冲突持续演进的极大不确定性。

能源危机前所未有。俄罗斯是全球第一大天然气出口国、第二大原油出口国、第三大煤炭出口国，分别占全球出口的23.6%、12.8%和17.9%。[②] 俄乌冲突升级以来，美西方出台对俄能源禁令或能源脱俄时间表，俄罗斯亦反手削减对欧天然气供应量，甚至对个别国家断气，导致国际油价一度逼近每桶140美元，天然气和煤炭价格飙升数倍。国际能源署署长法提赫·比罗尔称，世界已陷入"第一次真正的全球能源危机"，深度、广度和复杂性均史无前例。[③] 非洲、亚洲和拉美等地区的燃料进口国

[①] "Food Crisis Tightens Its Grip on 19 'Hunger Hotspots' as Famine Looms in the Horn of Africa – new Report," FAO and WFP, https://www.fao.org/newsroom/detail/food-crisis-tightens-its-grip-on-19-hunger-hotspots-as-famine-looms-in-the-horn-of-africa-new-report/en.

[②] Statistical Review of World Energy 2022, BP, June 2022, p. 28, p. 34, p. 40.

[③] Emily Chow and Muyu Xu, "World Is in Its 'First Truly Global Energy Crisis' – IEA's Birol," https://www.weforum.org/agenda/2022/10/world-is-in-its-first-truly-global-energy-crisis-ieas-birol.

受进口成本陡升的打击，电力和清洁燃料可及度大降。重度依赖俄罗斯化石能源的欧洲亦遭制裁措施的强烈反噬，北溪天然气管道泄漏、主要大国夏季电价创历史新高、核电煤电"苏醒"、钢铁化工等高载能行业被迫减产、欧盟出台限电限价紧急措施等，均是当前能源危机的缩影。

金融风险陡然升高。乌克兰危机持续冲击国际金融稳定，导致金融市场剧震、资本流动失序、复合型风险猛增。危机爆发100天后，142个发展中国家货币贬值，平均相对美元贬值2.8%。[①] 全球外汇储备由增转降，前两个季度降幅为史上前两位，二季度末较2021年底减少7%。[②] 大宗商品价格飙升恶化本已高涨的通胀形势，推动发达经济体加快收紧货币政策，导致全球融资环境进一步收紧，多个发展中国家和最不发达国家面临金融市场失控、外汇储备耗尽、难以按期偿债等多重危机，斯里兰卡的政局社会大混乱更是对这种困境的充分演绎。

（二）诱发格局裂变

乌克兰危机表面是俄乌之争，事实上是俄罗斯与以美国为首的西方国家的激烈对抗。经济要素政治化、工具化、武器化愈演愈烈，世界经济"大裂谷"已然显现，经济全球化进程遭遇重创。

地缘政治格局加速牵引地缘经济格局。此次对俄制裁中，美西方显现出空前团结，尤其是美欧通过贸易与技术委员会、G7等机制，于冲突爆发之初快速协调对俄出口管制、投资审查等领

---

① Global Impact of the War in Ukraine: Billons of People Face the Greatest Cost – of – living Crisis in a Generation, UN Global Crisis Response Group on Food, Energy and Finance, June 8, 2022, p. 5.

② "World Currency Composition of Official Foreign Exchange Reserves," IMF, https://data.imf.org/regular.aspx?key=41175.

域制裁方案，在应对共同对手上套路招式更为成熟。俄罗斯与美西方之间地缘政治铁幕降落，双方以不断升级的制裁与反制裁措施为抓手，调动所有形式和维度的权力资源，强行割裂金融、贸易、科技、交通体系，导致地缘经济板块乃至世界经济格局的破坏性裂变。IMF首席经济学家皮埃尔－奥利维耶·古兰沙指出，乌克兰危机揭示潜在的"地缘政治构造板块"突然转变，世界将进一步分裂为"具有不同意识形态、政治制度、技术标准、跨境支付和贸易体系以及储备货币的经济集团"。[1] 可以想见，未来世界经济将需承受更多地缘政治风险溢价。

经济逻辑进一步让位于安全逻辑。在乌克兰危机下，美西方不惜触碰能源"禁区"、祭出将俄踢出SWIFT的"金融核武器"以及加快推进确保"供应链安全"的国内外战略布局等均表明，泛化的安全逻辑正以更快的速度和更大的力度超越经济逻辑，在美西方霸权主义的加持下大行其道。在美西方推行的以价值观为基础的安全逻辑下，经济规律和市场规则不再是世界经济运行的主要依据。市场供需关系被地缘政治深度绑架，要素流动被设定"开关键"，定价体系被对俄石油限价等制裁举措破坏，公信规则大打折扣，就连一向信奉自由贸易、遵从商业逻辑的跨国公司也大规模撤出俄罗斯，政经影响广泛而深远。

全球供应链格局遭重击。在美西方以史无前例的金融制裁措施限制俄对外金融贸易活动之外，全球重要股指剔除俄股票、四大会计师事务所和大型保险公司暂停在俄运营等非国家行为体的举措，也为俄企重新进入全球金融市场制造障碍。供应来源多元化、区域市场联动的全球油气供应体系、国际能源定价体系和结

---

[1] Pierre-Olivier Gourinchas, "Shifting Geopolitical Tectonic Plates," Finance and Development, June 2022, p. 10.

算体系被制裁和反制裁措施割裂，俄能源市场份额难回2021年水平，出口重心由欧洲转向亚洲；北美、中东地位更加突出，尤其是美国页岩油气出口形势大好；可再生能源将实现对传统能源的加速替代。普通商品、技术的供应链和生产网络亦开始重新调整，不确定性空前增大。然而正如联合国贸易和发展会议秘书长丽贝卡·格林斯潘所言，价值链就像一片森林，可以在几分钟内被摧毁，但需要更长的时间才能成长。[①] 格局重塑面临巨大的经济成本和效率损失，乌克兰危机即便结束，对世界经济投射的阴影也将长期持续。

三、政策内顾恶化经济环境

世界经济久病难愈、连遭暴击，全球主要经济体本该同舟共济、共克时艰，但以美国为首的部分西方国家，不但煽风点火加剧地缘对抗，还进一步强化单边主义、保护主义经济政策，激起国际强烈反弹甚或引发全球跟风，大幅恶化国际经济合作氛围。

（一）美国激进加息引发"逆向货币战"

为抑制不断增加的通胀压力，2022年初美联储开启加息风暴。3~11月，联邦基金利率从0~0.25%迅速升至3.75%~4%，幅度之大、步速之快，为近40年所未见。从本轮通胀的诱因来看，新冠病毒感染疫情对供需两端的持续破坏、美国推动数年的中美经贸脱钩、乌克兰危机对全球供应链的进一步撕裂，乃至全球经济绿色转型等因素复杂交织，共同推动通胀螺旋上升、高烧不退。因此，单凭强力收紧货币政策很难从根本上纾解通胀

[①] "Tackling Food and Energy Crises: How Trade and Logistics Can Help," https://unctad.org/news/tackling-food-and-energy-crises-how-trade-and-logistics-can-help.

压力，若以史为鉴，还将迅速推高全球融资成本、加剧流动性紧缩、引爆大规模危机。正因如此，美联储暴力加息在国内和国际均引发巨大争议。从目前看，美国加息收效甚微，不仅未能给国内通胀降温，还导致资本市场剧烈调整、衰退风险明显升高。对此，美联储主席鲍威尔也不得不承认，美国经济"软着陆的概率很可能已降低"，"没人知道这一进程会不会引发衰退，以及如果引发，衰退的规模将会有多大"。[①]

国际上，美联储激进加息导致主要货币汇率关系紊乱，多国金融市场险象环生。由于全球宏观经济政策协调已名存实亡，主要发达经济体（日本除外）不得不积极自救，被迫大幅加息。与竞相贬值的货币战不同，出于对抗通胀各国均不愿本国货币疲软，全球爆发"逆向货币战"。2022年初至11月初，欧洲、英国、加拿大、澳大利亚央行分别加息3次、6次、6次、7次，基准利率普遍提升至2%~3.75%。另据彭博社统计，2022年约90个经济体央行提高利率，其中一半有过单次上调至少75个基点的记录。IMF前首席经济学家莫里斯·奥布斯特菲尔德认为，现在的风险不是全球央行的行动最终无法抑制通胀，而是集体过度加息会将世界经济推向不必要的严重衰退。[②] 联合国贸易和发展会议指出，发达经济体大幅加息对最脆弱国家打击最大。新兴市场和发展中经济体2022年已动用3790亿美元外储来捍卫本币，几乎是IMF近

[①] Christopher Rugaber, "Federal Reserve Chair Jerome Powell Says Inflation Fight May Cause a Recession," https：//www. pbs. org/newshour/economy/federal‐reserve‐chair‐jerome‐powell‐says‐inflation‐fight‐may‐cause‐a‐recession.

[②] Maurice Obstfeld, "Uncoordinated Monetary Policies Risk a Historic Global Slowdown," https：//www. piie. com/blogs/realtime‐economic‐issues‐watch/uncoordinated‐monetary‐policies‐risk‐historic‐global‐slowdown.

期分配给这些国家特别提款权的两倍。①

（二）美国"筑墙设垒""脱钩断链"推升全球通胀水平

美国以所谓"国家安全""人权"等为由，大力推动中美资本市场、科技等领域脱钩。资本市场方面，美国加强《外国公司问责法》的选择性执法，一度将京东、百度等逾百家中企列入"拟退市清单"。尽管 2022 年 8 月底中美两国签署审计监管合作协议，暂时平息了这一风波，但是，鉴于美国历来将资本市场准入视为经济制裁的重要一环，预计未来将对中企赴美融资设置更多障碍。科技方面，美国更加注重精准脱钩。一方面，美国通过收紧出口管制、加强金融制裁、出台新法案等方式，锁定重点行业和关键技术，实施"小院高墙"式精准技术封锁，推动甚至强制企业调整供应链以实现"在岸化""近岸化""友岸化"布局；另一方面，美国将意识形态融入科技竞争，通过拼凑美日印澳"四方安全对话"、"印太经济框架"、"芯片四方联盟"等，鼓动盟友和伙伴国共同在技术上围堵中国。

乌克兰危机爆发后，美国联手欧盟、英国、日本、加拿大等多方，对俄罗斯实施"二战以来针对强国的最严酷经济制裁"，包括冻结俄央行和主权财富基金的海外资产，禁止与俄央行、财政部及主权财富基金进行交易，将多家俄主要银行从 SWIFT 中剔除，禁止俄主要国企和私企在西方资本市场上交易等。

上述措施在彻底戳破美西方"技术中立""资本市场中立"神话、深度撕裂全球经济体系的同时，还诱发严重的粮食能源供应危机，显著增大全球通胀压力。

---

① Chelsey Dulaney, "Emerging Markets Burn through Currency Reserves as Crisis Risks Grow," https://www.wsj.com/articles/emerging-markets-burn-through-currency-reserves-as-crisis-risks-grow-11661296279.

（三）美国单边保护主义政策危害全球产业链安全

2022年初以来，美国为巩固产业竞争力，不断强化"购买美国货"等保护主义政策。3月4日，美国政府宣布将分阶段逐步提高采购美国制造零部件的比重，2022年提至60%，2024年和2029年将分别达到65%和75%。此举被视为70年来"购买美国货"政策的最大变化。此外，美国8月出台的两部法案——《芯片和科学法案》和《通胀削减法案》——也在国际上引发巨大争议。前者规定，美国将投入520亿美元扶持半导体产业，但接受美国政府补贴的企业十年内不得在中国和其他国家（特指朝鲜、伊朗和俄罗斯）增设尖端半导体制造厂或新建工厂，否则必须全额返还所获补贴。后者规定，未来十年美国将投入约4300亿美元用于应对气候变化、发展清洁能源、强化医疗保障等，而本土电动车产业将获得高额补贴。

上述规则不仅是对美国本土制造业的强力加持，充斥其中的二选一条款也对其他国家制造企业的投资选择形成限制甚至惩罚。对此，欧盟、日本、韩国均在WTO表达不满，认为这些政策构成对外国制造商的歧视，违反了WTO禁止区别对待进口与国内产品的规则。韩国深感遭到美国背叛。[1] 在中国拥有大规模投资且计划赴美投资的韩国半导体企业陷入巨大决策困境：要么不再扩大升级在华产能，吞下竞争力下降的苦果；要么无法获得美国政府补贴，面临不公平竞争。[2] 日本经济产业大臣西村康稔抱怨称，目前"友好国家"正共同努力加强供应链，而美国的

---

[1] Troy Stangarone, "Inflation Reduction Act Roils South Korea – US Relations," https://thediplomat.com/2022/09/inflation-reduction-act-roils-south-korea-us-relations/.

[2] ［韩］金容晳：《被美国芯片法案"流弹"击中的韩国》，https://chinese.joins.com/news/articleView.html?idxno=107616。

做法与这一战略背道而驰。①

欧洲对美国的歧视性补贴政策尤为不满，德国和法国称或将从欧盟层面予以反制。2022年10月底，法国总统马克龙在与德国总理朔尔茨会晤后，再度呼吁制定"购买欧洲货法案"，大力补贴欧陆汽车制造商。实际上，受乌克兰危机和能源价格居高不下等因素影响，欧洲部分制造业的基础受到明显削弱，美国出台相关法案无疑是火上浇油，或加剧欧洲去工业化趋势。美欧经贸关系缓和还不到两年，"汽车战"阴云又再度袭来。

（四）美西方加紧打造矿产资源小圈子推升全球资源民族主义

近年来，在新兴技术与产业崛起以及全球能源转型、绿色转型的大背景下，锂、钴、镍、石墨等稀有矿产的战略重要性极大提升。继半导体产业之后，关键矿产资源成为美西方以维护供应链安全为名，打造排他性小圈子的又一重要领域。2021年3月，加拿大公布31种关键矿产清单；2022年2月，美国公布50种关键矿产目录；② 3月，澳大利亚政府发布了《2022年关键矿产战略》；9月，欧盟宣布将推动《欧洲关键原材料法案》。上述规划、战略或法案的出台，无一例外，均伴随着以国家安全为名收紧对外国投资审查。为加强对全球关键矿产资源的"集体"控制，2022年6月美国宣布与澳大利亚、加拿大、芬兰、法国、德国、日本、韩国、瑞典、英国和欧盟建立矿产安全伙伴关系，目标是"帮助推动在价值链各个环节均符合最高环境、社会和

---

① Yuka Hayashi, "US Electric – Vehicle Tax Breaks Rile Asian, European Allies," https://www.wsj.com/articles/u-s-electric-vehicle-tax-breaks-rile-asian-european-allies-11664883061.

② 2017年美国总统特朗普签发美国第13817号行政命令《确保关键矿产安全可靠供应的联邦战略》，关键矿产供给安全正式成为美国国家战略。

治理标准的公共和私营部门投资"。① 这意味着，美西方的矿产资源小圈子不仅在保护国内和圈内关键矿产开采和利用方面具有极强防御性，而且在对外合作领域还形成攻守同盟，具有以所谓"高标准""新规则"歧视、排挤、打压对手的极强进攻性。

在美西方的亲身"示范"和明暗两手推动下，近年来拉美、非洲多国资源民族主义显著回潮。2021年底，国际评级机构惠誉警告称，资源民族主义正在全球范围内快速蔓延，加剧矿业投资风险，而且，未来几年这一趋势或将持续。② 在拉美，新冠病毒感染疫情叠加政治周期、绿色转型、资源价格周期，正催动资源民族主义飓风从墨西哥一路刮至最南端的合恩角。2022年4月，玻利维亚、智利、阿根廷和墨西哥召开首届"拉美锂矿前景"视频会议，试图推动成立锂矿联盟。在非洲，围绕钴矿的争夺愈演愈烈。全球范围内，越来越多的国家开始单方面修改游戏规则，包括推翻原有合同、提高税收比例、提高矿业特许权使用费、限制外资持股比例、强制参股或控股外国公司、提升环保标准等等。

鉴于关键矿产资源对于推动经济升级转型、塑造未来竞争力以及打造全球领导力都至关重要，未来数年，该领域或将成为保护主义泛滥和地缘经济博杀的重灾区。

四、系统性风险加大

2008年国际金融危机后，系统性风险受到国际学术界和政

---

① "Minerals Security Partnership," https：//www.state.gov/minerals-security-partnership/.

② "Resource Nationalism on the Rise in Top Mining Countries - Report," https：//www.mining.com/resource-nationalism-on-the-rise-in-top-mining-countries-report/.

策界广泛关注。2016年IMF将系统性风险定义为"因金融体系整体或部分受损导致金融服务提供的大规模紊乱,并可能对实体经济造成严重负面影响的风险"。2022年,受新冠病毒感染疫情持续蔓延、各国央行加息竞逐、乌克兰危机引发全球能源和粮食危机、中美科技脱钩加速、极端气候肆虐全球等多重因素打击,本就呈疲弱复苏态势的世界经济系统性风险空前加大,爆发大范围、大规模、高烈度的世界性金融危机和债务危机的可能性高企。

(一)全球债务负担空前高企

在美联储掀起的全球激进加息潮下,债务"灰犀牛"正加速撞向世界经济,将引发一系列难以预料的后果。本轮加息潮启动之前,全球债务负担已至空前高位。疫情期间,各国财政赤字和债务积累速度要远快于一般经济危机时期,只有两次世界大战可与之相提并论。国际金融协会数据显示,2021年全球债务总额首次突破300万亿美元创下历史新高,债务与GDP之比高达350%,新增八成债务来自新兴市场和发展中国家。[①] 不同以往的是,为遏制持续攀升、屡创新高的通胀数据,维持高负债的低利率环境正在被激进加息所终结,债务与财政之间的"恐怖平衡"被打破。世界银行称,世界经济"正处于最近50年来全球范围内最同步的货币及预算紧缩时期",这一趋势可能持续到2023年。[②] 各国利率快速、大幅的上升直接加重了债务还本付息压力,尤其加重了以美元债务为主体的国际债务的偿付负担,新

[①] "Global Debt Monitor: EM Debt: The Good, the Green and the Ugly," https://www.iif.com/Products/Global-Debt-Monitor.

[②] Justin Damien Guenette, M. Ayhan Kose and Naotaka Sugawara, "Is a Global Recession Imminent?" https://openknowledge.worldbank.org/bitstream/handle/10986/38019/Global-Recession.pdf.

兴市场和发展中国家从国际债券市场融资成本飙升，借新还旧的债务循环难以维系。根据美国迪罗基公司的数据，截至2022年9月底，新兴市场国家共发行了880亿美元债券，仅略高于2021年同期水平的一半。彭博社称，新兴市场国家需要在2024年底之前偿还或展期约3500亿美元的美元和欧元计价债券。

（二）大范围债务危机征兆呈现

在强势美元挤压下，斯里兰卡成为2022年首个债务违约国家，产业崩溃、通胀高企、外储耗尽、总统外逃、社会动荡。美《华尔街日报》称，斯里兰卡危机反映发展中国家债务困局，一些较小的中低收入国家如巴基斯坦、加纳、厄瓜多尔、突尼斯、苏丹、乌干达、黎巴嫩，受到新冠病毒感染疫情、乌克兰危机和美联储加息多重打击，偿债成本激增、通胀飙升、民众抗议不断，金融和政治危机酝酿生成中。[①] IMF总裁克里斯塔利娜·格奥尔基耶娃表示，30%的新兴和发展中国家和60%的低收入国家正在陷入或濒临债务困境。截至2022年9月底，IMF提供的贷款余额达到创纪录的1350亿美元，比2019年增长45%，是2017年的两倍多。[②] 世界银行行长戴维·马尔帕斯称，发展中国家尤其面临极具挑战性的近期前景，2023年新兴市场和发展中国家可能发生一系列严重金融危机。值得关注的是，欧洲央行2022年内已三度加息累计200个基点，欧洲主权债务潜在压力不容小觑。意大利、西班牙等上一轮欧债危机中的"欧猪五国"，在危机后并未经历实质性结构调整和去风险化，极度依赖

---

① Saeed Shah, "Sri Lanka Meltdown Hints at Troubles in Developing World," https://www.wsj.com/articles/sri-lanka-meltdown-hints-at-troubles-in-developing-world-11657817654.

② Yuka Hayashi, "World's Emergency-Lending Capacity Is Getting Stretched as Crises Deepen," https://www.wsj.com/articles/worlds-emergency-lending-capacity-is-getting-stretched-as-crises-deepen-11665340919.

欧洲央行流动性支持，经济低迷又刺激了国内民粹主义兴起，政策内顾倾向加剧，一旦操作不慎或成为全球流动性收紧后新的薄弱环节。

（三）二次衰退风险显著上升

面对汹涌而来的债务违约潮，世界经济大幅放缓甚至二次衰退的风险更为凸显，美欧等发达经济体在激进加息和乌克兰危机引发的能源危机打击下衰退几成定局，反过来将进一步恶化广大新兴市场和发展中国家的外部环境，使其无力借助外需拉动出口增长，改善债务形势。由于这些国家对进口依赖程度更高、以美元计价的进口商品占比更大，美元急剧升值将加剧其国际收支危机。IMF指出，美元在世界出口中所占份额一直保持在40%左右，每升值10%会将通胀推高1%。[①] 从目前美国通胀和就业数据来看，通胀高企下美非农就业相对强劲，美国不会过早放松货币政策，加息将至少持续到2023年一季度，这恐将持续恶化新兴市场和发展中国家的外部融资环境和国际收支状况，冲击全球经济金融稳定。

当前，美联储引领的全球加息潮和美元走强对国际金融市场的冲击也渐露狰狞。一方面，激进加息通过收紧流动性刺破各国资产泡沫，或成为金融危机导火索。全球利率水平整体抬升导致大量公司债券违约和企业破产，房地产市场下挫，动摇投资者信心，引发金融市场剧烈调整。美国房市供需萎缩，债市流动性紧张达到疫情以来最差水平，财长耶伦拟采取回购美债等形式保障债市正常运行。韩国商业票据市场违约事件持续发酵，房价创2009年以来最大跌幅，韩国政府被迫为信贷市

[①] Gita Gopinath and Pierre‐Olivier Gourinchas, "How Countries Should Respond to the Strong Dollar," https://www.imf.org/en/Blogs/Articles/2022/10/14/how‐countries‐should‐respond‐to‐the‐strong‐dollar.

场提供超过50万亿韩元的救市支持。国际知名投行瑞士信贷因投资暴雷频传破产消息，引发市场对又一场雷曼危机的担忧。另一方面，美元单边走强导致其他货币一路走贬，引发多国汇率危机，央行被迫出手干预，掀起"货币保卫战"。全球外汇储备已下降超过1万亿美元。[①] 匈牙利货币福林兑美元汇率2022年内大跌30%，匈牙利被迫牺牲货币主权，允许企业以欧元和美元纳税来增加外汇储备。日元兑美元汇率一度突破150关口，日本央行24年来首次干预汇市，一个月内投入6.3万亿日元阻止日元贬值。

为了兼顾刺激经济和抑制通胀，各国日渐扭曲的经济政策给金融市场带来新的"黑天鹅"风险。其中以10月英国爆发的养老金危机最为典型。特拉斯政府为刺激经济实施大规模减税导致英镑暴跌、国债遭大规模抛售，造成养老基金持有的金融衍生品合约面临追加保证金通知，必须大举抛售国债以换取现金，债市面临全面崩盘风险。最后英国央行宣布"无限量"购债计划才使这场危机暂时平息。然而，这种一边激进加息、一边量化宽松的政策饮鸩止渴、依然扭曲，埋下了新一轮危机爆发的种子。

更令人担忧的是，随着乌克兰危机等地缘政治风险的持续发酵，主要大国之间交恶不但将制造更多"黑天鹅"事件，冲击疲弱的全球经济和敏感的金融市场，成为引爆系统性危机的导火索，还将从深层次改变世界经济运行的逻辑和基础。推动世界经济增长的既有动力正逐渐消失，以"国家安全""意识形态"为名，国际贸易和投资日趋碎片化，全球供应链加速逆向调整，科

---

① "Currency Composition of Official Foreign Exchange Reserves," https：//data.imf. org/？sk = E6A5F467 - C14B - 4AA8 - 9F6D - 5A09EC4E62A4.

技领域"筑墙设垒",经济金融制裁不断扩大,滋生了系统性危机爆发的土壤。国际政治领域的对抗性致各国合作意愿不足、全球治理长期缺位,各国面临新一轮危机在全球蔓延时束手无策甚至以邻为壑,积小患为大患,最终把整个世界都拖入严重衰退和动荡泥潭。

(审定:张健)

第三章　国际安全险乱环生[*]

过去一年，乌克兰危机延宕难决，美国以中国为假想敌推进安全战略，各国纷纷加大军事投入，国际安全合作集团化，大国博弈竞争对抗化。与此同时，新一轮技术革命与国际安全格局演进同频共振，非传统安全与传统安全问题交织涌现。世界百年未有之大变局加速演进，世界进入新的动荡变革期，全球和平与安全面临严峻挑战。

一、乌克兰危机搅动国际安全格局

2022年初爆发的乌克兰危机，被视为冷战结束后发生的最大地缘政治事件，对大国关系、地区热点、安全环境、核战略稳定等产生重大影响，国际安全格局面临深刻调整，国际安全风险急剧上升。

第一，国际力量对比深刻调整，世界进入新的动荡变革期。当前，世界百年未有之大变局加速演进，和平与发展遭遇严峻挑战，大战乃至核战阴影再度笼罩人类。乌克兰危机是冷战后俄北（约）矛盾的集中爆发，在美西方深度介入下，冲突日益呈现长期化、扩大化的趋势，事实上形成了俄罗斯与北约军事集团的军事对抗，令大国间冲突对抗的风险达到冷战结束以来的最高点。

---

[*] 本章撰稿人：刘冲、陈庆鸿、郭晓兵、邓门佳、巩小豪。

如何切实阻止核大国之间发生冲突、早日实现停火谈判，十分考验各国领导人的战略远见和政治智慧。

在大国间军事对抗加剧的背景下，核战阴影重现引人忧虑。2022年新年伊始，安理会五个常任理事国领导人发表联合声明，重申"核战争打不赢也打不得"。但乌克兰危机爆发后，核武器使用问题成为国际社会关注焦点。俄方宣布将俄军威慑力量调至特殊战备状态，随后美俄均进行核力量演习，引发国际忧虑。联合国秘书长古特雷斯称，"核战争的前景现在又回到了可能的范围之内"。[①] 随着战场形势变化和美西方介入力度加大，核战风险再次升高。9月21日，俄总统普京宣布部分动员令，并威胁"将使用一切可用的手段"捍卫领土完整；北约一边大肆渲染核战风险，一边却又不顾局势升级危险而大搞核威慑演习；美总统拜登则称，当前核安全风险为1962年古巴导弹危机以来最高。[②] 10月，美国公布《2022年核态势审议报告》，武断认定中俄"准备使用或威胁使用核武器"，计划采取一系列措施增强"以核止战"能力，凸显大国常规冲突的核升级风险。11月2日，俄外交部发布阻止核战争发生的声明，指出俄坚定、持续地致力于阻止核战争的发生，核武器仅用于防御；俄方仅在遭到大规模杀伤性武器攻击，或者遭到常规武器攻击且国家生存受到威胁时会使用核武器。由此，在大国间军事对抗加剧的背景下，核冲突风险并未实质性降低。

第二，局部冲突动荡加剧，地区热点问题激化，风险不断上

[①] Max Fisher, "As Russia Digs in, What's the Risk of Nuclear War? 'It's Not Zero'," https://www.nytimes.com/2022/03/16/world/europe/ukraine-russia-nuclear-war.html.

[②] "Ukraine War: Biden Says Nuclear Risk Highest since 1962 Cuban Missile Crisis," https://www.bbc.com/news/world-us-canada-63167947.

升。乌克兰危机及美西方对俄实施的"超规则、超严厉、超领域"制裁，标志着冷战结束后国际秩序进一步崩解，一些地区矛盾由此冲破原有安全格局，在战事刺激和大国挑拨下再次升温。一是科索沃形势再趋紧张。2022年7月31日，科索沃塞尔维亚族人因不满当局要求他们8月1日更换车牌号和申请额外身份证明而爆发大规模抗议活动，北约扬言"在科索沃增加部署维和部队"[1]，俄罗斯呼吁科索沃当局"及其背后的美国和欧盟停止挑衅"[2]，塞尔维亚总统武契奇警告"武装冲突危险临近"[3]，科索沃紧张局势迅速升级。二是纳卡地区武装冲突再起。3月26日，俄国防部指责阿塞拜疆军队擅入纳卡地区俄维和部队负责区并设置观察哨，违反俄阿亚三方2020年签署的停火协议。8月初，阿塞拜疆和亚美尼亚再度发生冲突，再次指责对方违反停火协议；阿国防部还威胁必要时采取"毁灭性"对策。分析认为，阿亚关系已进入死胡同，双方军事对抗将间歇性爆发，未来不排除被大国博弈所利用。据报道，美众议长佩洛西9月访亚美尼亚，是美自1991年以来访问该国的最高级别官员，暴露出美插手纳卡冲突的图谋。三是塔吉边境冲突引发关注。塔吉克斯坦和吉尔吉斯斯坦都是独立国家联合体（简称"独联体"）、集体安全条约组织（简称"集安组织"）和上合组织成员，两国2022年再度爆发武装冲突，动用兵力和武器规模、伤亡人数等都远在

---

[1] "NATO Says It Is Ready to Step Up Forces If Serbia – Kosovo Tensions Escalate," https：//www.voanews.com/a/nato–says–it–is–ready–to–step–up–forces–if–serbia–kosovo–tensions–escalate–/6705373.html.

[2] "Russia Calls on Kosovo, US, EU to Stop 'Provocations', Respect Serbs in Kosovo," https：//www.aa.com.tr/en/europe/russia–calls–on–kosovo–us–eu–to–stop–provocations–respect–serbs–in–kosovo/2650192.

[3] "Serbian President Warns of Danger of Conflicts in Kosovo," https：//www.plenglish.com/news/2022/09/13/serbian–president–warns–of–danger–of–conflicts–in–kosovo/.

2021年冲突之上，被认为与俄罗斯深陷乌克兰危机而无力调和塔吉纠纷不无关系。四是朝鲜半岛再入多事之秋。一面是美韩日加强同盟合作，大幅提升在朝鲜半岛周边的军事存在与活动频率；一面是朝鲜频繁射弹，截至10月14日已发射弹道导弹共24次、巡航导弹2次。当月13~14日，朝战机示威性飞越韩军防空预警线，宣称是对韩军在前线地区长达10小时炮击的坚决反制。韩总统办公室警示要做好准备，以应对朝鲜可能发起的局部挑衅。目前，朝鲜半岛对立严重，武装冲突风险急剧上升。此外，美国加大"以台制华"力度，以众议长佩洛西为首的美国会议员接连窜访台湾地区，不断挑衅中国红线，掏空"一中"政策，极力煽动台海危机，破坏东亚和平稳定。

第三，安全行为体、安全领域和博弈手段日趋泛化。一是跨国公司在国际安全事务中的作用凸显。以"星链"在乌克兰危机中大放异彩为标志，美国太空探索技术公司等非国家行为体成为国际安全舞台的重要玩家。该公司创始人马斯克还抛出"和平计划"，积极介入乌克兰危机、威胁中止"星链"网络服务等，引发巨大争议。二是安全领域不断扩展。安全不再局限于军队之间的武装冲突或暴恐分子制造的流血事件，乌克兰危机所引发的产业链供应链、粮食、能源、关键矿产乃至基础设施安全危机进一步凸显了安全的总体性、关联性。三是安全博弈手段持续泛化。与安全领域不断拓展相关的是，大国安全博弈手段日渐多元化，可以说是"拈花摘叶，皆可伤人"。此次乌克兰危机及俄美斗法中，全球化所带来的相互依存关系，包括国际机制、网络技术、社交媒体甚至无人机等均成为大国打击和削弱对手的武器。尤其是，美西方无视战后国际规范与规则，冻结俄罗斯美元外汇储备、将部分俄罗斯银行踢出SWIFT支付系统、逼迫跨国企业退出俄市场等，对俄大搞"长臂管辖"和极限制裁，甚至扬言对其他国家实施次级制裁、连带制裁等，破坏了冷战结束后国家间交往所积累的安全感。这种安全感的弱化无疑塑造了一种人人自危的安全状态，并将直接冲击国际安全格局的演化。

第四，全球战略稳定前景堪忧，核不扩散形势严重恶化。在战略稳定方面，2021年拜登政府上台后，美俄核裁军似乎显露了一丝希望，两国领导人发表《战略稳定联合声明》，举行三次战略稳定对话，探讨未来军控的可能性。自乌克兰局势恶化以来，美俄战略稳定对话中断，甚至双边核裁军的最后一根支柱——《新削减战略武器条约》的履约也受到挑战。俄外交部2022年8月8日发表声明说，将被迫取消对俄方设施的核查，原因是美国借由制裁对俄飞机关闭领空、实施签证限制，使得俄很难在美国领土进行核查，从而违反了条约核查的对等原则。美国《2022年核态势审议报告》认为战略稳定面临新威胁，美国须采取综合措施提高核威慑力。尽管美国公布了"核武器不处于一触即发的高戒备状态"等政策，但难以解除大国之间误解误判而不断加剧的危险。

核不扩散体系正面临冷战结束以来最严峻挑战。此前，国际核扩散热点主要集中于少数发展中国家。但近年来，发达国家之间私相授受，转让核材料、核技术的风险增加。美国和英国打算在美英澳三边安全伙伴关系框架下向澳大利亚转让核潜艇，其载有的高浓铀数量足以制造60~80枚核弹头。2022年7月，英国又宣布向澳大利亚派遣核潜艇分队，使盎格鲁-撒克逊小圈子内的核合作变得更加扑朔迷离。不仅如此，"核共享"成为无核国家变相寻求核威慑的时髦选项。所谓"核共享"，是美国为了安抚北约盟国，增加其核保护伞的可信性，而在北约框架内设立的核风险与责任共享机制。根据该机制，美国将在欧洲盟国领土上部署核武器。这些核武器和平时期由美国控制和保管，但战时会装入盟国战机，交由无核武器国家的飞行员来控制。乌克兰危机爆发后，乌克兰外长库列巴表示，"乌克兰20世纪90年代放弃核武库是个错误"，[①] 更多国家开始寻求"核保护伞"。例如，波兰多次表露参与北约"核共享"的意愿，10月初总统杜达透露已经与美国商讨在波兰境内部署核武器的提议。[②] 日本右翼大肆鼓噪"核共享"，岸田政府则与美磋商强化延伸威慑。韩国国内也热议重新部署美国战术核武器，鼓吹对朝"以核制核"的声浪不断高涨。北约更是加紧更新核计划，包括向成员国出售可携带核弹的F-35战机和升级欧洲境内的核弹存储设施。此外，朝鲜则在9月颁布关于核武力政策法令，正式宣布成为核武国家。

更值得关注的是，美国出现一种危险声音，主张奉行赤裸裸的双重标准，将防扩散与意识形态挂钩：对盟国或西式民主国家的核扩散高抬贵手，而对其他国家的扩散行为严防死守。美国《2022年核态势审议报告》提出进一步强化与盟国之间的"核共享"，计划在美日韩以及美日韩澳之间举行更高级别的会议，并强化所谓危机管理磋商。此外，美国还将继续在"印太"地区部署战略轰炸机、核常两用战斗机和核武器，并通过弹道导弹潜艇访问和战略轰炸机巡航秀"核肌肉"。这将严重侵蚀国际核不扩散机制的道义基础，给世界带来更大的核扩散风险。

[①] "Ukraine Foreign Minister: Giving up Nuclear Weapons Wasn't Smart," https://www.washingtontimes.com/news/2022/feb/22/dmytro-kuleba-ukraine-foreign-minister-giving-nucl/.

[②] "Poland Suggests Hosting US Nuclear Weapons amid Growing Fears of Putin's Threats," https://www.theguardian.com/world/2022/oct/05/poland-us-nuclear-wars-russia-putin-ukraine.

二、传统安全与非传统安全同频共振

2022年，俄乌冲突久拖不决。这场冲突既是双方围绕领土矛盾、势力范围和利益纷争而起的传统地缘政治博弈，又夹杂着基础设施攻防、"星链"伺机扩张、粮食能源危机、生物安全博弈等非传统安全挑战。在冲突影响持续外溢背景下，传统安全与非传统安全呈现交织缠绕、深度融合、共振放大局面，二者界线日益模糊、威胁更趋多元、影响跨域传导，全球安全面临常规冲突向全面战争升级、单一风险向复合危机转化、局部问题向全局全域蔓延的复杂态势。

战时关键基础设施防护问题凸显。北溪天然气管道泄露疑云未消，克里米亚大桥被炸风波又起，僵持已久的乌克兰危机进入基础设施消耗战的新阶段。战略相持的双方不只是简单的枪炮交锋，而是试图通过破坏关键民用基础设施削弱对方战争潜力，打击对方民众抵抗士气，进而寻求扭转战局的突破口，直至某一方突然倒下或政权更迭。在俄罗斯对乌克兰全境实施大规模空袭后，乌克兰总统办公室副主任基里尔·季莫申科表示，由于基础设施遭受打击，乌克兰约1/3的能源和供电设施受损，各地130多万用户无电可用。[①] 战事无穷期，战场无下限。这种袭击关键民用基础设施的举动并不能直接改变战场局势，更多是发挥震慑效果，但却开启了潘多拉的魔盒。炮击核电站、切断能源管线、轰炸桥梁要道，一连串战争禁忌被打破，迫使各国将维护战时关键基础设施安全提到议事日程前位。乌克兰扎波罗热核电站遭炮

---

① "乌克兰130万用户无电可用"，https：//sputniknews.cn/20221023/1044949491.html。

击后，日本打算在与国家安保战略同步修订的《防卫计划大纲》《中期防卫力量整备计划》中，列入自卫队防卫体制设想以应对核电站受到外国军队攻击等危机。[①] 欧盟成员国领导人在布拉格峰会上专门讨论基础设施安全问题，宣布将在关键基础设施韧性和保护方面进行密切合作。[②] 英国牵头召集北欧国家线上开会，讨论"防备俄潜艇袭击海底电缆"问题。英国国防大臣本·华莱士表示，英国将购买两艘专门船只来保护海底电缆和管道，第一艘海底战争多用途调查船将在2023年底前投入使用。[③] 乌克兰危机向世人发出警示，国际人道法是冲突局势下当事各方必须遵守的行为准则，平民和民用设施应当获得充分保护，关键民用基础设施不应成为各方军事袭击的对象和目标。

"星链"介入乌克兰危机引发争议。"星链"是美国太空探索技术公司研发部署的低轨通信卫星星座，其规划规模最大、已发射卫星数量最多、技术水平最为成熟、商业应用最先铺开，是当前国际商业航天领域最亮眼的项目之一。虽然以提供高速互联网服务为名打着民用的幌子，但"星链"在乌克兰战场上的作用则令各国认识到其军事化应用的巨大实战价值。美《外交政策》刊文称，地缘政治很少受商业如此影响：对饱受战争摧残的乌克兰来说，"星链"已成为一条信息生命线。俄乌开战两天后，乌克兰便向美国太空探索技术公司创始人马斯克喊话，希望

---

① 《日本讨论部署拦截导弹等加强核电站防卫》，https：//cn.nikkei.com/politicsaeconomy/politicsasociety/48001 - 2022 - 03 - 22 - 05 - 00 - 04.html。

② Jones Hayden,"Michel：EU Leaders to Discuss Infrastructure Security after Nord Stream Damage,"https：//www.politico.eu/article/michel - eu - leaders - to - discuss - infrastructure - security - after - nord - stream - damage/.

③ Jill Lawless,"UK and Allies Meet to Discuss Pipeline Security after Blasts,"https：//www.independent.co.uk/news/world/americas/us - politics/ben - wallace - ap - vladimir - putin - birmingham - england - b2191420.html。

其在乌开通"星链"服务并提供"星链"终端。马斯克随即回应,乌克兰的"星链"服务已经激活开通,终端已经上路。自此后,"星链"便成为乌军方的重要通信手段,帮助乌方在诸如光纤、电话线、手机信号塔或其他通信设备都已无法使用的情况下获得通信能力。截至 2022 年 10 月 14 日,美国太空探索技术公司已捐赠乌克兰约 2 万个"星链"终端,耗资 8000 万美元。[①]然而,"星链"堂而皇之"参战"亦引发人们对于未来战争将延展到太空领域的担忧。俄罗斯已多次警告美商业卫星为乌提供军事服务十分危险。俄外交部防扩散与军备控制司副司长康斯坦丁·沃龙佐夫在联合国大会第一委员会会议上公开警告,乌克兰局势凸显了美国及其盟友利用民用太空设施实现军事目标的做法,这些间接参与军事冲突的准民用设施是合理打击目标。[②] 俄方言论虽未点名"星链",但威胁意味不言自明。"星链"在这场冲突中名声大噪以及俄方频频发出报复警告,凸显商业卫星战时行为规范问题亟待解决。在太空军事化、武器化加速演进背景下,当下各方威胁和冲突升级可能令太空成为战场的时间比预期更早,未来的太空和平利用面临更艰巨挑战。

全球粮食和能源供应体系脆弱性进一步显现。据统计,俄罗斯是世界第三大粮食出口国,乌克兰是世界第四大粮食出口国,两国小麦出口总量占全球 25.6%,大麦合计出口总量占全球 29.6%,玉米合计出口总量占全球 19%,葵花籽油出口总量占全球 80%。俄乌粮食出口地主要集中在中东和非洲地区,其中

[①] Alex Marquardt, "Exclusive: Musk's SpaceX Says It Can No Longer Pay for Critical Satellite Services in Ukraine, Asks Pentagon to Pick Up the Tab," https://edition.cnn.com/2022/10/13/politics/elon-musk-spacex-starlink-ukraine/index.html.

[②] Ann M. Simmons, "Russia Says It Could Target U.S. Commercial Satellites in Ukraine War," https://www.wsj.com/articles/russia-says-it-could-target-u-s-commercial-satellites-in-ukraine-war-11666882614.

肯尼亚、吉布提、厄立特里亚、苏丹、布隆迪、乌干达、索马里、卢旺达等非洲国家90%的进口小麦来自俄乌；埃及、土耳其、孟加拉、叙利亚从两国进口小麦超过总量的60%。而乌克兰危机严重破坏了乌重要的农业基础设施、耕地，加上粮食出口关键通道战时被封锁，多国力求自保限制或禁止粮食进口，以及全球能源和化肥价格暴涨等，使全球粮食安全形势严重恶化。联合国粮农组织发布《2022年全球粮食危机报告》指出，由于气候变化、地区冲突和新冠病毒感染大流行造成的经济冲击，2022年全球将有1.79亿~1.81亿人处于粮食危机或更严重水平。① 联合国世界粮食计划署执行主任大卫·比斯利发出警告称，乌克兰危机让全球粮食问题雪上加霜，人类或将面临二战后最大的粮食危机。

在能源领域，美欧企图联手以能源为切入口，从金融、经济等领域全方位实施对俄制裁，严格限制俄能源出口、投资和生产，成为引爆当前全球能源危机的导火索。俄罗斯是世界第二大原油生产国、第二大天然气出口国及第三大煤炭出口国，俄欧更是高度捆绑的能源利益共同体。作为欧洲天然气、石油和煤炭领域第一大进口来源国，2021年俄74%的天然气、49%的原油和32%的煤炭出口至欧洲；而欧洲对俄天然气、石油和煤炭进口份额分别占进口总额的45%、27%和46%。② 由于短期内无法找到替代进口国，欧洲多国已经深陷能源危机泥潭，非洲、中东等地区的中低收入国家也深刻体会到油气价格上涨之苦。国际能源署

---

① "The Global Report on Food Crises 2022," https：//docs. wfp. org/api/documents/WFP－0000138913/download/？_g a = 2. 57497128. 343046032. 1667293555－248445811. 1667293555.

② "Europe Is a Key Destination for Russia's Energy Exports," https：//www. eia. gov/todayinenergy/detail. php？id = 51618.

署长法提赫·比罗尔警告称，由于对俄能源输出限制、全球液化天然气市场收紧和主要石油生产商削减供应，世界进入"第一次真正的全球能源危机"。①

国际社会对生物战及生物实验室泄漏担忧加剧。据美军方透露，美国在乌克兰共资助、援建了46座生物实验室。美副国务卿维多利亚·纽兰在听证会上证实，乌克兰有生物研究设施，美方正同乌方合作，防止那些研究材料落入俄罗斯军队手中。美国"生物协同计划"项目负责人罗伯特·波普表示，俄对乌采取的军事行动或将危及美在乌境内生物实验室的电力系统、通风系统及建筑本身，从而造成危险病原体的意外泄漏，引发地区周边感染。此外，美国在乌生物实验室安全问题已经成为美俄激烈交锋的焦点。2022年3月以来，俄罗斯国防部披露多份文件称，美国及其北约盟友在乌克兰开展了一系列高危生物研究，包括"通过候鸟传播高致病性禽流感病毒""能够引发鼠疫、炭疽和霍乱等致命疾病的危险病原体"，以及"蝙蝠冠状病毒样本的试验"等多个项目。联合国安理会应俄要求，多次就乌生物实验室安全问题举行公开会议。10月，俄罗斯常驻联合国代表瓦西里·涅边贾向联合国安理会提交决议草案，要求成立并派遣委员会，调查美国在乌境内生物实验室活动；11月，该提议即被驳回。在俄乌冲突持续胶着背景下，随着《禁止生物武器公约》第九次审议大会临近，美俄等大国在生物安全领域的博弈恐将更加激烈。

当前，传统安全与非传统安全之间的联系从未如此紧密，统筹传统安全和非传统安全的需要也从未这样迫切。世界各国唯有

---

① "World Is in Its 'First Truly Global Energy Crisis', Says IEA Chief," https://edition.cnn.com/2022/10/25/energy/global-energy-crisis-iea-fatih-birol/index.html.

以共赢思维应对复杂交织的安全挑战，以和平方式解决国家间的分歧争端，以团结精神适应深刻调整的国际格局，才能真正守护世界和平安宁，实现普遍安全、共同安全。

三、国际军备竞赛升温

（一）全球军费开支"涨声一片"

受乌克兰危机刺激，多国扭转长期以来的低军费开支态势，借地区局势动荡走向扩军备战之路。其中涨势最猛的当属一直以"重经轻军"形象示人的欧洲国家——深受乌克兰局势触动的欧洲大国纷纷宣布要补足历史欠账，全面向北约看齐。此前被法国总统马克龙宣判"脑死亡"的北约意外重获新生，中立欧洲不断退却，拥抱北约渐成潮流。北约划定的军费开支占GDP的比重为2%的标准原本不受欧洲人待见，但如今已成为考验其是否真正从乌克兰危机中吸取教训的"黄金门槛"，欧洲多国竞相转变立场以示"诚意"。转变最为迅速、力度最大的当属欧洲经济领头羊德国。二战结束以来，德国对军备发展一直较为克制。冷战结束后，它更是将联邦国防军人数从50万人削减到20万人，目前军队人数只有18.37万人。2022年2月27日，乌克兰危机爆发仅三天后，德国总理朔尔茨就宣布设立总额达1000亿欧元的联邦国防军特别国防基金，并将今后德国年度国防开支占GDP的比重提高到2%以上，这是德国自两德统一后首次大幅追加国防预算。朔尔茨高调宣称，该基金将令德国军备开支出现"量子级飞跃"。

在欧洲"带头大哥"的示范下，瑞典、芬兰、瑞士、奥地利等长期在地缘政治关系中保持中立的国家，防务立场也出现明显转变，不断向北约靠拢。瑞典政府就宣布，计划将年度军费开支提高至GDP的2%，以应对俄乌冲突加剧后欧洲不断恶化的安全局势。法国、英国、意大利、西班牙等欧洲大国概不例外，接连宣布大幅增加本国国防预算。据北约峰会公报披露，到2022年底，欧洲盟国和加拿大的实际防务开支将比2014年增加3500亿美元，9个北约盟国国防预算将达到或超过GDP的2%，19个盟国已经制订出到2024年达标的明确计划，另有5个盟国作出具体承诺将在之后达标。自冷战结束后弥漫欧洲30余年的安逸气氛荡然无存，恐俄亲美心态作祟下的欧洲已经一只脚陷入无休止的军备竞赛泥潭。

欧洲军费应声上涨，亚太国家亦随风而动。美国参议院推进的"2023财年国防授权法案"拟拨款8470亿美元用于军费开支，堪称天价预算。日本防卫省借口"欧洲发生的事情也可能在印太地区出现"，提出2023财年5.59万亿日元防卫预算申请，再创历史新高。[①] 美国在亚太地区的另一盟友澳大利亚也跟进宣布，将2023年6月结束的本财年国防预算开支增加8%，到2026年将军费开支提升至GDP的2%以上，以应对"二战以来最具挑战性的地缘政治环境"。

美国及其盟友企图通过大涨军费加强自身安全，殊不知在这种过时的冷战思维及零和博弈心态驱使下，罔顾他国安全加强自身军力只会让域内国家感受到威胁，反过来会进一步增强自身的不安全感。这场正在加速演进的新一轮全球军备竞赛表明，冷战结束后的世界和平红利正在逐渐消失，未来的世界局势注定不会风平浪静。

（二）全球核武呈现逆裁军趋势

瑞典斯德哥尔摩国际和平研究所2022年6月中旬发布年度

[①] 《日本未来五年军费开支或倍增成为全球第三高》，https：//www.kzaobao.com/world/20220827/123468.html。

报告称，尽管 2021 年全球核弹头数量略有减少，但展望未来十年，核武库可能触底反弹。这将是全球核裁军进程的重要转折点，20 世纪 80 年代以来核弹头数量持续削减的总体趋势将画上休止符，核武器将从国际政治的边缘地带回归。

之所以出现逆裁军趋势，主要是因为美俄双边核裁军前景黯淡。冷战期间美国和苏联是核军备竞赛的主要参与方，曾囤积了高达 7 万枚核弹头。因此，国际社会公认这两个超级核大国在全球核裁军进程中负有特殊优先责任。经过 30 多年的努力，全球核弹头数量现减少八成多，主要是美（苏）俄削减历史包袱的成果。而南非放弃核武器这类举动虽具有重要防扩散意义，但就全球核弹头数量削减而言，则显得微不足道。展望未来，全球核弹头数量要进一步大幅削减，关键还是要看美俄是否能下定决心裁减其仍然过大的核武库。即便经过多年裁减，美俄剩下的核弹头数量仍占全球总数的九成以上。乌克兰局势恶化以来，美俄双边关系降至冰点，当前讨论两国下一步核裁军问题已是难上加难。基于对军控前景的悲观看法，美国《外交政策》日前载文称，国际军控或许正进入一个黑暗时代。

受美俄核武器现代化计划刺激，英国提升了核弹头总量上限；印度不断扩大核武库规模，并考虑放弃"不首先使用"政策。与此同时，广受瞩目的《不扩散核武器条约》第十次审议大会再度无疾而终，令无核国家对核裁军进程止步甚至逆转备感失望，也深刻反映了在有核国家之间矛盾重重的背景下，团结国际社会携手迈向无核世界越来越难以实现。

四、集团化阻碍全球普遍安全

2022 年，国际安全合作集团化态势更趋明显，大国博弈阵营化、对抗化趋势日益严峻。

欧洲重新滑入集团对抗轨道。乌克兰危机走向军事冲突，背后是美西方与俄罗斯30年来地缘政治博弈的结果，凸显了大国安全博弈的对抗性。美国和北约不断向乌克兰"递刀拱火"，持续激化俄欧矛盾与对立。2022年10月14日，美国防部宣布再向乌克兰提供7.25亿美元军事援助，显然不想让军事冲突降级平息。据美国防部网站介绍，美自2021年1月以来已向乌提供超过182亿美元的安全援助。[①] 在此背景下，俄欧在安全困境中愈陷愈深：德国扬言组建北约欧洲成员国最大规模常规部队，并承诺加强在北约东翼及波罗的海沿海地区的军事存在；瑞典、芬兰放弃中立立场，火速加入北约；波兰等东欧国家加紧与美英防务捆绑，加大军购力度，加快淘汰苏联时期武器装备。北约启动新的防御计划，把东线战斗群规模扩大一倍，不断整合、强化北约各国军事实力。同时，10月10日，白俄罗斯总统卢卡申科表示已同俄罗斯总统普京就部署区域联合部队达成一致，[②] 欧洲大陆似乎正在重现冷战时期的军事对峙格局。

美国还以"民主对抗专制"定性乌克兰危机，[③] 纠集西方国家甚至以连带制裁威胁其他国家一起对俄制裁，极力炮制"中

[①] "$725 Million in Additional Security Assistance for Ukraine," https://www.defense.gov/News/Releases/Release/Article/3189571/725-million-in-additional-security-assistance-for-ukraine/.

[②] Ann M. Simmons, "Belarus's President Lukashenko Deploys Joint Force with Russia," https://www.wsj.com/livecoverage/ukraine-kyiv-russia-attacks-putin/card/belarus-s-president-lukashenko-deploys-joint-force-with-russia-LWfsX1CbvuloTGV8LXdQ.

[③] "'Battle between Democracy and Autocracy' Leads Biden's First State of the Union," https://www.defenseone.com/policy/2022/03/battle-between-democracy-and-autocracy-leads-bidens-first-state-union/362643/.

俄合谋"论调,① 图谋将冷战后的国际安全格局定义为"以美国为首的阵营和以中俄为代表的阵营",竭力推进、整合其欧洲与亚太盟友体系向大国竞争转型。美国在新版《国家安全战略》报告中提出"决定性十年",强调中国是美国"唯一战略竞争对手"和"最大地缘政治挑战",并围绕未来十年赢得中美战略竞争而勾勒设计各领域战略,把一切资源特别是盟友体系视为大国竞争的筹码,笃信过时的零和博弈,漠视全人类渴望发展进步的共同愿望和其他国家正当的发展和安全利益。

2022年6月,澳大利亚、日本、新西兰和韩国领导人有史以来第一次参加北约(马德里)峰会,韩国、日本还先后加入北约网络防御中心,至此,美依托北约整合全球盟友战略协作和军事能力的构想跨出重要一步。在军事领域之外,美国还利用对俄制裁整合强化金融制裁和高技术出口管制体系,渲染所谓"技术民主"与"技术专制"二元话语体系,组建"芯片四方联盟",推出空前的对华芯片封锁政策,抓紧搭建排华技术体系。

在亚太,拜登政府不断强化盟友关系,升级美日印澳"四方安全对话"机制,推进美英澳三边安全伙伴关系,纠集和鼓动"五眼联盟"、七国集团及北约组织积极介入亚太事务,唆使日本与澳大利亚升级防务合作,将冷战结束后以东盟为中心的亚太开放区域主义成果分割成一个个小团体,在中国周边摆出"五四三二"的对华围遏阵势。新加坡总理李显龙今年来多次警告,亚洲分成亲中或亲美两个阵营将不会有好结果,② 反映出亚

---

① "People's Republic of China Efforts to Amplify the Kremlin's Voice on Ukraine," https://www.state.gov/disarming – disinformation/prc – efforts – to – amplify – the – kremlins – voice – on – ukraine/.

② "PM Lee Hsien Loong at the 27th International Conference on the Future of Asia," https://www.pmo.gov.sg/Newsroom/PM – Lee – Hsien – Loong – at – the – 27th – International – Conference – on – the – Future – of – Asia.

太国家对地区阵营化对抗化趋势的高度担忧。

可喜的是，越来越多的国家选择了中立，不愿在所谓"民主与专制"的人为划线中选边站队，一些中等国家如土耳其、沙特等不断强化战略自主，预示着一场新的不结盟运动正在兴起，新的中间地带或有望成为稳定国际安全格局的重要力量。

与美国坚持冷战和霸权思维形成鲜明对比，2022年4月，习近平主席在博鳌亚洲论坛上首倡全球安全倡议，提出"六个坚持"。该倡议超越西方地缘安全理论和权力零和逻辑，指明了解决全球安全难题、消解国际安全赤字、增进人类共同安全的方法路径。

2022年是国际安全史上具有里程碑意义的一年，乌克兰危机进一步激化了冷战思维、集团合作和阵营对抗，严重威胁世界和平与安全。在复杂严峻的国际安全新形势下，中国迈上全面建设社会主义现代化国家新征程，美国以中国为假想敌开启"决定性十年"，俄罗斯面对如何结束乌克兰危机、重返和平发展轨道的难题，地区国家也面临着是滑入一个分裂的世界，还是携手合作共克时艰的关键选项，人类的未来将取决于各国当下的战略抉择。

（审定：傅小强）

第二篇
大国战略与对华关系

第四章　美国内外发力护霸权[*]

2022年是拜登执政的第二个年头，也是美国的中期选举年。面对政治变局、经济困局、外交僵局，拜登政府祭出"IBM"战略，[①]着眼未来"决定性十年"谋篇布局。一是投资国内，固本强基；二是建设圈子，强化盟伴体系；三是提升军事现代化，布局大国竞争。其对华战略基本遵循该思路，"投资、联盟、竞争"三管齐下，进一步凸显对华战略在美国战略全局中的地位。但囿于美国政经乱象，拜登政府的护霸之路注定坎坷。

一、中期选举激化政治之乱

拜登上台执政后，美国政治极化和社会分化并未得到缓解，反而在中期选举的背景下愈演愈烈。党派斗争在高度上被上升到捍卫"国家灵魂"的地步，而在广度上则连一向比较超脱的司法系统和地方各州也深卷其中。

首先，党派斗争几近白热化。2020年大选之后，特朗普拒不承认选举结果，煽动支持者围攻国会大厦，试图阻止国会确认拜登胜选，酿成国会大厦暴乱事件；其下台后又利用自身巨大政

---

[*] 本章撰稿人：陈文鑫、张文宗、李峥、孙立鹏、贾春阳、程宏亮。
[①] IBM系Invest（投资）、Build（建设）、Modernize（现代化）三个英文单词的缩写。参见 National Security Strategy, White House, October 12, 2022, p.11。

治能量，鼓动支持者抵制拜登执政，誓言卷土重来。拜登则联合建制派对特朗普反攻倒算，试图给特朗普政治生命致命一击。国会众议院成立国会大厦暴乱事件调查委员会，传唤多名特朗普身边人；拜登政府亦驱动司法部对特朗普展开调查。2022年8月，联邦调查局搜查特朗普住所海湖庄园，带走大量涉密文件。这一"抄家"行动在美国历史上实属罕见，足见双方剑拔弩张之势。特朗普称此为"司法迫害"，骂拜登为"国家公敌"，号召支持者展开报复。① 拜登则在费城独立厅发表演说，称特朗普及其控制的"MAGA共和党人"② 代表着一种极端主义，威胁着美利坚合众国的立国之基，号召民众为"国家灵魂"而战。党派斗争的白热化让此次中期选举竞争空前激烈。据统计，此次中期选举竞选花费预计超过97亿美元，创历史新高，比2018年创下的历史纪录增长144%以上。③ 在中期选举的激烈争夺中，共和党内的民粹氛围得到强化，一些反特朗普的党内建制派被清洗。此前投票支持弹劾特朗普的共和党内建制派多数折戟党内初选，包括前副总统切尼之女利兹·切尼。民主党内的分野也不遑多让。持中间派立场的国会参议员曼钦态度摇摆，多次阻挠党内重大立法。前总统参选人、华裔政客杨安泽脱党，与一帮建制派精英组建"前进党"。作为民主党大本营，加州选民不支持拜登竞选连任，将本州州长加文·纽森视为2024年最有希望的

---

① Kayla Epstein, "Donald Trump: What We Learned from His Rally in Pennsylvania," https：//www.bbc.com/news/world-us-canada-62761333.

② MAGA 是 Make America Great Again 的缩写，MAGA 共和党人即指以特朗普的"让美国再次伟大"马首是瞻的那部分共和党人。

③ "Why Are America's 2022 Midterms So Expensive?" https：//www.economist.com/the-economist-explains/2022/10/28/why-are-americas-2022-midterms-so-expensive.

民主党参选人。[①]

其次,司法系统介入党争。2022年6月,保守派占优的美国最高法院以意识形态划线,投票推翻1973年的"罗诉韦德案"判决,废除宪法对堕胎权的保护。这在美国社会投下一枚震撼弹,激化了支持堕胎和反对堕胎两大群体的矛盾。民主党将堕胎权作为中期选举的重要议题,投放数千万美元政治广告,鼓动选民用选票反驳最高法院判决。美国内进步派亦通过法律诉讼方式抵制各州颁布的堕胎禁令,将推动该争议性判决的最高法院大法官克拉伦斯·托马斯作为攻击对象,不断披露其黑料。美国各级法院的争议性判决也明显增多,两党竭力将符合本党理念的法官塞入各级法院,号称中立的司法体系沦为党争工具。特朗普执政期间任命的法官数量创历史新高。拜登上台后亦任命大量自由派法官,美国法院系统内的意识形态斗争日趋严重。

司法系统介入党争是美国内意识形态之争激化的反映。自由与保守两大意识形态的斗争从堕胎权扩展到同性恋、种族等多种议题上。据统计,2022年以来美国针对同性恋群体、少数族裔的暴力行为显著增多。频发的示威游行、骇人听闻的政治暴力、深刻的社会隔阂,让民众看不到弥合矛盾、终结乱象的希望。民调数据显示,74%的美国民众认为国家正处于"错误方向",58%的美国民众担心"美国最好的岁月可能已经过去"。[②] 保守势力则借机推动其政治议程,强化美国国内的保守化趋势。众议院共和党领袖麦卡锡提出"对美国的承诺"议程,包含限制政

[①] Jeremy B. White, "California Voters Want Biden to Step aside — And See Newsom as a Top Contender to Succeed Him," https://www.politico.com/news/2022/08/19/california-voters-biden-newsom-00052914.

[②] Julia Mueller, "Record Percentage Says US Headed in Wrong Direction: NBC Poll," https://thehill.com/homenews/administration/3609791-record-percentage-says-us-headed-in-wrong-direction-nbc-poll/.

府开支、打击非法移民、审核投票权等内容，试图仿效前议长金里奇1994年提出的"与美国的契约"，重新凝聚党内保守派共识，将其作为共和党此次中期选举及未来中长期的政治纲领。

最后，州和地方与联邦的矛盾分歧扩大。受政治极化持续发展影响，两党内部凝聚力下降，地方实力派对联邦的挑战显著增多。共和党地方州政府与联邦政府的矛盾表面化。得克萨斯州州长格雷格·阿伯特、佛罗里达州州长罗恩·德桑蒂斯分别租用大巴和包机将非法移民从本州转移到纽约州等民主党执政州。这一非常规做法引发一系列政治和司法争议，暴露出美国联邦和地方之间的治理纷争。共和党领导层亦与地方参选人关系紧张，多个得到特朗普支持的极端候选人在初选中击败建制派候选人，打乱了共和党高层的既定选举策略。部分参选人拒绝承认2020年大选结果，要求共和党高层下台，形成共和党内部一股暗流。这些乱象冲击美国联邦制的稳定。有学者称，美国正在成为"分崩离析的超级大国"。[①]

中期选举结果是上述矛盾和乱局的体现。参议院方面，民主党以50对49保持微弱领先，即便输掉12月佐治亚州的决选，仍将依靠副总统哈里斯的关键一票控制参议院多数。党内中间派势力进一步提升。众议院方面，共和党当前已获超过半数的220席，民主党获212席，两党差距不大。各州层面，民主党在州长选举中翻转3州，比选前多获得两个州州长之位；总体上，共和党仍微弱占优。

中期选举将给美国未来一段时期国内政治带来持续影响。共和党获得国会众议院控制权后，美国再次进入府会分治阶

---

① Jenna Bednar and Mariano-Florentino Cuéllar, "The Fractured Superpower: Federalism Is Remaking U.S. Democracy and Foreign Policy," Foreign Affairs, Vol. 101, No. 5. September/October 2022.

段。共和党领导层已将"废除拜登立法成就""撤销国会大厦调查委员会""报复司法部"作为优先议题，甚至威胁启动对拜登本人及家属的调查程序。共和党亦寻求通过预算和债务设限的方式阻挠拜登推出的《基础设施投资和就业法》《芯片和科学法》《通胀削减法》的后续实施。受此影响，拜登在此后两年难以通过立法推动重大改革，其施政成就将明显少于执政前两年。同时，共和党中选表现不及预期，也加剧了党内建制派和特朗普支持者之间的矛盾。在特朗普率先宣布竞逐2024年大选后，两党提前进入选前状态。民主党将把主要目标放在维护现有立法成果，或将运用行政特权推出一些面向特定选民的政策。

二、滞胀风险凸显转型之难

2022年美国经济遭遇新困境。虽然私人消费支出稳健、劳动力市场表现不俗，但美国经济事实上已陷入技术性衰退。据美国商务部经济分析局统计，2022年第一、二季度美国经济分别衰退1.6%和0.6%。[①] 鉴于疫情救助的刺激政策退坡、美联储进入加息大周期、国内经济供需失衡加剧、消费者和投资者悲观预期升温，预计2022年全年美国经济将呈现低迷增长态势。IMF、经济合作与发展组织（OECD，简称"经合组织"）分别预测，2022年美国经济仅增长1.6%、1.5%。更严重的是，财政刺激过火、供应断点频发、服务需求上升、物流运输不畅、能源价格飙升、通胀预期升温等因素交织共振，不断将美国通胀水平推至

---

① "Percent Change From Preceding Period in Real Gross Domestic Product," https：//apps.bea.gov/iTablecore/data/app/Downloads.

新高。2022 年 6 月美通胀率高达 9.1%,[①] 创 20 世纪 70 年代大通胀以来历史新高。

为应对严峻的经济滞胀风险挑战，拜登政府加速推进国内经济转型，通过培育经济发展新动能并创造大规模高质量就业，重振中产阶级；通过确保重塑美国主导的供应链并加速产业回流，重塑"印太"经贸圈，谋划经济发展和强化国家安全，主要措施包括：

第一，力促基建升级。未来 8 年，美国将通过投资总额 1.2 万亿美元的《基础设施投资和就业法》，修复重建道路桥梁、改善公共交通、升级机场港口等老基建，布局高速宽带互联网、电力基础设施、全国电动汽车充电站等新基建，以维持经济增速、提供经济效率，并起到以工代赈之效。

第二，重振实体经济。拜登政府在国内力推"购买美国货"，激发本土制造热情；在国外推动制定全球企业最低税，吸引更多制造业回流，并在 G7 等场合力推产业链合作。通过《芯片和科学法案》，加大对国内重点产业投资和税收抵免，进一步通过保护主义和产业链重塑强化本土制造业。

第三，强化社会福利。除疫情救助外，拜登还誓言续推初始规模 1.75 万亿美元的《重建美好未来法案》，后成功推动国会通过其政策缩水版的《通胀削减法案》。该法大量资金用于扩大教育规模、加强老弱病残护理等，并重点为"三明治一代"（上有老下有小）提供更多保障。

第四，加速能源转型。拜登一直将推动"绿色新政"作为重中之重，目前已在发展清洁电网等方面有所进展；未来将通过

---

① "United States Inflation Rate," https://tradingeconomics.com/united-states/inflation-cpi.

《通胀削减法》相关产业政策扶持发展清洁能源技术、提升能源利用效率，把绿色发展打造成下一轮周期增长核心动能。

第五，积极推进"印太经济框架"（IPEF）。拜登政府加速充实完善"印太战略"，意在保持美国在"印太"经济主导地位，以外促内、巩固美国经济实力，并扩大对外影响力和掌控力。目前，"印太经济框架"共包括四大支柱：一是贸易支柱。各方寻求建立高标准、包容、自由和公平的贸易承诺，促进经济和投资活动，推动数字经济合作、打造强有力劳工和环境标准等，以实现经济可持续和包容性增长。二是供应链支柱。各方承诺改善"透明、多样、安全和可持续"的供应链，以促进其"更具弹性、更好的经济一体化"。三是清洁能源、脱碳和基础设施支柱。各方通过深化技术和资金合作等方式，大力发展可再生能源、提升能源利用效率、加快去碳化，建立对气候影响的抵御能力，推动"可持续、耐用"的地区基础设施。四是税收和反腐败支柱。各方致力于通过制定和执行"有效和强有力的税收、反洗钱、反贿赂"制度，对标现有多边义务、标准和协议，遏制"印太"地区逃税和腐败行为，促进"公平竞争"。

然而，美国经济转型存在诸多掣肘因素。一是深受通胀困扰。拜登刺激法案，看似长期利好美国经济，但中短期必然进一步扩大政府支出，加剧美国通胀压力，与紧缩政策应对通胀的理念相悖。美国宾夕法尼亚大学统计，仅《通胀削减法》就会在2023~2025年间分别增加财政赤字104亿美元、298亿美元和260亿美元。[1] 美国通胀飙升很大程度是由大幅财政刺激导致的总需求波动引发。美国既需要大举投资推动经济转型，又不得不

---

[1] "Senate - Passed Inflation Reduction Act: Estimates of Budgetary and Macroeconomic Effects," https://budgetmodel.wharton.upenn.edu/issues/2022/8/12/senate - passed - inflation - reduction - act.

考虑更加平衡的财政政策,以减少短期通胀风险。拜登政府后续转型措施的推进面临诸多掣肘。

二是经济转型成本高昂。拜登政府全力调整产业和贸易政策,强化供应链本土化,虽然增加了经济的安全性,但却损失了经济效率。从产业调整看,拜登强行增加半导体、大容量电池、关键矿产、医疗原材料、太阳能等供应链弹性,但美国关键产业短板较多,长期空心化已使芯片制造、部分重要初级品加工出现技术和工艺的空白点。美国国内相关上游零部件企业及原材料供应商产能难以快速提升,以满足国内生产需要,导致成本居高和产业链中断风险。从绿色转型看,拜登强力发展绿色经济、重构产业链生态系统的措施不仅需要时间和大量资金投入,短期内也会冲击传统经济。美国经济研究所统计,如果按照拜登行政令的做法,即到2030年美国新车销售的一半是包括纯电动汽车在内的零排放汽车,那么美国传统行业将损失7.5万个就业岗位。[①]

三是受债务负担影响。疫情以来,美国两届政府用于疫情救助和经济转型的资金共计超过8万亿美元,严重加剧了当前及未来一段时期美国联邦债务负担。据美国国会预算办公室统计,2023~2032年,美国联邦债务总额将从31.7万亿美元飙升至45.35万亿美元,仅债务净利息支付一项就从4420亿美元增加到1.19万亿美元,占美国当年联邦总支出近1/8。[②] 从财政和货币政策看,巨额债务负担将严重透支美国财政未来,挤压美国经济转型投入和应对下一轮危机的政策空间。

[①] Jim Barrett and Josh Bivens, "The Stakes for Workers in How Policymakers Manage the Coming Shift to All-Electric Vehicles," https://www.epi.org/publication/ev-policy-workers/.

[②] The Budget and Economic Outlook: 2022 to 2032, Congressional Budget Office, May 2022, pp. 1-4.

四是美国经济"虚""实"矛盾难以解决。自布雷顿森林体系崩溃以来，美国从工业立国走向金融立国，形成了新的美元霸权机制。如果拜登重振制造业，以"在岸""友岸""近岸"的方式促进相关产业回归，缩小贸易圈和经常性项目逆差，将导致美国资本账户顺差减少，金融市场吸引力下降，一定程度上影响美元的国际吸引力，而美元是美国霸权不可动摇的核心支柱。美国经济向"实"回归的梦虽好，恐难圆。

三、双遏制牵引全球布局

2022年是拜登政府国家安全战略成形并全面铺开的一年。从《美国印太地区战略》《国家安全战略》到《2022年国家防务战略报告》，从乌克兰危机爆发后大幅升级对俄罗斯的遏制到强化对中国的战略围堵，美国以"民主对抗专制"为口号，同时对中俄实施遏制，以实现其维护霸权的地缘政治目标。

首先，操弄乌克兰危机以削弱俄罗斯和控制欧洲。自2021年底开始，在俄乌关系紧张之际，美国不断为局势煽风点火，拒绝承诺北约不再东扩，积极向乌克兰提供各种军事援助，向波兰、罗马尼亚等中东欧国家增兵，并大肆渲染俄罗斯发起"入侵行动"。2022年2月乌克兰危机全面爆发后，美国联合欧洲和日本、韩国等盟友，不断向乌克兰提供军事、经济和情报支持，并对俄罗斯发起一轮接一轮的强力制裁。这些制裁包括大幅冻结俄罗斯的美元、欧元和日元资产，将俄踢出SWIFT，全面收紧高科技出口管制，取消贸易最惠国待遇，将俄排挤出联合国人权理事会，对俄罗斯航空公司关闭领空等，实际上发起了全方位的战略遏制，试图大幅削弱俄罗斯的实力，尤其是继续开展军事行动的能力。北约6月发布《北约2022战略概念》，将俄罗斯认定为北约和欧洲大西洋地区面临的"最大且直接的威胁",并据此大幅强化对俄军事威慑。① 美西方与俄罗斯的全面对抗使乌克兰危机持续延烧,美俄、美欧关系均跌至冷战结束以来的最低点。在此过程中,美国全面加强了对欧洲的控制,欧洲不仅在安全方面对美国的依赖加深,在经济特别是能源方面对美国的依赖度也大幅上升。为弥补从俄罗斯进口天然气迅速萎缩的缺口,欧洲不得不从美国进口昂贵的天然气,导致欧洲能源价格暴涨、通货膨胀严重,部分制造业企业被迫停产或选择将生产线外迁,美国从中获益巨大,以至于《华尔街日报》直白地声称"高企的天然气价格正让欧洲制造业流向美国"。②

其次,美国不断升级对中国的遏制打压,并拉拢和胁迫盟友伙伴配合。乌克兰危机并未改变美国对亚太的重视,也未改变美国将中国视为最主要战略对手的判断。白宫发布的《印太战略》宣称,"未来印太地区的影响力只会越来越大,对美国的重要性也会越来越大"。③ 2022 年 10 月发布的《国家安全战略》宣称"(印太)将成为 21 世纪地缘政治的中心",中国是"最严峻的地缘政治挑战"。④ 在此背景下,拜登政府一方面积极在该地区推进机制建设,为其"印太战略"打造战略支柱。在继续强化美英澳三边安全伙伴关系、美日澳印"四方安全对话"机制、"五眼联盟"等小多边机制的基础上,拜登政府还启动了"印太经济框架",谋求补足其"印太战略"的经济短板。此后,美国又推出"芯片四方联盟""蓝色太平洋伙伴关系"等机制,加快

---

① NATO 2022 Strategic Concept, NATO, June 29, 2022, p. 4.
② David Uberti, "High Natural - Gas Prices Push European Manufacturers to Shift to the U. S. ," https：//www.wsj.com/articles/high - natural - gas - prices - push - european - manufacturers - to - shift - to - the - u - s - 11663707594.
③ Indo - Pacific Strategy of the United States, White House, February 2022, pp. 4 - 6.
④ National Security Strategy, White House, October 12, 2022, p. 23, p. 37.

在高科技产业链、区域治理、应对气候变化等领域孤立中国的地缘经济布局。另一方面，拜登政府继续扩大在亚太的军事存在，包括不断强化既有的双边和多边军事关系，与日韩澳印等盟伴加强联演联训、深化防务合作，促其介入台海局势，甚至推动部分北约国家搅局亚太；延续特朗普时期启动的"太平洋威慑倡议"，推动在亚太军事部署提质增量，其目标是"融合多域多地、应对各类冲突、举全政府之力和有效动员盟伴"对中国实施"综合威慑"。① 在挤压中国影响力的过程中，美国十分注重外交的作用，大搞峰会外交。在5月召开的美国—东盟特别峰会上，拜登政府宣布向东盟投资1.5亿美元，承诺将双边关系提升至"全面战略伙伴关系"。在9月召开的首届美国—太平洋岛国峰会上，美国政府接连公布《太平洋岛国伙伴关系战略》《21世纪美国—太平洋岛屿伙伴关系路线图》《美国—太平洋岛国伙伴关系宣言》等文件，并承诺提供8.1亿美元新援助。

除了欧洲和亚太，美国在其他地区也重视对抗中俄。在中东，拜登政府多番向中东盟友喊话，要求其追随美国的反俄遏华行动。拜登7月出访中东并在沙特召集安全与发展峰会，向海湾国家承诺加大科技等领域合作以期其"替代中国"，还试图说服沙特增产石油以补充世界能源供应缺口、配合打压俄罗斯。在非洲，国务卿布林肯8月访问南非等国期间虽然口头上不要求非洲国家"选边站"，但白宫发布的《美国对撒哈拉以南非洲战略》，则攻击中国"追求狭隘的商业和地缘政治利益"，抨击俄罗斯"制造动荡"。② 美国媒体也大肆散播"俄罗斯入侵乌克兰导致世界粮食危机""中国趁机抢囤粮食加剧非洲饥荒"等不实消息。

---

① National Security Strategy, White House, October 12, 2022, p. 1.
② U. S. Strategy Toward Sub-Saharan Africa, White House, August 2022, p. 5.

在拉美，美国6月借主办美洲峰会之机推出"美洲经济繁荣伙伴关系"计划，欲以意识形态和经济手段拉拢拉美国家，美国媒体称此举凸显了拜登政府对中国在拉美影响力扩大的焦虑。[①] 甚至在北极地区，拜登政府也不忘"大国竞争"，其10月发布《北极地区国家战略》报告，大肆宣扬俄罗斯和中国与美国及其盟友争夺对北极的影响力，声称美国要加大军事存在、投资基础设施，应对美国本土和盟友面临的威胁。[②]

总体看，2022年是拜登政府在国内政治极化、经济滞胀风险加剧、乌克兰危机久拖不决背景下制造国际局势紧张和地区冲突，并以此重塑外交安全布局的一年。美国对中俄的"双遏制"加深了全球"新冷战"的程度，加剧"逆全球化"的趋势，严重违背世界和平与发展的潮流，不得人心，必然受到国际社会的有力牵制。世界上绝大多数国家不支持、不参与对俄罗斯的制裁，东盟国家不愿在中美之间选边站队，太平洋岛国不满美国的胁迫外交，以沙特为首的中东产油国抵制美国促其增产石油的要求，而拉美国家对美国滥用东道主特权，将古巴、委内瑞拉、尼加拉瓜排除在美洲峰会之外也表示不满并加以抵制。

四、新两手冲击中美关系

拜登政府视中国为首要对手并全面遏压，同时也担心中美破局对美国及其主导的秩序造成冲击，矛盾心态驱使其奉行两手策

---

① Eloise Barry, "The Summit of the Americas Was Meant to Counter China's Influence. Instead, It Showed How Weak the U. S. Is," https://time.com/6186494/americas-summit-biden-china/.

② National Strategy for the Arctic Region, White House, October 7, 2022, pp. 3-4, p. 6.

略。中国坚定捍卫自身主权、安全和发展利益，同时发挥元首外交战略引领作用维持双边关系总体稳定，不断提升对中美关系的引领塑造能力。

（一）美国试图全面做大和做实对华战略布局

拜登政府从2022年初开始就不断强调"印太"地区最可能发生"战略意外"，暗示会跟中国展开激烈博弈。5月26日，美国国务卿布林肯发表对华政策讲话，在2021年提出的对华"竞争、合作、对抗"三分法基础上，又提出"投资、联盟、竞争"的新三段论，就是在提升美国自身实力、与盟友合作基础上，与中国全方位竞争。[①]其虽声称无意改变中国政治体制、不希望与中国打新冷战，但是对华竞争成为贯穿美国内外政策的一条主线。

在外交领域，为实现"塑造中国战略环境"的目标，美国不断与盟国和伙伴国展开战略协调，推动其追随美对华竞争战略。美方为此渲染各种"中国威胁论"，尤其利用乌克兰危机产生的心理冲击，通过双边和多边峰会、联合声明，各领域和各层级对话等多种形式，与日、澳、英、欧盟和北约盟国及伙伴国，协调从大战略到具体问题上的对华立场，持续利用涉台、涉港、涉疆等问题插手和干涉中国内政。美国还联手盟友抵制北京冬奥会，围绕太平洋岛国与中国展开争夺，利用美国—东盟峰会、美洲峰会等拉拢和施压相关国家对华强硬，甚至利用自然灾害和有关国家政局动荡之机，干扰和破坏一些向来与中国友好国家的对华态度。

经济和科技领域也是美国对华重点竞争领域。经济上，拜登

---

① Antony J. Blinken, "The Administration's Approach to the People's Republic of China," https://www.state.gov/the-administrations-approach-to-the-peoples-republic-of-china/.

政府启动并扩大以排华为目的的"印太经济框架",试图取得在区域经济合作、关键技术和商品供应链、数字贸易和规则制定、清洁能源和技术等领域的主导权,继而获得对华竞争优势。科技上,落实"小院高墙"和泛化国家安全的策略,利用强化出口管制、单边制裁、制定相关国内法,构建科技排华小圈子,施压盟友配合其对华出口管制等方式,重点在半导体领域对华出重手,剑指中国高科技和军队的现代化,意图在高科技领域对华"脱钩断链",维持美国科技和军事霸权。

在军事安全领域,扩大美日澳印"四方安全对话"机制覆盖领域,借口对华竞争和台海局势,加快相关军事部署和调整节奏,提升与亚太域内盟伴的安全军事关系。同时,加大国防预算投入,与盟友在核武器和超高速武器等领域展开联合研发,试图借此构建对华军事优势。

(二)涉台挑衅引发中美剧烈碰撞,美国进一步明确对华竞争战略

台湾问题是中美关系中最重要、最核心、最敏感的问题,一个中国原则是中美关系的政治基础和不可逾越的红线。美国对华两手策略在该问题上表现得最为明显和彻底,致使中美关系经历拜登上台以来最为严峻的一次动荡。

一方面,无论拜登本人还是美国官方,多次作出"四不一无意"表态,即美国不寻求同中国打新冷战、不寻求改变中国体制、不寻求通过强化同盟关系反对中国、不支持"台独",无意同中国发生冲突。另一方面,美方持续推动台湾问题国际化,频繁与台"官方互动",加大在科技、经济和地缘上打"台湾牌"力度,甚至联手民进党当局重新"解读"联合国2758号决议,歪曲虚化掏空"一中"原则,错误指责"中国单方面改变台海现状"。美国军方也不断炒作中国"武统时间表",制造反

华恐华氛围，借机加快落实"印太战略"和对华军事部署。美国还借口吸取乌克兰危机"教训"，提出助台发展非对称军力的"豪猪战略"，加大对台售武力度，①延续月均一次派军舰穿越台海的做法。拜登本人2022年两次公开声称会在"台海生战"情形下派美军协防中国台湾，被解读为对台立场从"战略模糊"变为"战略清晰"，共和党鹰派则提出"美台建交"等危险建议，国会还试图推出"重塑美国对台政策"的"台湾政策法案"等。

其中，众议长佩洛西不顾中方强烈反对和美国内部"担忧"，于8月2日窜台，引发"第四次台海危机"。②这是台美勾连的升级，性质十分恶劣，后果十分严重，是对中国主权和领土完整的严重侵犯，是对一个中国原则和中美三个联合公报的严重违背，是对国际法和国际关系基本准则的严重践踏，是美国对中国作出严肃政治承诺的背信弃义，向"台独"势力发出严重错误信号，③遭到中方强力反制，中美关系遭遇严重危机。

美国还在其战略中进一步明确并做实对华竞争的相关内容。拜登政府在10月出台的新版《国家安全战略》和《2022年国家防务战略报告》中指出，"后冷战时代已终结，决定世界未来的大国竞争正在到来"，因此"大国冲突风险上升"，而大国竞争本质是"民主对抗威权"，俄罗斯是"当下挑战"，中国则是"最严重的地缘政治挑战"和唯一有意愿和能力重塑国际秩序的竞争对手，从而对美国构成全方位竞争威胁；未来10年是美中

---

① 截至2022年9月2日，拜登政府已先后六次对台军售，总额达22.69亿美元。
② "Tracking the Fourth Taiwan Strait Crisis," https：//chinapower.csis.org/tracking-the-fourth-taiwan-strait-crisis/.
③ 《中共中央台湾工作办公室就佩洛西窜台发表声明》，http：//www.gwytb.gov.cn/topone/202208/t20220802_12457613.htm。

较量"决定性10年",为此提出要通过提高美国自身实力、建立强大盟伴体系和壮大美军等方式,去实现对华"竞赢"的战略目标。① 美军也在认定中国构成"最严重和全面挑战"基础上,提出要"慑止中俄对美国国家利益的潜在威胁,并在慑止失败后的冲突中胜出"。② 拜登政府虽提出为应对跨国挑战要与中国合作,但在前任基础上不仅延续了对华竞争的主基调,而且秉持冷战思维予以做实和进一步的强化。

(三) 中国既坚决捍卫主权、安全和发展利益,又提升对中美关系的引领和塑造能力

面对美国的霸权霸道霸凌行径,中国坚决斗争和强力反击,捍卫了自身主权、安全和发展利益,同时以对世界和历史负责的态度,通过持续发挥元首外交战略引领作用,既维持了中美关系总体稳定,也提升了对中美关系的引领和塑造能力。

元首外交的战略引领作用确保中美关系不脱轨。年内,中美元首通过电话和视频形式两次会晤。11月G20印尼巴厘岛峰会,两国元首实现疫情发生以来的首次线下会晤。此次峰会为今后一个时期中美关系的发展明确了方向。习近平主席指出,当前中美关系面临的局面不符合两国和两国人民根本利益,也不符合国际社会期待。中美双方需要本着对历史、对世界、对人民负责的态度,探讨新时期两国正确相处之道,找到两国关系发展的正确方向,推动中美关系重回健康稳定发展轨道,造福两国,惠及世界。③ 中国国务委员兼外长王毅介绍会晤情况时称,这次元首会

---

① National Security Strategy, White House, October 12, 2022, pp. 6 – 13.

② 2022 National Defense Strategy of the United States of America, U. S. Department of Defense, October 2022, pp. 1 – 3.

③ 《习近平同美国总统拜登在巴厘岛举行会晤》, https://www.fmprc.gov.cn/zyxw/202211/t20221114_10974651.shtml。

晤不仅具有重大现实指导意义,而且将对下阶段乃至更长时期的中美关系产生重要深远影响。双方明确了"防止中美关系脱轨失控,找到两个大国正确相处之道"的方向,确定了"共同探讨确立中美关系指导原则",启动"将两国元首重要共识落到实处,管控和稳定中美关系"的进程。① 根据中美元首共识,两国外交、财金、经贸团队围绕乌克兰危机、朝核问题、宏观经济政策、中美经贸关系等问题开展沟通与协调,推动双边关系止跌回稳。

在进行建设性沟通的同时,中方坚决回击美方挑衅以捍卫自身正当权益。如在台湾问题上,中国针对佩洛西窜台展开反分裂、反干涉重大斗争,在台湾周边展开系列军事行动,对美国采取"八项反制""五暂停"等反制举措,② 展示了维护国家主权和领土完整、反对"台独"的坚强决心和强大能力,在涉疆、涉藏等其他涉华问题上同样也都采取了坚决举措。这些促使美国内部就如何处理未来双边关系展开新一轮辩论,也推动拜登政府不断表态"不寻求对华冲突"和"要负责任地管理对华竞争",表明中国通过斗争有效提升了对中美关系的引领和塑造能力。

2023 年,美国在中期选举后形成新的政治格局。共和党获得众议院控制权使拜登政府进入"跛脚鸭"状态,中美关系因此既有风险,又面临机遇。风险在于,主张对华强硬的共和党增加了美国对华政策上的发言权,从而对中美关系形成更大干扰,带来更多风险,拜登政府为内政需求及 2024 年大选,可能采取更激进的对华竞争路线。机遇在于,由于受共和党掣肘而在内政上难有建树，拜登政府或将更多精力用于外交，但面对美国经济衰退前景、乌克兰危机走势不明，以及其他严峻的跨国性全球挑战，拜登政府或能相对理性地看待中美关系，采取措施使双边关系部分缓和。

（审定：王鸿刚）

第五章　俄罗斯谋求转变发展道路[*]

2022年，乌克兰危机是牵引俄罗斯形势变化的主线。俄因应内外环境的重大变化筹谋生存发展之策，踏上脱困突围之路：经济多措并举应对西方制裁，外交"东进南下"对抗美欧，政局确保稳定消减隐忧。

一、乌克兰危机僵持难解

截至2022年底，乌克兰危机已持续近一年，战事长期胶着，冲突长期化趋势明显，冲突升级、扩大化风险增加。

（一）冲突历经四个阶段

2022年2月24日至10月底，乌克兰危机已造成双方伤亡各数万人。10月，乌方估计战争损失超过1200亿美元。[①] 世界银行报告称，乌未来重建至少需4000亿美元。[②] 战争还造成数百万乌民众沦为难民。迄今战事可分为四个阶段。

第一阶段：俄全面进攻（2月24日至4月中旬）。俄总统普京2月24日发表讲话，实施对乌"特别军事行动"，欲使其

---

[*] 本章撰稿人：李东、蒋莉、尚月、陈宇、苗嵩、韩奕琛、叶天乐、李静雅。

[①] Украинская правда, Убытки Украины от войны превысили $127 миллиардов в сентябре, https://www.epravda.com.ua/rus/news/2022/10/21/692884/.

[②] "Ukraine Rapid Damage and Needs Assessment," http://www.wws.princeton.edu/world_politics/apr01/conflict.html.

"去军事化、去纳粹化",成为"中立国家"。① 当日,俄军多路出击,欲占领包括首都基辅在内的多个城市,逼迫乌政府投降。但俄军初战不利,虽夺取乌约20%领土,但乌总统泽连斯基坚守基辅,发动全国动员与俄对抗。3月,俄乌谈判,一度就某些问题达成共识,但最终未签署协议,谈判破裂。3月中旬起,双方陷入僵持。

第二阶段:俄调整进攻重点(4月中旬至7月初)。4月中旬,俄开启"特别军事行动第二阶段",将战略目标定位夺取整个顿巴斯地区(即乌东部的顿涅茨克、卢甘斯克两州)。② 俄军凭借密集火炮和空中优势,夺取多个定居点。乌方损失严重,向西方寻求支持。美英及北约积极提供军事、经济援助,助乌持续抵抗。俄军投入大量兵力与军备,艰难拿下战略要地马里乌波尔和北顿涅茨克,打通俄本土至克里米亚的陆上走廊,并控制卢甘斯克州全境。

第三阶段:战场相持(7月至8月底)。俄进攻势头减缓,向顿涅茨克州剩余乌控领土缓慢推进,战线改变不大。西方对乌援助逐步到位,特别是"海玛斯"火箭炮等重型武器的部署使俄乌战场力量对比发生微妙变化。

第四阶段:乌军反攻(8月底以后)。8月底,乌军在哈尔科夫州、赫尔松州双线反攻。俄军在哈尔科夫全面撤退,8500平方公里土地得而复失。乌军收复哈尔科夫州大部分地区,夺回战略要地伊久姆、利曼,并持续向卢、顿两州推进。南部乌军也在赫尔松州收复部分领土,并打击俄补给线,俄军宣布撤出赫尔

---

① Президент России, Обращение Президента Российской Федерации, http://kremlin.ru/events/president/news/67843.
② 《俄军方:第一阶段主要任务已总体完成》,https://news.cctv.com/2022/03/26/ARTIz0VjeNxLFLwiA9X4nTet220326.shtml。

松。10月8日，连接俄本土与克里米亚的刻赤大桥遭袭。俄认为系乌所为，此后俄军使用导弹、无人机等大规模攻击乌电力等基础设施，乌多地停水停电，战争烈度持续上升。

（二）未来一段时间，俄乌战局仍将胶着难解，双方都有战意、战力

从俄方看，9月23日，赫尔松、扎波罗热、顿涅茨克与卢甘斯克四地俄控区域举行全民公投，决定加入俄联邦。30日，普京签署总统令正式确认四地入俄。[①] 同时俄启动部分动员，动员30万人充实前线。公投及部分动员后，俄征召兵员持续开赴前线，短期内可守住当前战线，延缓乌军反攻。俄或在冬季加强攻势，将战线推进至四地行政边界。在俄看来，"冬天是俄罗斯的朋友"，欧洲能源危机、经济困局可能加剧，内部或发生更大分裂；美中期选举后，共和党赢得众议院，可能会弱化对乌支持。乌在经济、军事上都依赖西方输血。若西方降低对乌支持，其支撑能力存疑。

从乌方看，历经四轮全国动员，形成可抵挡俄军的军力储备，在局部对俄形成优势。西方持续加大支持力度。冲突以来，美对乌军援已超180亿美元，欧洲国家援助约100亿美元。西方重型武器对俄军造成较大杀伤，其培训的乌军也陆续部署至前线。西方还对乌情报、指挥体系提供全方位支持，使乌具备进行现代战争的能力。

（三）乌克兰危机或持续数年，呈长期化趋势

俄正式通过法律手段使赫尔松等四地入俄，俄乌领土纠纷固化。泽连斯基为继续谋求西方援助，回应国内民意，已将"不

[①] Президент России, Подписание договоров о принятии ДНР, ЛНР, Запорожской и Херсонской областей в состав России, http://www.kremlin.ru/events/president/news/69465.

与普京谈判"写入法律。短期内，俄乌缺乏就此问题让步的空间。尽管不会一直高强度对抗，但冲突持续数年的可能性较高。除非俄乌一方被彻底打败或现政权垮台，否则即使未来双方精疲力尽，也很可能选择以朝鲜半岛模式"停火"，而难以通过条约形式彻底结束战争。

随着乌克兰危机的长期化，冲突升级、扩大化的风险在上升。首先，俄与北约缓冲、互信尽失，"混合战"复杂微妙。随战事发展，北约介入力度不断加大。随着四地公投入俄，西方军备、顾问等事实上已在俄国土上发挥作用。不排除俄与北约擦枪走火发生直接冲突的可能，或是俄将西方在四地的行动认定为进攻而采取行动。其次，当前各方在核电站、核武器等问题上激烈博弈。尽管各方仍是围绕核议题打政治牌，并不希望真正酿成核悲剧，但激烈的博弈无疑放大了核风险，不能完全排除"误炸"导致核泄漏，或是战场局势剧烈变化，导致某一方使用核武器的可能。

二、俄在经济困境中寻求突围

乌克兰危机爆发以来，西方对俄实施空前严厉的制裁，促使国际资本和技术与俄市场切割。俄政府多措并举扛过短期冲击，但经济面临与西方各领域全面脱钩风险，发展前景不容乐观。

（一）西方制裁致俄经济深陷困境

美西方联手精心设计出一套金融封锁、贸易管制、交通阻断等相结合的制裁方案，极力将俄推向经济崩溃。此轮制裁在2022年10月下旬已达9970项，涉及8330名个人、1543个实体、91 艘船舶等,① 打击范围遍及金融、能源、运输、电子等经济部门,手段涵盖投资禁令、贸易管制、交通封锁等多种工具,且官方制裁与企业自发抵制相结合,俄面临空前外部压力。

金融封锁。西方制裁直击俄金融动脉,基本切断了俄进入西方资本市场的渠道,严重破坏了俄跨境交易能力。一是冻结资产。西方多国不仅扣押俄骨干企业海外资产,以及俄受制裁政商精英的个人资产,而且首次冻结俄央行约 3000 亿美元外汇储备。二是限制投融资。俄央行、国家福利基金、财政部等政府机构,占俄银行业资产约 80% 的重要银行,以及能源、国防等战略企业和数千名个人被西方国家列入禁止交易黑名单,在国际市场投融资活动受到极大限制。三是禁用国际支付基础设施。除特定交易外,俄已无法使用美元、欧元、英镑等进行国际结算;俄储蓄银行、外经银行、外贸银行等 10 家重要银行被踢出 SWIFT 系统;万事达卡、维萨卡等国际支付系统停止在俄服务。此外,为防止俄规避制裁,西方将限制扩展至虚拟货币和黄金。

贸易管制。俄与施加制裁方的贸易额占其贸易总额的 54%,② 欧盟更是其最主要的贸易伙伴和设备技术来源方,2021 年俄欧贸易占俄外贸总额的 35.9%。③ 西方制裁瞄准了俄对其市场和技术设备双重依赖的弱点。一方面,出口管制和科技封锁。美对俄出口管制涵盖半导体、计算机、电信、信息安全设备等多领域技术设备,以及使用美设备、软件和蓝图制造的外国产品。

---

① "Russia Sanctions Dashboard," https://www.castellum.ai/russia-sanctions-dashboard.

② Виктория Полякова, Товарооборот России с поддержавшими санкции странами составил 54%, https://www.rbc.ru/economics/21/03/2022/62381ae19a79473a66885e58.

③ Росстат, О внешней торговле в 2021 году, https://rosstat.gov.ru/storage/mediabank/26_23-02-2022.html.

欧盟、英国等多方禁止对俄半导体、电子产品、关键原料等出口。相关限制将影响俄约 50% 的高科技产品进口，涉及国防、航空航天、海事、运输、能源、电子通信等重要领域。同时，至 9 月初俄境内已有约 3000 家外企暂停业务，527 家外企注销，①严重冲击俄产业链和供应链。此外，俄商品供应还受到物流、支付持续干扰，进口危机愈发严峻。据俄央行预测，俄 2022 年进口或将萎缩 27.5%～31.5%。② 另一方面，能源资源禁运。为切断俄财源，西方对俄能源、黄金、钢铁、木材等多种商品实施禁运。仅从能源看，欧盟 8 月以来已停止进口俄煤炭和其他固体化石燃料，未来还将停止进口俄海运原油（2022 年 12 月起）和石油产品（2023 年 2 月起）。尽管尚未出台禁令，欧盟已逐步减少从俄进口天然气，使俄对欧供气占欧盟天然气消费的份额从约 40% 降至 9 月的 7.5%。③ 此外，国际航运、能源贸易商以多种手段抵制俄石油，欧盟成员国在 12 月初为俄石油出口设置每桶 60 美元的价格上限，此举或将使俄石油出口受到更大影响。

交通阻断。俄因幅员辽阔，陆路运输设施欠发达而十分依赖航运，且与西方合作密切，约 2/3 商用飞机从欧美租借，承载国内约 95% 的客运量。至 2021 年底，在俄 801 架主力飞机中，空客占 298 架，波音占 236 架。④ 2 月以来，俄与美、英、欧盟等相互关闭领空；波音、空客停止向俄提供飞机备件及技术支持，

---

① Евгения Перцева, Простоя путь: 3 тыс. зарубежных брендов поставили на паузу бизнес в РФ, https://iz.ru/1388344/evgeniia-pertceva/prostoia-put-3-tys-zarubezhnykh-brendov-postavili-na-pauzu-biznes-v-rf.

② Анатолий Комраков, Серые схемы не защитили страну от падения импорта, https://www.ng.ru/economics/2022-08-14/1_8512_import.html.

③ Татьяна Дятел, Европа берет российский газ танкерами, https://www.kommersant.ru/doc/5619161?from=top_main_1.

④ Редакция Вестника АТОРО, Статистика Минтранса: сколько у России сейчас самолетов и каких, https://www.atorus.ru/news/press-centre/new/59791.html.

关闭在俄设计中心；飞机租赁公司终止与俄租赁合同；俄部分在境外执飞的飞机被扣押。此外，俄欧之间相互停止公路运输，多家国际海运企业暂停涉俄货运业务。

西方制裁使俄人员、资金、货物流通不畅，经济造血和输血能力遭受重创，政府稳定金融、支持经济民生的能力受到严重削弱。

（二）俄政府多措并举紧急救市

面对史无前例的制裁，俄成立由总理米哈伊尔·米舒斯京领导的政府反制裁委员会，迅速将经济转入反危机轨道，有效扛过制裁的第一波冲击。

强化技术主权。西方企图切断俄技术和金融供应链，锁定俄发展上限。此背景下，俄将加强经济主权、发展自主技术视为最重要任务，希望尽快摆脱对西方的依赖。俄政府调整人员分工，显著加大对技术发展的投入：工贸部部长丹尼斯·曼图罗夫升任副总理，加快推进工业进口替代；各副总理分别监管太空、基因技术、新材料、能源、人工智能等科技领域发展；安全会议成立跨部门委员会，负责确保关键信息基础设施技术主权。曼图罗夫表示，俄政府已达成共识，应从以市场为导向的工业政策转向以保障技术主权为主的工业政策。[①]

稳定金融市场。俄早在 2014 年乌克兰危机后就推出了金融信息传输系统和支付系统，以为国内交易和部分国际交易提供保障。制裁升级以来，俄将基准利率上调至 20%，全面加强资本管制，限制居民转出外汇，并要求出口商出售 80% 的外汇收入。同时，俄动用国家福利基金购买俄企债券和股票，持续向商业银

---

① Мария Лисицына, Мантуров анонсировал уход от рыночной промышленной политики，https：//www.rbc.ru/economics/15/07/2022/62d13a1f9a79476ad8ac4709.

行注入流动性，引导央行和居民购买黄金保值。在跨境交易方面，俄加快推进"去美元化"，加紧与中国、印度等国建立替代性交易渠道，将贸易结算转向友好国家货币。为破解融资难题，俄着力完善国内金融市场，并鼓励企业发行以友好国家货币计价的债券。当前，俄石油公司等多家企业已开始或计划发行人民币债券。

维护供应链和产业链。俄政府暂时禁止出口电信、医疗设备、车辆、电气设备及化工原料和粮食作物等，对技术设备和原材料实施免税进口，并迅速推动平行进口合法化，批准了一份含50类200余种商品的清单，鼓励企业通过第三方进口。仅5~8月，俄平行进口的货物价值就达到近94亿美元，预计年底将达200亿美元。[①] 俄政府将平行进口政策延长至2023年，未来可能继续延长。同时，俄对农业、能源、电子通信、机械制造等行业加大支持力度，修订多个行业规划，着力提高产能。航空领域，俄将投入7700亿卢布，计划到2030年前将国产飞机份额从33%提升至81%。半导体领域，俄计划2030年前投入3.19万亿卢布，将国产电子产品公共采购率提升至100%。能源领域，俄将全力研发油气深加工设备和工业软件，并重点发展液化天然气工业，计划2030年将大吨位生产设备国产份额提升至80%。

拓展销售市场和物流通道。在西方贸易封锁之下，非西方国家作为俄出口市场以及关键商品进口来源的地位大幅提升。为此，俄积极将贸易转向，进一步激活与亚太、中东、拉美国家的贸易关系，与中国、印度、伊朗、土耳其等国贸易额均有明显增长。特别是俄印贸易额2022年上半年同比增长1.7倍，使印度

---

① Ирина Цырулева, Евгения Перцева, Приостановившие работу в России компании заинтересованы в возвращении, https：//iz.ru/1396326/irina - tcyruleva - evgeniia - pertceva/priostanovivshie - rabotu - v - rossii - kompanii - zainteresovany - v - vozvrashchenii？utm_source = yxnews&utm_medium = desktop.

取代美国成为俄十大贸易伙伴之一。① 俄还计划在土耳其和欧盟边境新建天然气枢纽，打通新的对欧供气渠道。物流方面，为消除东向和南向物流障碍，俄重点升级远东运输基础设施，推进与伊朗的南北交通运输走廊、里海交通枢纽、北极航道及亚速海—黑海交通走廊建设。俄已建立由副总理马拉特·胡斯努林牵头的指挥部，计划2030年前斥资4.5万亿卢布建设物流基础设施，预计将南北方向、亚速海方向和东部方向货运量分别提升至3250万吨、3亿吨和3.5亿吨。②

反制"不友好国家（地区）"。俄先后将美国、加拿大、欧盟国家等50余国列入"不友好国家（地区）"清单，对与清单国家的交易引入特别程序。金融方面，允许以卢布向"不友好国家（地区）"支付外币债务；禁止与其交易；禁止为其提供转账服务；2022年12月31日前禁止外企从俄撤资；重新注册萨哈林-1等项目运营商。贸易方面，俄要求所有与"不友好国家（地区）"的交易均需政府外国投资监管委员会批准；"不友好国家（地区）"须用卢布结算天然气贸易；禁止向被俄制裁对象出口俄关键产品和原料等。

随着各项措施发挥作用，俄金融市场趋稳，卢布升值至高于冲突前水平，通胀9月放缓至13.7%，③ 基准利率接连6次下调，处于7.5%的较低水平；④ 经济衰退幅度可控，上半年GDP

---

① Олег Сапожков, Татьяна Едовина, Российская нефть ушла в индийский импорт, https：//www.kommersant.ru/doc/5559573.

② ТАСС, Мишустин：затраты на выстраивание новых схем логистики составят свыше 4,5 трлн рублей, https：//tass.ru/ekonomika/16087703.

③ Банк России, Ключевая ставка Банка России и инфляция, http：//www.cbr.ru/hd_base/infl/.

④ Банк России, Ключевая ставка Банка России и инфляция, http：//www.cbr.ru/hd_base/infl/.

下降0.4%、固定资本投资增长7.8%，货物运输下降0.8%、零售总额下降4.9%；1~9月工业生产同比增长0.4%。[1] 1~8月农业增长4.6%，2022年俄粮食收成将实现创纪录的1.5亿吨，粮食自给率将达159%。[2] 同时，俄国内能源市场稳定，能源出口虽受到阻碍，但未遭到全面禁运，且价格上涨降低了出口量萎缩的影响，使俄年度出口额再创新高。据俄科学院经济预测所评估，俄2022年出口额或将达到近5700亿美元，[3] 保障了俄政府财力。

（三）经济发展前景不容乐观

在西方制裁长期化背景下，俄经济发展将受到极大限制，发展前景有待观察。

经济转向"战时"状态，发展动力不足。俄虽在短期内仍可出口能源变现，但战场、经济和民生均需要大额支出，在俄政府提交杜马审议的预算草案中，未来三年均为赤字预算。乌克兰危机仍将持续，俄必将把资源向国防部门倾斜，支援前线。随着战事升级，俄成立总理米舒斯京挂帅的政府协调委员会，调配经济部门、强力部门、联邦主体等各方面力量，以协调武器装备供应、资金保障、基础设施建设与安保等，满足"特别军事行动"需求。实体经济发展缺钱、缺设备的困境还将持续。

能源行业发展受限。俄西能源博弈愈演愈烈，美将联合各国继续阻碍俄油气出口，限制俄油气行业发展。尽管俄采矿业1~9月仍维持正增长（1.9%），但环比情况正在恶化，且煤炭、油

---

[1] Росстат, Социально-экономическое положение России январь - август 2022 года, https://rosstat.gov.ru/storage/mediabank/osn-08-2022.pdf.

[2] Ольга Соловьева, Зерновой профицит не облегчает экспорт, https://www.ng.ru/economics/2022-10-06/1_8559_export.html.

[3] Михаил Сергеев, Россия пошла на исторический рекорд по вывозу ценностей из страны, https://www.ng.ru/economics/2022-10-17/4_8567_currency.html.

气产量均在下降。未来无论是发展国内市场还是进军新的国际市场，均需投入大量时间和资金成本新建基础设施。更为严重的是，俄欧能源脱钩成大势，俄对欧供气仅有一条过境乌克兰的管道和土耳其溪管道。若欧盟对俄能源禁令全面生效，即使增加对中国的天然气供应也无法补缺。国际能源署评估认为，俄在全球天然气交易中的份额到2030年将从2021年的30%缩减到15%。若各国完成所有气候承诺，俄份额将进一步缩减到10%。①

经济转型前景不明。俄经济结构能源化和原材料化特征明显，制造业发展相对滞后，工业制成品和机械设备约占其进口的一半。平行进口不仅成本高，且质量和数量难保障。因此，俄经济发展将受到难觅出口市场和难获设备技术的双重障碍，能否突破西方围堵的关键在于能否实现经济转向和转型。西方封锁之下，俄要同时解决工业进口替代、产业链重构、物流和市场重组、金融交易渠道重建等多重任务，绝非易事。

三、俄西对抗中探索东进南下

受乌克兰危机影响，俄与西方关系持续恶化，更注重发展与传统友好国家及亚非拉发展中国家的关系。

（一）与西方开展全面对抗

从2022年初的安全保障谈判到乌克兰危机爆发，俄与西方在安全领域的矛盾迅速扩大到政治、经济、军事、技术等各领域。军事上，美欧将俄"特别军事行动"视为二战后欧洲安全秩序的根本性改变，在援乌反俄上空前团结。俄利用美欧嫌隙和

---

① Анатолий Комраков, Владимир Путин призывает бороться с гегемонами, https://www.ng.ru/economics/2022-10-27/4_8577_putin.html.

欧洲内部分歧拓展外交空间的机会大幅减少。在看到俄战场困境后,美加紧援乌力度,进一步以局部冲突削弱俄实力。截至2022年10月初,美对乌武器援助总额超过175亿美元,[①]占全部军援的一半以上。欧洲则紧跟美步伐,设立"军事援助团"以支持乌提高军事能力。同时,决定吸纳瑞典、芬兰为北约成员国,将北约范围延伸至俄北方边界。如今,安全威胁超越原有的俄欧经济联系成为欧对俄外交优先考虑事项。外交上,西方加紧孤立俄,对不跟随制裁的中立国家施压。法德与俄拉远距离,东欧国家作为反俄先锋,普遍与俄关系恶化。欧盟内仅匈牙利尚保持与俄正常联系。目前,俄将以美欧为主的对俄制裁集团视为"集体西方",批其"破坏欧洲安全体系"、"奉行对俄侵略性政策",[②]设置"不友好国家(地区)"清单进行反制。尽管俄西关系已跌至谷底,但并不意味着双方完全放弃对话。鉴于俄仍保有强大的核实力,以及乌克兰危机下极不稳定的核遏制政策,美俄将努力维系基本的战略稳定,防止冲突滑向更严重的核冲突。对欧洲而言,俄是其搬不走的邻居,俄欧合作领域虽大幅收窄,但将在维护重大利益和防控严重风险等方面保持沟通。

(二)加速"战略东移"

乌克兰危机致俄的安全环境、发展条件和国际合作发生根本性变化。与"集体西方"的全面持续对抗促使俄外交加速"战略东移"。亚太地区在经济上是俄寻找替代市场、物流、技术和服务的一大来源;政治上则是俄反对单极霸权、打造多极世界和

[①] Antony J. Bliken, "$625 Million in Additional U. S. Military Assistance for Ukraine," https://www.state.gov/625-million-in-additional-u-s-military-assistance-for-ukraine/.

[②] RIA, Путин: коллективный Запад во главе с США на протяжении десятилетий ведет себя агрессивно, https://ria.ru/20220707/putin-1801060019.html.

建立国际新秩序的重要依托。4月,拉夫罗夫外长访问印度,俄印推动在能源、科学、空间和制药领域实施联合项目,扩大本币结算。乌克兰危机爆发以来,俄以30%的折扣价对印售油,印则急剧扩大对俄石油、石油产品及化肥购买量。印方数据显示,2022年4~8月,俄印贸易额上升到创纪录的182亿美元。俄在印贸易伙伴中排名由2021年的第25位飙升至第7位。[①] 7月拉夫罗夫访问越南,庆祝两国建立"全面战略伙伴关系"10周年,越南表示愿在乌克兰问题上保持平衡立场;两国将继续落实欧亚经济联盟与越南的自贸协定,努力削弱制裁影响,为企业间扩大合作创造有利条件。俄与印尼关系进一步提升。6月印尼总统佐科受邀访俄。2022年前5个月,俄与印尼贸易额增幅超过65%。俄加速推进欧亚经济联盟与印尼建立自由贸易区的协定谈判,印尼则考虑进口廉价的俄罗斯原油。

作为面向亚太的门户,俄远东地区的发展备受联邦中央重视。8月中旬,总理米舒斯京视察远东,签署命令拨款逾5亿卢布用于远东基础设施建设和提高居民生活水平。9月初,普京飞赴远东亲自观摩"东方-2022"大型军事演习,并出席第七届东方经济论坛。普京在演讲中表示,美国主导的西方霸权逐渐瓦解,亚太地区正成为经济和科技增长中心;指示要大力提升远东交通运输、住房、教育、科技等方面发展水平。10月14日,普京出席第六届亚信峰会时再次强调,"全球政治正在发生巨变,多极化世界到来,亚洲正扮演重要角色"。[②] 但应看到,由于日

[①] Сергей Мануков, Беспрецедентный скачок в торговле сделал Россию седьмым торговым партнером Индии, https://expert.ru/2022/10/21/indiya-rossiya/?ysclid=l9ky3nzi2x887928432.

[②] Президент России, Саммит Совещания по взаимодействию и мерам доверия в Азии (СВМДА), http://www.kremlin.ru/events/president/news/69587.

本、韩国、澳大利亚、新加坡等发达国家被俄列入"不友好国家（地区）"清单，美国加速推进"印太战略"，以及远东基础设施建设长期滞后，俄"向东转"的进程艰难而漫长。

（三）积极经营后苏联空间

新冠病毒感染疫情、乌克兰危机、西方制裁和大国博弈等因素复杂交织，对后苏联空间地区造成强烈冲击。为继续维系影响力和主导权，俄积极经营、竭力守住"后院"。在双边关系层面，2022年1月，哈萨克斯坦多地发生暴乱，俄首次主导集体安全条约组织维和部队迅速入哈平乱，有力维护托卡耶夫政权的稳定。2月，阿塞拜疆总统阿利耶夫访俄，两国签署《联盟协作宣言》，标志着双边关系进入新阶段。在乌克兰危机中，白俄罗斯坚定与俄站在一边，普京与白总统卢卡申科年内数次见面、通话，共同视察军演。俄、白还决定建立区域联合部队，加强两军协作。在多边机制层面，集安组织和欧亚经济联盟始终是俄主导该地区的两大抓手。在《集体安全条约》签署30周年和集安组织成立20周年之际，成员国发表联合声明，将继续开展国防军事合作，加强国际协调，提升战备状态，挖掘维和潜力。面对西方全面孤立和制裁，俄积极促建欧亚经济联盟框架内的商品、服务、资本和劳动力共同市场；迅速采取反危机措施，深化成员国工业合作；扩大联盟内部本币结算，目前成员国之间本币结算份额已达75%。[①] 6月底，普京在"特别军事行动"后首次出访参加第六届里海峰会，并对土库曼斯坦和塔吉克斯坦进行正式访问。俄提议加速建设国际南北运输走廊，欲将里海打造为主要运输和物流枢纽。此外，在大国中亚地缘政治博弈日趋激烈的背景

---

① Президент России, Заседание Высшего Евразийского экономического совета, http://www.kremlin.ru/events/president/news/68494.

下，首届俄罗斯—中亚领导人五国峰会于10月14日在哈萨克斯坦召开。普京直言俄与中亚合作受到外界干扰，必须激活所有互动机制，维护共同利益、确保地区安全并加强在阿富汗问题上的协调。俄还高度警觉美欧对纳卡问题的日益关注和蓄意插手。10月底，普京邀请亚美尼亚、阿塞拜疆领导人访俄，讨论该地区"令人担忧的趋势"。俄外交部指出，"西方正试图将俄挤出南高加索地区"。[①]

（四）南下中东巩固利益

中东国家在乌克兰危机中普遍不愿与俄拉开距离，甚至连美亲密盟友以色列亦不愿对俄过多谴责。在俄受到西方全面孤立的背景下，中东国家对俄的重要性显著上升。叙利亚在冲突次日便立场鲜明地表示"与俄站在一起"。[②] 随后，叙在联大就谴责俄"入侵"乌，以及不承认乌东四地公投"入俄"的投票中投下反对票。6月底，叙更是直接承认卢甘斯克和顿涅茨克两共和国的主权和独立，成为继俄后第二个正式承认两地独立的国家。土耳其称俄军事行动"不可接受"且"违反国际法"，[③] 但却是乌克兰危机最重要斡旋者，曾一度促成两国首次外长级谈判，还在建立黑海粮食出口通道、俄乌换俘等事件中扮演主要角色。在北溪天然气管道受损、俄油气出口面临极大不确定性之际，俄土宣布

---

① МИД РФ, Ответ официального представителя МИД России М. В. Захаровой на вопрос СМИ об оценках МИД России процессов, происходящих вокруг Армении и армяно－азербайджанской нормализации, https：//mid. ru/ru/foreign _ policy/news/1834904/.

② "Syria's Assad Says Russia's Ukraine Invasion a 'Correction of History'," https：//english. alarabiya. net/News/middle－east/2022/02/25/Syria－s－Assad－says－Russia－s－Ukraine－invasion－a－correction－of－history－.

③ Jeffrey Mankoff, "Turkey's Balancing Act on Ukraine Is Becoming More Precarious," https：//foreignpolicy. com/2022/03/10/turkey－ukraine－russia－war－nato－erdogan/.

共建新供气枢纽向欧洲国家出口天然气，成为俄对欧输气的新希望。伊朗虽对乌克兰危机表态谨慎，但亦认可"北约东扩是紧张局势的根源"。① 同处于西方制裁困境下，俄伊在政治、经济、金融、能源等多方面加强合作。2022 年上半年，俄伊贸易同比增长 44.9%。② 7 月，普京访问伊朗就叙利亚问题召开峰会，这是普京在冲突后除独联体地区外访问的首站，双方再次重申政治合作意愿。在战场上，伊朗无人机也成为热门话题。尽管遭到伊方否认，但美认为，伊向俄提供了上百架无人机，并协助俄使用。美欧代表团虽多次游说，但沙特、阿联酋等国并未跟随西方制裁，也未按美要求大幅增产石油压低油价。相反，在国际油价走低回落背景下，"欧佩克 +"集团宣布自新冠病毒感染疫情以来的最大减产。俄总统发言人佩斯科夫称赞减产是负责任的决定，"成功反制了美决策的任意性"。③ 白宫新闻秘书皮埃尔表示，减产"表明'欧佩克 +'站在俄一边"。④

四、政治社会总体稳定

俄政局总体保持平稳，但不稳定因素明显上升。执政的统一

---

① Maryam Sinaee, "Critics Slam Iran's Raisi for Supporting Ukraine Invasion," https：//www.iranintl.com/en/202202253349.

② Алексей Соловьев, Иран поставит России 40 турбин в рамках нефтегазового сотрудничества, https：//politexpert.net/23712908 - iran_postavit_rossii_40_turbin_v_ramkah_neftegazovogo_sotrudnichestva? utm_source = yxnews&utm_medium = desktop.

③ "Kremlin Lauds OPEC + Decision on Lower Oil Output as 'Victory of Common Sense'," https：//tass.com/cconomy/1519957.

④ "Press Gaggle by Press Secretary Karine Jean - Pierre and FEMA Administrator Deanne Criswell En Route Fort Myers," https：//www.whitehouse.gov/briefing - room/press - briefings/2022/10/05/press - gaggle - by - press - secretary - karine - jean - pierre - and - fema - administrator - deanne - criswell - en - route - fort - myers - florida/.

俄罗斯党在地方选举中获胜，成为俄军在乌战场陷入胶着背景下难得的一抹亮色，亦有助于政局稳定。同时，乌克兰危机带来的俄社会分裂、"反普"情绪等暗流涌动，国内安全风险增大，促使普京强化国内治理确保政权安全。

（一）执政党在地方选举中再度取胜

2022年9月9~11日是俄统一投票日，82个联邦主体举行地方领导人及议会选举，选举活动达4700多次，仅莫斯科就有125个区举行市政选举。俄中央选举委员会主席潘菲洛娃称，选举进程总体平稳，未出现严重违规现象。统一俄罗斯党大获全胜，拿下14个州长职位中的12个，均获较高支持率。另外两个州长为自荐参选人获得。统一俄罗斯党候选人在其他地区行政中心及地方议会选举中均取得良好成绩，排名第一，俄联邦共产党大多排位第二名，自由民主党位居第三名。俄联邦安全会议副主席、统一俄罗斯党主席梅德韦杰夫称该党表现很好，对选举结果表示满意。[1]

统一俄罗斯党是普京执政的政治支柱，此次在俄乌冲突最激烈之时能够取得地方选举的绝对胜利，表明绝大多数俄民众仍然信任总统、支持其在乌"特别军事行动"，普京的执政根基依然牢固，同时选举结果也将有助于普京在未来政权交接时掌握主动权。此外，全俄社会舆论中心的民调显示，普京的支持率保持高位，达81%。俄《消息报》评论员称，在目前如此复杂的环境中，俄民众对总统有如此高的支持率证明，普京仍是"俄社会团结的象征，是俄国家的代表"。可以说，地方选举及民调结果均有助于俄政府在非常时期维护社会稳定。

---

[1] В ЦИК России подвели итоги выборов 11 сентября, http://www.cikrf.ru/news/cec/52046/; В России подвели итоги выборов, https://lenta.ru/news/2022/09/15/vbrs/.

（二）强化国内治理，确保政局稳定

针对乌克兰危机背景下俄国内反对派趋于活跃、少数人反战情绪上升，以及驻俄西方媒体反俄举动增多等情况，俄出台一系列相关法律，严惩各种违法违规行为，强化整肃军纪，加强战时管控，维护社会稳定，最终目标是服务于当前的"特别军事行动"。2022年3月4日，国家杜马通过刑法修正案，规定对散布有关俄军行为的虚假信息、诋毁俄武装力量以及呼吁进行反俄制裁等行为进行惩罚，最高可判处15年监禁。[①] 同月，杜马又通过法案，规定制造俄海外国家机构相关谣言的人将承担刑事责任，量刑与制造俄武装力量相关谣言的人相同。6月底，杜马通过《关于监控受外国影响的机构活动法案》，即《外国代理人活动监控法》，并由总统签署生效，俄进一步严格规范和监控外国代理人的活动。[②] 9月，普京签署法令，将对"部分军事动员"和战时状态下的某些犯罪行为进行严惩，如将自愿被俘（无叛国行为）、擅离职守等情况的最高刑期设置提升为10年，在战时或动员期间违抗上级命令等量刑增至15年。[③] 有俄媒体称，自年初乌克兰危机爆发至今，俄检方已立案3800多起抹黑俄军的案件，有数千人受到指控或刑事起诉。[④]

[①] Установлена уголовная ответственность за публичное распространение под видом достоверных сообщений заведомо ложной информации, содержащей данные об использовании Вооружённых Сил, России, http：//www. kremlin. ru/events/president/news/67908；《俄国家杜马通过法案，惩罚散布俄军人虚假信息等行为》, https：//cj. sina. com. cn/articles/view/5044281310/12ca99fde02001rsqr。

[②] 《普京签署外国代理人法案》, https：//baijiahao. baidu. com/s? id = 1738327094133898877&wfr = spider&for = p。

[③] Владимир Путин подписал закон с поправками в УК России о мародерстве, дезертирстве и сдаче в плен, https：//ijevsk. bezformata. com/listnews/maroderstve - dezertirstve - i - sdache - v - plen/109749327/。

[④] 《严惩逃兵，普京签署法令，俄罗斯"部分军事动员"正在严格执行》, https：//baijiahao. baidu. com/s? id = 1745106725964971771&wfr = spider&for = pc。

此外，俄政府还加大对西方社交媒体的整治力度，如谷歌、苹果、维基百科等均因违反俄法律而遭到严厉处罚。① 特别是谷歌公司因涉及乌克兰危机的"虚假信息""极端主义和恐怖主义宣传"及"号召未成年人参加未经授权的示威活动"等行为而多次受罚，最高罚款达 210 亿卢布（约 3.6 亿美元），该公司已宣布退出俄市场。② 在当前乌克兰危机的特殊时期俄加紧约束西媒，就是防止其趁乱扰乱社会秩序，以维护大局稳定。

（三）社会问题进一步加剧

一是社会呈现撕裂状态。乌克兰危机带来的俄国内分裂与对立情绪增大，人们在"要战争还是和平"问题上针锋相对，社会稳定面临隐忧。俄政府高官、国家杜马议员、地方官员等是支持普京的中坚力量。"部分军事动员令"签署后，一些议员和官员子女积极申请赴乌参加"特别军事行动"。多数俄罗斯人认为，对乌军事行动是被迫的。西方公开侮辱俄罗斯，并在乌展开军事部署，目前是常规武器，将来会是核武器。除对乌采取军事行动外，俄别无选择。③ 2022 年 9 月初，全俄社会舆论中心公布的民调数据显示，过去半年来，对乌"特别军事行动"的支持率始终居于高位（70%~73%）。近期普京的超高支持率再次反映出绝大多数俄民众

---

① ФАС признала Apple нарушившей антимонопольное законодательство, https://ria.ru/20220719/apple-18034 23931.html; Судебные приставы в РФ взыскали с Google штрафов на сумму 7,7 млрд рублей, https://iz.ru/13 40419/2022-05-26/sudebnye-pristavy-v-rf-vzyskali-s-google-shtrafov-na-summu-77-mlrd-rublei; Российский суд впервые оштрафовал за неудаление информации из《Википедии》, https://ria.ru/20220426/shtraf-1785539765.html.

② Суд назначил Google новый оборотный штраф в 21 миллиард рублей, https://ria.ru/20220718/shtraf-1803221886.html.

③ Эксперт сказал, кто в России выступает против военной операции на Украине, https://vz.ru/news/2022/3/1/1146397.html.

的主战立场。① 然而，俄民众中也有反战声音，包括莫斯科和圣彼得堡在内的数十个城市均爆发了未经政府批准的反战抗议活动，甚至传出有个别地方官员或议员要求普京辞职的声音。在商界，部分富豪、商人、演员等强烈反对"特别军事行动"。曾与普京关系密切的亿万富翁杰里帕斯卡强调，"和平非常重要，如果乌核设施在俄'特别军事行动'中被毁，俄将在未来200年遭到本国、乌克兰及欧洲各国民众的唾骂"。② 在知识精英层，开战以来，数百名俄科学院院士、科研人员及媒体工作者发表公开信指出，乌克兰未对俄安全构成威胁，对乌战争毫无意义，③同时认为动武将导致西方对俄全面制裁，俄经济必然下滑，届时承担代价的将是普通民众。此外，俄在国际上将被孤立，新一轮军备竞赛将随之开启。在反对党层面，俄反对党亚博卢早在年初就坚决反战。该党主席雷巴科夫称普京此举是"走向流血的一步"，是把俄与整个发达世界对立起来，将剥夺俄罗斯的未来。他呼吁以和平方式解决危机。

二是经济低迷累及民生。2022年以来，俄家庭实际收入下降、消费需求疲软。俄民众减少非食品项目支出的趋势已经显现。为拉动消费需求、促进经济复苏，普京5月底宣布，将退休金、最低工资等临时上浮10%。然而，该推力在9月前已经耗尽，且12月水电费的上涨将给俄家庭收入带来新的打击。④ 8月

---

① ВЦИОМ назвал долю поддерживающих спецоперацию на Украине россиян, https://www.rbc.ru/politics/06/09/2022/631722f29a7947b1b1ecd003.

② 《Несогласные》, Кто из российских элит не поддержал 《военную операцию》 в Украине? https://vesma.today/news/post/36436 - rossiyskie - oligarkhi - i - elita.

③ Российские ученые и журналисты выступили против 《спецоперации》 в Украине, https://kun.uz/ru/news/2022/02/24/rossiyskiye - uchenyye - i - jurnalisty - vystupili - protiv - spetsoperatsii - v - ukraine.

④ Власти России озабочены новым падением спроса, https://www.ng.ru/economics/2022 - 10 - 06/4_8559_impulse.html.

底，俄第一副总理别洛乌索夫表示，预计2022年俄通胀率将达12%～13%，消费将下降4.2%。① 俄经济部预测，2022年底失业率可能比10月高出近一个百分点，约为4.8%。② 总体来看，俄社会对"特别军事行动"的意见分歧，以及经济低迷、生活水平下降等问题目前虽未触及社会稳定的基本盘，但社会问题持续积聚可能在未来几年将对普京政府构成较大的执政压力。

（四）国内安全风险凸显，安全形势日趋复杂

恐怖主义犯罪剧增。2022年上半年，俄内务部记录在册的恐怖主义犯罪数量就达40次，同比增加1.1倍；有超过1.2万次故意报告虚假恐怖主义行为消息的犯罪，同比增加了5.5倍。③ 9月以来，莫斯科所有中小学及克里米亚所有小学均收到有关被安放炸弹的匿名威胁，据推测匿名消息来自乌境内。乌在俄传播极端思想。8月，俄国家反恐委员会称，乌特工部门及民族主义组织在俄多地活动，传播新纳粹意识形态、招募支持者，诱导俄年轻人从事恐怖活动。在上半年成功阻止的61起恐袭中，26起由25岁以下的年轻人准备，32起由受到新纳粹思想影响的个人准备。④

村庄多次遭炮击。俄乌冲突以来，与乌接壤的俄别尔哥罗德州的城市、村庄屡遭乌军炮击。特别是俄开始对乌军事

---

① Белоусов: инфляция в России может составить 12 – 13% по итогам 2022 года, https://www.kommersant.ru/doc/5535878.

② Безработицу оставляют на осень, https://www.kommersant.ru/doc/5557556.

③ МВД зафиксировало рост числа ложных сообщений о терактах, https://news.rambler.ru/crime/49042783 - m vd - zafiksirovalo - rost - chisla - lozhnyh - soobscheniy - o - teraktah/.

④ НАК сообщает о предотвращении более 60 террористических преступлений в РФ в первом полугодии, https://www.1tv.ru/news/2022 - 08 - 09/435321 - nak_soobschaet_o_predotvraschenii_bolee_60_terroristicheskih_prestupleniy_v_rf_v_pervom_polugodii.

和能源设施进行大规模打击后，乌军对该州的炮击更加频繁，导致人员伤亡和财物损失。为防止未来乌导弹袭击，该州州长已宣布当地学校不定期放假，并指示检查地下室做好防空准备。①

记者遭暗杀。4月，俄罗斯女记者杜金娜在莫斯科州遇害。俄联邦安全局表示，暗杀行动由乌情报部门策划实施，凶手为乌公民。此外，乌方还计划谋杀俄记者索洛维约夫，但未能得逞。俄抓获了犯罪嫌疑人，缴获简易爆炸装置、自制燃烧弹、手枪、假护照及民族主义宣传品等。"今日俄罗斯"国际新闻通讯社社长德米特里·基谢廖夫指出，杀害俄记者已成乌常规操作。②

基础设施遭破坏。10月8日，克里米亚大桥上一卡车发生爆炸，导致公路桥部分坍塌，铁路桥发生大火，造成4人死亡。俄侦查委员会主席巴斯特雷金称，该事件为恐怖主义行为，乌安全部门是幕后黑手。普京指出，此次攻击针对的是俄重要民用基础设施。③目前已确定有12人参与策划该事件，其中8人被捕，被捕人员中有俄罗斯、乌克兰和亚美尼亚三国公民。④该事件凸显当前俄基础设施面临的潜在风险。另外，高效反恐需要各国信息共享、紧密配合。然而，俄与西方矛盾加剧、国际合作遇阻，反恐工作面临新挑战。总之，随着2024年俄总统换届选举的日

---

① Гладков сообщил о третьем за день обстреле в Белгородской области, https：//www.rbc.ru/politics/18/10/2022/634ed5ad9a79473f69df26bc.

② Киселев：Убийства журналистов в неонацистской Украине стали рутинной практикой, https：//vz.ru/news/2022/4/25/1155512.html.

③ Что известно о теракте на Крымском мосту, https：//tass.ru/proisshestviya/15992519.

④ СК установил 12 человек, причастных к теракту на Крымском мосту, https：//ria.ru/20221012/most-1823421658.html.

益迫近，2023年将成为选前的关键年。只要乌克兰危机不结束，乌方的暴恐活动就不会停止，俄面临的安全威胁将日益上升，普京政府维护国内安全的任务十分艰巨。

（审定：胡继平）

第六章 欧洲遭遇"时代转折"*

2022年,乌克兰危机搅动欧洲局势,德国总理朔尔茨称之为"时代转折",认为欧洲政治与安全秩序被根本性重塑,欧洲大陆再度面临军事冲突的威胁。[①] 变局之下,欧洲经济困境加剧,政治不稳定性上升,外交与安全面临冷战后最严峻挑战,中欧关系也来到了新的关口。

一、多重危机加剧施政困境

2022年,欧洲接续发生多重危机,欧盟及其成员国施政难度明显增大。

(一)多重危机交织叠加

一是能源危机愈演愈烈。欧洲自2021年下半年起遭受能源短缺和价格飙升冲击,乌克兰危机爆发后西方与俄罗斯相互制裁持续加剧欧洲能源困境。供应方面,2022年1~9月,俄对欧输气量仅为去年同期53.3%,巨大缺口需以高价液化气填补。价格方面,欧洲天然气总体价格水平较疫情前上涨10倍以上,煤炭期货价格一度达每千吨329美元,近乎2021年同期的2.5倍。

---

* 本章撰稿人:李超、王莉、黄静、董一凡、吕蕴谋、陈旸。

[①] Olaf Scholz, "Regierungserklärung von Bundeskanzler Olaf Scholz am 27. Februar 2022," https://www.bundesregierung.de/breg-de/suche/regierungserklaerung-von-bundeskanzler-olaf-scholz-am-27-februar-2022-2008356.

欧洲国家公共部门和居民纷纷削减能源消费,制造业被迫减产停工。7月,欧元区工业产出同比下降2.3%,为2020年4月欧洲疫情全面暴发以来的最大降幅;9月,欧元区制造业采购经理人指数降至46.2,连续4个月出现下降。

二是通胀危机持续加剧。2022年欧洲通胀率连续上涨,不断刷新欧盟统计局记录,9月达10%,为1月的近2倍,其中能源和食品类分别高达40.8%和11.8%,给企业生产和民众生活带来巨大压力。德国9月通胀高达10.9%,70多年来首次飙升至两位数水平;英国7月通胀达10.1%,为1982年以来最高值,英国《卫报》称通胀造成"两代人以来最严重生活水平下降"。[1]

三是货币金融领域高度承压。金融市场对欧洲经济信心下降,债市、汇市持续走低。欧元兑美元汇率在2022年下跌14.74%,7月13日和8月23日两度跌破兑美元平价,欧元汇率走势将进一步推高通胀和能源进口成本。能源价格飙升使欧洲公共能源企业面临巨额亏损风险,危机和破产潮将向金融体系传导。芬兰经济部长米卡·林蒂莱称,欧洲能源部门面临"雷曼时刻"。[2] 此外,欧洲国家公债收益率不断上升,南北欧国家公债息差扩大,欧元区公债违约风险加大。

四是气候危机雪上加霜。近年来,欧洲极端高温天气频发,2022年又叠加罕见干旱,对经济及民众生活构成新威胁。河湖水位普遍降至历史最低,莱茵河等河流航运量较常年减少约1/4,

---

[1] Phillip Inman, "Bank of England Will Not Take Foot off Throttle despite Drop in Inflation," https://www.theguardian.com/business/2022/sep/14/bank-of-england-will-not-take-foot-off-throttle-despite-drop-in-inflation-interest-rates.

[2] Nathalie Thomas, "Power Producers Call for Collateral Change to Avert 'Lehman' Moment," Financial Times, September 5, 2022.

加剧供应链紧张；水力发电大幅下降，西班牙较常年减少48%，葡萄牙减少六成；①因缺少冷却水，法国、瑞士等核电大国被迫削减核电量；干旱导致粮食减产，欧盟委员会预计，欧盟全年玉米、大豆、葵花籽产量较过去5年平均水平将分别下降16%、15%、12%。持续数月的热浪还引发大规模山火，增加温室气体排放；工业和生活用水、用电受限，推升民众不满情绪。

（二）施政困境不断加剧

面对多重危机，欧洲国家财政资源不足，政策腾挪空间明显收缩，施政陷入困境。

一是经济衰退风险上升。惠誉评级指出，欧元区和英国经济将在2022年晚些时候陷入停滞。②国际货币基金组织10月预测数据显示，2023年欧元区、德国和意大利经济增长率分别为0.5%、-0.3%和-0.2%。荷兰国际集团经济学家彼得·范登豪特预测，能源价格、综合采购经理人指数、通货膨胀以及消费者信心等指标都说明欧元区衰退无可否认，2023年甚至可能达到-0.8%。③

二是财政政策张弛难适。面对危机，欧洲国家纷纷诉诸财政扩张政策，然而各国调整方向和力度却受到各种限制。德国9月公布总规模2000亿欧元能源补贴计划，马耳他、立陶宛、希腊、荷兰能源相关财政补贴占GDP比重分别高达7.7%、6.6%、5.7%、5.3%；俄乌冲突背景下各国还纷纷扩大防务支出。但扩张财政政策消耗了本已捉襟见肘的预算空间，各国财政赤字、公

---

① "Drought Prompts Portugal to Restrict Water Use at More Hydropower Dams," Reuters, September 27, 2022.

② 王林：《国际油价跌宕起伏》，《中国能源报》，2022年10月10日。

③ Peter Van den Houte, "There's No Denying It Anymore: the Eurozone Is in Recession," https://think.ing.com/articles/no-denying-it-anymore-the-eurozone-is-in-recession/.

债攀升，债务可持续性下降。意大利和希腊公债规模已高达2.76万亿欧元和3570亿欧元，占GDP比重分别为150%和182%。9月，英国特拉斯政府上任后立即公布激进减税计划，导致英镑和英国国债被大幅抛售，反映了市场对英国财政健康状况和潜在债务风险的强烈担忧。虽然英国政府很快撤回大部分减税计划，但财政大臣及首相却难辞其咎，相继辞职。

三是既定议程难以推进。疫情暴发以来，欧盟及欧洲各国纷纷将经济复苏的希望寄托于向数字经济和绿色经济转型，并期待以此重塑内部团结，构建战略自主的支柱。然而，在能源和经济危机的冲击下，欧盟和各国不得不聚焦短期挑战，绿色转型的雄心和资源投入均有所下降。在行动意愿上，欧盟将短期能源供应问题摆在推进碳中和进程之前，欧盟委员会副主席弗兰斯·蒂默曼斯表示，为替代俄气而启用煤炭并非禁忌;[①] 德国7月修订的《可再生能源法》，已不再提及此前热议的2035年实现100%可再生能源发电，仅保留2030年可再生能源发电占比80%的目标。在财政资源上，欧盟应对短期挑战挤占了提振中长期经济竞争力的投资，欧盟委员会3月提出"为欧盟重新供能"政策框架，计划花费3000亿欧元用于能源市场稳定和改革，其中2250亿欧元来自推动疫后经济复苏的"下一代欧盟"基金，意味着用于数字和绿色转型投资资金大部分将被迫转用作短期补贴。

四是欧盟内部利益调和困难。欧盟成员国在经济、能源和外交等方面矛盾在危机面前凸显，合力应对经济、能源挑战面临较大困难。如在能源领域，匈牙利总理欧尔班抨击欧盟加大对俄能源制裁，认为此举除令欧经济受损外别无用处，应予废除。法国

---

① Karl Mathiesen, Zosia Wanat and Zia Weise, "Coal Not 'Taboo' as EU Seeks Russian Gas Exit," https://www.politico.eu/article/coal-not-taboo-as-eu-seeks-russian-gas-exit-says-green-deal-chief/.

以经济和环境层面不可行为由坚决反对修建连通德国与西班牙的新天然气管道。法国、意大利等多国财长抨击德国能源补贴计划，认为德国的单边举措将破坏欧盟共同立场，并使欧盟能源市场更趋分化和混乱。[①] 德国、丹麦和荷兰等国则反对欧盟委员会提出给天然气和电力设置价格上限的政策主张，认为此举将降低企业和欧盟外国家对欧能源供应意愿，加剧当前危机。

二、换届大年酝酿政策变迁

2022年是欧洲换届大年，随着多国新政府上台，欧洲右翼民粹势力增强，推动欧盟政策内倾，一体化发展面临更大挑战。

（一）欧洲国家政府大换血

欧洲英、法、意等国均发生政府更替，且多国为非常规换届，凸显欧洲国家政局不稳定性。

英国自2016年"脱欧"公投后，执政的保守党就陷入党争内斗，多次更换首相。就任不到3年的约翰逊被曝光在疫情封锁期间多次违规举行派对，还因保守党内一系列高官丑闻而被质疑用人失察，[②] 苦撑数月最终黯然辞职。9月5日，外交大臣特拉斯当选保守党党魁并出任首相，她强力推行大幅减税政策，导致资本抛售、股价暴跌，仅任职44天就被迫辞职。随后，80后的印度裔前财政大臣苏纳克接任首相，成为英国六年来第五位首相。

---

① Virginie Malingre, "Germany's Energy Package Sparks a Wave of Criticism in Europe," https：//www.lemonde.fr/en/european－union/article/2022/10/05/germany－s－energy－package－sparks－a－wave－of－criticism－in－europe_5999277_156.html.

② Lizzy Buchan, "All the Worst Boris Johnson Scandals that Helped Oust Him－in Case the Tories Forget," https：//www.mirror.co.uk/news/politics/worst－boris－johnson－scandals－helped－28295215.

4月24日，法国总统选举落下帷幕，马克龙以58.54%的得票率获得连任，但优势较上届的66%明显缩小。在6月举行的法国国民议会选举中，马克龙领导的政党联盟"在一起"赢得246席，未过半数，较上届350席大幅缩水。这是2002年以来法国总统领导的执政党首次失去议会多数。

意大利前总理德拉吉作为技术官僚本为国内外所普遍看好，但其执政联盟中的五星运动不支持其提出的经济救助计划，不参与参议院的政府信任投票，导致执政联盟瓦解。在9月26日提前举行的议会选举中，极右翼政党意大利兄弟党成为最大党，党魁梅洛尼出任新总理。

9月11日，瑞典举行大选，虽然社民党蝉联第一大党，但左翼政党联盟总体得票少于右翼联盟，右翼阵营的温和联合党党魁克里斯特松取代社民党籍首相安德松，标志着长期主导瑞典政坛的左翼阵营遭遇重大挫折。

政局不稳的情况在中东欧国家中亦很普遍。保加利亚在2021年已经历3次议会选举，2022年6月，执政的佩特科夫政府因执政联盟内斗而再次倒台；10月2日提前大选，前执政党公民党再次成为第一大党，领衔组阁。爱沙尼亚执政联盟内部在福利政策问题上存在分歧，6月政府被解散，议会授权原总理卡拉斯组建新政府。

（二）欧盟政策进一步内倾

从2022年度欧洲国家的选举和政府更替情况看，欧洲政治格局正发生新变化，右翼民粹主义现象再度凸显，各国坚持本国利益优先，推动欧洲整体自我保护倾向上升。

法国极右翼代表人物勒庞三次参选总统，两次进入第二轮选举，2022年更是取得了"非凡的胜利"，给马克龙的连任之路蒙上了阴影。① 她突出社会两极分化、外来移民挤占福利等议题，迫使马克龙更加专注国内问题，承诺促进经济与就业、严厉打击非法移民等。意大利新总理梅洛尼被媒体称为"自墨索里尼以来最右翼总理"，② 她持疑欧立场，在竞选中提出"国家保守主义""意大利优先"口号，反对接纳移民，要求重审 2000 亿欧元复苏基金使用计划等。欧盟委员会主席冯德莱恩一度公开警告称，可能会像对波兰和匈牙利一样，对意大利祭出惩罚措施。③ 瑞典极右政党民主党一跃成为议会第二大党，新首相克里斯特松在其支持下才组建了政府。媒体普遍认为，在民主党影响下，瑞典政府很可能出台更严格的移民政策。

在各国纷纷寻求加大力度保护本国利益的同时，欧盟出台保护性措施，协助成员国应对"时代转折"带来的外部冲击。

在供应链安全方面，2022 年 9 月 19 日，欧盟委员会提议设立单一市场应急工具，拟赋予自身在特殊情况下干预市场的权力，要求工业企业在产品严重紧缺时优先生产来自欧盟的订单，并防止成员国间生产要素流通出现壁垒；提出"企业可持续发展尽职调查指令"及"强迫劳动禁令"等立法提案，以确保全球产业链体现欧盟价值观；酝酿《关键原材料法案》，以实现供应多元化。在数字领域，2 月，欧盟出台《芯片法案》，提出大

---

① Renéter Steege, "Le Pen's Score Clouds Macron's Victory," https://spectator.org/le-pens-score-clouds-macrons-victory/.

② Patrick Daly, "Giorgia Meloni's Far-right Views and Opinion on Mussolini as She Claims Win in Italy," https://www.mirror.co.uk/news/world-news/giorgia-melonis-far-right-views-28083481.

③ David Boos, "Von der Leyen Threatens Italy Prior to Election," https://europeanconservative.com/articles/news/von-der-leyen-threatens-italy-prior-to-election/.

幅增加芯片领域投资，提升欧盟自身芯片设计、生产能力及相关人才储备，逐步减少对第三方供应商的依赖。7月，欧盟以压倒性多数通过了《数字服务法案》与《数字市场法案》，大大增强了欧盟对数字企业的监管权，对以谷歌、苹果、脸书等为代表的数字巨头在欧盟扩张形成制约。

（三）一体化的推进殊为不易

长期以来，法德轴心是推动欧洲一体化的主要动力。面对新形势，法德两国相继提出战略设计，取得一些共识，但也存在明显分歧，加之成员国利益分化，推动一体化难度更大。

2022年8月9日，德国总理朔尔茨在访问捷克期间发表欧洲政策演讲，阐述了德国推进一体化的主张，与法国总统马克龙此前倡议基本契合。两国均认为，应提高欧盟决策效率，将决策方式由"全体一致"改为"有效多数"；建立"欧洲政治共同体"，为包括英国、西巴尔干国家等在内的欧洲国家提供政治合作新空间；在贸易、技术、能源、防务等各领域加强欧盟战略自主，广泛维护欧洲价值观。[①]

法德倡议说易行难。10月7日，"欧洲政治共同体"举行首次峰会，但与会国各说各话，并无实质成果，美联社称其为"欧盟主导的掩盖欧洲国家分歧的尝试"。欧盟内部也难团结，波兰等中东欧国家由于担心被边缘化，坚决反对取消"全体一致"决策方式。因价值观问题，欧盟委员会暂停向匈牙利拨付75亿欧元"复苏基金"。法德矛盾亦有所激化。德国推出能源补贴计划，法国认为其导致欧盟内部市场扭曲；德国欲采购美国

---

① Olaf Scholz, "Rede von Bundeskanzler Scholz an der Karls – Universität am 29 August 2022 in Prag," https：//www.bundesregierung.de/breg – de/aktuelles/rede – von – bundeskanzler – scholz – an – der – karls – universitaet – am – 29 – august – 2022 – in – prag – 2079534.

F-35战机，法国指责其与欧盟战略自主背道而驰；德国支持欧盟扩至30国或36国，法国则更倾向于推动核心国深化合作；两国还首次推迟了原定于10月26日举行的部长级会议。法德两国新政府在欧盟内威信下降，合力受损。加之成员国在内外危机下普遍优先保护本国利益，欧盟团结和一体化建设面临更大挑战。

三、联美抗俄挤压自主空间

乌克兰危机宣告欧盟冷战后对俄罗斯接触与遏制并重战略的完败，并大幅牵动其外交与安全政策调整。欧盟极力强化政策应对的灵活性，但随着联美抗俄成为外交中心目标，欧盟战略自主空间明显受限。

（一）抗俄援乌成为外交主轴

乌克兰危机几近颠覆欧洲冷战后的俄罗斯观，大幅复活欧洲恐俄症，欧盟政策回应异常强硬。

一方面，挺乌力度屡破常规。乌克兰危机加剧欧洲唇亡齿寒的危机感，欧洲誓言乌克兰不能输。军事上，欧洲在和平基金框架下首次为作战一方的乌克兰提供31亿欧元军援，还出台针对1.5万名乌克兰武装人员的军事培训计划。政治上，破例快速给予乌克兰欧盟候选国地位，欧方领导人在战火中纷纷访问乌克兰，屡邀乌克兰总统泽连斯基线上参会，为其抗俄站台。经济上，欧洲分批提供总计90亿欧元的计划外宏观经济援助，拟自2023年起月供15亿欧元援助。对乌克兰部分输欧产品临时免税，加强电力互助，拟投入1000亿欧元乌克兰重建资金。以200亿欧元基金支撑成员国安置乌克兰难民，助力调查起诉俄罗斯"战争罪"①。

另一方面,对俄罗斯回击强度前所未有。欧盟迄今连推8轮对俄制裁,覆盖金融、能源等俄罗斯经济命脉,制裁对象包括俄罗斯总统普京、外长拉夫罗夫等上千名俄方政治精英、经济寡头及百余家实体,限制俄罗斯获取关键技术,对其关闭领空,冻结俄罗斯个人在欧洲174亿欧元的巨额资产,几乎全面叫停俄罗斯公民赴欧签证。尤其重要的是,欧洲对俄罗斯能源依赖度高,2021年分别有46%煤炭、27%石油和40%天然气来自俄罗斯,但欧洲不惜以自残方式快速、大幅度推进能源脱俄措施,欲对俄罗斯釜底抽薪,削弱其战斗力。

乌克兰危机仍未停息,欧俄利益纽带断裂,经贸关系出现结构性变化。欧盟10月发布报告显示,其已叫停俄罗斯每年900亿欧元的对欧出口,阻断价值300亿欧元的输俄高科技与工业产品,在俄罗斯近3000家外国公司中,约四成已经或准备撤离。②9月,欧盟自俄罗斯进口天然气量占比已降至9%的历史低点,其他能源产品进口也随着欧盟制裁推进而趋于降低。当然经济脱钩并非易事,能源脱俄难免反复,但降低对俄能源依赖已是如箭在弦。欧俄人文互动基本中断,特别是欧洲民众对能源危机的切肤之痛严重掏空俄罗斯在欧洲的民意基础,加之中东欧对俄威胁叙事得到印证,美式抗俄援乌思路渐占上风,欧洲内部对俄接触派难以发声,反俄抗俄俨然成为政治正确,欧俄对峙死结在相当时期内恐难解开。

---

① European Council, "EU Solidarity with Ukraine," https://www.consilium.europa.eu/en/policies/eu-response-ukraine-invasion/eu-solidarity-ukraine/.

② Andrew Rettman, "Russia's War Chest 'Melting away', Internal EU Study Says," https://euobserver.com/world/156253.

（二）对美贴靠势头加速

乌克兰危机爆发以来，欧洲对美的安全刚需陡增，向美靠拢意愿明显增强。

一是对美借重上升。北约 4 万重兵布阵中东欧，加速向瑞典、芬兰北扩，《北约 2022 战略概念》敲定未来十年"发展航道"，北约强势重振，多年松驰的欧美安全纽带大幅拉紧。与此同时，在欧洲谋求能源快速脱俄的背景下，本无竞争力的美国能源占领欧洲市场，仅 2022 年上半年对欧输送的高价液化天然气就达 390 亿立方米，[①] 已超过上年度总额，欧洲对美国能源依赖上升。

二是与美政策绑定趋紧。西方或欧美间新老协调机制，如七国集团、北约、首次俄罗斯问题高级别对话机制、中国问题高级别对话、"印太"问题高级别磋商、跨大西洋贸易与技术理事会等更趋活跃，双方政策配合走强。在"中俄一体"叙事及欧美"共同价值观"下，欧洲愿意与美国加强在供应链安全、技术与贸易规制等议题上的合作，并就欧盟东邻、西巴尔干、非洲及"印太"等地区政策展开协调，七国集团还推出 6000 亿美元的全球基础设施投资计划，欲合力对冲中国影响。欧盟委员会主席冯德莱恩因政策紧跟美国，甚至引发欧盟委员会内部不适与反弹，被媒体讥讽为"欧洲的美国总统"。[②]

三是"顶撞"美国的意愿下降。法德领导人自乌克兰危机爆发以来一直维持与普京对话，力避局势升温，但最终在美国与

[①] Jarrett Renshaw and Scott Disavino, "Analysis: U. S. LNG Exports to Europe on Track to Surpass Biden Promise," Reuters, July 26, 2022.

[②] Lucas Peverill, "Europe's American President: the Paradox of Ursula von der Leyen," https://www.politico.eu/article/europe-american-president-paradox-ursula-von-der-leyen.

欧盟内部仇俄国家拱促下，其原有立场已节节后退，援乌制俄力度层层加码。美国激进加息、高价对欧售气等政策损害欧洲利益，法国经济与财政部长勒梅尔曾公开对美强欧弱的不平衡经济格局表达不满，但现实中欧洲仍不得不屡屡对美国低头。关于美国《通胀削减法案》中对欧歧视性政策，欧洲心有不甘，但又对诉诸世贸组织持谨慎态度，欧美双方已就该法案开启协商工作组。欧盟还主动加强对美数字外交，在双方长期有分歧的数据隐私领域，达成美国占据主动地位的政治妥协。

（三）危机外交密集配合

2022年欧洲原本针对周边及亚非拉地区的外交布局亦被乌克兰危机搅局，不得不更多从应对、化解危机的角度出发，考虑并实施对外战略。

一是力图消除乌克兰危机负面冲击。欧洲急寻能源脱俄替代方，淡化对能源合作对象国所谓人权与民主顽疾的关注，与阿尔及利亚、安哥拉、卡塔尔、阿塞拜疆等国寻求能源合作，与海合会国家构建能源战略合作关系，其对莫桑比克冲突的干预也主要是基于稳定该国对欧输送能源的考虑。同时，通过多边平台，支持土耳其推动解决全球粮食、化肥供应短缺等次生危机。

二是加大对西巴尔干地区、摩尔多瓦及部分中亚国家事务的干预，打造欧洲政治共同体新平台，弱化俄罗斯在欧洲周边影响力。

三是加强与所谓"志同道合"的"印太"伙伴合作。欧盟多次重申乌克兰危机是其贸易政策的转折点，将更为重视与"价值观伙伴"合作，推动批准与新西兰、智利、墨西哥的自贸协定，推进与印度、澳大利亚等国的自贸谈判，首次与东盟召开双边峰会。英法德等国还加大在"印太"地区的安全与军事投入，维护欧式多边主义。

（四）再军事化提上议程

欧洲增强自卫能力的紧迫感上升。欧盟外交与安全政策高级代表何塞普·博雷利呼吁欧盟不要将美国的安全援助视为理所当然，美国的安全承诺无法让他们高枕无忧。为此，欧盟及其成员国大力推动再军事化。

在欧盟层面，着力增强集体军事行动能力。欧盟在乌克兰危机爆发后不久即出台《安全与防务战略指南针》，整合共同安全观，制定提升自我防卫能力路线图，拟建5000人部队提升欧盟快速部署能力，加大共同防务工业投资，做强欧洲武器。欧盟委员会7月通过了《共同采购法案》，拟加强欧洲国防工业，拨款5亿欧元激励成员国加强合作；同意英国加入欧盟"永久结构性合作"防务项目。

在成员国层面，多国防务政策发生历史性转变。德国战后首次向战乱地区提供致命性武器，迅速推出1000亿欧元"特别基金"投资军备。德国、意大利、丹麦等多国军费占GDP比重均将历史性突破2%标准，罗马尼亚、波兰等中东欧国家甚至将增至2.5%~3%。瑞典、芬兰放弃中立传统，申请快速加入北约；丹麦改变立场，转而加入欧盟共同安全与防务政策。

总体上看，乌克兰危机刺激欧盟努力谋求在军事安全领域有所作为。但是，在经济实力弱化、武器装备与军事指挥主要依赖美国的现实面前，欧洲借"再军事化"强化自主依然任重道远。

四、中欧关系处于新的关口

2022年，乌克兰危机对中欧关系造成新的冲击，加深了欧洲对华负面认知。但与此同时，中欧关系的韧性凸显，中欧合作展现出强大生命力。

(一) 中欧关系更加复杂

2022年,乌克兰危机爆发增加了中欧关系的复杂性。

第一,中欧认知分歧加大。乌克兰危机爆发后,欧洲强化了对中国"制度性对手"的定位。4月1日,中国与欧盟召开第二十三次领导人会晤,习近平主席随后以视频方式会见了欧盟领导人。欧方希望争取中国支持其在乌克兰危机问题上的立场,但欧方对讨论结果并不满意。受美国新版《国家安全战略》报告将中国定义为"最重要的地缘政治挑战"的影响,欧盟对外行动署在10月17日欧盟外长会上提交了一份关于中国的文件,建议欧盟成员国"务必对中国采取更强硬的态度,将中国视为全面竞争对手"。[1]

中方并不赞同欧盟对华的"三重定位",而是从中欧关系的战略性、互补性出发看待彼此。在4月1日的中欧峰会上,习近平主席表示,中欧应为动荡的世界局势提供稳定因素,并"希望欧方形成自主的对华认知,奉行自主的对华政策"。[2] 5月9日,在与德国总理朔尔茨的视频会晤上,习近平主席指出,"中欧是全面战略伙伴,中欧是彼此机遇,中欧的共同利益远大于分歧"。[3] 10月17日,在欧盟对华定位讨论升温之际,中国外交部发言人重申"中欧是伙伴而不是对手"。[4]

第二,经贸议题进一步价值观化。欧洲降低对华经济依赖的

---

[1] Henry Foy, "EU Ministers Advised to Take Tougher Line on China," Financial Times, October 16 2022.

[2] 《习近平会见欧洲理事会主席米歇尔和欧盟委员会主席冯德莱恩》,中华人民共和国外交部,https://www.fmprc.gov.cn/zyxw/202204/t20220401_10663314.shtml。

[3] 《习近平同德国总理朔尔茨举行视频会晤》,中华人民共和国外交部,https://www.fmprc.gov.cn/web/zyxw/202205/t20220509_10683555.shtml。

[4] 《2022年10月17日外交部发言人汪文斌主持例行记者会》,中华人民共和国外交部,https://www.fmprc.gov.cn/fyrbt_673021/202210/t20221017_10784783.shtml。

呼声渐高。在与中国经贸关系最为密切的德国，相关讨论最为激烈。德国副总理兼经济部长罗伯特·哈贝克公开表示，经济部正拟定对华贸易新政，目的是"降低对中国的原材料、电池、半导体等产品的依赖"。① 中国中远集团入股汉堡港，遭德国政界普遍反对。德国最大反对党基民盟主席梅尔茨称该案"无关乎财务，而是政治战略问题，可能对德国'关键基础设施的安全'构成挑战"。② 与此同时，欧盟还加紧充实经贸政策工具箱，有暗中针对中国的意味。

第三，台湾问题升温。近年来欧洲加速推进"印太战略"布局，并将台海问题纳入其"印太战略"范畴。欧洲议会连续通过多份涉台决议，宣称要加强与台经贸联系，与盟友加强协调，"共同维护台海局势和平与稳定"。③ 欧盟还与台湾举行了首次"部长"级经济对话。此外，欧洲议会及法、德等多国议员代表团多次窜访台湾地区；台湾立法机构负责人游锡堃窜访捷克、立陶宛和法国。

（二）中欧关系仍显韧性

中欧关系虽然遭遇多重困难，但仍显示出韧性。

中欧经贸合作逆势上扬。据中国海关数据，2022年前三个季度，中欧贸易总额为4.23万亿元，增长9%。中欧班列运营良好，据中国国家铁路集团数据，1~9月中欧班列累计开行1.2

---

① "Habeck kündigtneue China – Handelspolitik an," https：//www.t–online.de/nachrichten/ausland/internationale–politik/id_100052602/robert–habeck–kuendigt–neue–china–handelspolitik–an.html.

② "Kritik am Cosco–Einstieg im Hamburger Hafen：'Ich verstehe den Bundeskanzler nicht'," https：//www.spiegel.de/politik/deutschland/kritik–am–cosco–einstieg–im–hamburger–hafen–ich–verstehe–den–bundeskanzler–nicht–a–7bf202bc–cf85–4277–83ba–80beb3ce3b64.

③ European Parliament, "The Situation in the Strait of Taiwan," https：//www.europarl.europa.eu/doceo/document/TA–9–2022–0331_EN.html.

万列、发送货物118万标箱，同比分别增长7%和8%。由于欧洲对中国新能源相关设备需求陡增，1~8月中国向欧盟出售的太阳能电池板价值总计超过160亿美元，是2021年同期的两倍多。欧盟对华投资稳步上升。据中国商务部数据，1~8月欧盟对华投资增长了123.7%。欧洲经济界秉持务实态度，展现出发展对华合作的强烈意愿。9月，化工巨头巴斯夫决定在广东湛江投资100亿欧元，建设世界级化工一体化基地。面对质疑，巴斯夫董事长薄睦乐称："中国是增长最快的化学品市场，2030年将占全球市场的一半，巴斯夫很难不参与其中。"[①] 德国大众公司坚持运营新疆工厂并计划追加投资。10月11日，在柏林举行的德国机械设备制造业联合会会议上，欧盟贸易委员东布罗夫斯基斯与德国总理朔尔茨都警告，不要与中国脱钩。

与此同时，中欧双方在应对气候变化、促进全球可持续发展以及维护多边主义、自由贸易等方面仍有诸多共同利益，双方展开战略协调、聚同化异更显必要。11月4日，在中国共产党第二十次全国代表大会闭幕不久，德国总理朔尔茨便率领经贸代表团访华，成为诠释中欧关系战略性一个生动的例子，中欧关系将迎来新的合作窗口。

（审定：张健）

---

① Peggy Hollinger, "China - bashing Will Get Europe Nowhere," https://www.ft.com/content/097b24ba - a967 - 45d9 - a476 - 6aff268bc7b5.

第七章　日本后安倍时代前途多舛[*]

安倍遇刺使日本真正进入后安倍时代。岸田政权面临处理政治痼疾和摆脱经济困境的难题。如何在更复杂的国际环境下平衡美日、中日关系，是对日本政府的重大考验。

一、安倍遇刺暴露政治痼疾

2022年，前首相安倍晋三遇刺身亡使日本政局发生陡转。此事牵连出众多政治及社会新疾旧症，使上半年运转顺畅的岸田内阁逐渐陷于不利境地，支持率骤降。

（一）岸田政权以稳为先，取得参院胜选

2022年7月的参议院选举对岸田政权非常关键，自民党若取得大胜，未来三年将无众参两院选举考验，利于长期稳定执政。

选前内外环境对岸田颇为有利。疫情长期化背景下，民众健康焦虑缓解，经济纾困需求上升，岸田适时改变政策，适度放宽管控，受到民众欢迎。乌克兰危机爆发后日本政府迅速与G7成员国共进退、反俄挺乌，展现少见的对俄强硬姿态，某种程度上迎合了民众对大国外交的期待。同时，岸田利用危机渲染紧张气

---

[*] 本章撰稿人：樊小菊、霍建岗、赖婧颖、刘军红、颜泽洋、汤祺、徐永智、王珊、郑文杰、张垚。

氛，使支持率得到提升。民调显示，近七成民众认为台海可能出现冲突并威胁日本，① 上半年内阁支持率一直维持在 50%～60% 高位。

岸田与安倍等实力派维持较佳关系，确保团结。岸田执政伊始就打出"倾听政治"旗号，与前首相安倍晋三、党副总裁麻生太郎等维持良好关系；否定"官邸独大"决策机制，主动让权给执政党。安倍是自民党最大派系领袖、政坛右翼首领，政治影响力首屈一指。他提出"年度军费开支占 GDP 2% 论"②"对敌打击能力不必限于基地"③，在社会上推动修宪、"核共享"敏感话题讨论，要求岸田坚持"安倍经济学"等，④ 岸田多数情况下都接受安倍要求。岸田在政策上也重视与副总裁麻生太郎、干事长茂木敏充等人协商；负责党政策研拟的政策调查会长高市早苗与岸田主张多有抵牾，但岸田并未强压高市早苗，反而一再妥协，以确保党内稳定。

参议院选举前，岸田执政以稳为先，不急于追求政绩：虽号称将推进财政重建，却并未真正启动；打出"新资本主义"政策表示重视分配，却并无针对性政策推动；对华、对韩外交也未能有效推进。岸田以稳为先，避免触及争议性大、有可能对其有负面影响的政策议题，避免选前支持率下跌，影响选情。

在此背景下，7 月 10 日参议院选举自民党大胜，与执政盟

---

① 「台湾へ波及『懸念』77% 本社世論調査」、日本経済新聞、2022 年 2 月 28 日。

② 「安倍元首相"防衛費をGDPの2%に増額骨太の方針に明記を"」、NHK 政治マガジン記事、2022 年 6 月 2 日、https：//www.nhk.or.jp/politics/articles/lastweek/83655.html。

③ 「安倍晋三元首相、敵基地攻撃能力は『基地に限定せず、中枢攻撃も含むべき』憲法 9 条への自衛隊明記も主張」、東京新聞、2022 年 4 月 4 日。

④ 「安倍氏、成長路線継続を　岸田首相に注文『市場も期待』」、共同通信社、2021 年 12 月 26 日。

友公明党合计议席达146席，远超248席总议席的半数。最大在野党立宪民主党议席数减少，势力进一步萎缩。[1] 岸田内阁的支持率也达到了历史最高点，[2] 日本各大媒体甚至开始给岸田"谋划"今后3年如何推动具有其特色的政策。

（二）安倍遇刺引爆"统一教"丑闻

7月8日，安倍在奈良市为参议院选举本党候选人助选演讲时遇刺身亡。刺客山上彻也因"统一教"[3] 致其家破人亡而谋刺该教高层未果，遂将矛头对准日本政界中与该教关系最深的安倍。行刺动机曝光后，舆论从同情安倍转为追问山上对安倍深仇大恨的根源，自民党特别是安倍家族与"统一教"长达50年的密切关系浮出水面。

安倍家族、自民党与"统一教"利益交换长达半世纪。20世纪60年代，安倍外祖父、前首相岸信介与"统一教"因反共结缘，自民党与该教形成相互利用关系。据媒体披露，该教利用岸信介等名人代言效应传教与敛财，同时也给予自民党很大帮助，[4] 包括动员信徒投票，向该党献金，派信徒充当自民党籍候选人义工等；甚至有多家媒体爆出该教有组织地培训信徒充任自民党议员秘书。而安倍家族是"统一教"与自民党间的"窗

---

[1] 「自民63、公明13、立憲17、維新12 参院選、各政党獲得議席」、朝日新聞、2022年7月11日。

[2] 「内閣支持率2013年1月～2022年10月」、https://www.nhk.or.jp/senkyo/shijiritsu。

[3] "统一教"全称为世界和平统一家庭联合会，是韩国人文鲜明于1954年在韩国创立的基督教系的新兴宗教。原名"世界基督教统一神灵协会"。因相关公司牵涉一系列违法活动，于2015年出于避嫌需要，经日本文化厅批准后改为现名。在世界许多地区均有活动，韩国、日本、美国等是其发展的重点地区。1997年，"统一教"被中国政府认定为邪教组织。

[4] 「旧統一教会追い50年、中村敦夫さん 安倍氏への忖度で右往左往」、朝日新聞、2022年9月18日。

口",岸信介和女婿安倍晋太郎、外孙安倍晋三与"统一教"关系尤深。媒体披露近10余年来"统一教"票源投给谁往往由安倍说了算。正是在他们的积极运作下,"统一教"不断扩大与自民党关系,据调查,在379名自民党众参两院议员中,超过180人与"统一教"有瓜葛,安倍派则是重灾区。① "统一教"甚至要求获得其支持的议员签署政策协定,企图进一步扩大该教的政策影响力。

自民党为政治利益庇护"统一教"。长期以来,该教恐吓信徒"祖先有罪累及后代",以"为祖先赎罪"为名兜售壶、印等高价"法器",近年则主要通过对教徒的精神控制诱使他们巨额捐献。有报道称"该教日本支部有募捐指标,近年该指标虽降至200亿~300亿日元,但最高时曾达每年千亿日元"。② "统一教"相关企业违法行为早在20世纪80年代就被曝光,日本社会一直有制定反邪教法予以限制的呼声,但政界置之不理。2000年"统一教"相关企业被调查,但"统一教"本身仍未受波及。③

媒体对政权的忌惮也让问题持续潜藏。日本媒体虽自诩"报道自由""第四权力",但实际上与政界关系密切,报道多受记者俱乐部约束,加之安倍任首相时加强舆论控制,与其不睦的朝日、每日系媒体曾受其打压,媒体对涉及自民党敏感问题的报道更谨小慎微。同时,"统一教"在各大媒体上的广告也是后者

---

① 「自民党議員179人が旧統一教会と"接点"…121人の氏名を公表関係深いと指摘の安倍元総理は対象外、一体なぜ?」、https://newsdig.tbs.co.jp/articles/-/148511。

② 「旧統一教会『献金呪縛』のウラにある『韓国支配』」、週刊朝日、2022年10月14-21日刊、ページ18。

③ 「銃撃事件が引き寄せた『宗教と家族崩壊史』」、週刊東洋経済、2022年10月8日、ページ45。

重要的收入来源，自然不会刊登负面报道触怒金主。① 尽管"统一教"违法行为早已成社会问题，但媒体仍讳莫如深，导致不少日本民众对此知之甚少。参议院投票前安倍遇刺，媒体有意以"特定宗教团体"指称，避免伤及自民党选情。丑闻事发后，在相当长一段时间内除《每日新闻》及部分周刊杂志揭批较为及时、深刻外，其他大报多不甚积极。

自民党内的安倍派（清和会）以教育、宗教领域为根据地，更方便庇护"统一教"。1996 年以来文部科学相（2001 年前为文部相）多出身此派。前文部科学省事务次官前川喜平透露，2015 年"统一教"之所以能改换名称继续行骗，"100%受到了时任文部科学相下村博文的推动"，② 而下村正是清和会高层、安倍亲信。

（三）国葬争议与"统一教"丑闻拖累岸田

参议院胜选和安倍遇刺对岸田执政本是有利因素：选前内阁支持率持续维持高位表明民众对其肯定；选举大胜又增添其执政正当性；没有安倍的影响，可让其有更多政策回旋空间。但未料安倍身殒反成岸田走下坡路的开端，导火索正是安倍国葬事件。

7月14日，岸田在麻生太郎及安倍亲信下村博文建议下仓促决定给安倍举行国葬，希望借此来安抚右翼、稳定党内局势。但随着"统一教"丑闻发酵，反对国葬的声浪不断高涨，岸田借国葬巩固执政基础的计划严重受挫，愈演愈烈的物价上涨更加

---

① 「自民党と統一教会の歪んだ関係を報じない朝日新聞の闇～追い出し部屋行き人事に怯える朝日記者たち」、https：//samejimahiroshi.com/masukomi - asahi - 20220729/。

② 「旧統一教会名称変更前川喜平氏『下村氏の意思100％間違いない』」、https：//www.nhk.or.jp/politics/articles/lastweek/87335.html。

剧了民众对政权的不满，使内阁支持率不断下跌。

在国葬问题上的傲慢态度让岸田渐失民心。2012年以来，自民党在国政选举中连选连胜，在野党式微，无法对其构成威胁，使得自民党日益傲慢。在参议院选前，时任经济重建相山际大志郎甚至公然叫嚣："政府不会听在野党的任何意见。"[①] 在国葬问题上也是如此。战后日本废除"国葬令"，事实上使国葬失去明确法律依据，需国会同意才具正当性，1967年为前首相吉田茂举行国葬即是先例。但岸田既未经国会审议，也未与在野党磋商，就仓促宣布为安倍举行国葬，被各方批评为"蔑视国会、无视在野党、忽视民意"。

"统一教"丑闻迁延日久让岸田内阁持续"失血"。丑闻不仅使民众进一步质疑国葬的正当性，更质疑自民党本身与"统一教"的关系。自民党明确与该教有往来的国会议员众多，其中包括内阁大臣，这让岸田左右为难，担心连根拔除给自民党造成严重内伤，因此寄望于时过境迁将此事翻篇。这种暧昧态度更引起民众对其领导能力的质疑。据《读卖新闻》民调，80%的民众认为其在"统一教"问题上缺乏领导力，[②] 进一步拉低了内阁支持率。

岸田属意国葬还因对安倍生前国际人脉有信心，欲广邀外国政要为外交造势。但最终G7成员国首脑无一赴日参加国葬，与一周前的英国女王国葬冠盖云集形成鲜明对比，岸田的"国葬外交"谋划基本落空。媒体分析，G7首脑之所以缺席，重要原因是国葬在日本国内政治争议较大，他们不愿为岸田火中

---

① 「『野党の話は聞かず』山際経財相が街頭演説で発言」、日本経済新聞、2022年7月4日。

② 「定例世論調査2022年10月」，https：//www.ntv.co.jp/yoron/。

取栗。①

据日本时事社民调，岸田内阁支持率10月已跌至27%，低于2020年时任首相菅义伟下台前的29%。同时，国葬结束后争议仍未停歇，负面评价国葬的人达49.5%，远超正面评价的24.4%。② 10月开幕的临时国会上，围绕安倍国葬、众议院议长细田博之与"统一教"关系的质疑继续困扰着岸田。

二、新旧难题拖累经济复苏

2022年，日本经济缓慢复苏，仍旧低迷。原因既有乌克兰危机等新问题冲击，又有结构性老难题制约。岸田的"新资本主义"实施计划难见成效，金融风险却不断累积，未来形势难言乐观。

（一）经济整体复苏缓慢

根据日本内阁府9月数据，2022年第二季度（4~6月）日本GDP环比增长0.9%，年率3.5%，对初值年率增长2.2%作了大幅上调。另外，政府将第一季度（1~3月）GDP环比下降0.5%调整为增长0.1%。③ 按年度来看，2021年度实际GDP增长2.3%，3年来首次实现正增长，但总量仅为536.8万亿日元，

---

① 「国葬『G7全滅』が示す日本の深刻な影響力低下…もはや安倍元首相の人望という話ではない」，https://news.yahoo.co.jp/articles/9827b0941120ca863d95900dd1e3682d6115d923.

② 「内閣支持続落27％ 初の3割割れ、不支持43％—時事世論調査」、時事通信社、2022年10月13日。

③ 日本内阁府，「四半期別GDP速報」、https://www.esri.cao.go.jp/jp/sna/sokuhou/sokuhou_top.html。

仍低于新冠病毒感染疫情前 2019 年度水平。[1] 9 月 26 日，OECD 将 2022 年日本经济增长率下调至 1.4%。[2] 如果按 1 美元兑 140 日元计算，预计 2022 年日本名义 GDP 时隔约 30 年低于 4 万亿美元，基本与德国持平。整体看，日本经济仍然低迷，复苏压力较大。

经济增长动力不足。一季度内需对经济增长贡献微乎其微，外需贡献甚至为负；住宅投资连续四个季度下滑，公共投资和设备投资持续低迷，仅二季度略有增长，分别为 1% 和 2%。[3]

贸易逆差持续攀升。日财务省统计显示，2022 年上半年度（4~9 月）贸易收支逆差约 11 万亿日元，半年逆差创历史新高。9 月贸易逆差约 2.1 万亿日元，持续 14 个月出现逆差。[4]

全行业未来信心依旧不足。根据内阁府和财务省联合调查，截至二季度，日本全行业大中小型企业信心连续三个季度全面下降，三季度大企业信心微弱回升，中小企业信心继续低迷不振。[5] 央行发布的 9 月企业短期经济观测调查结果显示，大型制造企业景气判断指数较上次调查下降 1 个点，连续三个季度恶化。[6]

生活生产成本增加。据日本总务省和央行统计，9 月消费者价格指数（CPI，简称"消费价格指数"），剔除波动较大的生鲜

---

[1] 日本内阁府、「国民経済計算（GDP 統計）」、https://www.esri.cao.go.jp/jp/sna/menu.html。
[2] "Interim Economic Outlook Warns of Pervasive Global Economic Slowdown," OECD, https://www.oecd.org/newsroom/oecd-interim-economic-outlook-warns-of-pervasive-global-economic-slowdown.htm.
[3] 日本内阁府、「統計情報・調査結果」、https://www.cao.go.jp/statistics/。
[4] 日本财务省、「日本の貿易統計」、https://www.customs.go.jp/toukei/info/。
[5] 日本财务省、「法人企業景気予測調査」、https://www.mof.go.jp/pri/reference/bos/index.htm。
[6] 日本銀行、「短観統計」、https://www.boj.or.jp/statistics/tk/index.htm/。

食品后综合指数同比上涨3%，已连续13个月上涨，创31年以来最大涨幅。9月企业物价指数同比上涨9.7%，连续19个月超过上年水平，创历史新高。①

（二）新旧问题成制约因素

乌克兰危机、疫情恶化、日元贬值等新问题直接冲击日本经济复苏。

乌克兰危机冲击企业经营。危机爆发以来，国际大宗商品价格持续上涨、全球供应链更趋紧张。根据日本商工会议所对约2000家中小企业调查，79.1%的企业表示能源资源价格暴涨引起电力等成本上升；56.2%的企业表示能源资源以外的采购成本在上升；42.7%的企业表示没能通过涨价转嫁成本，经营困难。② 日本经济研究中心预测，本年度企业利润空间缩小，投资欲望降低，设备投资或进一步减速。③

疫情恶化拖累服务业复苏。7月以后，日本时隔约5个月后遭遇第七波严重疫情冲击。世界卫生组织数据显示，截至8月28日的一周内，日本新增确诊病例近126万例，连续6周全球最多。④ 虽然日本政府并未严格限制民众出行，但受疫情形势恶化影响，餐饮、零售、旅游等服务行业客流仍然显著减少，尚难恢复到疫前水平。

日元贬值负面影响凸显。3月，随着美联储进入加息通道，日元显著走软，截至10月26日，日元已较年初贬值约28%。受乌克兰危机影响，国际大宗商品价格持续上涨，进一步放大了

---

① 日本銀行、「物価関連統計」、https://www.boj.or.jp/statistics/pi/index.htm/。
② 日本商工会議所、「調査研究」、https://www.jcci.or.jp/research/。
③ 日本経済研究センター、「設備投資、企業物価高によって増勢鈍化へ」、https://www.jcer.or.jp/research-report/20220325-3.html。
④ "Japan Coronavirus (COVID-19) Statistics," WHO, https://covid19.who.int/region/wpro/country/jp。

日元贬值对日本经济的影响，进口成本激增，导致连续多月出现大额贸易逆差。另外，日元贬值加剧资本外流。本地和海外投资者纷纷转向美元资产，财务省10月7日数据显示，日本9月底外汇储备为1.238万亿美元，环比减少4.2%，降幅创历史最高。[①]

日本经济结构性老问题难解，掣肘日本经济实现快速增长。

首先，日本劳动力结构制约经济增长。根据总务省统计，2021年总人口减少约62万人，连续13年人口下降，而65岁及以上老年人口数量及其在总人口中占比均创历史新高。[②] 少子老龄化加剧使得日本国内市场萎缩，劳动力不足，社保支出负担加重，而非正式雇佣等僵化的用人体系又进一步制约劳动积极性。其次，日本对外依存度较高，政府未能有效配置资源。日本经济从贸易立国到投资立国，企业深度嵌入国际分工体系，这种经济模式在全球化高速发展时期虽然推动了经济增长，但其对国际经济形势变化反应敏感，易受汇率和国际能源价格等因素影响，在国际环境变化时期脆弱性更加凸显。加上日本政府追随美国搞"经济安全保障"，影响企业正常经营决策，造成市场资源配置被人为扭曲。再次，创新能力下降，产业附加值降低。内阁官房统计显示，日企对人才投资额占GDP比重在2010~2014年仅为0.1%，远低于美国（2.08%）和其他主要发达国家。[③] 另外，根据OECD的附加值贸易统计，日本出口贸易国内创造的附加值从1995年的94%下降到2018年的83%，反映出日企对创新投

---

① 日本财务省、「外貨準備等の状況」、https://www.mof.go.jp/policy/international_policy/reference/official_reserve_assets/index.htm。
② 日本総務省、「人口推計」、https://www.stat.go.jp/data/jinsui/。
③ 内閣官房、「賃金・人的資本に関するデータ集」、https://www.cas.go.jp/jp/seisaku/atarashii_sihonsyugi/wgkaisai/hizaimu_dai1/siryou3.pdf。

资不足、保守和技术能力减弱的趋势。①

（三）风险累积应对乏术

面对增长难题，日本政府和央行展现出积极应对姿态，但岸田"新资本主义"虚多实少，难见成效；央行坚持货币宽松致政策空间减小，风险不断累积，长期看形势不容乐观。

6月7日，岸田内阁公布了"新资本主义"整体构想及实行计划，包括对人的投资、对科技创新的投资、创业投资以及对绿色、数字产业的投资四大支柱政策。但这些多是口号和愿景式的蓝图，缺乏具体行动抓手。岸田上台初期提出提高资本利得税，导致日本股市8连跌后被迫撤回，由此看出真正实施改革难度颇大。加之"新资本主义"很多计划是固有政策的延续，均需大量资金投入，而当前日财政长期依赖赤字国债已不堪重负，财源难以保证，日本很难靠其扭转经济颓势。

9月22日，日本央行货币政策会议宣布继续坚持超宽松货币政策，维持低利率水平不变。在欧美主要央行持续加息背景下，日本维持宽松货币政策属无奈之举。财务省数据显示，截至6月底，包括国债、借款、政府短期证券在内的国家债务总额达到约1255.2万亿日元，刷新历史纪录，日本人均负债首超1000万日元。② 目前，2022年度补充预算总规模达到2.7万亿日元，财源全部通过赤字国债来筹措。可以预见，今后日本国家债务仍将不断增长。根据财务省估算，如果利率上升1%，2025年度的偿还本息的负担将比预期增加3.7万亿日元，成为日本不可承受

---

① "Tradein Value Added: Japan," OECD, https://www.oecd.org/industry/ind/TIVA-2018-Japan.pdf.
② 日本財務省、「統計表一覧（国債及び借入金並びに政府保証債務現在高）」、https://www.mof.go.jp/jgbs/reference/gbb/data.htm。

之重。① 因此，日本央行在日元大幅贬值、通胀上升背景下仍然坚持低利率，导致日本债务规模继续膨胀，政策空间越来越小，风险不断累积，长期发展堪忧。

三、积极助美塑造阵营对抗

2022年，日本将全面配合美国维持在"印太"的霸权作为外交、军事战略新方向，凭借军事、经济等领域力量为美作出更大贡献，致力于发展与其他美盟国在本地区的安全合作，拉拢中间地带国家，严厉制裁俄罗斯。在国内则将强军作为新安全战略重点。鉴于其强军的目的之一是助美干预地区事务，负面影响不容小觑。

（一）以助美维护"印太"霸权为战略方向

拜登执政后，日本将自身定位为中美博弈最前线；乌克兰危机爆发后，则更加明确地选择站在美国一方。2022年1月，日美召开"外长+防长"会，强调两国将"完全整合战略，共同确定目标优先顺序"。从历次会谈内容看，日本已将配合美国维持"印太"霸权作为首要战略目标；乌克兰危机爆发后，日本仍与美国反复强调"印太极为重要"，还将中国视为对世界和地区的"全领域挑战"。为了赋予遏制中国"正当性"，日本一方面故意将乌克兰危机与中国在台湾、钓鱼岛、南海等问题上立场相联系，渲染"中国威胁"；另一方面将中俄塑造为"以实力改变现状"的"同一阵营"，不仅指责中国未实施对俄制裁，还频频炒作中俄正常军事合作。为配合美国战略，日本政府宣称将致

---

① 「金利1％上昇で国債費3.7兆円上振れ」、日本経済新聞，https://www.nikkei.com/article/DGXZQOUA187690Y2A110C2000000/。

力于恢复"战略平衡"、强化"经济安全",并与美国主导国际秩序。

所谓恢复"战略平衡"即强化军力并协助美国干预地区事务。当前,美日军事协商的关键词是"联合威慑",即美国更多利用日本军力达到战略目的,为此日本多次向美方承诺将根本性强军,包括增加军费并发展进攻性武力。防卫省近期已决定提前量产陆基巡航导弹。伴随着强军,日本分担的责任与任务也将发生变化。本年度美日联合训练次数较去年增加约5成,其中包括使用地对舰导弹与火箭炮开展"远征前进基地作战",这是未来日本的进攻性武力与美军一体化运用的预演。更有甚者,《防卫白皮书》以距离近、位于航线上为由,牵强地将台海稳定与日本的国家利益挂钩。据报道,岸田曾向拜登表示"如发生台海危机,日本将同美国尽应尽的责任"。日美双方正围绕干预台海制订作战计划,已经为此开展相关推演。

作为"经济安全"的合作重点,日本国会5月通过了《经济安全保障推进法》。该法是满足美方在高技术领域与中国脱钩要求的制度化安排。其中,美方要求的强化供应链合作演变为支援生产"特定重要物资"条款,美方重视的"排除中国产零部件"以"审查基础设施设计"形式固定化。在经济秩序方面,美日新建经济版"2+2",主要协商领域是"国际经济秩序""保护基础设施和重要技术""供应链强韧化"等,具有较强的对抗性。此外,日本不遗余力为"中国包围网"色彩浓厚的"印太经济框架"牵线搭桥,试图说服更多东盟国家加入。

在强化日美合作的同时,日本还着重强化与美国其他盟国在本地区的安全合作。首先,日澳关系的"准同盟"色彩更为明显。双方先签署了此前仅在日美间缔结的《互惠准入协定》,又于10月岸田访澳时签署安保合作新宣言,决定强化两军互操作性,考虑联合应对紧急事态,两国"特殊战略伙伴关系"进入新阶段。同时,日本与英、法、德等欧洲大国军事合作更趋紧密,重点是通过更频繁的联合训练强化这些国家在亚太的军事存在。

针对所谓中间地带国家,日本将东南亚视为与中国竞争影响力的重要战场。岸田2022年先后访问柬埔寨、印尼等东盟五国,时隔7年再次出席"香格里拉对话"。他将提升"印太"国家海上执法能力作为日本"国际贡献"的亮点,宣布未来三年将为各国培养800名以上海上执法人员,提供至少20亿美元的巡视船等装备。

(二) 坚决挺乌反俄,转变对俄政策

日本将乌克兰危机定性为俄罗斯对乌克兰的"侵略",自民党建议政府将俄明确定义为"现实性威胁"。日本政府坚定加入挺乌反俄一方,岸田甚至直言"像以往一样维持与俄罗斯的关系已经不可能了"。

与克里米亚入俄时日本象征性地对俄制裁不同,此番日本对标G7,制裁措施力度之大前所未有。贸易方面,取消俄最惠国待遇;禁止对俄出口奢侈品、基于国际协议的管制清单品种、半导体等通用尖端产品、炼油设备等有助于增强俄产业基础的产品等;禁止向俄287家军事相关实体出口;分阶段减少或禁止进口俄煤炭和石油,以降低对俄能源依赖。金融方面,配合美欧将俄多家银行逐出SWIFT;冻结俄罗斯11家金融机构在日资产;冻结包括俄总统在内的622名个人与53家实体的在日资产;阻止俄IMF等主要多边金融机构获得融资;禁止俄在日发行新的主权债券;禁止日企向俄进行超过一定额度的投资;禁止向俄提供信托、会计等部分金融服务等。此外,日本还首次驱逐俄外交人员，停止向俄相关人员发放签证。安倍执政时期提出的日俄经济合作项目也被全部冻结。

日本的制裁引发俄方强烈不满和坚决反制。俄方宣布将日本列入"不友好国家（地区）"清单，中断和平条约谈判，暂停履行南千岛群岛（日本称北方四岛）周边水域渔业协定，并对等驱逐日本外交官，无限期禁止包括日首相在内的相关人员入境等。日本针锋相对，称"当前不是谈论日俄和平条约谈判前景的时候"，并时隔11年重提南千岛群岛"固有领土论"，展示全面对决姿态。

日本大幅调整对俄政策的主要原因之一是对国际格局的认知改变。日本战略精英称，当今世界已正式进入中美竞争的时代，乌克兰危机加速国际格局向阵营对抗的方向演变，日本必须加强同共享"普世价值"伙伴的团结，坚决与"以武力单方面改变现状"的势力进行对抗。

（三）利用乌克兰危机，推动强军战略落地

2021年末，日本政府开始计划修改《国家安全保障战略》等战略文件，最初设想的军费增幅并不大，但在乌克兰危机发生后，以安倍为首的强军势力认为大幅强军的时机到来，声称"与邻国军事差距过大很可能被攻击"，强烈要求"5年内倍增军费"。4月26日，自民党针对修改战略文件提出了建议书，要求将中国确定为"重大威胁"，在5年内根本性强军，并强化无人装备、发展"反击能力"、增强持续作战能力。日本媒体更开始连篇累牍地渲染中国"武统"将波及日本的可能性。在不断渲染外部威胁的氛围下，日本民众对周边安全环境的担忧加深，约9成日本民众认为中国构成"威胁"，过半数支持增加军费。

在反对声音较微弱的背景下，强军成为新《国家安全保障战略》的重点修改方向。8月，防卫省公布预算要求文件，其中的军力建设重点与自民党文件基本一致。该文件中未写明金额的要求事项史无前例地超过90个，反映出防卫省对迅速增加军费的渴望。日本政府为出台新战略文件召开了恳谈会和执政党间协商会。从公布的资料和报道看，新战略重点方向已基本确定。即通过发展进攻性武力、无人装备等新途径，基于实战需要强化指挥能力，增加战争储备，让自卫队拥有开展长期、高烈度战争的能力。由于日本已半公开表示将配合美国干涉地区事务，其强军举措对地区安全与稳定的负面影响不容小觑。

四、中日关系在逆境中调适

2022年是中日邦交正常化50周年，但在日本全面配合美国对华遏制战略背景下，两国政治关系出现波折，经贸合作难以发挥稳定器作用，邦交正常化纪念活动影响有限，中日关系依然在逆境中调适。

（一）政治关系有起伏

岸田当选首相后，习近平主席发去贺电，引用"亲仁善邻，国之宝也"形容两国关系，指出维护和发展中日友好合作关系，符合两国和两国人民根本利益，也有利于亚洲乃至世界和平、稳定、繁荣。岸田予以正面回应，表示愿以邦交正常化50周年为契机，构建契合新时代要求的建设性稳定的日中关系。岸田首相感染新冠后，习近平主席致电慰问。9月，为纪念中日邦交正常化50周年，习近平主席与岸田首相互致贺电。习主席强调愿同日方一道引领双方顺应潮流大势，共同致力于构建契合新时代要求的中日关系。岸田表示构筑"建设性、稳定的关系"。①

出身自民党宏池会的岸田首相能否在改善、发展中日关系上有所作为备受外界瞩目。但其执政逾一年，日本涉华负面言行频现。2月初，日本众议院通过决议，以所谓香港、新疆"人权问题"污蔑、攻击中国，严重干涉中国内政。3月初，日本领导人参加G7系列会议，不顾中日关系大局，将乌克兰危机与东亚局势挂钩，宣称不允许凭借力量改变现状的情况在东亚发生，试图污蔑中国维护国家主权的正当行为。② 6月，岸田参加G7首脑峰会，指责中国不当开发东海油气田，造成海洋局势紧张。③ 台湾问题上，7月出版的日本《防卫白皮书》中涉台篇幅倍增，时任防卫大臣岸信夫在序言中首次提及台湾，称中国"表现出以武力统一台湾的准备"，渲染"地区紧张局势加剧"。④ 日本的消极举动对中日关系造成显著负面影响。

（二）经贸关系受政治干扰

中日经贸合作仍然紧密。2022年初，《区域全面经济伙伴关系协定》（RCEP）正式生效，中日间零关税商品覆盖率将逐步从8%跃升至86%，为深化两国经贸融合开启良好新局。贸易方面，截至8月，日本累计对华出口同比增长6%，达12.3万亿日元（按美元计为985亿美元），占日出口总额的19.6%，⑤ 中国再次成为日本最大出口对象国。同时，日本经济深度依赖中国

---

① 《习近平同日本首相岸田文雄就中日邦交正常化50周年互致贺电》，人民网，2022年9月30日。
② 《日本首相称将关注俄乌冲突对台海形势的影响》，共同通讯社，2022年3月2日。
③ 「首相、G7で中国ガス田開発批判」、日本経済新聞、2022年6月28日。
④ 防衛省、「令和4年版防衛白書」、https：//www.mod.go.jp/j/publication/wp/。
⑤ 日本財務省貿易統計、「直近の報道発表について」、https：//www.customs.go.jp/toukei/latest/index.htm。

制造。据内阁府发布的《2021年世界经济潮流》报告，在中国制造占进口国市场份额（按金额计算）超50%的品类中，日本多达1133项，远超美国的590项、德国的250项。[1] 投资方面，2022年前8个月，日本实际对华投资同比增长26.8%（含通过自由港投资），增势仅次于韩国的58.9%、德国的30.3%，位列第三。[2] 7月，30余家日企携230个独立品牌参加第二届中国国际消费品博览会，日本贸易振兴机构统筹30余家日企以日本馆形式参展，日商普遍看好中国市场。

但岸田政府随美起舞，可能对中日经济关系造成冲击。1月，日美首脑会谈就新设经济版"2+2"机制达成共识，以加快调整涉华产业链，增强高科技领域的对华出口限制，对冲"一带一路"倡议。5月，日本参议院通过《经济安全保障推进法案》，旨在"减少对中国等特定国家的经济依赖"。[3] 据中国海关总署统计，1~8月中日双边进出口总额已被中韩反超，日本或失去中国第二大贸易对象国地位。[4]

（三）邦交正常化50周年难解民意心结

为纪念中日邦交正常化50周年，双方组织开展了系列活动。6月，日本经济团体联合会成立促进日中交流的执行委员会，成员包括政界、财界重要人物和中日友好团体干部。因疫情反复等多重原因，纪念活动未能按照原计划大范围开展，但

---

[1] 日本内阁府、「世界経済の潮流2021年Ⅱ：中国の経済成長と貿易構造の変化」、https://www5.cao.go.jp/j-j/sekai_chouryuu/sa21-02/index-pdf.html。

[2] 《2022年1~8月全国吸收外资8927.4亿元人民币，同比增长16.4%》，http://www.gov.cn/shuju/2022-09/19/content_5710640.htm。

[3] 「脱『中国・ロシア依存』なるか経済安保法、リスク管理との均衡課題」、毎日新聞、2022年5月11日。

[4] 《2022年8月进出口商品主要国别（地区）总值表（人民币值）》，中华人民共和国海关总署，http://www.customs.gov.cn/customs/302249/zfxxgk/2799825/302274/302275/4556801/index.html。

在双方民间力量推动下，召开了多方线上研讨会及线下纪念活动，释放了一定的回暖向好信号。9月中旬，中日友协团体举办大型线上研讨会，各界有识之士发布积极倡议，为纪念活动暖场预热。① 下旬，在华日企在京举办纪念活动，宣介日本文化艺术及在华业务，以增进两国相互理解与交流。② 但受日本国内对华负面舆论的影响，发展中日关系的民意基础仍然脆弱。据日本"言论NPO"8月公布的民意调查结果显示，67%的受访者不知道中日邦交满50周年，4成受访者对当前中日关系感到不满意。③

（四）安全问题严重影响两国关系

军事上，日本不断宣扬"中国威胁"，并以此为由强化军力建设。岸田政府将于年底修订《国家安全保障战略》等三个重要文件，执意突破"专守防卫"框架，构建"反击能力"，大幅增加国防开支。新版《防卫白皮书》明确将中国定位为"安全上的强烈担忧""日本的挑战"。日本还继续在台湾问题上插手。2月初，美日韩外长会议声明中首次提及台湾，强调所谓"台湾海峡和平与稳定的重要性""反对单方面改变现状行为"。④ 8月，日本政府针对佩洛西访台与解放军演习表态，称中方导弹落入日方所谓的专属经济区（实际上中日专属经济区尚未划界），并表达强烈担忧。

可以看到，在美国加大力度遏制中国背景下，日本发展对华

---

① 《中日友协召开交流会议纪念邦交正常化50周年》，共同通讯社，2022年9月16日。

② 《日企在北京办活动纪念邦交正常化50周年》，共同通讯社，2022年9月24日。

③ 言論NPO、「日中国交正常化50周年に関する世論調査結果」、https://www.genron-npo.net/press/2022/09/npo50507.html。

④ 《韩美日外长谴责朝鲜射弹促朝对话》，韩联社，2022年2月13日。

关系的意愿和能力受到显著限制。但健康稳定的中日关系符合两国人民的根本利益，如何排除干扰、积极理性地改善和发展中日关系，是对日本政府的重大考验。

（审定：胡继平）

第八章　莫迪"新印度"轮廓渐显[*]

2022年，印度总体上延续崛起态势。政治上，莫迪政府执政地位稳固，印度教民族主义政治议程持续推进；经济上，经济增速表现不俗，成为全球经济增速最快的主要经济体之一；外交上，较好处理乌克兰危机后的国际和地区变局，稳步推进"对冲"外交。在此背景下，印度民族主义情绪高涨，对华政策维持强硬，给中印关系重回正轨增加阻力，中印关系艰难磨合、乍暖还寒。

一、印人党长期执政态势明显

2022年，莫迪维持超高人气，其领导的印人党逆势赢得有大选风向标之称的北方邦选举，保持优势执政地位。与此同时，莫迪继续以印度教民族主义重构国家形象，对印度政治未来图景产生深远影响。

（一）关键地方选举逆势连任

3月10日，印度选举委员会公布北方邦等5个邦议会选举结果，印人党在北方邦议会403席中赢得超过半数的255席，成为1989年以来首个在该邦连选连胜的政党。作为印度人口第一大邦（约2.4亿人口），北方邦在印度议会拥有最多议席，素有

---

[*] 本章撰稿人：王瑟、王海霞、张书剑、徐琴、楼春豪。

全国大选风向标之称。选举结果不仅有助于稳固莫迪第二任期，也使印人党在2024年全国大选中占得先机。

该邦首席部长（邦政府首脑）约吉·阿迪亚纳特出身印度教僧侣，因鲜明的意识形态立场和出色的选举表现而备受印人党母体组织国民志愿团服务团青睐。2017年上任以来力推"护牛"等印度教民族主义议程，不时发表针对穆斯林群体的极端言论，饱受争议。新冠病毒感染疫情暴发后，北方邦政府在疫情防控、医疗资源分配等诸多领域暴露出治理水平低下、应急管理能力缺失等弊端，邦政府形象遭到重挫。在诸多不利因素冲击下，印人党虽较上次选举席位数下降57席，却仍以较大优势获得连任，展现出强大的政治动员力和舆论塑造力。据媒体报道，印人党在阿迪亚纳特第一个首席部长任期内花费65亿卢比（约合8500万美元）用于政治宣传。新冠病毒感染疫情暴发后，邦政府累计向1.5亿人免费发放救济粮，帮助最贫困的家庭建造数千所住房与厕所，[1] 以直达底层的福利政策笼络选民。

（二）形象工程塑造"新印度"标识

自废除宪法370条取消印控克什米尔"特殊地位"、推动重建阿约提亚罗摩庙之后，莫迪又在第二任期内大兴"中央景观区"改造项目，旨在去除首都新德里中央行政区的"英国殖民元素"，打造印度教民族主义意识形态主导的"新印度"形象。该项目包括新议会大厦、总理官邸、副总统官邸等多个新建项目以及其他中央政府办公楼与周边道路的升级改造，初期估算造价约为2000亿卢比（约合28亿美元），2019年莫迪连任总理后正

---

[1] Geeta Pandey, "Yogi Adityanath: The Hindu Hardliner in India Who Scripted Election History," https://www.bbc.com/news/world-asia-india-60688309.

式启动，计划 2026 年全部完工。① 为保障工程进度，莫迪政府甚至在 2021 年第二波新冠病毒感染疫情肆虐期间维持对该项目的资金支持，被反对人士斥为"宁可维系政绩工程也不愿追加公共卫生投入"。②

2022 年 7 月，莫迪亲自为新议会大厦顶端 6.5 米高的印度国徽雕像揭幕。相较于参照阿育王石柱的原版雕像，新版雕像上的狮子露出獠牙、形似咆哮。莫迪支持者盛赞新形象充满阳刚之气，但反对者批评新形象侵略性过头，并且政府随意修改国徽有辱国家形象。③ 9 月，莫迪为"中央景观区"改造项目景观大道完工仪式剪彩，并宣布将首都举行共和国日阅兵的主干道"国王大道"更名为"责任大道"。莫迪在演讲中称"作为奴隶制象征的国王大道已经成为历史"，"新印度的自信气息随处可见"。④ 仪式当天，莫迪还在印度门为新落成的 8.5 米高苏巴斯·钱德拉·鲍斯雕像揭幕，称"鲍斯的精神在印度独立后曾长期被人遗忘，如今在英王乔治五世雕像原址上树立鲍斯形象旨在抛弃奴役心态"，"为现代化、强大的印度注入活力"。⑤ 舆论普遍认为，

---

① Business Standard, "What Is Central Vista?" https：//www. business - standard. com/about/what - is - central - vista - project#collapse.

② Al Jazeera, "Central Vista：India's Modi Blasted for ＄2.8bn Project amid COVID," https：//www. aljazeera. com/news/2021/5/17/central - vista - indias - modi - slammed - for - vanity - project - amid - covid.

③ "Opposition, Activists Object to Muscular, Aggressive Lions in National Emblem," https：//www. thehindu. com/news/national/opposition - activists - object - to - muscular - aggressive - lions - in - national - emblem/article65630798. ece.

④ Narendra Modi, "New History has been Created I'm the Form of 'Kartavya Path'：PM Modi," https：//www. narendramodi. in/text - of - prime - minister - narendra - modi - s - address - at - inauguration - of - kartavya - path - in - new - delhi - 564301.

⑤ "Rajpath, a Symbol of Slavery, Erased：PM Modi," https：//www. thehindu. com/news/national/pm - modi - inaugurates - kartavya - path - unveils - netaji - statue - at - india - gate/article65866826. ece.

莫迪提升鲍斯政治地位不仅彰显自身去殖民化的民族主义意识形态，更有意弱化圣雄甘地与贾瓦哈拉尔·尼赫鲁在印度独立运动中的历史地位，为其立像符合印人党"抹杀尼赫鲁遗产"的政治需要。

（三）朝野对立持续加深

在印人党一党独大的压力下，印人党同盟阵营内的其他政党为保持自身独立地位，陆续脱离印人党主导的全国民主联盟。2022年8月，人民党（联合派）领导人、比哈尔邦首席部长尼蒂什·库马尔率本党退出印人党阵营，转而与反对党全国人民党结盟另组邦政府。至此，人民党（联合派）成为继泰卢固之乡党、湿婆军、阿卡利党之后又一"退群"的印人党盟党。比哈尔邦人口过亿，人口数量位列全印第三，在北印度的影响力仅次于北方邦。邦政府易帜不仅打破印人党阵营对北印度"印地语带"的垄断地位，使印人党政治版图大幅缩水，同时也刺激了地方政党抱团组建反印人党的政治联盟。据印媒报道，尼蒂什·库马尔正试图将原人民党分裂而出的人民党（联合派）、国家社会党、社会党等地方政党重新整合，谋求在2024年大选中合力挑战印人党在北印度的主导地位。[①]

为阻止反对党阵营扩大，印人党凭借雄厚财力、庞大基层组织和在朝的政治优势，利用经济调查、内部离间等手段打击"退群者"。湿婆军曾为印人党在工业重镇马哈拉施特拉邦的长期盟友，也是印度教民族主义意识形态伙伴。2019年马哈拉施特拉邦选举后，该党因不满印人党主导席位分配，转而与国大党和民族主义大会党结盟另组邦政府，由该党主席乌塔夫·萨克雷

---

① Amitabh Tiwari, "Janata Dal Merger Nitish Kumar Tries to Fill the Opposition Vacuum," https：//www.moneycontrol.com/news/opinion/janata－dal－merger－nitish－kumar－tries－to－fill－the－opposition－vacuum－9163321.html.

出任首席部长。2022年6月，湿婆军主要领导人埃克纳特·辛德率数十名议员"变节"，批评萨克雷背离印度教民族主义，自行将领导的湿婆军"回归"印人党阵营。湿婆军则指责印人党以每人4亿卢比（约合500万美元）收买该党议员[①]，并要求法院取消"变节"议员资格。随后，辛德率众另立新党与印人党结盟，导致萨克雷失去多数支持被迫辞去首席部长职务。6月30日，辛德在印人党支持下出任邦首席部长，印人党马邦领导人出任副首席部长。舆论分析称，家族政党起家的湿婆军在此次分裂后元气大伤，难以继续在马哈拉施特拉邦挑战印人党。印人党在国内生产总值最高的邦重获执政地位，有助于莫迪经济政策的执行与本党收入的提升。[②]

二、抛出"发达国家"经济愿景

2022年，印度政府多举措推动产业发展和基础设施建设，为经济增长提供动能。IMF称，印度第一季度超过英国，成为世界第五大经济体。8月15日，印度总理莫迪在独立75周年演讲中宣称，印度要在25年内成为"发达国家"。不过，印度经济近忧远虑不少，2047年"发达国家"愿景或许只能基于"印度标准"。

（一）经济表现亮眼，经济刺激政策密集出台

与其他国家相比，印度经济表现整体亮眼。2022年4~6

[①] "'I'm in Opposition for 2–3 Days': Union Minister's Remark in Maharashtra," https://www.ndtv.com/india-news/maharashtra-crisis-uddhav-thackeray-im-in-opposition-for-2-3-days-union-ministers-remark-in-maharashtra-3103500.

[②] Al Jazeera, "How BJP Wrested back Control of India's Richest State Maharashtra," https://www.aljazeera.com/news/2022/7/1/how-bjp-wrested-back-control-of-indias-richest-state-maharashtra.

月，印度经济增速达13.5%。① IMF预计印度将在2022年成为G20中除沙特外增速最快的国家。② 印度信用评级机构CRISIL预计本财年银行信贷增长将达11%~12%的4年高位。③ 此外，2021~2022财年印度外国直接投资流入达到创纪录的835.7亿美元，④ 2022全年外资流入有望突破千亿美元；商品出口强劲，2022年4~9月商品出口2290.5亿美元，同比增长15.54%；⑤ 商品和服务税改革阵痛逐渐消退，税收额稳健增长。10月以来，世界银行、国际货币基金组织、联合国贸易和发展会议等多家机构调低印度经济增速预期，但印度有望成为增速最快的主要经济体之一。

印度政府密集出台经济刺激政策。一是积极扶植新兴产业。印度政府2021年12月批准半导体"生产挂钩激励计划"，计划投入7600亿卢比（约100亿美元）用于半导体生产和产业现代化⑥；通过电池行业"生产挂钩激励计划"、提高购买补贴、加速旧车报废等推动汽车行业电动化；2022年1月批准未来5年投入16.1亿美元建设输电线路投资计划，便利可再生能源项目

---

① "India's Q1 GDP Grows at 13.5 Percent, Lags Estimates," The Economic Times, Aug. 31, 2022.

② "Bank Credit Growth at 16.2 %, More than Double Last Year's Pace," The Economic Times, Sep. 24, 2022.

③ "Bank Credit Growth to Hit 4 - year High of 11 - 12% This Fiscal," https://www.businesstoday.in/industry/banks/story/bank - credit - growth - to - hit - 4 - year - high - of - 11 - 12 - this - fiscal - crisil - ratings - 331830 - 2022 - 04 - 29.

④ "India Gets the Highest Annual FDI Inflow of USD 83.57 Billion in FY21 - 22," https://pib.gov.in/PressReleasePage.aspx? PRID = 1826946.

⑤ "India's Merchandise Export in April - September 2022 - 23 Was USD 229.05 Billion with an Increase of 15.54% over USD 198.25 Billion in April - September 2021 - 22," https://pib.gov.in/PressReleasePage.aspx? PRID = 1864921.

⑥ "Cabinet Approves Rs 76,000 - cr Scheme for Semiconductor Manufacturing," The Business Standard, Dec. 15, 2021.

与电网连接；3月公布国家氢能政策路线图，鼓励提高氢能产能；9月批准约24亿美元的太阳能光伏组件"生产挂钩激励计划"第二阶段计划[①]；10月启动5G服务，还计划2023年推出中央银行数字货币（CBDC，简称"央行数字货币"）；印度电子和信息技术部与软件和服务业行业协会成立人工智能工作组，探索利用人工智能推动制造业和服务业创新发展。此外，9月印度加入美国主导的"印太经济框架"下的供应链、清洁经济和公平经济（税收和反腐败）三大支柱，推动清洁能源、半导体制造等领域合作。印度还利用美印"清洁能源战略伙伴关系"、印日"新能源伙伴合作谅解备忘录"和美日印澳"四方安全对话"等机制推动清洁能源技术合作。

二是加大基础设施建设投入。2022~2023财年（4月1日至次年3月31日）预算案中，印度政府资本支出同比增长35.4%，以刺激经济增长并创造就业。财政部长尼尔马拉·西塔拉曼宣布一系列基础设施发展计划，包括将现有国家高速公路网络扩建2.5万公里，开发4个多式联运物流园区、100个货运站和8个索道项目等。[②] 预算案计划投资4800亿卢比（约64亿美元）用于城乡800万套保障性住房建设。[③]

三是借力私人财团促发展。2021年推出太阳能"生产挂钩激励计划"后，信实新能源、阿达尼集团、希尔迪赛电气等大

[①] Jonathan Tourino Jacobo, "India's Cabinet Approves Second Round of PLI Scheme, Aims to Support 65GW of Module Manufacturing," https：//www.pv-tech.org/indias-cabinet-approves-second-round-of-pli-scheme-aims-to-support-65gw-of-module-manufacturing/.

[②] Ajay Sahwney and Mayank Udhwani, "Budget 2022: How the Capex Push Through Infrastructure Is Likely to Play out," Business Today, Feb. 6, 2022.

[③] "Budget 2022: India Inc to Benefit from Govt's Massive Capex Push," The Business Standard, Feb. 1, 2022.

企业已申请政府补贴，扩大太阳能组件制造产能。2022年8月，信实集团宣布新建电子设备制造厂，其储能工厂拟于2023年投产电池组，太阳能电池板厂预计2024年投产。9月，阿达尼集团董事长高塔姆·阿达尼称未来10年将投资超1000亿美元，70%用于绿色能源转型。① 莫迪宣布启用5G后，印度最大移动运营商吉奥平台表示将在2023年12月前为全国提供5G服务。②

四是助力劳动密集型制造业发展。印度政府提出纺织业"生产挂钩激励计划"（约14亿美元）并计划斥资约6亿美元建立7个大型一体化纺织园。③ 受该计划推动，2021年4~12月，印度纺织和服装业出口同比飙升52%，达305亿美元，成为莫迪执政亮点。在玩具行业，印度出口额由2018~2019财年的2.02亿美元增至2021~2022财年的3.26亿美元，进口额由3.71亿美元降至1.1亿美元。④ 印度政府还通过达成自由贸易协定促进劳动密集型制造业产品出口。印对阿联酋出口的纺织品、鞋类、塑料等因2月签署的印阿《全面经济伙伴关系协定》获零关税准入，对澳大利亚出口的纺织品和服装因4月达成的《印澳经济合作与贸易协议》获零关税准入。

（二）近忧远虑不容低估，"发达国家梦"任重道远

从短期看，有三大不利因素。一是通胀和失业率高企抑制需求复苏。印度月度通胀率连续8个月超过央行6%的容忍上限，

---

① "Gautam Adani Says Adani Group Will Invest over ＄100 Billion in Next Decade," The Economic Times, Sep. 27, 2022.

② 《印度迈入5G时代，推广还需跨沟坎》，https：//finance. huanqiu. com/article/4A6P3MSbqyZ。

③ "Government Notifies Setting up of 7 Mega Textile Parks," The Economic Times, Oct. 22, 2021.

④ Press Information Bureau, "Government Providing All Round Support to Domestic Toy Industry," Jul. 27, 2022, https：//pib. gov. in/PressReleaseDetailm. aspx？PRID＝1845398.

9月更是达7.41%①，拖累私人消费增长。此外，印度经济监测中心数据显示，印度劳动参与率由2017年3月的47%下降至2021年11月的40.15%。② 二是高财赤限制政府支出能力。本财年印度中央政府财政赤字目标为6.4%，为连续三年高赤字。2020~2021财年、2021~2022财年中央政府财政赤字占GDP比重分别为9.2%、6.9%，明显高于此前的4.6%。③ 三是外部环境拖累经济前景。美联储加息导致资本外流，国际大宗商品价格高企，增大进口额和经常项目逆差，推高印度卢比贬值压力，迫使央行加息，国内借贷成本上升，抑制投资增长。

  从长期看，与其他发展中国家不同，印度并未选择工业化道路，而是依靠以信息技术外包为主的服务业带动经济增长，这一模式主要受惠少数精英，印度长期处于"有增长无就业"窘境，同时依靠高额财政补贴维持穷人生活，难以充分发掘自身潜能。莫迪就任后希望通过制造业发展促进增长和就业。但受制于基础设施状况、土地获得障碍、劳动法过度保护等因素，同时面临孟加拉国、泰国、缅甸等国竞争，印劳动密集型制造业虽然有所发展但尚未形成明显优势。随着"智能制造"的发展，劳动密集型制造业发展窗口期有限。大资本更倾向于发展资本和技术密集型制造业而不是劳动密集型制造业。此外，疫情加剧印度经济的结构性失衡，中小企业明显受挫，阿达尼集团、信实工业集团等

---

① "India's Sept Retail Inflation Accelerates to Five-month High of 7.41% y-o-y," https://www.reuters.com/world/india/indias-sept-retail-inflation-accelerates-five-month-high-2022-10-12/.

② M. K. Venu, "Why the Drop in India's Labour Participation Rate Can't Be Ignored by Policymakers," https://thewire.in/economy/why-the-drop-in-indias-labour-participation-rate-cant-be-ignored-by-policymakers.

③ Prasanna Mohanty, "Rupee's Fall to 83: What Does It Say about India's Fundamentals?" https://www.fortuneindia.com/opinion/rupees-fall-to-83-what-does-it-say-about-indias-fundamentals/110151.

财团实力更为雄厚。依靠资本势力发展的制造业将以资本和技术密集型制造业为主，投入要素决定收入分配，利润进一步集中在资本手中，难以产生大规模中产阶级，制约国内消费需求。目前，发达国家中人均收入相对较低的波兰2021年人均国内生产总值为17840美元，而印度仅为2277美元，相差甚远。[①]

三、多面下注推进对冲外交

2022年，印度基于自身国家利益灵活处理对外关系，多头下注、多面对冲，力争在全球变局中追求国家利益最大化。

（一）妥善应对乌克兰危机

一方面，不盲目追随美西方制裁俄罗斯。官方表态上，印顶住美西方巨大压力，在乌克兰危机问题上虽强调"立即停止暴力""通过谈判和外交解决争端"[②]，但未对俄进行任何实质性谴责制裁，亦在联合国历次涉俄决议中投票弃权。3月以来，美西方通过多种方式力劝印对俄采取强硬立场，但均无果而终。经贸合作上，印无视美西方要求其对俄进行经济孤立和制裁要求，向俄大量购买石油、煤炭、化肥等急需物资。2022年4~8月，印度共从俄罗斯进口价值144.76亿美元的燃料和12.37亿美元的化肥，同比暴涨808.4%和666.2%，印俄贸易总额创下182.29

---

① "World Bank, GDP Per Capita (Current US $) - India," World Bank, https://data.worldbank.org/indicator/NY.GDP.PCAP.CD?locations=IN&most_recent_value_desc=true.

② "External Affairs Minister, Dr. S. Jaishankar's Statement during Reply on Discussion under Rule 193 on the Situation in Ukraine in the Parliament," Embassy of India, https://www.mea.gov.in/Speeches-Statements.htm?dtl/35159/External+Affairs+Minister+Dr+S+Jaishankars+statement+during+reply+on+discussion+under+Rule+193+on+the+Situation+in+Ukraine+in+the+Parliament.

亿美元历史新高。① 此外，印推动建立卢比－卢布贸易结算机制，借以绕开美西方制裁。俄外长拉夫罗夫多次称赞印"采取独立立场""未片面对冲突定性"。②

另一方面，努力赢得美西方谅解。美国虽对印度有所不满，但出于对华战略竞争考虑，对印政策从施压转向理解，甚至试图通过深化美印在能源、防务等领域合作，推动印度降低对俄依赖度。印度则作出若干回应以对美有所交代，如取消部分俄军火订单、谴责"布查事件"、向乌提供人道主义援助、积极寻求能源进口多元化等。9月，莫迪对普京提出"当今时代不是战争的年代"这一立场，更引起美西方舆论"高度赞誉"。③ 总体上看，印美关系并未受乌克兰危机过度冲击。2022年4月，莫迪与美总统拜登举行视频会晤，随后两国举行外长、防长"2＋2"会议，达成签署"太空感知协议"、举办首次国防太空对话和人工智能对话等系列实质性合作成果；5月，美印峰会签署"投资激励协议"和"关键和新兴技术倡议"，印以创始成员国身份加入美倡议建立的"印太经济框架"；年内，举办多次联合军演。

（二）积极推进中等力量外交

在亚太，以日、澳、东盟为重点。年内，印日举行三次首脑会晤和一次外长、防长"2＋2"会议，发起"清洁能源伙伴关系""印度东北部地区可持续发展倡议""强化印度东北部地区竹业产业链倡议"，签署《工业竞争力伙伴关系路线图》《网络

---

① "India - Russia Trade Soars to Record High as Imports of Oil and Fertiliser Drive Surge," https：//indianexpress.com/article/india/india - russia - trade - soars - to - record - high - as - imports - of - oil - and - fertiliser - drive - surge - 8221831/.

② "Ukraine：Russia Praises India for Not Judging War in 'One - sided Way'," https：//www.bbc.com/news/world - asia - india - 60953426.

③ Sumit Ganguly, "Why Did Modi Push Back on Putin?" https：//foreignpolicy.com/2022/09/22/modi - putin - russia - ukraine - war - india - sco/.

安全合作备忘录》，举行首届网络安全对话。3月，印澳举行线上首脑会晤，同意建立年度首脑峰会机制，发起"关键矿业伙伴关系"，签署《经济合作与贸易协议》，并就尽快谈判签署更加全面的自贸协议达成共识。6月，印与东盟举行外长特别峰会庆祝双方建立对话关系30周年，同意深化在经贸、安全、人文等领域合作。

在欧洲，以英、法、德为支点。4月，英首相访印，两国发布《联合网络声明》，宣布建立"全球创新伙伴关系"和防长对话机制，同意加速自贸协议谈判；[①] 5月，莫迪相继访问德、法，与德制定"绿色氢能路线图"、建立"绿色与可持续发展伙伴关系"并同意在第三国开展贸易投资项目[②]，与法建立太空安全对话机制、升级网络安全对话机制。印法还于年内实现外长互访，签署《蓝色经济和海洋治理路线图》，并成立印法基金以在第三国开展合作项目。印欧举行首届安全与防务磋商，建立贸易和技术委员会，重启贸易投资协定谈判。

在中东，以沙特、埃及、阿联酋为抓手。2月，印阿举行视频峰会，签署《全面经济伙伴关系协定》。7月，莫迪以视频方式参加美国、印度、以色列、阿联酋"I2U2"首次领导人峰会，同意在水、能源、交通、太空、健康、食品安全六大领域开展合作，四方亦就在印投资综合食品园区和可再生能源项目、建立印度—

---

① "Joint Statement on the Visit of the Prime Minister of UK to India: Towards Shared Security and Prosperity through National Resilience," https://www.gov.uk/government/publications/prime-minister-boris-johnsons-visit-to-india-april-2022-uk-india-joint-statements/uk-india-joint-statement-april-2022-towards-shared-security-and-prosperity-through-national-resilience.

② "Joint Statement: 6th India-Germany Inter-Governmental Consultations," https://www.mea.gov.in/bilateral-documents.htm?dtl/35251/Joint+Statement+6th+IndiaGermany+InterGovernmental+Consultations.

中东粮食走廊达成共识。9月，外长苏杰生访沙，与沙举行首届政治、安全、社会和文化合作委员会会议，并与海湾阿拉伯国家合作委员会（简称"海合会"）建立年度对话机制。9～10月，印防长、外长先后访问埃及，与埃签署《防务合作谅解备忘录》。

（三）邻国优先，刚柔并济

对巴基斯坦持续孤立打压。尽管印巴通过秘密谈判于2021年在实控线达成停火协议，但据巴媒披露，因印坚持在克什米尔问题上立场，双方谈判陷入死局。[①] 印外交部发言人称希与巴建立正常关系，但前提是"没有恐怖、敌意和暴力气氛"。[②] 此外，印继续在国际上给巴扣上"支恐"帽子，包括持续推动联合国1267委员会将"虔诚军""默罕默德军"等组织头目列为全球恐怖分子。印外长苏杰生指责"没有其他国家像巴一样实施恐怖主义"，并讽刺印巴同为"IT 专家"，但印为"信息技术专家"，巴则是"国际恐怖主义专家"。[③]

对其他邻国怀柔为主。4月，印外秘主持召开首次"邻国优先"部际协调会议，要求各部委"优先考虑邻国需求"，并建立部际联合工作组负责统筹协调与政策落实。[④] 在这一方针指导下，印大幅增加对邻国资源投入，彰显其南亚大哥形象，对冲中

[①] "Pak-India 'Backchannel' Talks Hit Dead End," https://tribune.com.pk/story/2370099/pak-india-backchannel-talks-hit-dead-end.

[②] "No Backchannel Talks with Pakistan, Clarifies India," https://timesofindia.indiatimes.com/india/no-backchannel-talks-with-pakistan-clarifies-india/articleshow/91971810.cms.

[③] "No Other Country 'Practices Terrorism' Like Pakistan Does: EAM Jaishankar," https://www.thehindu.com/news/national/no-other-country-practices-terrorism-like-pakistan-does-eam-jaishankar/article65960565.ece.

[④] "Neighbourhood First Policy: India Continues to Prioritize Its Neighbours in Intl Activities," https://theprint.in/world/neighbourhood-first-policy-india-continues-to-prioritize-its-neighbours-in-intl-activities/914012/.

国在其周边的影响。向斯里兰卡提供近 40 亿美元援助及燃料、化肥、粮食等急缺物资，助其摆脱政经危机；与尼泊尔发布"电力合作联合愿景声明"，助尼开发电能、提供输电基础设施并向其开放电力市场；时隔 25 年再次与孟加拉国签署水资源共享协议，并同意与孟深化基建和互联互通合作；为马尔代夫基建建设和警察设施建设分别提供 1 亿和 4100 万美元优惠信贷额度，并为马尔代夫国防军提供两艘舰艇和 24 辆多功能车；[①] 主动寻求与阿富汗塔利班接触，并向阿提供药品、粮食等人道主义援助。

（四）多边外交，东西兼顾

一方面，主动融入美西方"民主联盟"。莫迪先后参加美日印澳"四方安全对话"机制线上线下峰会，发起并推进"网络安全伙伴关系""印太海域态势感知伙伴关系""印太人道主义救援和灾害防护伙伴关系""气候变化适应与减缓一揽子计划"等，推动美日印澳"四方安全对话"机制走深走实。[②] 此外，印积极组建印日澳、印法澳等小多边机制，形成更为紧密的"民主伙伴关系网"。积极扩展与 G7 合作，图谋成为"西方阵营"的一员。6 月，莫迪赴德出席 G7 峰会，系其连续第二年受邀以对话国身份出席，其间签署"弹性民主声明"，同意与 G7 共同加强"民主韧性"。[③]

---

① "India – Maldives Joint Statement during the Official Visit of President of Maldives to India," India, https：//www. mea. gov. in/bilateral – documents. htm? dtl/35595/India-Maldives + Joint + Statement + during + the + Official + Visit + of + President + of + Maldives + to + India.

② "Quad Joint Leaders' Statement," https：//www. mea. gov. in/bilateral – documents. htm? dtl/35357/Quad + Joint + Leaders + Statement.

③ "Transcript of Special Briefing on Visit of Prime Minister to Germany（June 27, 2022），" https：//www. mea. gov. in/media – briefings. htm? dtl/35456/transcript + of + special + briefing + on + visit + of + prime + minister + to + germany + june + 27 + 2022.

另一方面，持续参与非西方多边平台。印虽心向西方，但亦承认其"南方大国"属性。5月，印外长苏杰生参加金砖外长会并呼吁金砖国家建立"弹性且可靠"的产业链；6月，莫迪参加金砖国家领导人线上峰会，呼吁加强金砖国家认同，提议建立金砖国家文件在线数据库和金砖国家铁路研究网络。[①] 9月，莫迪参加上合组织领导人峰会，强调支持上合组织成员加强合作互信，提议在上合组织框架下建立创业与创新特别工作组和传统医学工作组，深化在创业创新和传统医学领域合作。

四、中印关系艰难磨合

2022年，中印关系呈现一定回暖迹象，但双方在战略认知和政策立场上温差明显。中印关系艰难磨合，总体呈现"冰雪虽稍融，寒意仍扑面"的态势。

（一）双方努力寻求共识，但印方对华疑虑底色未变

2022年中印都在寻求双边关系正常化，两国领导人共同出席金砖国家领导人会晤和上海合作组织元首理事会会议，王毅外长访印就改善双边关系与印方深入沟通。7月25日，习近平主席向印新任总统穆尔穆致贺电，表达对"健康稳定的中印关系""推动中印关系沿着正确轨道向前发展"的殷殷期望。

然而，印度对华战略认知依然负面色彩浓厚。2022年9月上合组织成员国元首理事会，两国领导人未能实现双边会晤，印度甚至成为唯一未签署国际粮食安全、国际能源安全、维护供应链安全稳定多元化等声明的成员国。此外，印度将涉台、涉藏问

---

① "Prime Minister Participates in 14th BRICS Summit," https：//mea. gov. in/press-releases. htm? dtl/35442/Prime + Minister + participates + in + 14th + BRICS + Summit.

题作为筹码的投机性行为增多。在台湾问题上，美众议长佩洛西窜访台湾地区后，印先是保持"深思熟虑地沉默"，① 后借"远望5号"科考船停靠斯港口事宜首次抨击中国"台海军事化"②；在西藏问题上，莫迪连续两年向达赖表示生日祝贺，印8月安排军用直升机搭载达赖前往拉达克部分地区窜访，印政要亦公开加强与流亡藏人接触。③

（二）边界局势有所缓和，但僵局未破

2022年，中印继续就边境局势保持外交和军事渠道沟通。截至10月31日，中印共举行2次边境事务磋商和协调工作机制会议、3轮军长级会谈以及1次首次有印空军参与的特别军事会谈（8月3日），推动边境局势进一步缓和。9月8~12日，中印两军根据第16轮军长级会谈达成的共识在加南达坂地区脱离接触。中印在加勒万河谷冲突后爆发对峙的五个点位实现完全脱离接触，推动中印边境由应急处置向常态化管控阶段迈出重要一步。

但印度仍执拗于将边界问题与中印关系挂钩。印外长苏杰生在多个场合表示"只要边界局势不正常，中印关系便无法恢复正常"④。此外，印度围绕中国对藏南地区命名、冬奥火炬手人选等问题反复炒作，对中国进行舆论抹黑。印度还大幅增加对中印边境地区基础设施的资金投入，2021~2022年度拨出24.912

---

① Suhasini Haidar and Ananth Krishman, "India Maintains 'Studied Silence' on Taiwan Crisis," The Hindu, August 4, 2022.

② Ananth Krishman, "In a First, India Refers to 'Militarisation' of Taiwan Strait by China," The Hindu, August 28.

③ "Explained: The Dalai Lama's Delhi Visit, Increased Engagement with Exiled Tibetans and Its Significance," Outlook India, August 26, 2022.

④ "Remarks by External Affairs Minister, Dr. S. Jaishankar at the Launch of Asia Society Policy Institute," https://mea.gov.in/Speeches-Statements.htm?dtl/35662/.

亿卢比，为上一年度的 6 倍之多。① 10 月 21 日，莫迪访问北阿坎德邦位于中印边境的村庄马纳，并为价值 340 亿卢比的道路和索道项目奠基。② 此外，印度与美国计划年内在距中印边境实控线不到 100 公里的奥利地区举行"准备战争"联合军演，强化高海拔作战训练。

（三）货物贸易继续增长，延续对华歧视性经贸政策

2022 年，中印货物贸易维持较高景气。根据中国海关总署统计，2021 年中印贸易额首次突破 1000 亿美元大关达 1256.6 亿美元，2022 年 1~8 月，中印货物贸易额达近 912 亿美元，同比增长 16%。③ 不过，印度持续推进歧视性对华经贸政策，包括提高中国对印投资的审批门槛，以"维护国家安全"和"打击逃税"为借口打击中国企业、出台对华产业替代政策等，给两国经贸合作制造障碍。自印 2020 年 4 月修改外商投资政策以限制中企对印投资以来，截至 2022 年 6 月 29 日，印度共收到来自中国的 382 份投资提案，仅批准 80 项。④ 2022 年 7 月，美通用汽车公司宣布取消将其印度工厂出售给中企长城汽车的计划，该计划早在 2020 年 1 月便达成，并已两度延长完成交易的期限，但由于迟迟未获印政府批准，最终只能取消交易。⑤ 2022 年 7

---

① "Six Times More Funds for Improving Infrastructure along China Border in Arunachal: Govt," The Times of India, April 5, 2022.

② Gaurav Talwar, "Border Villages Not Last but First Outpost of India: PM Narendra Modi at Mana," The Times of India, October 22, 2022.

③ 《货物进出口分国别（地区）统计》，商务部商务数据中心，http://data.mofcom.gov.cn/hwmy/imexCountry.shtml。

④ "Nod for 80 FDI Proposals from China Entities," The Economic Times, July 6, 2022.

⑤ Aditi Shah, "GM Calls off Plan to Sell India Car Plant to China's Great Wall," https://www.reuters.com/business/autos-transportation/gm-calls-off-plan-sell-india-car-plant-chinas-great-wall-2022-06-30/.

月，印电信部修改电信设备采购许可，要求运营商在网络升级和扩建中使用获得"可信来源"批准的供应商提供的设备。对此，印媒解读为"填补采购规则漏洞"并"完全阻止华为和中兴向印提供电信设备的举措"。[1]

（审定：傅小强）

---

[1] "India Closes a Telecom Loophole to Keep Chinese Vendors away," The Economic Times, July 12, 2022.

第三篇
地区格局与战略走势

第九章　东北亚安全态势趋紧[*]

2022年，东北亚地区既有的安全问题、部分国家对立持续存在，甚至有所加剧。受美国"印太战略"调整、乌克兰危机等影响，日、韩等国对外政策的意识形态色彩趋浓，地区内阵营化态势有所增强。

一、朝鲜乱中谋势求突破

2022年，朝鲜虽面临疫情、自然灾害及制裁等多重不利因素，仍着力确保国内政治经济形势稳定，并强化了对外示强力度。

（一）克服疫情、灾害、制裁等负面影响，保持国内政经形势稳定

一是渡过"最大公共卫生危机"。2022年4月之前，朝鲜奉行严厉的防疫政策，同国外人员往来几乎断绝，对外经济交往也极度收缩，并一度成为全球唯一的新冠病毒零感染国家。朝鲜4月底开始"暴发并不断扩散不明原因的热病"，5月12日宣布进入"最大紧急防疫体系"，采取限制国内人口流动、停止对外交往、科普防疫知识、发放本土草药和尽力保障常用药品等措施，

---

[*] 本章撰稿人：袁冲、陈向阳、王付东、颜泽洋。

基本控制了疫情扩大趋势。[①] 8月10日，朝鲜举行全国紧急防疫总结会议，金正恩宣布朝鲜克服了"建国以来第一次面临的威胁性公共卫生危机"，最大紧急防疫战取得胜利。截至8月3日，朝鲜累计报告477万余例发热患者，[②] 累计死亡病例74例。[③] 9月最高人民会议等大型活动顺利举行，标志着朝鲜已阶段性克服疫情影响，社会生活基本恢复正常。

二是加强经济建设、扩大对外经济交往。6月召开的劳动党八届五中全会称，朝鲜总体保持"全盘经济上升势头"，建设部门、重要工业基地现代化改建、地方工业发展样板、农业等在抓好防疫的同时，"确实维持稳定发展速度"，取得了"可以重点评价的成果"。9月8日，金正恩在十四届最高人民会议七次会议上发表施政演说，强调"当务之急是解决食品问题和消费品问题"，为此要继续集中主要力量发展农业和轻工业，冶金、化学、电力和煤炭等基干工业部门将作为重点发展方向。中朝铁路货运列车于2020年8月起停运，2022年1月恢复运营；4月底，再度因疫情而暂停，9月底重启。2022年第一季度中朝贸易额同比增长9倍，达到近2亿美元。[④]

三是整顿党政军人事，提升危机应对能力。面对疫情、经济和外交困难，朝鲜2022年通过劳动党八届五中全会、劳动党第八届中央军事委员会第三次扩大会议等重要会议进行了大范围的人事调整，进一步强化人事和纪检工作，并推动内阁主要领导年轻化。

[①]《朝鲜连续三天无新增死亡病例》，新华社，2022年5月26日。
[②]《国家紧急防疫司令部：全国疫情传播及治疗状况》，朝中社，2022年8月4日。
[③]《敬爱的金正恩同志在全国紧急防疫总结会议上发表讲话》，《劳动新闻》，2022年8月11日。
[④]《朝中3月贸易额同比增2.2倍》，韩联社，2022年4月18日。

(二) 强势应对美韩，频频示强

2022年朝鲜半岛整体处于紧张局势升级之中。5月，韩国尹锡悦政府上台后强化韩美同盟，对朝日益强调制裁、军事威慑，采取了恢复韩美和韩美日联合军演、寻求强化延伸遏制等举措。朝鲜对此针锋相对，在军事上频频示强。

一是持续升级核导宣誓。4月4日，针对韩国防长发表对朝鲜实施"先发制人打击"的言论，朝鲜劳动党中央委员会副部长金与正警告说，如果韩国选择同朝鲜进行军事对抗，朝方"核战斗力量将不得不执行自己的任务"。[①] 6月21~23日，朝鲜召开劳动党中央军委扩大会议审议肯定了为进一步扩大加强国家战争遏制力提供军事保证的重大事项，并批准了与之相关的军事组织编制改编方案。7月24~27日，朝鲜召开人民军第一次指挥官及政治干部讲习会，强调强化武装力量应对"当前敌对势力疯狂加强各种侵略战争演习，继续扩大先发制人打击朝鲜的能力和扩大军备的情况"。7月27日，金正恩在朝鲜祖国解放战争胜利纪念日活动中发表演讲称，朝鲜的国家核战争遏制力已做好充分准备，可以迅速调动绝对力量完成使命。9月7~8日，朝鲜第十四届最高人民会议第七次会议举行，表决通过了关于核武力政策的法令，就核武器指挥控制、使用原则、使用条件、管理维护等进行明确规定。朝中社报道说，该法令的通过是"重大政治事件"，表明朝鲜作为负责任拥核国家的地位"不可逆转"，是促进"朝鲜半岛和地区及世界和平繁荣的可靠法律武器"。10月12日，金正恩指导试射两枚远程战略巡航导弹时表示，朝鲜将持续扩大核战略武力的运用空间，以彻底遏制任何严重的军事

[①] 《朝鲜劳动党中央委员会副部长金与正发表谈话》，朝中社，2022年4月5日。

危机和战争危机。

二是密集进行导弹试验和军事演习等，加大对美韩军事回应。2022年1月5日、11日，朝鲜连续两次试射"高超声速导弹"。截至10月28日，朝鲜2022年共发射弹道导弹25次、巡航导弹3次，其中尹锡悦上台后有14次试射。特别是随着美韩重启大规模军演并加大对朝军事施压，朝鲜于9月25日开启新一轮的密集导弹试射。9月28日、9月29日、10月1日，朝鲜各发射2枚短程弹道导弹。10月4日，朝鲜时隔8个月发射了1枚中远程弹道导弹，导弹射程达4500公里，飞越日本上空后落入太平洋。10月6日、9日，朝鲜再次分别试射2枚短程弹道导弹。6日当天，朝韩军机还在空中对峙大约1小时。12日，朝鲜试射两枚远程战略巡航导弹，导弹射程达到2000公里。13日晚至14日凌晨，朝鲜战斗机群飞越韩军防空预警线，之后发射了短程弹道导弹，并向朝韩"缓冲区"发射了大约170发炮弹，韩军则出动了包括F-35A在内的战机进行反制。金正恩多次亲自参与指导上述试射。此外，美韩军事部门通过卫星图片分析称，观测到朝鲜丰溪里核试验场的坑道修复工作，朝鲜随时可以进行第七次核试验。

（三）巩固外交基本盘，指责美韩态度虚伪

一是高度重视对华关系。2022年7月28日，金正恩率主要高层参谒中朝友谊塔，向中国人民志愿军烈士表达了崇高敬意，表示朝中友谊"将同社会主义事业的蓬勃发展一道世世代代继承和发展下去"。朝鲜还对北京冬奥会、中共二十大等重大活动多次致贺电，与中国共产党和政府进行密切互动。10月，朝鲜劳动党中央委员会、总书记金正恩先后致电祝贺中共二十大召开和习近平当选总书记。朝鲜在台湾问题、中国反制美对华打压等议题上积极表态支持中国立场。8月3日，朝鲜外务省发言人就

最近美国国会众议长佩洛西访台一事发言称,朝鲜谴责和反对外部势力在台湾问题上的干涉行为,并对中国政府坚决捍卫国家主权和领土完整的正义立场表示完全支持。

二是在乌克兰危机中支持俄罗斯,朝俄关系得到强化。乌克兰危机爆发之初,朝鲜是投票反对联合国大会"谴责俄罗斯入侵乌克兰"决议的五个国家之一。2022年4月24日,朝鲜外务省发文回顾朝鲜最高领导人金正恩三年前与俄罗斯总统普京历史性的首次会晤,称将全面推动朝俄友好关系进一步发展。7月13日,朝鲜承认顿涅茨克和卢甘斯克独立,乌克兰宣布与朝鲜断交。10月4日,朝声明承认乌克兰东部四州公投和入俄,成为首个支持四地入俄的国家。10月12号,联合国大会谴责俄罗斯吞并乌克兰领土,朝再次成为五个投反对票的国家之一。俄罗斯联邦委员会赞扬朝鲜是俄罗斯"真正的朋友",该委员会的国际事务委员会副主席弗拉迪米尔·扎巴罗夫表示,俄应该进一步发展与朝鲜的关系,"俄罗斯一直对朝鲜很热情"。[1] 俄外交部官员也表示,俄愿意恢复因新冠病毒感染疫情暂停的对朝石油及石油产品供应。[2]

三是对美韩坚持"强对强",拒绝进行"无意义对话"。美国多次表态愿与朝进行无条件的对话;韩国尹锡悦政府上台后也提出"大胆倡议",承诺朝鲜若有实质弃核表态和动作,韩愿意提供援助和补偿。但美韩"寻求对话"仅仅停留在口号上,并未采取实际行动推动美朝谈判,反而重启美韩军演、升级军事合作,对朝制裁也未放松,朝方因此认为美方并无实际对话诚意,

---

[1] 《朝鲜承认顿涅茨克和卢甘斯克,乌东这两地迎来"外交突破"?》,https://www.thepaper.cn/newsDetail_forward_19016996。

[2] 《俄外交部:俄罗斯愿恢复向朝鲜供应石油和油品》,https://sputniknews.cn/20220907/1043754882.html。

即使对话也无实际收益。2022年8月,针对尹锡悦政府提出的对朝政策路线图的"大胆构想",金与正发表谈话批评尹锡悦一边谈论"大胆构想"、一边大搞战争预演,韩方所谓构想荒谬绝伦、不自量力、愚蠢,简直是做白日梦。①

二、韩国尹锡悦政府谨慎开局

2022年3月9日,韩国最大在野党国家力量党总统候选人尹锡悦以0.73%的微弱优势赢得韩国第20届总统选举,并于5月9日上台执政。尹锡悦竞选期间展现出"亲美"姿态,强调将把韩美同盟升级为"强有力的全面战略同盟",并准备采取抗华压朝态势。但尹锡悦上台后,逐渐转向"谨慎""务实"的均衡政策,既寻求深化韩美合作,又不希望过度刺激中朝。②

(一)全面推进"以韩美同盟为中心的外交政策"

尹锡悦执政后,强调其外交政策核心是重建韩美同盟,呼应华盛顿对文在寅的不满情绪。③

政治上,积极推进价值观外交。2022年5月21日,尹锡悦与拜登举行首脑会谈,决定将韩美同盟升级为韩美全面全球战略同盟,并将发展供应链、高新技术、网络安全、经济和能源安全合作伙伴关系,共同维护自由主义国际秩序。④ 6月,尹锡悦借

---

① 《朝鲜劳动党中央委员会副部长金与正发表谈话》,朝中社,2022年8月19日。

② "New South Korean President Tries to Make His Mark on Foreign Policy," New York Times, Sep. 18, 2022.

③ "South Korean President – elect Yoon Suk – yeol Unveils Foreign Policy Goals," Washington Post, April 14, 2022.

④ "United States – Republic of Korea Leaders' Joint Statement," https://www.whitehouse.gov/briefing – room/statements – releases/2022/05/21/united – states – republic – of – korea – leaders – joint – statement/.

出席北约峰会之机会晤美国总统拜登，强调"与美日共享自由民主、人权、法治等价值观"。① 9月，尹锡悦赴美出席联合国大会并发表主旨演讲，强调韩国属于发达国家及自由民主阵营。②

经济上，尹锡悦2022年5月在IPEF峰会上宣布，韩国将以创始成员国身份，"参加IPEF所有领域的合作，特别是供应链、数字转型、清洁能源、碳中和等领域的合作"。③ 8月，韩国产业通商资源部长官李昌洋表示，韩国准备参加美国主导的"芯片四方同盟"筹备会议。④

军事上，韩美2022年8月恢复"乙支自由盾牌"等实战军演，动用美国"里根号"航母等先进战略武器演练"针对朝核武器的先发制人打击方案"；9月重启"高级延伸威慑战略协商会议"，强化对朝威慑。

地区战略上，尹锡悦政府力推"全球枢纽国家构想"并准备制定韩国版"印太战略"，全力配合美国的"印太战略"。同时，尹锡悦政府着力改善日韩关系和促进美日韩安全合作。韩国一方面接连参与美日韩领导人、外长、国安首长、防长、对朝政策特别代表等三边会谈，以及在朝鲜半岛周边海域恢复中断5年之久的美日韩联合反潜军演，加强对朝和地区政策协调；另一方面派遣外交部长官朴振出席日本前首相安倍晋三葬礼，并向日本首相岸田文雄转达尹锡悦改善日韩关系的方案，要求韩国法院推

---

① 《总统在美日韩会谈中强调强力应对朝鲜挑衅的原则》，https：//n.news.naver.com/mnews/article/001/0013277559？sid=100。

② 《尹锡悦首次联合国大会演讲提出解决全球危机的方法》，https：//n.news.naver.com/mnews/article/030/0003045401？sid=100。

③ 《尹总统：韩国将参加IPEF所有领域的合作并分享经验》，https：//www.asiatoday.co.kr/view.php？key=20220523010013530。

④ 《政府参与"芯片4"预备会议，应制定中国对策》，https：//n.news.naver.com/mnews/article/032/0003165289？sid=110。

迟拍卖日本企业在韩资产，为外交解决日韩强征劳工和"慰安妇"赔偿问题争取时间。韩媒认为，尹锡悦政府已经将韩国外交基调从此前的"安美经中（安全靠美国，经济靠中国）"转变为"安美经美（安全和经济都依靠美国）"，把加强韩美同盟视为外交最优先课题。[1]

尹锡悦转向全面"亲美"出于多重考虑。

第一，韩国内对安全威胁的感知增强，对美国延伸威慑的需求升高。2022年9月，韩国执政党国民力量党非常对策委员会委员长郑镇硕等进一步要求重新引入美国战术核武器或自主研发核武器，以打造朝韩之间的"恐怖均衡"。[2] 韩国前外交部次官申钰秀还认为，联合国集体安保体制摇摇欲坠，韩国必须加大对韩美同盟的依赖。[3]

第二，美国加强对韩施压力度。拜登政府渲染"中国威胁论"，裹挟日韩等亚太盟国参加对华施压阵营。2022年2月，美国国务卿布林肯在美日韩外长会谈上公开表示，"韩国在守护民主主义国际秩序中的作用更加重要，必须与美国站在一起，防御朝鲜挑衅和俄罗斯对乌克兰威胁"。[4] 美国前亚太助理国务卿帮办李维亚称，"韩国是自由民主国家、主权国家、美国盟国以及美西方国家的合作伙伴，应该在重要的历史时刻提高与中俄朝对

---

[1] 《韩国加入IPEF，意味着尹锡悦政府"安美经世"外交全面展开》，https://www.kita.net/cmmrcInfo/cmmrcNews/ftaNews/ftaNewsDetail.do?pageIndex=1&idx=8908。

[2] "공포의 균형' 전술핵재배치론현실화가능성은…中반발-美무기체계가관련，" https://n.news.naver.com/mnews/article/016/0002051573?sid=100。

[3] "2020년대의 9·11' 전쟁…지구촌복합위기불러，" https://n.news.naver.com/mnews/article/025/0003205597?sid=100。

[4] 《华盛顿专家建议韩国下届政府应该发挥全面同盟的作用》，https://www.voakorea.com/a/6465388.html。

抗的嗓门。"① 2022 年 2 月，拜登政府发表《印太战略》报告，要求日本、韩国等盟国积极参与"印太经济框架"。3 月，韩国政府透露，美国政府向韩国政府和主要半导体企业提议建立半导体供应网，以构建对中国的"半导体封锁"。

第三，尹锡悦政府保守色彩浓厚。2019 年尹锡悦就任韩国大检察长时，韩国大检察厅评价称，尹锡悦高度认同美国芝加哥学派米尔顿·弗里德曼和奥地利学派路德维希·冯·米塞斯的自由主义意识形态和市场经济思想，坚信市场经济、价格机制、自由市场活动将促进人类的繁荣与幸福。② 2022 年 5 月，尹锡悦在就职演讲中 35 次提到"自由"，15 次提到"国民"，意识形态色彩凸显。③

(二) 兼顾外交平衡性

对中国，尹锡悦当选总统后表示，"韩中友好交往历史悠久，韩中加强合作，有利于两国实现各自发展、造福两国人民，也将为东北亚地区和平稳定作出贡献。韩方愿同中方密切高层交往，增进互信，促进民间友好，推动韩中关系向更高水平发展"。2022 年 7 月，尹锡悦听取外交部长官朴振工作报告后表示，"韩国参加'印太经济框架'并非意在排斥中国，要通过对中国积极外交说明和解决问题，避免中国误会"。④ 8 月在中韩建交 30 周年庆祝活动上，尹锡悦强调，中韩应"以相互尊重精神为基

---

① 《华盛顿专家建议韩国下届政府应该发挥全面同盟的作用》，https://www.voakorea.com/a/6465388.html。
② 《尹锡悦辞职后宣称"全力支持自由民主主义"，实际上是从政宣言》，https://news.jtbc.co.kr/article/article.aspx?news_id=NB11995029。
③ 윤석열취임사 '자유' 35 번, '국민' 15 번, '통합'·'소통'은 없었다, https://n.news.naver.com/mnews/article/029/0002733407?sid=100。
④ 尹 "경제도움되면어디든가겠다, 차오없도록하라", https://n.news.naver.com/mnews/article/025/0003211394?sid=100。

础，探索新的合作方向，推动两国关系朝着更加成熟健康的方向发展"。尹锡悦上台后，婉拒参加美日印澳"四方安全对话"机制，也没有会见访台后访韩的美国众议长佩洛西，媒体普遍认为是为了避免过度刺激中国。

对朝鲜，尹锡悦政府提出"大胆倡议"，宣称如果朝鲜暂停核开发并推进实质性无核化进程，韩国将分阶段推动联合国安理会解除制裁，向朝提供大规模粮食、发电输电、港口机场现代化、农业生产技术、医院医疗基础设施现代化、投资金融等援助，帮助朝鲜划时代地发展经济；[①] 同时推进政治、军事合作，先推进军演相互通报和观摩，再推进缓和军事紧张局势，构筑军事信任。[②] 2022 年 9 月，尹锡悦政府改变了对文在寅政府制定《禁止对朝散发传单法》是侵犯人权的指责，破例要求在韩"脱北者"团体在对朝散发传单上保持克制，谋求恢复与朝"对话渠道"。[③]

尹锡悦上台后调整政策主要出于两方面考虑。第一，其执政面临严峻挑战。尹锡悦原以微弱优势上台执政，就任 2 个月后，支持率又因为人事问题、经验不足、朝野对抗等跌破 30%，存在提早"跛脚鸭化"的风险。同时，韩国经济在新冠病毒感染疫情、地缘政治危机、全球经济增长乏力等作用下，陷入"高通胀、高汇率、高负债"的"三高"境地，IMF 2022 年 10 月将韩国经济增长预期从 2021 年底预测的 4.0% 调低至 2.6%。[④] 在政治和经

[①] 尹, 광복절경축사…北비핵화전제 '담대한구상' 공개, https://n.news.naver.com/mnews/article/031/0000691773? sid =100.
[②] 권영세 "담대한구상, 南·北상호훈련통보·참관도가능", https://n.news.naver.com/mnews/article/003/0011366740? sid =100.
[③] 《政府破例要求克制对朝散发传单，是否意在恢复对话渠道？》, https://www.sedaily.com/NewsView/26B6PEJE2H。
[④] 《IMF 7 月份以来提高韩国经济增长预期提高的原因？》, http://www.ekoreanews.co.kr/news/articleView.html? idxno =63260。

济挑战叠加下，尹锡悦政府不希望外交挑战进一步增加。

第二，中韩利益深度交融。中韩建交 30 年以来，中国已经成为韩国最大的贸易伙伴、出口市场、进口来源国、海外投资对象国、留学生来源国、海外旅行目的地国，充分表明两国经济具有较强的互补性，展示了双方经贸合作的韧性和潜力。2022 年初，《区域全面经济伙伴关系协定》的生效实施为中韩进一步深化经贸合作提供了更广阔的空间。韩媒认为，美国启动 IPEF、美国众议长佩洛西访台暗含制造"印太"混乱的企图，韩国不能完全跟着美国跑。[①] 而且，中国在朝核问题仍然发挥重要作用。10 月，韩国国家安保室长金圣翰表示，韩"将与中国保持紧密合作，共同应对朝鲜半岛紧张局势"。[②] 与此同时，中国也积极与韩方沟通。3 月，习近平主席与尹锡悦总统通话；5 月，国家副主席王岐山以习主席特别代表身份出席尹锡悦总统就职典礼；8 月，中韩首脑就建交 30 周年互致贺函，强调"中韩要做好邻居、好朋友、好伙伴，应以建交 30 周年为新起点，把握大势、排除干扰、夯实友好、聚焦合作，共创两国关系更加美好的未来，更好造福两国和两国人民"。

三、蒙古力求扩大地区影响

2020 年蒙古国家大呼拉尔（议会）选举和 2021 年总统大选后，蒙古人民党掌控了议会和政府，国内政局总体稳定。受新冠病毒感染疫情和乌克兰危机等影响，蒙古国经济遭遇较大负面冲击。对此，

[①] 《佩洛西引发的第四次台湾海峡危机》，https：//n.news.naver.com/mnews/article/025/0003214681？sid=110。

[②] 《安保室长，"目前情况非常严重，将与中国紧密合作"》，https：//m.khan.co.kr/politics/president/article/202210122026001。

蒙加快改革步伐，积极发挥地区影响力，彰显自身角色。

（一）以政经改革推进国家发展

蒙古人民党利用其执政优势加快政治和经济改革步伐，借此推进国家发展。政治方面，再次修改宪法并改革政府机构。2021年，人民党候选人呼日勒苏赫赢得总统选举，人民党从而掌控了总统、议会和政府，在政治上居于主动。2022年8月，国家大呼拉尔再次通过宪法修正案，取消了2019年制定的议员兼任部长不得超过4人的条款。总理奥云额尔登随后任命8名议员担任政府部长。9月，蒙改革政府委员会、国家委员会架构，撤销22个委员会，合并6个委员会，新成立29个委员会。改革顺应了政治治理和经济发展需要，有利于强化议会和政府联系，统一总统、议长和总理步调。

经济方面，推出"新复兴政策"力图实现长期增长。2021年12月，蒙古为克服经济领域困难、实现长期发展，推出"新复兴政策"，主要包括六个方面：一是口岸复兴，将乌兰巴托新机场扩建为连接亚洲和欧洲的枢纽，促进空运自由竞争；二是能源复兴，将建设一条连接中俄的高压输电线路，连接到东北亚超级网络；三是工业复兴，分阶段建设加工矿业、农业最终产品的工厂；四是城乡复兴，通过发展牧区降低城市集中度、创建新住宅区、增加就业岗位、用政策支持建设项目；五是绿色发展复兴，通过"十亿棵树"国家行动，做好防治荒漠化、土壤退化、保障水资源和生态平衡工作；六是国家效率复兴，进一步建设成为电子国家。[①] 蒙古2022年上半年国内生产总值约为23万亿图格里克（约合70亿美元），按2015年不变价格计算增长1.9%。农业和服务业增长是主要因素，但采矿业萎缩3.7%，工业和建

[①] 《蒙古国总理公布六项复兴政策》，https://montsame.mn/cn/read/283604。

筑业萎缩0.1%。① 受疫情和乌克兰危机影响，蒙古边境口岸经常处于关闭或半关闭状态，矿产品等主要出口贸易严重受阻，商品供应出现短缺，外汇收入大幅缩减，图格里克持续贬值，2022年10月底较年初对美元贬值约19%，通货膨胀率急剧上升，经济下行压力很大。IMF预计，2022年蒙古国经济增长率约为2.5%。②

（二）积极参与地区合作扩大影响

近年来，蒙古积极发挥自身特点，在维持与中俄两大邻国友好关系的同时积极推行"第三邻国"外交政策，同时利用多边国际场合发声，发挥自身独特影响力。

维护与俄罗斯良好合作关系。2021年12月，蒙古总统呼日勒苏赫借蒙俄建交100周年之机对俄进行国事访问，并签署联合宣言。双方强调，2019年9月3日在乌兰巴托签署的《蒙古国和俄罗斯关于友好和全面战略伙伴关系条约》将双边关系提升到了新水平并确保今后无限期执行。③ 2022年7月，俄罗斯外长拉夫罗夫访蒙，双方详细讨论了加强乌兰巴托铁路集团建设的措施，推进能源和农业领域联合实施项目，并就进一步合作、高层互访、重大活动和项目交换了意见。④ 乌克兰危机爆发后，尽管面临外部压力，蒙始终保持"中立"立场，态度比较审慎，在联合国相关紧急会议的多次投票中均投了弃权票。

继续推进"第三邻国"政策。美国方面，2021年7月，美

---

① "Mongolia Economic Update," World Bank, https：//thedocs.worldbank.org/en/doc/af1a0293254ac2e448cafa165c669d88-0070012022/original/MEU-2022-April-ENG.pdf.

② "Mongolia and the IMF," https：//www.imf.org/en/Countries/MNG.

③ 《蒙古国总统访问俄罗斯》，https：//montsame.mn/cn/read/284983。

④ 《俄罗斯联邦外交部部长对蒙古国进行正式访问》，https：//montsame.mn/cn/read/300356。

国常务副国务卿温迪·舍曼访问蒙古，进一步强调了蒙美"第三邻国"战略伙伴关系，支持推动出台为蒙量身打造的"第三邻国贸易法案"。2022年7月，呼日勒苏赫在美国"独立日"向拜登发贺信，重申进一步加强与美国基于共同价值观和共同利益的战略伙伴关系。日本方面，2022年5月，日本外长林芳正访问蒙古，两国外长对蒙日战略伙伴关系中期（2017~2021年）规划实施情况进行总结，并就2022~2026年的下期规划问题进行探讨。双方同意两国将在政治、贸易、经济、农牧业、文化、教育、国防和民间交流等广泛领域进一步巩固和深入发展两国战略伙伴关系。① 欧盟方面，蒙古积极开拓欧洲市场，2017年与欧盟签署了《蒙古国—欧盟伙伴关系合作协定》后，蒙欧贸易快速增长，目前欧盟已成为蒙古第二大出口目的地和第三大进口来源地，跃升为经济联系最为紧密的"经济第三邻国"。

加强多边国际会议发声。2022年4月，呼日勒苏赫线上出席博鳌亚洲论坛，并在致辞中表示将利用本国连接亚欧的区位优势，实现交通、贸易、服务业枢纽"过境蒙古国"的目标，促进区域基础设施互联互通和经济一体化。② 6月，蒙古国主办"乌兰巴托对话"国际会议，围绕"地区安全面临的挑战与机遇"和"东北亚多边合作"等主题展开讨论，约20多个国家、30个国际组织和研究机构的约150名代表出席。9月，呼日勒苏赫出席上合组织成员国元首理事会会议并致辞，指出蒙古国一贯奉行和平、开放、多支点、独立的外交政策，未来将扩大和发展与上合组织成员国在贸易、投资、能源、交通、物流、环境、旅游、信息技术、农业、粮食供应安全、人道主义等领域的合作。

---

① 《日本外务大臣对蒙古国进行正式访问》，https：//montsame.mn/cn/read/296055。
② 《蒙古国总统线上出席博鳌亚洲论坛》，https：//montsame.mn/en/read/295269。

（三）中蒙全面战略伙伴关系向纵深发展

2014年，习近平主席对蒙古国进行国事访问，双方将中蒙关系提升为全面战略伙伴关系。2022年，中蒙全面战略伙伴关系继续向纵深发展。

中蒙高层交往频繁，政治互信不断加深。近年来，中蒙两国领导人通过各种渠道保持经常性会晤，加强战略沟通，深化政治互信。2021年7月，习近平主席同蒙古总统呼日勒苏赫通电话。2022年8月，王毅外长访问蒙古；9月，栗战书委员长对蒙古国进行正式友好访问。两国领导人不断引领中蒙两国深化全面战略伙伴关系、加强两国间的合作。

中蒙经贸交流日益紧密。中国已连续18年成为蒙古国第一大投资来源国和贸易伙伴国，中蒙贸易总额占蒙古外贸总额的60%以上，2021年中蒙双边贸易额首次突破100亿美元。[①] 近年来，中蒙按照矿产资源开发、基础设施建设、金融合作"三位一体、统筹推进"的重要共识，推进两国经贸大项目合作，在塔温陶勒盖、锡伯敖包、煤制气、南向铁路、额根河水电站等项目方面取得一系列成果。未来两国将深入推进全球发展倡议、共建"一带一路"倡议同蒙古"远景2050"长期发展政策、"新复兴政策"对接，扩大贸易、投资、金融、矿产能源、互联互通、基础设施、数字经济、绿色发展等领域合作。

中蒙在国际事务中密切沟通，维护共同利益。中国支持蒙古积极参与国际和地区事务，明确表示支持蒙古加入亚太经济合作组织（APEC，简称"亚太经合组织"），支持蒙古以适当方式参与中日韩合作，对蒙古加入东亚峰会持开放态度。蒙古积极支持

---

① 刘少坤主编：《蒙古国蓝皮书：蒙古国发展报告（2021）》，社会科学文献出版社2022年版。

习近平主席提出的全球发展倡议和全球安全倡议，并积极参与"一带一路"建设。

四、地区阵营化态势增强

2022年，美国继续强化对东北亚地区的投入，更为重视日本、韩国等盟国，构建"印太经济框架"强化经济安全，并持续推动同盟军事安全能力建设。这使得东北亚地区在政治、经济、安全等领域的阵营化态势有所增强，对立风险增加，也在一定程度上阻碍了东北亚地区合作的发展。

（一）美国以同盟为抓手，继续强化在东北亚地区的战略存在

拜登政府持续加强对"印太"地区的战略关注，更为重视拉拢利用日本、韩国等盟国，强调"价值观外交"，以实现对美有利的影响力平衡。

首先，美国持续强化战略规划，在战略上与盟友及伙伴国加强协调，共同与中国展开竞争。2022年2月，拜登政府发布美国《印太战略》报告，明确美国在"印太"地区的目标和政策举措。拜登政府将中国视为"最重大的地缘政治挑战"[1]，试图通过与所谓共享民主价值观的同盟国和伙伴国联手应对中国。[2]与之呼应，日本、韩国在外交政策上都强化了向美靠拢的力度。日本岸田政府将"自由与开放的印太"作为其提倡与推动的理念，并以推动美日澳印"四方安全对话"机制合作、高质量基

---

[1] 「米、ロシアの『核依存』危惧　新安保戦略、ウクライナ侵攻反映　対中競争は『決する10年』」、『日本経済新聞』、2022年10月14日。

[2] 「ニクソン大統領訪中50年　米、対中『関与』から『競争』　台湾問題、対立の発火点」、『毎日新聞』、2022年2月21日。

础设施建设等为具体举措。①岸田亦将其作为"岸田和平愿景"的五大支柱之一,称要推动自由与开放"印太"的新局面。②尹锡悦提出要跟美国建设更深层次的同盟,就任总统前曾在《外交事务》杂志网站发表文章,称韩国不应被动地适应和应对不断变化的国际环境,而应积极地推动"印太"地区自由、公开和包容的秩序③,并表示韩将参加"四方安全对话"下的实质性合作。④

其次,美日韩外交互动频繁,合作意愿更趋积极。美日韩在多层次、多平台上展开交流。2022年2月,美日韩举行了首次三国防长间的电话会谈。6月,在新加坡举行的香格里拉对话安全会议期间,三国防长举行了会谈。6月,北约马德里峰会期间,三国领导人举行会谈,就加强三边合作,应对朝鲜核导威胁达成共识。8月,美国总统国家安全事务助理沙利文、日本国家安全保障局局长秋叶刚男及韩国国家安保室长金圣翰在夏威夷举行会谈。日韩也在乌克兰危机爆发后紧随美国步伐展开对俄制裁。

再次,美日韩军事合作呈升温态势。美国为强化对中国的军事遏制,维护地区军事霸权,推出"一体化威慑"战略,强化与关键地区盟友和战略伙伴的军事合作,扩大共同军事演习。日韩作为美国在东北亚地区的重要盟国,积极配合美国军事战略调整,强化与美国在军事战略、军事能力建设等方面的协调与合作。日、

---

① 「第二百八回国会における岸田内閣総理大臣施政方針演説」、https://www.kantei.go.jp/jp/101_kishida/statement/2022/0117shiseihoshin.html。

② 「シャングリラ・ダイアローグ(アジア安全保障会議)における岸田総理基調講演」、https://www.kantei.go.jp/jp/101_kishida/statement/2022/0610speech.html。

③ Yoon Suk-yepl, "South Korea Needs to Step up," https://www.foreignaffairs.com/articles/south-korea/2022-02-08/south-korea-needs-step.

④ "South Korean President-elect Yoon Suk-yeol Unveils Foreign Policy Goals," Washington Post, April 14, 2022.

韩也试图强化与北约的协调与合作，推动提升美国主导的同盟体系在地区安全格局中的地位。2022年4月，日本外相林芳正出席在布鲁塞尔举行的北约成员国与相关国家外长会，成为首次出席该会议的日本外相。时任韩国外交部长官郑义溶也出席了此次会议。会上，日韩等与北约成员国就乌克兰危机协调立场，并承诺向乌克兰提供支援。6月，日本首相岸田文雄、韩国总统尹锡悦出席北约马德里峰会，这是两国领导人首次出席北约峰会。北约与日韩等国同意为扩大合作制订一份路线图，确保"双方在共同关心的问题上进行更密切的政治磋商与合作"，[①] 重点是网络和海上安全等领域的合作。5月，韩国国家情报院代表韩国作为正式会员加入北大西洋公约组织合作网络防御卓越中心。由此韩国成为首个加入该机构的亚洲国家。同时，日韩也积极推进与美国的军事合作，不断提升自身军事能力，以加强军事威慑力。日本将于年底推出《国家安全保障战略》等战略文件，并将推动大幅提升防卫开支，不断提高自卫队与美军的联合作战能力。韩国加速推动"萨德"基地完全正常运转，恢复了与美国的例行军演，在8月举行了5年来规模最大的"乙支自由护盾"军演。

（二）经济安全议题升温，经济与科技等脱钩倾向有所增强

美国以经济安全为借口，加大对中国经济发展的牵制与打压。特别是受新冠病毒感染疫情、乌克兰危机等因素影响，世界经济面临的发展压力和风险均有所增大，日韩等国也提高了对经济安全问题的重视程度，追随美国采取了强化供应链安全、推动半导体供应合作等举措。当前东北亚地区各国经济联系日趋紧密，部分国家片面追求经济安全而采取限制正常的经济及技术合作等举措，不利于地区合作的发展，也对经济发展制造了诸多现实问题

[①] 《日本有意升级与北约关系》，共同通讯社，2022年6月29日。

和隐患。

在美国推动下，日韩等国推进经济安全议题，强化与美国在经济安全上的合作。一是出台相关的经济安全政策，强化对重点产业的扶持力度。2022年5月，岸田政府通过《经济安保推进法》，旨在强化重要物资及产业供应链的安全稳定，降低对中国的依赖。将于2022年底出台的《国家安全保障战略》也拟写入经济安全概念。韩国政府于10月发布国家战略技术培育方案，将半导体、显示器、蓄电池等技术指定为"12大国家战略技术"。二是强化与美经济及产业政策协调，配合美经济安全战略的实施。美国正利用双边同盟、美日澳印"四方安全对话"机制及IPEF、"芯片四方联盟"等多边机制和平台推进其经济安全政策。5月，美日澳印"四方安全对话"领导人峰会就强化新兴技术合作达成一致。以美国为中心、"民主国家"进行合作的"经济安全同盟"轮廓逐渐清晰。[①] 美国主导的多边经济合作机制"印太经济框架"于5月23日正式启动。韩国、日本、澳大利亚等"印太"地区的13个国家加入，其中提出要推动加强供应链的信息交换、分散制造基地、强化储备体制等。美日韩也就半导体等关键物资的供应展开协商，试图在芯片制造及供应上为中国提升壁垒。对此，日本媒体评论称，通过力量加强对峙，在经济安全保障的名义下推进割裂相互依存关系，仅凭这些无法维护和平与稳定。[②]

（审定：胡继平）

---

① 「姿現した『経済安保同盟』半導体、5G…バイデン氏歴訪で加速」、『産経新聞』，2022年5月25日。
② 「日米首脳会談　対中　力に傾斜の危うさ」、『朝日新聞』，2022年5月24日。

第十章　东南亚冷静应对地区变局*

2022年，面对严峻复杂的内外形势，东南亚国家聚焦经济发展，加强团结合作，积极推进共同体建设，冷静应对大国博弈，着力维护地区和平稳定。

一、经济走出至暗时刻

东南亚经济复苏势头强劲，多国增长超出预期，成为全球亮点。但外部环境恶化给本地区持续复苏带来挑战。

（一）经济企稳复苏势头向好

由于进一步开放边境和市场，2022年东南亚经济复苏脚步加快。亚洲开发银行2022年9月预估，2022年东南亚经济增长率将达5.1%，同比上升1.8个百分点，比4月份预期增加0.2个百分点。[1] 其中，越南、菲律宾、马来西亚增速超过6.0%，缅甸、印度尼西亚增长预期上升。

---

* 本章撰稿人：李锴、骆永昆、张学刚、王孜、刘金卫、聂慧慧、李建钢、田玉政。

[1] "Asian Development Outlook Update 2022," https://www.adb.org/sites/default/files/publication/825166/ado2022-update.pdf.

表1 东南亚国家的GDP增长率（%）

国家	2021年	2022年4月	2022年9月
亚洲发展中国家	7.0	5.2	4.3
东南亚	3.3	4.9	5.1
菲律宾	5.7	6.0	6.5
越南	2.6	6.5	6.5
马来西亚	3.1	6.0	6.0
印度尼西亚	3.7	5.0	5.4
柬埔寨	3.0	5.3	5.3
新加坡	7.6	4.3	3.7
泰国	1.5	3.0	2.9
老挝	2.3	3.4	2.5
东帝汶	1.5	2.5	2.3
文莱	-1.6	4.2	2.2
缅甸	-5.9	-0.3	2.0

资料来源：Asian Development Outook Update 2022[1]。

东南亚国家经济复苏主要原因有三：一是内需恢复迅速。2022年，多个东南亚国家就业、收入增长，政府向弱势群体发放补贴，制造业投资复苏。由于私人消费和投资增长，一些较大经济体在服务、耐用消费品和非必需消费品上的支出大幅增加，有力刺激内需。

二是旅游业快速反弹。多数经济体重开边境，旅游业恢复带动交通、住宿和服务业收入增加。2022年上半年，泰国国际游客总数达210万人次，2021年同期仅有4万人次；马来西亚的

---

[1] "Asian Development Outlook Update 2022," https：//www.adb.org/sites/default/files/publication/825166/ado2022 - update.pdf.

国际游客为 100 万人次，已实现全年目标的一半；柬埔寨为 50 万人次，同比增加 40 万人次；二季度，印尼服务业激增 60%。①

三是出口稳步增长。国际市场对数码产品的强劲需求推动马来西亚、菲律宾、泰国和越南电子产品出口增长。同时，全球对粮食需求上升使泰国农产品和新加坡加工食品出口增加；大宗商品价格上涨则为文莱、印度尼西亚和马来西亚的棕榈油等能源出口带来额外收益。此外，柬埔寨和缅甸的服装和纺织品出口增加。尽管受国际燃料和食品进口价格上涨影响，东南亚地区的贸易顺差减少，但出口增长和旅游业复苏使地区仍有经常账户盈余。②

（二）增长面临挑战

受乌克兰危机持续、新冠病毒感染疫情延宕反复、美联储收紧货币政策等因素影响，东南亚经济持续发展面临不确定性。

全球性通胀迟滞经济增长。因气候灾害造成的农业产量下降和乌克兰危机造成的供应链受阻，东南亚食品、能源价格普遍上涨。2022 年，本地区通胀率由 3.7% 上升至 5.2%。除越南、马来西亚外，地区其余 9 个经济体通胀率上升。截至 8 月底，地区多数经济体特别是缅甸、老挝、菲律宾、印尼的货币对美元大幅贬值，通胀压力加剧。③ 菲律宾的玉米、泰国的肉类、新加坡的鸡蛋以及文莱的食用脂肪价格显著上涨。同时，能源价格上涨造成运输成本增加，企业扩大再生产受阻，迟滞经济复苏。

美联储加息拖累经济复苏。当前，全球主要发达经济体实施

---

① "Asian Development Outlook Update 2022," https：//www.adb.org/sites/default/files/publication/825166/ado2022 - update.pdf.
② "Asian Development Outlook Update 2022," https：//www.adb.org/sites/default/files/publication/825166/ado2022 - update.pdf.
③ "Southeast Asia Economy Rebounds Despite Headwinds," https：//seads.adb.org/solutions/southeast - asia - economy - rebounds - despite - headwinds.

货币紧缩政策，投资者贷款成本增加，外国直接投资流入东南亚减少。① 受此影响，东南亚国家就业机会、私人投资和政府税收锐减，地区经济复苏受阻。美国是东盟外国直接投资最大来源，约占东南亚外国直接投资总额的26%。② 美联储收紧货币政策，加息幅度超过预期，对东南亚国家的利率、资本外流和金融市场波动影响较大。

乌克兰危机和全球疫情加剧不确定性。乌克兰危机持续和新冠病毒感染疫情反复导致全球供应链中断、通胀上升和增长放缓，对东南亚产生溢出效应。在此背景下，地区多数经济体仍保持较宽松的金融政策，侧重支持消费和投资。若地区复苏放缓，个人和企业财务压力将上升。③

（三）各国多措并举保发展

着力应对通胀。东南亚各国推出保护弱势群体抵御能源和食品价格上涨的一揽子措施。柬埔寨、印尼、马来西亚、菲律宾、泰国和东帝汶推出能源补贴政策；老挝暂停征收能源消费税，越南降低环境保护税。菲律宾提高利率175个基点，马来西亚提高50个基点，泰国和印尼各提高25个基点；老挝和缅甸实施外汇管制，以防美联储加息引起资本外流。④

寻找可持续发展路径。东盟积极推动经济转型，在循环经济、碳中和与数字经济领域加强合作。一方面，东盟承诺在

---

① Sithanonxay Suvannaphakdy, "Inflation: The Threat to ASEAN Economic Recovery in 2022 and Beyond," https://thediplomat.com/2022/06/inflation-the-threat-to-asean-economic-recovery-in-2022-and-beyond/.

② "ASEAN Stats Data Porta," https://data.aseanstats.org/fdi-by-hosts-and-sources.

③ "ASEAN+3 Regional Economic Outlook 2022," https://www.amro-asia.org/asean3-regional-economic-outlook-2022-2/.

④ "Asian Development Outlook Update 2022," https://www.adb.org/sites/default/files/publication/825166/ado2022-update.pdf.

2025年前进行《东盟数字经济框架协议》谈判，推动地区数字一体化。另一方面，继 2021 年 10 月通过循环经济框架后，2022 年东盟续推制定循环经济框架实施计划和有效性评估监测机制。此外，东盟还制定《碳中和战略计划》，商定地区碳中和的目标和参数，推动能源安全和能源转型，商讨制定《东盟可持续矿物发展原则》和《东盟采矿远景》。

推动区域合作。2022 年，东盟推动落实《2025 年东盟经济共同体蓝图》，《东盟货物贸易协定》升级和东盟"单一窗口"建设取得重要进展。3 月 16 日，东盟经济部长启动《东盟货物贸易协定》升级谈判。升级后的《东盟货物贸易协定》将提升东盟在全球供应链中的地位，降低贸易成本，减少监管壁垒，消除物流瓶颈。[①] 东盟成员国现可通过东盟单一窗口完成海关申报文件的交换。此外，《区域全面经济伙伴关系协定》已获 15 个签署成员国中的 14 国批准，对扩大成员国贸易准入、减少非关税壁垒、吸引外商直接投资将发挥积极作用。2022 年一季度，泰国对 RCEP 伙伴的贸易总额超过 2.7 万亿泰铢，同比增长 23%，其中加工农产品增长 43%。同期，越南对中日韩及其他东盟国家贸易增速超 10%。[②] 下半年，RCEP 红利持续释放，进一步推动区域产业合作，加强区域产业链供应链韧性，助力地区复苏。

二、政局变数增大

缅甸军政府难以有效控局，国内暴力冲突不断，成为地区主

[①] "ASEAN Economic Integration Brief Volume June 2022 Number 11," https://asean.org/serial/asean-economic-integration-brief-volume-june-2022-number-11/.

[②] 《RCEP 生效近半年来 红利显现 促进开放合作 实现共赢发展》，http://fta.mofcom.gov.cn/article/rcep/rcepgfgd/202206/48838_1.html。

要乱源。泰国、马来西亚等国政治斗争加剧，政府稳定性下降。菲律宾、东帝汶等国政权更替，新政府执政压力犹存。

（一）缅甸陷入全国性内乱

缅甸军政府与缅甸全国民主联盟（简称"民盟"）斗争持续。2022年9月，看守政府领导人敏昂莱宣称，将尽最大努力在2023年8月举行选举，[1]但民盟等反对派并不买账。民盟在"民族团结政府"旗帜下，依靠"人民国防军"与军政府持续抗争，导致缅全境混乱。5月，美国智库威尔逊中心发布报告称，"人民国防军"势力已扩展到全国，分支遍布缅甸330个镇中的237个。[2]10月，缅甸境内发生多起军方与反对派的严重暴力流血事件，如仰光永盛监狱爆炸案、克伦邦冲突以及克钦邦音乐会遭空袭，安全形势更趋恶化。

（二）泰国、马来西亚政斗加剧

泰国执政联盟出现裂痕。2022年1月以来，执政联盟核心公民力量党内部冲突不断，秘书长塔玛纳等20余名下院议员被开除，此后，陆续有多名议员脱党。8月，反对党向国会递交请愿书，宪法法院裁定巴育总理任职已满8年，应辞职下台。宪法法院随即暂停巴育总理职务，由第一副总理、公民力量党主席巴威代理。9月30日，法院最终裁定巴育总理任期从2017年4月新宪法生效之日起算，可继续担任总理至2025年。[3]泰国将于2023年5月举行大选，据报道，公民力量党拟同时推举巴育、

---

[1] 《敏昂莱：国内危机已受控 明年如期选举》，https://www.zaobao.com/news/sea/story20220908-1310762。

[2] Ye Myo Hein, "One Year on: The Momentum of Myanmar's Armed Rebellion," the Wilson Center, May 2022, p. 34.

[3] 《泰国宪法法院裁定巴育可以继续担任总理》，https://www.chinanews.com.cn/gj/2022/09-30/9864879.shtml。

巴威为总理候选人。① 最大反对党为泰党主席春拉南则暗示将在大选后与巴威组建排除巴育的联合政府。②

马来西亚政府再次更迭。2022年初以来，主要执政党马来民族统一机构（巫统）持续向总理、巫统副主席伊斯梅尔施压，要求解散国会提前大选。尽管多数朝野政党反对提前选举，并且巫统面临前主席纳吉布因涉贪被捕的艰难局面，但巫统主席扎希德坚持要求提前选举，谋求"以大选化解困局"。10月，伊斯梅尔政府在各方压力之下宣布解散国会提前选举。11月19日，马来西亚举行国会选举，结果在主要政党联盟中，希望联盟获82席、国民联盟获73席、国民阵线获30席、沙捞越政党联盟获23席，无单一政党或政党联盟赢得简单多数席位。11月24日，马国家元首阿卜杜拉任命希望联盟主席安瓦尔为第10任总理。

（三）东帝汶、菲律宾新政府执政压力不减

菲律宾顺利举行大选。2022年5月9日，菲举行全国选举，前总统老马科斯之子、前参议员小费迪南德·马科斯以58.77%的得票率当选总统，其竞选搭档、前总统杜特尔特之女莎拉赢得副总统选举。7月25日，小马科斯发表首份国情咨文，强调将加大对基建、农业、旅游及教育等领域投资，坚持独立自主外交政策，与世界各国开展合作。③ 同时，菲新政府将把推动南部穆斯林聚居区和平进程视为首要任务，并着力落实。截至8月，南部穆斯林地区约2万名前"摩洛伊斯兰解放阵线"武装分子得

---

① 《巴育今天复职 誓言推进国家发展经济》，https：//www.zaobao.com/news/sea/story20221003 - 1318926。

② "Prayut Ignores Pheu Thai Speculation，" https：//www.bangkokpost.com/thailand/politics/2422488/prayut - ignores - pheu - thai - speculation.

③ "Marcos Charts Independent Foreign Policy，'Friend to All'Stance，" https：//www - pna - gov - ph.translate.goog/articles/1179677?_x_tr_sl = en&_x_tr_tl = zh - CN&_x_tr_hl = zh - CN&_x_tr_pto = sc.

到安置，政府筹划于2025年举行首届邦萨摩洛自治区政府选举。①

东帝汶新总统就任。2022年4月19日，前总统奥尔塔在总统选举第二轮投票中以62.09%的得票率击败时任总统卢奥洛当选东帝汶新总统，并于5月20日宣誓就职。奥尔塔胜选未能化解朝野政治矛盾。目前，东帝汶独立革命阵线领导的政府占国民议会41席，而奥尔塔所在的东帝汶全国重建大会党及其支持者仅占国会24席。至下届国民议会选举前，奥尔塔的权力将受到国民议会制约。

（四）印尼2024年大选开锣

2022年，佐科政府力推迁都计划、狠抓基建落实、批准RCEP、推动巴布亚地区各项改革、积极筹备G20峰会、斡旋乌克兰危机、着力应对通胀，政绩可圈可点。目前，印尼各党派开始积极筹备2024年大选。由于佐科不可连任，各方围绕总统候选人的竞争格外激烈。迄今，主要执政党斗争民主党尚未推出总统候选人，但民调显示中爪哇省长甘查尔·普拉诺沃、前雅加达特区首长阿尼斯·巴斯威丹、国防部长普拉博沃·苏比安托在总统候选人中呼声较高。

除上述国家外，新加坡总理李显龙2022年4月宣布财政部长黄循财为执政党人民行动党第四代团队领导人，② 黄于6月升

---

① "Philippines' Bangsamoro Peace Process Normalization Track Hits Some Bumps," https：//www. usip. org/publications/2022/09/philippines – bangsamoro – peace – process – normalization – track – hits – some – bumps.

② Zakir Hussain, "Lawrence Wong Endorsed as Leader of PAP's 4G Team, Paving Way for Him to Be Singapore's Next PM," https：//www. straitstimes. com/singapore/politics/lawrence – wong – endorsed – as – leader – of – paps – 4g – team – paving – way – for – him – to – be – singapores – next – pm.

任副总理,预计于 2025 年前后接棒李显龙担任总理。① 越南加强"党和政治体系的建设和整顿",重点推进反腐败反消极工作。老挝将解决财经困难及毒品问题列为两大国家议程,召开人民革命党十一届四中全会,研讨复杂的国内外环境及迈向社会主义的相关理论问题。柬埔寨首相洪森通过打压分化政敌,妥善处理劳资纠纷,加强舆论监管,有序布局交接班,进一步稳固统治。文莱苏丹哈桑纳尔·博尔基亚改组内阁,内政部长阿布·巴卡等 7 名部长被撤换,哈贾·罗梅扎出任教育部长,成为文莱首位女性部长。②

三、以团结维护战略自主

2022 年,疫情阴云、缅甸乱局、海上安全、俄乌冲突等因素叠加,加剧东盟发展和安全困境。面对外部压力和内部难题,东盟谋求通过更紧密合作维护战略自主。

(一)合作应对美西方持续性介入

美国拜登政府持续推进实施"印太战略",试图以软性手段加强对东南亚攻势。经济上,美国启动 IPEF,拉东南亚多国加入,游说东南亚与中国"断链脱钩",补强其"印太战略"的经济短板。同时,启动美国东盟"运输对话伙伴关系",通过东南亚智慧电力项目投资 4000 万美元,动用 20 亿美元为东南亚清洁

---

① 《黄循财:正商讨何时接棒问题但首要任务是组织好团队》,https://www.shicheng.news/v/3xye2.amp。
② 《文莱苏丹改组内阁 任命首位女性部长》,http://www.news.cn/world/2022-06/08/c_1128721759.htm。

能源基础设施进行混合融资。① 人文领域，美宣布三年内将"东南亚青年领袖倡议"计划、富布赖特奖学金计划规模翻倍，② 并与印尼、越南达成"和平队"和教育合作协议，提议为越建立职业教育基地，为越南外交学院建立越美合作中心，向越三所顶尖大学援助1420万美元。此外，美宣布投入6000万美元用于新的区域海上安全倡议，谋建"印太海域态势感知伙伴关系"，加强与东南亚国家海警合作。2022年11月，美国-东盟关系提升为"全面战略伙伴关系"。

面对美西方的拉拢，东盟国家冷静、理性、务实，坚持走团结合作、开放包容之路，如加强与美国合作，同时反对排斥中国。印尼与美国达成海上合作协议，举行史上最大规模联合军演。越南、菲律宾参加美主导的"环太平洋-2022"演习；美菲国防部长同意通过制定双边防务指导方针，加强《共同防务条约》的承诺，推进防务伙伴关系，并通过建立"双边海上框架"加强海上协调与合作；③ 泰国与美签署《泰美战略联盟和伙伴关系公报》。但东南亚国家对加强"印太经济框架"合作态度有所保留：一些国家希望"印太经济框架"能同"东盟印太展望"对接，真正开放包容，勿掺入过多政治色彩，避免成为完全排除中国的机制。马来西亚前总理马哈蒂尔称，"若没有中国参与，'印太经济框架'就无法促进地区经济增长"。印尼最大

---

① "FACT SHEET: U.S.-ASEAN Special Summit in Washington, DC," https://www.whitehouse.gov/briefing-room/statements-releases/2022/05/12/fact-sheet-u-s-asean-special-summit-in-washington-dc/.

② "FACT SHEET: U.S.-ASEAN Special Summit in Washington, DC," https://www.whitehouse.gov/briefing-room/statements-releases/2022/05/12/fact-sheet-u-s-asean-special-summit-in-washington-dc/.

③ 《太平岛延长飞机跑道，美国又想在南海搞事？》，https://www.vos.com.cn/kuaiping/2022-04/21/cms198907article.shtml。

英文报纸《雅加达邮报》发表题为《拜登的新贸易协议几乎沦为笑柄》的评论员文章，认为"印太经济框架"旨在对抗中国，不符合本地区国家的真正需求，地区国家不会轻信。[①] 同时，东盟国家普遍看好东盟主导的 RCEP，认为 RCEP 为东盟国家带来更广阔市场，将进一步促进区域合作共赢、包容发展。

在竞争和压力下，东盟坚持"不选边站"，致力抱团合作，维护地区稳定。2022 年 8 月，东盟外长会强调，东盟一向坚持"不选边站"，只选东盟的利益，希望利用东盟机制促进各方合作，称东亚峰会的战略价值是"坦率对话、密切磋商、真诚合作营造良好环境，为地区和平、稳定和可持续发展作出贡献"。对美介入造成的台海局势紧张，包括菲律宾、泰国在内的东南亚国家普遍表示担忧。与此同时，东盟外长会也发表声明重申一个中国原则，要求各方保持最大克制、避免挑衅行动，推动紧张态势降温，力主合作、和平共处和良性竞争。

（二）共同应对挑战

2022 年，东盟以"东盟行动：共同应对挑战"为主题，重申联合行动、维护东盟团结，确保东盟中心地位。

探索缅甸问题新出路。2021 年 2 月缅军方接管政权后，东盟就解决缅甸政治冲突达成"五点共识"，但缅军方反对东盟成员国干涉其内政，使东盟斡旋受阻，成效有限。8 月，东盟外长会对缅当局未及时履行、完整执行"五点共识"深感遗憾。[②] 10 月，东盟再次就缅甸危机召开外长特别会议，敦促各方保持最大

---

① 《印尼媒体评论："印太经济框架"几乎沦为笑柄》，https://world.huanqiu.com/article/48PHZrKD9n7。

② "Joint Communiqué of the 55th ASEAN Foreign Ministers' Meeting," https://asean.org/wp-content/uploads/2022/08/Joint_Communique-of-the-55th-AMM-FINAL.pdf.

克制，立即停止暴力；强调须通过具体、务实和有时限行动，加强落实"五点共识"力度。①

冷静应对乌克兰危机。东南亚各国对乌克兰危机立场不一，新加坡参与对俄罗斯的制裁，而越南、老挝多次在联合国涉俄罗斯决议中投弃权或反对票。东盟外长会三次针对乌克兰危机发表声明，呼吁各方遵守《联合国宪章》，尊重国家主权、独立和领土完整，立即停火、对话，以维护地区和平稳定。东盟多国表态希望在2022年11月主办的东亚领导人系列会议、APEC、G20三场国际峰会期间为俄乌提供对话平台，通过多边合作解决冲突。柬埔寨、印尼、泰国等有关会议主办国发表联合声明，称三场峰会将为成员国提供独特平台，共同推进全球和区域集体议程，为各国带来和平、繁荣、可持续和包容的发展。

(三) 深化东盟共同体建设

东盟着眼疫后复苏，加强各项机制建设，加大与伙伴国接触和合作。

第一，内外发力，主导疫后合作。对内，继续实施"全面复苏框架"，放宽疫情限制。2022年5月，东盟卫生部长会议推出东盟新冠疫苗接种证明统一认证机制，呼吁开发全球疫苗护照。新加坡和印尼试点疫苗旅行通道。8月，东盟突发公共卫生事件和新发疾病中心在泰国启动。9月，东盟经济部长会议同意尽快启动《东盟数字经济框架协议》谈判，加速包容性数字化转型。对外，寻求国际社会对复苏和转型的支援。RCEP全面生效后，东盟继续与韩国、澳大利亚、新西兰、加拿大等谈判自贸协定升级版，呼吁发达国家提供更多融资。5月，东盟在全球减

---

① 《亚细安外长特别会议：应对缅甸定落实五点共识时间表》，https://www.zaobao.com/news/sea/story20221028-1327149。

灾平台大会发表声明，提出在国际社会支持下，建立以人为本、财务可持续、协调完善、能力本土化的防灾减灾愿景。6月，东盟发布《灾害管理预期行动框架》及指南。① 10月，东盟和欧盟签署全面航空运输协定，这是世界首个航空运输领域的跨区域协议，有望替代140多项双边航空协议。②

第二，加强东盟中心地位，引领多边主义。2022年，丹麦、希腊、荷兰、阿曼、卡塔尔和阿联酋加入《东南亚友好合作条约》。东盟同澳大利亚、英国、欧盟制定伙伴关系行动计划。6月，东盟防长会提出"团结一致共建和谐安全"的新理念，重申以东盟防长会和防长扩大会为区域主要安全架构，依靠东盟中心地位和东盟原则，维护地区秩序。③ 8月，东盟外长会重申区域主义和多边主义是重要合作原则和框架，继续坚持包容性、规则性、互利共赢、相互尊重等理念。

第三，着眼"后2025"的共同体建设。东盟加紧落实2020年底提出的《东盟共同体2025年后愿景河内宣言》，以全面、务实、平衡、包容、协调的方式制定2025年后发展愿景。东南亚国家整合东盟共同体各支柱、各部门，以适应日益复杂的环境与挑战。3月31日~4月1日，东盟共同体2025年后愿景高级别工作组举行首次会议，敲定2022年工作计划、议事规则及

---

① "ASEAN Joint Statement on Strengthening Resilience to Disasters for the Global Platform for Disaster Risk Reduction 2022," https://asean.org/wp-content/uploads/2022/05/ASEAN-Joint-Statement-on-Strengthening-Disaster-Resilience-Adopted-by-AMMDM-12-May-2022.pdf.

② 《东盟与欧盟签署全球首项跨地区航空运输协议》，https://zh.vietnamplus.vn/东盟与欧盟签署全球首项跨地区航空运输协议/175758.vnp.

③ "Joint Declaration of the ASEAN Defence Ministers on Promoting Defence Cooperation for a Dynamic ASEAN Community," https://asean.org/wp-content/uploads/2016/05/Joint-Declaration-10th-ADMM-25-May-2016-Promoting-Defence-Cooperation....pdf.

2025年后愿景的核心要素。

四、中国东盟关系再上新台阶

2022年是中国东盟全面战略伙伴关系开局之年，双方深化政治互信，加强经贸与安全合作，为推动地区繁荣与稳定作出新的贡献。

（一）命运共同体建设稳步推进

一是进一步增进战略共识。继柬埔寨、老挝、缅甸之后，2022年马来西亚、泰国、印尼分别与中国就共建人类命运共同体达成重要共识。7月12日，马来西亚外长赛夫丁·阿卜杜拉会见到访的中国国务委员兼外长王毅时表示，马方主张的"天下一家亲"理念同中方倡导的人类命运共同体理念高度契合，马方愿借鉴中国发展经验，共同增强亚洲力量，促进开放、包容的区域合作。[1] 7月25～26日，印尼总统佐科访华，两国明确共建中印尼命运共同体的大方向。[2] 此外，越南、东帝汶、菲律宾、新加坡、文莱重申对华友好合作政策。6月4日，东帝汶新当选总统奥尔塔会见王毅时表示，感谢中国政府和人民长期以来给予的巨大支持，表示东帝汶对两国关系未来充满信心和期待。[3] 6月10日，菲律宾新当选总统小马科斯在马尼拉出席第二届"中菲相知奖"颁奖仪式时表示，中国是菲最强

---

[1] 《王毅同马来西亚外长赛夫丁举行会谈》，https://www.fmprc.gov.cn/web/wjbzhd/202207/t20220713_10719101.shtml。

[2] 《印尼总统佐科访华：共建中印尼命运共同体，树立发展中大国关系典范》，http://www.news.cn/world/2022-07-30/c_1211672083.htm。

[3] 《东帝汶总统奥尔塔会见王毅》，https://www.mfa.gov.cn/wjbzhd/202206/t20220604_10698609.shtml。

劲的伙伴。① 新加坡总理李显龙在会见到访的中国国务委员兼国防部长魏凤和时强调，新中与时俱进的全方位合作伙伴关系体现了双边关系的特殊性和高水平。② 8月5日，文莱外交主管部长艾瑞万会见王毅，表示文莱高度重视文中关系，愿深化两国务实合作，延续文中千年友谊。③ 10月30日~11月2日，越共中央总书记阮富仲应邀访华，成为中国共产党第二十次全国代表大会后首位访华的外国领导人。

二是中方支持东南亚办好"三大峰会"。2022年11月10~13日、15~16日、18~19日，柬埔寨、印尼、泰国先后主办东亚领导人系列会议、G20峰会和APEC领导人非正式会议，中方对东南亚国家主办"三大峰会"高度重视，并予以大力支持。7月5日，王毅访泰时重申中方支持泰国发挥东道主作用，引领东亚领导人系列会议聚焦发展和亚太自贸区建设，让APEC愿景在泰国重新整装出发。④ 7月8日，王毅出席G20外长会时强调，G20峰会应凝聚国际共识、促进国际合作，为充满不确定性的世界传递信心和希望。印尼外长蕾特诺对此高度赞赏，称捍卫多边主义、开展有效合作是应对全球挑战的唯一途径。⑤ 7月30日~8月6日，王毅出席东亚系列外长会，重申中方支持柬办好东亚

---

① 《菲律宾当选总统小马科斯：菲最强劲的伙伴一直是我们的近邻和好朋友中国》，http://ph.china-embassy.gov.cn/tpxw/202206/t20220610_10701823.htm。
② 《新加坡总理李显龙会见魏凤和》，http://www.gov.cn/guowuyuan/2022-06/10/content_5695180.htm。
③ 《王毅会见文莱外交主管部长艾瑞万》，https://www.fmprc.gov.cn/wjbzhd/202208/t20220806_10736341.shtml。
④ 《泰国总理巴育会见王毅》，https://www.mfa.gov.cn/wjbzhd/202207/t20220705_10715809.shtml。
⑤ 《王毅国务委员兼外长圆满完成印尼之行》，http://id.china-embassy.gov.cn/zgyyn/202207/t20220713_10719483.htm。

领导人系列会议。① 在 11 月份主办的上述国际会议期间，中国与东南亚国家保持密切沟通合作，确保了和平对话、包容合作、避免对抗等基本共识。

"三大峰会"成果丰硕，亚洲迎来地区合作与全球治理的"高光时刻"。其中，第 25 次中国—东盟领导人会议通过了《关于加强中国—东盟共同的可持续发展联合声明》《纪念〈南海各方行为宣言〉签署 20 周年联合声明》《中国—东盟粮食安全合作的联合声明》等成果文件；G20 峰会通过了《二十国集团领导人巴厘岛峰会宣言》；APEC 领导人非正式会议通过了《2022年亚太经合组织领导人宣言》和《生物循环绿色经济曼谷目标》。

（二）"一带一路"合作取得新进展

2022 年是 RCEP 落地实施第一年，RCEP 政策红利持续释放。贸易方面，东盟连续第三年成为中国第一大贸易伙伴，中国则连续 13 年保持东盟最大贸易伙伴地位。2022 年前三季度，双方贸易额 4.7 万亿元人民币，同比增长 15.2%，占中国外贸总额的 15.1%。其中，中国对东盟出口 2.73 万亿元人民币，同比增长 22%；自东盟进口 1.97 万亿元人民币，同比增长 6.9%。② 东盟成员国中，越南、马来西亚和印尼列对华贸易前三位。

投资方面，截至 2022 年 7 月底，中国东盟累计双向投资额超过 3400 亿美元，成为相互投资最活跃的合作伙伴。③ 东盟是中国重要的外资来源地，也是中国对外投资增长最快的地区之一。

---

① 《王毅同柬埔寨副首相兼外交大臣布拉索昆举行会谈》，https://www.mfa.gov.cn/wjbzhd/202208/t20220804_10734189.shtml。

② 《今年前三季度我国进出口同比增长 9.9%》，http://www.gov.cn/xinwen/2022-10/24/content_5721107.htm。

③ 《前 7 个月中国与东盟贸易额同比增长 13.1%》，http://www.news.cn/fortune/2022-08/29/c_1128959245.htm。

新加坡、印尼、越南、泰国为中国重要投资目的国。中新共建国际陆海贸易新通道，充分挖掘中国西部与东盟合作潜力。中马和中印尼的"两国双园"等项目均顺利推进。中国与东盟国家开拓数字经济和绿色经济等新兴领域合作，产业链、供应链连接更趋紧密。

承包工程方面，截至 2022 年 7 月底，中国企业在东盟国家承包工程累计完成营业额超过 3800 亿美元。① "一带一路"基建项目进展顺利，效果显著。中老铁路开通运营，截至 10 月 3 日，累计发送旅客 739 万人次，累计运输货物 851 万吨；"澜湄快线"国际货物列车突破 200 列，货物运输覆盖老泰缅马柬新等国。② 中老泰铁路有望实现互联互通，有效增强中老铁路辐射效应和跨境运输能力。截至 10 月 13 日，印尼雅万高铁项目建设已完成总进度的 88.8%，预计 2023 年 6 月正式通车。③ 2022 年 11 月 16 日，G20 峰会闭幕当天，印尼总统佐科邀请习近平主席共同视频观摩雅万高铁试验运行。

此外，数字经济，尤其是跨境结算、跨境电商、智慧物流和传统产业数字化转型等成为中国东盟合作新亮点。2022 年 1 月，第二次中国—东盟数字部长会议通过《关于落实中国—东盟数字经济合作伙伴关系的行动计划（2021 - 2025）》和《2022 年中国—东盟数字合作计划》，双方就加强数字政策对接、新兴技术、数字技术创新应用、数字安全、数字能力建设合作等

---

① 《商务部：前 7 月中国—东盟贸易额 5449 亿美元 同比增 13.1%》，https：//www.chinanews.com.cn/cj/2022/08 - 29/9839409.shtml。

② 《中老铁路 10 个月：澜湄快线国际货物列车开行突破 200 列》，http：//www.cflp.org.cn/zixun/202210/08/589554.shtml。

③ 《佐科视察雅万高铁：项目总进度已达 88.8%，计划明年 6 月投入商业运营》，https：//world.huanqiu.com/article/4A2ukGil82B。

达成共识。① 6月，位于广西南宁的中国—东盟数字经济产业园开园，已签订投资协议的入园企业达70家，预计2025年入驻企业将超过150家，数字产业集聚效应加快形成。② 9月，中国、东盟举办丝路电商论坛，首次发布《中国—东盟电子商务发展报告》，相关部门签署共同建设运营东盟跨境直播基地协议、跨境电商通关物流仓储战略合作协议，为中国东盟电商发展提供有力支撑。

（三）安全合作助推命运共同体建设

防务对话与联演联训有序推进。2022年6月8~12日，魏凤和应邀出席第19届新加坡香格里拉对话，这是该机制因新冠病毒感染疫情于2020年、2021年连续中断两年后首次举行线下会议，中方派军方高级代表参会得到新加坡和东盟的赞赏。会议期间，魏凤和就中国对地区秩序的愿景作大会发言，并与新加坡防长黄永宏共同主持首届中新防长对话，决定恢复因新冠病毒感染疫情暂停的双边联演。6月22日，中国与东盟举行第十三次防长非正式会晤，重申将加强防务安全合作，共同维护地区稳定与可持续发展。7月19~29日，中国派遣149人的卫勤分队赴老挝开展"和平列车-2022"人道主义医学救援联合演习，这是中国军队卫生列车首次出境参演和跨境投送。演练结束后，和平列车依托老挝人民军103医院，开展为期2天的医疗服务活动。③ 8月14~25日，中泰空军在泰国乌隆他尼空军基地举行为

---

① 《第二次中国—东盟数字部长会议以视频形式召开》，http://www.cena.com.cn/industrynews/20220131/115027.html。

② 《中国—东盟数字经济产业园积极探索园区运营模式》，https://k.sina.com.cn/article_2092600603_7cba8d1b02001xca5.html。

③ 《中老两军将举行"和平列车—2022"人道主义医学救援联合演习暨医疗服务活动》，https://paper.people.com.cn/rmrb/html/2022-07/17/nw.D110000renmrb_20220717_6-03.htm。

期12天的"鹰击-2022"联合演练。9月1日，中国国防部向柬国防部捐赠150辆汽车仪式在柬举行，柬副首相兼国防大臣迪班出席仪式，并强调愿深化两国军事合作，推动举行更大规模联演。① 11月2日，中国海军"和平方舟"号医院船访问印尼。

南海对话与合作稳步提升。2022年5月，中国和东盟在柬首都金边举办"南海行为准则"线下磋商，彰显共同推进南海对话合作决心。7月25日，王毅、柬埔寨副首相贺南洪、马来西亚外长赛夫丁以视频方式出席《南海各方行为宣言》签署20周年研讨会，中国、印尼、新加坡、泰国、老挝、缅甸、越南等多国专家学者参会。② 10月1~3日，中国和东盟在金边举行落实《南海各方行为宣言》第37次联合工作组会议，决定继续全面有效落实《南海各方行为宣言》规定，积极推进"南海行为准则"案文磋商。同时，菲律宾就加强对华海上合作积极表态。7月6日，菲总统重申南海问题不是菲中关系主流，不应限制和妨碍双方合作。8月31日，菲外长马纳罗表示愿重启同中国的南海油气勘探谈判。此外，11月17日，菲总统马科斯在泰国曼谷与习近平主席会晤时称："我历来主张不能让海上问题定义整个菲中关系，双方可就此进一步加强沟通。"

（审定：胡继平）

---

① 《柬中两国将扩大联合军演规模》，https://jianhuadaily.com/20220901/173821。
② 《王毅出席纪念〈南海各方行为宣言〉签署20周年研讨会开幕式并致辞》，http://th.china-embassy.gov.cn/sgxw/202207/t20220731_10730911.html。

第十一章 南亚稳定发展多向承压[*]

2022年南亚地区的稳定与发展面临多重挑战，地区经济发展遭遇重创，多国政局陷入动荡，美国持续加大南亚战略布局。在此背景下，中国加大建设性介入，助力南亚和平、稳定与发展。

一、地区经济发展遭遇重创

2022年，受新冠病毒感染疫情、乌克兰危机等负面影响，南亚多国面临空前经济和金融风险。印度经济增速亮眼，但也存在诸多掣肘，地区发展前景不容乐观。

（一）多国经济金融风险空前

巴基斯坦经济遭遇外汇缩水、本币贬值、通胀高企、债台高筑等多重风险。据巴央行数据，2022年9月底总外汇储备降至135.9亿美元，央行管理外汇跌破80亿美元；[①] 美元对巴基斯坦卢比汇率最大跌幅一度超过25%；到2022年6月财年结束，公共债务总额增至49.2万亿卢比，占GDP的73.5%之多。[②] 另据

---

[*] 本章撰稿人：王世达、王海霞、林一鸣、张书剑、王瑟、肖晓月。

[①] State Bank of Pakistan, "Liquid Foreign Exchange Reserves," https://www.sbp.org.pk/ecodata/forex.pdf.

[②] State Bank of Pakistan, "Pakistan's Debt and Liabilities – Summary," https://www.sbp.org.pk/ecodata/Summary.pdf.

巴统计局数据，2022年8月消费者物价指数环比增长达近年来创纪录的27.3%。①斯里兰卡陷入自独立以来最严重的经济危机。2022年6月，斯中央政府债务占GDP比重已达106.1%，其中外债占比57.2%②，远超世界平均水平。斯被迫于4月12日宣布暂停偿还政府外债，此系斯首度出现债务违约；外汇储备因疫情影响持续下降，停止偿债后虽有回升，但仍在20亿美元低位徘徊；外汇紧缺、货币贬值导致斯物价大幅上涨。8月，斯通胀率飙升至70.2%，创历史新高。③世界银行预计，2022年斯经济将萎缩9.2%，系自1962年统计斯经济数据以来的新低。④
孟加拉国多项经济指标恶化：8月通胀率攀升至9.5%，为近12年来最高；⑤9月美元兑塔卡汇率为105.5，塔卡同比贬值约25%；⑥经常账户赤字高达187亿美元；⑦短期债务占外汇储备的比例由2021财年的30%上涨至2022财年的50%，短期债务与经常账户赤字占外汇储备的比例由2021财年的38%激增至

---

① Pakistan Bureau of Statistics, "Monthly Review on Price Indices," https://www.pbs.gov.pk/sites/default/files/price_statistics/cpi/CPI_Monthly_Review_September_2022.pdf.

② "IMF Bailout at Least 3-4 Months away as Assurances from Bilateral Creditors Essential," https://ceo.lk/imf-bailout-at-least-3-4-months-away-as-assurances-from-bilateral-creditors-essential/.

③ Central Bank of Sri Lanka, "NCPI Based Headline Inflation Recorded at 70.2% on Year-on-year Basis in August 2022," https://www.cbsl.gov.lk/sites/default/files/cbsl-web_documents/press/pr/press_20220921_inflation_in_augu st_2022_ncpi_e.pdf.

④ The World Bank, "The World Bank in Sri Lanka-Overview," https://www.worldbank.org/en/country/srilanka/overview#1.

⑤ "Inflation 9.5% in August, Highest in 12 Years: BBS," The Daily Star, October 5, 2022.

⑥ "Taka's Depreciation Adds to Private Sector's Foreign Debt," Dhaka Tribune, September 19, 2022.

⑦ Sadiq Ahmed, "Bangladesh External Debt Situation and Vulnerabilities," https://www.tbsnews.net/analysis/bangladesh-external-debt-situation-and-vulnerabilities-503186.

2022 财年的 94%；① 9 月孟外汇储备跌至 368.5 亿美元，为 2020 年 7 月以来的最低点。② 马尔代夫面临较高金融风险。截至 2022 年 3 月底，马尔代夫公共债务占 GDP 的比重为 113%，远超 60% 的国际警戒线；6 月，通胀率一度攀升至 5.2%。外汇储备由 2021 年 11 月的 9.44 亿美元降至 2022 年 8 月的 6.58 亿美元。③ 美国投资银行摩根大通称，2023 年马尔代夫等 8 国将面临外汇储备枯竭风险。2022 年 10 月，国际信用评级机构惠誉将马尔代夫主权信用评级展望由"稳定"下调至"负面"。④ 尼泊尔经济持续低迷。2022 年 7 月外汇储备从 2021 年同期的 120 亿美元左右下降至 90 亿美元，维持进口不足半年。⑤ 9 月通胀率高达 8.26%，为 2021 年同期的两倍，进出口同比分别下降 12.9% 和 28.7%。⑥

（二）印度经济光鲜中问题凸显

印度 2022 年 4~6 月经济增速达 13.5%。⑦ 国际货币基金组织认为，印度 2022 年 1~3 月名义 GDP 已超过英国，成为世界

---

① Sadiq Ahmed, "Bangladesh External Debt Situation and Vulnerabilities," https://www.tbsnews.net/analysis/bangladesh-external-debt-situation-and-vulnerabilities-503186.

② "Bangladesh's Forex Reserves Now ＄36.9bn," Dhaka Tribune, September 22, 2022.

③ Maldives Monetary Authority, "Monthly Statistics Vol. 23," https://www.mma.gov.mv/documents/Monthly%20Statistics/2022/MS-Sep-2022.pdf.

④ "Fitch Revises the Maldives' Outlook to Negative; Affirms at 'B-'," https://www.fitchratings.com/research/sovereigns/fitch-revises-maldives-outlook-to-negative-affirms-at-b-13-10-2022.

⑤ "Nepal Central Bank Hikes Policy Rate, Warns of Pressure on FX Reserves," https://www.reuters.com/markets/commodities/nepal-central-bank-hikes-policy-rate-warns-pressure-fx-reserves-2022-07-22/.

⑥ "Nepal's Economy Shows no Signs of Recovery," https://theannapurnaexpress.com/news/nepals-economy-shows-no-signs-of-recovery-31532.

⑦ "India GDP Expands 13.5% in Q1 FY23," The Business Standard, Sep. 1, 2022.

第五大经济体；2022年经济增长率将达6.8%，①在G20内仅次于沙特阿拉伯。但印度较高增速得益于被疫情压抑的消费需求释放和服务业复苏，且面临以下挑战：一是增长过度依赖政府支出。印度经济过去三年严重依赖政府支出，支出平均年增长率达经济增速的两倍、税收增速的三倍，中央政府财政赤字年均增长46%，公共债务增长16%。② 二是经济结构性失衡加剧。在疫情冲击下，中小企业受损，大财团趁机拓展版图，导致经济结构性失衡加剧、贫富差距增大。根据《2022年全球不平等报告》，印度前10%的富人占国民总收入的57%，底层50%的人仅占13%。③ 此外，不同行业受到疫情影响程度也不同。三是失业和通胀抑制私人需求增长。印度经济监测中心数据显示，劳动参与率由2016年1月的47.7%下降至2022年4月的40.19%。月通胀率连续8个月超过央行6%的容忍上限，9月更是达7.41%。④根据印度储备银行调查，受低就业、高通胀影响，7月消费者信心指数为77.3（低于100表明信心低下），⑤ 被调查者对总体经济形势表示悲观。四是卢比贬值压力增大。2022年以来，印度卢比对美元贬值11%～12%。10月19日，卢比兑美元汇率历史首次突破83大关。10月中旬，外汇储备降至5283亿美元的逾

---

① "Indian Economy Doing Fairly Well; Additional Monetary Tightening Required," Says IMF Chief Economist," Economic Times, Oct. 12, 2022.

② Alok Sheel, "Assessing the Recent Indian Economic Growth," Economic & Political Weekly, Aug. 20, 2022.

③ "India 'Very Unequal', Top 10% Hold 57% of National Income," The Indian Express, Dec. 8, 2021.

④ "India's Sept. Retail Inflation Accelerates to Five - month High of 7.41% Y - O - Y," https：//www.reuters.com/world/india/indias - sept - retail - inflation - accelerates - five - month - high - 2022 - 10 - 12/.

⑤ "Consumer Confidence Continues to Improve in July, Marginal Rise in Future Expectations: RBI Report," Times of India, Aug. 5, 2022.

两年低点。①

（三）地区发展前景不容乐观

巴基斯坦遭罕见洪灾，人员伤亡和经济损失惨重，重建资金缺口巨大。巴外长比拉瓦尔称，洪灾总损失超过300亿美元，接近GDP的10%。②世界银行已将巴GDP增速下调至2%。③斯里兰卡危机根源未解，内外不利因素持续。债务方面，斯宣布暂缓偿还外债严重削弱国家信用，惠誉、标普、穆迪等国际信用评级机构进一步下调斯主权债务评级，推高其国际融资成本；通胀和外汇方面，斯能源、粮食进口为民众刚需，成本受疫情和乌克兰危机影响居高不下，输入性通胀和外汇短缺现象短期难解。IMF将2023年斯经济增长率由2.7%下调至-3.0%，世界银行则预计2023年斯经济将萎缩4.2%。④孟加拉国经济增速将放缓。亚洲开发银行9月预测孟2023财年GDP增长率为6.6%，⑤世界银行10月更将孟GDP增长预测下调至6.1%，⑥低于孟政府此前制定的7.5%目标。此外，自2011年以来出口占孟GDP比重持续下降，孟经济增长可持续性备受压力。世界银行认为，若无重大

---

① "India's Forex Reserves at 2 - year Low amid Depreciating Rupee," The Print, Oct. 22, 2022.

② Naveed Siddiqui, "In UNGA Address, PM Shehbaz Highlights Pakistan's Plight and Urges Global Leaders to 'Act Now' on Climate Change," https：//www.dawn.com/news/1711591.

③ Khaleeq Kiani, "IMF's FY23 Projections for Pakistan Fail to Account for Flood Impact," https：//www.dawn.com/news/1714626.

④ "IMF Downgrades Growth Projections for Sri Lanka," https：//www.dailymirror.lk/breaking_news/IMF - down grades - growth - projections - for - Sri - Lanka/108 - 246688.

⑤ "ADB Cuts Bangladesh's GDP Growth Forecast to 6.6%," The Business Standard, September 21, 2022.

⑥ "Coping with Shocks：Migration and the Road to Resilience," https：//openknowledge.worldbank.org/handle/10986/38066.

改革措施，孟经济增长将很快失去动能。① 尼泊尔经济受高通胀、贸易放缓和货币紧缩政策多重打击，前景不容乐观。9月亚洲开发银行将尼2023财年经济增长率下调至4.7%，低于上财年的5.8%，与尼政府8%的目标相距甚远。

二、多国政局陷入动荡

2022年南亚多国政局不稳，巴基斯坦政权意外变天，斯里兰卡政府在经济重压下倒台，孟加拉国、尼泊尔等国政局稳定亦面临严峻挑战。

（一）巴基斯坦政权意外变天

4月10日凌晨，巴国民议会（下院）投票通过反对党联盟提起的不信任动议，正式罢免总理伊姆兰·汗。4月11日，反对党联盟领导人、穆斯林联盟（谢里夫派）[简称"穆盟（谢）"]总裁夏巴兹·谢里夫当选新一届总理，将重新组阁完成余下任期。这一轮政权变动是2018年大选以来朝野政治矛盾的集中爆发。2018年，正义运动党（简称"正运党"）异军突起，但被穆盟（谢）、人民党和贤哲会（法扎尔派）等政党视为受军方扶持和操纵。随着2023年大选临近，三大反对党为布局选战，在推翻正运党政府上态度逐渐趋同，在下院形成倒阁势力。此外，执政联盟中的一些小党见风使舵，为谋求政治利益最大化而倒戈，成为压垮正运党政府的最后一根稻草。在此过程中，对巴政局影响举足轻重的军方保持克制，使得政权更迭在议会政治程序内完成，避免了政治危机的扩大化。外界分析，政权变天的背

---

① "Policy Reforms Needed to Avert Slowdown: WB," The Daily Star, September 26, 2022.

后，也有正运党执政后期与军方在外交政策、人事任命等问题上嫌隙增加等原因。

本轮政治变动反映了巴政治发展的反复性。深受城市平民欢迎的正运党日益成为不可忽视的政治力量，但要改变由多数族群和世家大族主导的政坛格局仍非易事。此前为实现首次上台执政，正运党与部分传统政治势力政治结盟，这增强了正运党在选举中的实力，但也构成了其执政软肋。正因如此，反对党联盟得以利用执政联盟中的关键少数实现倒阁，小党派得以以小博大谋得政治暴利。本轮政权变动后巴政局难言由此落稳，围绕穆盟（谢）最高领袖纳瓦兹·谢里夫及其亲信结束自我流放并归国返政、军队最高领导人任命以及政党领导人之间的司法战等一系列问题，各方政治斗争趋于白热化。2023年巴能否顺利举行大选、权力能否平稳交接以及选后政局走向都面临很大的不确定性。

（二）斯里兰卡政府重压下倒台

斯经济危机迅速延烧至政治领域，政坛进入新一轮动荡期。一是执政党威信尽失、内部分裂。2022年3月底起，斯民众发起声势浩大、旷日持久的反政府示威活动，要求总统戈塔巴雅·拉贾帕克萨和总理马欣达·拉贾帕克萨兄弟下台。7月，总统被迫逃往海外并宣布辞职。随即，时任总理拉尼尔·维克拉马辛哈代理总统，并在人民阵线党支持下获议会多数选票并赢得总统选举，成为斯第8任总统。[①] 22日，维克拉马辛哈组建新内阁并任命人民阵线党党首迪内什·古纳瓦德纳担任总理。然而，维克拉马辛哈所在统一国民党在议会中仅有1席，执政完全仰仗人民阵线党支持，但两党在执政理念和施政方针上南辕北辙，相互合作

---

① 根据斯里兰卡宪法，总统辞职后，如议会无法就接任人选达成一致，将在议会以无记名投票方式选举总统，并完成辞任总统的剩余任期。

仅为权宜之计，内部矛盾难以弥合。

二是反对党借势逼宫、乱中寻机。统一人民力量党等主要反对党看准机遇、推波助澜。一面鼓动群众上街游行，通过街头政治向执政党施压；一面在议会通过不信任动议等直接向执政党发难。戈塔巴雅和维克拉马辛哈为解决政治危局，不断邀请反对党组建跨党派联合政府，但反对派待价而沽、不愿接盘。同时，反对派还开展舆论攻势，指责现总统维克拉马辛哈为人民阵线党和拉贾帕克萨家族的政治傀儡，呼吁民众"继续革命"，彻底推翻拉贾帕克萨家族统治。在其鼓动下，反政府示威此起彼伏，斯政治动荡局面仍在持续。

（三）多国政局稳定面临挑战

孟加拉国各方围绕下届大选博弈升温。一方面，执政党人民联盟（简称"人盟"）强势推进大选议程。2022年1月，孟议会通过组建选举委员会的法案，成立新一届选委会。9月，选委会公布大选路线图，确定将在大选中使用饱受争议的电子投票器等事宜。另一方面，主要反对党民族主义党拒绝对话，敲定"9点要求"草案，要求人盟政府下台并向中立的看守政府交权，同时努力联合其他反对党，试图同时发起反政府运动。[1] 此外，反对党围绕物价上涨、能源危机和腐败问题等频繁发起抗议示威，人盟政府则强势弹压，对抗烈度日益加剧。

尼泊尔大选形势扑朔迷离。尼计划于2022年11月20日举行新一轮大选，前总理奥利领导的尼共（联合马列）将联合部分中小政党挑战德乌帕领导的尼泊尔大会党与普拉昌达领导的尼共（毛中心）组成的执政联盟。尼舆论普遍预计主流政党难以

---

[1] Mohammad Al-Masum Molla, "BNP Working at a Synchronous Movement," The Daily Star, September 21, 2022.

获得单一多数党地位，大选后的政府组建大概率仍是松散的政治联盟，变数和挑战颇多。此外，尼民众对传统政党和主流政治普遍失望，悲观预期可能加剧未来政局动荡风险。

三、美国加大战略布局

美国加紧在南亚落实"印太战略"，在整体扶印抑巴的同时部分转圜美巴关系，联手印度强化对小国竞夺，并有意将阿富汗问题"地区包袱化"。

（一）扶印抑巴同时转圜美巴关系

为以"印太战略"联印制华，美在南亚采取扶印抑巴政策。2022年2月拜登政府发布美国《印太战略》报告明确提出"支持印度的持续崛起和地区领导地位"，对印度的定位是"志同道合的伙伴""南亚及印度洋地区的领导者""与东南亚密切相连""四方安全对话及其他地区机制的驱动力量""地区增长和发展的引擎"等；[1] 在10月新版《国家安全战略》报告中，拜登政府将"推进自由和开放的印太"放在区域战略之首，提出"与印度合作支撑共同愿景"，[2] 全方位拉抬印度的战略地位。受此影响，美印战略合作迈向深入。在供应链方面，2022年5月、7月，印度先后参加美国主导的"印太经济框架"和"全球供应链合作"机制；在防务方面，4月，美印举行第四次防长和外长参加的"2+2"对话，重申将加强两军信息共享、联合演习、国防技术、后勤行动等方面合作；在新兴科技方面，宣布建立关键与新兴技术合作框架，涉及人工智能、通信技术、量子科学、

---

[1] "Indo-Pacific Strategy of the United States," The White House, February 2022, p. 16.

[2] "National Security Strategy," The White House, October 2022, p. 38.

半导体及生物技术等领域，并签订《空间态势感知谅解备忘录》；在应对气变方面，加紧研发合成孔径雷达卫星，开展海洋与气候监测及技术合作。

同时，拜登政府对巴虽多有冷落，但并非彻底放弃。2021年8月塔利班重夺阿富汗政权以来，美对阿反恐关切有所回升，尤其将巴作为对阿"超视距"反恐依托。2022年4月巴政权更迭后，美对新政府态度积极。9月，美宣布恢复对巴军F-16战机的升级维护。巴爆发洪灾后，美向巴提供超过6600万美元援助。

（二）美印联手强化对小国竞夺

对斯里兰卡，美高层多次表态愿助斯渡过难关。2022年9月，美国际开发署署长萨曼莎·鲍尔访斯，并宣布在此前3175万美元援助基础上再提供6000万美元紧急援助，[①] 并与斯签订价值6500万美元的五年长期援助协议。[②] 同时，美发声谴责斯政府"暴力镇压示威""侵犯民众民主权利"，干预斯内政。印与美保持同步，在斯危机后已累计提供近40亿美元援助，包括优惠信贷支持、货币互换、债务展期和物资援助。印同时不忘借机攫取地缘利益。1月，印以提供财政援助为条件施压，迫使斯签署亭可马里港油罐使用协议；3月，印以安全考虑为由，逼斯叫停中企在斯北部三个岛屿的可再生能源项目，并以印企代替。[③] 对孟

[①] 其中2000万美元为紧急人道主义援助，4000万美元为发展援助，用于帮助农民购买化肥。

[②] "USAID Signs New Five-year Agreement with Sri Lanka," https://www.dailymirror.lk/breaking_news/USAID-signs-new-five-year-agreement-with-Sri-Lanka/108-245057.

[③] "Adani Project Sparks Controversy in Sri Lanka Yet Again," https://www.thehindu.com/news/international/adani-project-sparks-controversy-in-sri-lanka-yet-again/article65520090.ece.

加拉国，美孟重启因疫情中断两年的伙伴关系对话，敦促孟尽快签署《军事情报保护协定》和《相互提供物资与劳务协定》；举办美孟第二届高级别经济磋商，积极向孟推销"印太经济框架"。此外，美还积极回应孟有关罗兴亚难民问题的关切。[1] 印则将孟视为"邻国优先"政策的核心，完成印孟《全面经济伙伴协定》可行性研究，加强道路和能源互联互通，重启中断12年的联合河流委员会部长级会议，两国跨境水资源共享和管理问题取得突破。[2] 对尼泊尔，美施压尼议会批准实施其"千年挑战计划"协议，共同出资建设尼印跨境输电线路和尼东西向公路维护升级。反对人士质疑"千年挑战计划"优于尼当地法律，侵犯尼主权[3]，且与美"印太战略"关系密切[4]。印、尼媒体披露，印对美此举乐见其成，并通过舆论引导、政治表态等予以支持。此外，美还借"国家伙伴计划"介入尼安全事务，与尼军政高层频繁接触，催促尼尽快加入"国家伙伴关系计划"。6月10日，美太平洋陆军司令查尔斯·弗林访尼，会晤总理德乌帕和陆军参谋长夏尔玛，并邀请夏尔玛6月下旬访美。7月中旬德乌帕访

---

[1] "The United States Announces More than ＄170 Million in Additional Humanitarian Assistance for Vulnerable People in Burma and Bangladesh," https：//www.usaid.gov/news-information/press-releases/sep-22-2022-united-states-announces-more-170-million-additional-humanitarian-assistance-vulnerable-people-burma-bangladesh.

[2] Ministry of External Affairs, Government of India, "38th Meeting of Ministerial Level Joint Rivers Commission of India and Bangladesh Held at New Delhi," https：//www.mea.gov.in/press-releases.htm?dtl/35653/38th+Meeting+of+Ministerial+level+Joint+Rivers+Commission+of+India+and+Bangladesh+held+at+New+Delhi.

[3] Al Jazeera, "Nepali Parliament Ratifies Contentious US Aid Grant amid Protests," https：//www.aljazeera.com/news/2022/2/27/nepal-passes-contentious-us-grant-amid-protests.

[4] "MCC Important Initiative under Indo-Pacific Strategy," https：//thehimalayantimes.com/nepal/millennium-challenge-corporation-compact-programme-important-initiative-under-indo-pacific-strategy.

美，成为20年来首位访美的尼总理。7月28日，美助理国务卿唐纳德·卢突访尼并与德乌帕会晤，意在加强美尼战略合作。

（三）有意将阿富汗问题"地区包袱化"

美国家安全战略重点从反恐压倒一切回调至大国博弈，对阿政策从此前积极谋求问题解决之道，转向乐见阿问题延宕，甚至对地区国家实施"战略成本强加"。一是拒不承认阿富汗塔利班（阿塔）政权合法性。美不乐见秉承政治伊斯兰意识形态的阿塔推翻按照美政治理念、意识形态等组建的民选政府，对阿塔仍心存怀疑与不信任。为此，美将政治承认作为影响阿局势走向、规制阿塔政权的重要筹码，宣称"短期内不考虑政治承认问题"。此外，阿塔诸多大佬名列联合国安理会制裁名单，若美不松口，安理会不可能通过决议取消制裁。这已成国际社会和地区国家承认阿塔政权合法性的重大障碍。

二是拒不归还阿央行海外资产。2021年阿政权变天后，美英冻结阿央行约95亿美元海外资产。2022年2月，拜登下令将阿在美冻结资产的一半（35亿美元）用于赔偿2001年"9·11"恐怖袭击受害者，另一半则用于"帮助"阿人民，而不会交还阿塔。9月，美宣布将剩余35亿美元转移到在瑞士成立的"阿富汗基金"，用于"稳定阿宏观经济、支付电力等必需品进口"，而又"不让阿塔从中获益"。[①] 受美中断援助、冻结资产、持续制裁等多重因素影响，阿经济陷入空前困境，2022年GDP同比缩水1/4以上，超过一半人口需人道主义援助。[②] 联合

[①] Charlie Savage, "U. S. Establishes Trust with $3.5 Billion in Frozen Afghan Central Bank Funds," https://www.nytimes.com/2022/09/14/us/politics/afghanistan-central-bank-switzerland.html.

[②] Charlie Savage, "U. S. Establishes Trust with $3.5 Billion in Frozen Afghan Central Bank Funds," https://www.nytimes.com/2022/09/14/us/politics/afghanistan-central-bank-switzerland.html.

国负责人道主义事务的副秘书长马丁·格里菲思表示，若不能及时提供有效的人道主义援助和社会基本服务，阿将爆发更严重的人道主义灾难。①

三是持续削减在阿反恐投入。拜登政府强调在阿仍有重要且唯一的国家利益——防止对美本土的恐怖袭击，为此将在阿"复制在中东、北非等地的反恐策略"，尤其是发展"超视距"反恐能力，实时监控阿境内乃至整个地区内对美安全的直接威胁。②然而，自2021年8月底完成撤军以来，美在阿发起"超视距"反恐行动屈指可数，尽管击毙了"基地"组织大头目扎瓦希里，但"伊斯兰国"等恐怖组织屡次在阿发动造成惨重伤亡的特大暴恐袭击。美对此置若罔闻，并借此指责阿塔反恐不力。未来，阿恐情升级乃至外溢地区的可能性不能排除。

四、中国助益地区和平稳定

在地区经济发展遭遇重创、多国政局陷入动荡、美国加紧战略布局的背景下，中国对南亚的建设性介入可谓难得的正能量，有利于地区的和平、稳定与发展。

（一）中国南亚政治关系更趋紧密

一是高层互动巩固政治互信。在元首外交上，习近平主席会见巴时任总理伊姆兰·汗（2月）和总理夏巴兹·谢里夫（9月），强调深化两国战略合作，加快构建新时代更加紧密的中巴

---

① "Five Things You Should Know about Afghanistan," https://www.unhcr.org/news/stories/2022/8/62fa24ac4/five-things-know-afghanistan.html.

② "Remarks by President Biden on the Way forward in Afghanistan," https://www.whitehouse.gov/briefing-room/speeches-remarks/2021/04/14/remarks-by-president-biden-on-the-way-forward-in-afghanistan/.

命运共同体；7月，习近平主席分别向斯新总统维克拉马辛哈（22日）和印新总统德劳帕迪·穆尔穆（25日）致贺电，发挥元首外交的把舵领航作用。在政党外交上，2月，习近平主席向中斯政党庆祝中斯建交65周年暨《米胶协定》签署70周年大会致贺信，强调两国政党携手加强对两国关系向前发展的政治引领。此外，国务委员兼外长王毅密集出访南亚。1月，访问马尔代夫出席两国建交50周年仪式；3月，出访巴、阿、印和尼，创下多个首次：既是中国外长首次出席伊斯兰合作组织外长会，又是阿临时政府成立后中国首派高级代表团访阿，也是中印边境事件以来中国外长首次访印，还是尼新政府成立后中国外长首次访尼；[①] 8月，王毅访孟会见孟总理谢赫·哈西娜和外长阿卜杜勒·莫门。以上活动促进中国与巴、尼、孟、马代等国进一步巩固传统友谊、深化友好合作；与印度则增信释疑，提出了发展中印关系要坚持长远眼光、共赢思维和合作姿态的三点思路。[②]

二是战略协作不断深化。中国与南亚多国坚定支持彼此核心利益和重大关切。中方重申支持孟、尼、马代等国维护主权独立和领土完整，支持各自走符合国情的发展道路。巴、孟、尼、斯、马代等亦表示坚定奉行一个中国政策，积极响应全球发展倡议和全球安全倡议。此外，务实合作不断拓展深化。中巴同意深化发展战略对接，拓展产业、农业、科技、社会民生等领域的合

[①]《赓续友谊，结伴而行，共迎挑战——王毅国务委员兼外长就出席伊斯兰合作组织外长理事会并访问巴基斯坦、阿富汗、印度、尼泊尔接受中央媒体采访》，中华人民共和国外交部，https://www.mfa.gov.cn/web/wjbz_673089/zyjh_673099/2022 03/t20220328_10656752.shtml。

[②]《王毅：中印要坚持长远眼光、坚持共赢思维、坚持合作姿态》，中华人民共和国外交部，https://www.mfa.gov.cn/web/wjbz_673089/xghd_673097/202203/t20220325_10655640.shtml。

作，为中巴经济走廊建设增添新动能；与孟签署基础设施、防灾减灾、文化旅游和海洋等合作文件，给予孟98%输华产品零关税待遇；[①] 与尼同意加快推进跨境铁路可行性研究，加强电力合作规划，构建跨喜马拉雅立体互联互通网络，不断丰富战略合作伙伴关系内涵。[②]

（二）抗疫救灾彰显大国担当

为携手应对新冠病毒感染疫情，中国启动南亚抗疫行动计划，建立南亚应急物资储备库，提供大批抗疫物资和3200多万剂疫苗，向巴、孟等国派遣医疗队。2022年8月23日，中国—南亚发展合作对话会议召开，中方强调将根据有关国家需要，继续提供疫苗支持，在疫苗研发、生产等领域开展全产业链合作，助力各国共同抗击疫情。[③] 巴基斯坦洪灾后，中方第一时间响应支持巴方救灾。习近平主席、李克强总理分别向巴总统阿尔维和总理夏巴兹致电慰问；中方在短期内提供包括2.5万顶帐篷在内的1亿元人民币紧急人道主义援助，之后追加援助至4亿元人民币；截至9月25日，中国政府援巴紧急物资已全部发运，包括2.75万顶帐篷、11万条毛毯、1万箱压缩饼干、500台发电机、3300台净水设备、1.5万个折叠床、200吨洋葱和10吨番茄等；中方还动员各地方、各对外交流团体、在巴中企等向巴提供援助；中方将根据巴方需求，就灾后重建、防疫、粮食供给开展合作，持续助巴提升防灾减灾能力。斯里兰卡经济危机后，中方及时施以援手。1月，王毅国务委员兼外长访斯，签署四项援助协

[①] 《王毅同孟加拉国外长莫门举行会谈》，中华人民共和国外交部，https://www.mfa.gov.cn/web/wjbz_673089/xghd_673097/202208/t20220807_10736720.shtml。

[②] 《王毅同尼泊尔外长卡德加举行会谈》，中华人民共和国外交部，https://www.mfa.gov.cn/web/wjbz_673089/xghd_673097/202208/t20220810_10740338.shtml。

[③] 《邓波清副署长在中国—南亚发展合作对话会议上的讲话》，国家国际发展合作署，http://www.cidca.gov.cn/2022-08/25/c_1211679343.htm。

议；4~5月，中国政府宣布向斯提供粮食、药品、燃料等急缺物资，总额5亿人民币。[①] 中国民间团体和民众亦解囊相助，成为两国真诚互助、世代友好战略合作伙伴关系的最佳写照。2022年3月，王毅访尼泊尔并会晤尼总理德乌帕、总统班达里等政要，承诺继续提供疫苗和物资支持，助尼彻底战胜疫情。访问期间，王毅还与德乌帕以视频连线方式出席"一带一路"重点项目博克拉国际机场工程的竣工仪式。2022年8月，王毅在山东青岛会晤来访的尼外长卡德加，承诺向尼提供价值人民币300万元的救灾物资与价值人民币200万元的医疗和后勤物资，并根据需求提供额外的疫苗和相关医疗援助。[②] 阿富汗6月发生强烈地震，造成1000多人遇难，数万座房屋被毁。中国政府第一时间向阿提供5000万元人民币的紧急人道主义援助；中国红十字会通过包机向阿运送帐篷、折叠床等抗震救灾物资，并向阿红新月会提供援助资金；在阿中企和华侨华人也自发参与救灾行动。

（三）引领阿富汗局势平稳过渡

作为阿富汗的友好邻邦，中国始终密切关注阿局势的演变，并采取切实措施助阿平稳过渡。在政治外交上，中国主张全面、不偏不倚地推动政治重建。中国强调尊重阿独立、主权和领土完整，支持阿人民自主决定国家命运，探索既符合自身国情，又顺应时代发展潮流的发展道路。同时，中国及其他邻国呼吁阿各方通过对话协商实现民族和解和国内团结，广泛包容建政，温和稳健施政，坚持睦邻友好。

[①] 《中国对斯第二批紧急人道主义粮食援助顺利交接》，中国驻斯里兰卡大使馆，http://lk.china-embassy.gov.cn/dssghd/202207/t20220715_10721545.htm。

[②] "Press Release on Hon. Minister for Foreign Affairs Visit to China 2022," https://mofa.gov.np/press-release-on-hon-minister-for-foreign-affairs-visit-to-china-2022/.

在经济及援助上,中国坚持雪中送炭、授人以渔,同步推进人道主义援助和经济重建。阿百业待兴,经济和民生困难突出,中方将继续落实提供粮食、越冬物资、新冠疫苗、医疗器械等紧急人道主义援助的承诺;提供抗疫物资,开展传统中医药合作,支持阿医疗卫生体系运转,帮助抗击新冠肺炎疫情;呼吁国际社会提供更多支持,帮助阿恢复资金流动性,避免出现人道主义灾难。就此,阿临时政府代理外长穆塔基感谢中方及时提供紧急赈灾援助,表示中方的雪中送炭和友好情谊令阿深受感动。[1] 同时,中方助力阿探索可持续发展之路。互联互通对阿实现可持续发展至关重要,中国愿意支持阿在用好现有周边交通网络的基础上,探讨打造新的便捷通道,加强同邻国的基础设施硬联通和规则标准软联通;中方支持中企在安全形势允许条件下赴阿投资兴业,适时重启艾纳克铜矿、阿姆河油田等项目;支持中企帮助阿完善移动网络、勘测开发矿产资源。[2]

在安全稳定上,中方强调切实反恐才能实现阿和整个地区的长治久安。中方明确支持阿走出一条和平发展之路,推动其综合施策、多措并举,从源头上肃清恐怖主义,坚决打击包括"伊斯兰国""东伊运"在内的各类极端恐怖组织,确保阿不再成为恐怖势力庇护所、滋生地和扩散源。同时,标本兼治解决难民和毒品问题,支持开展替代种植,共同消灭地区毒品来源。[3]

(审定:傅小强)

---

[1] 《王毅会见阿富汗临时政府代理外长穆塔基》,中华人民共和国外交部,https://www.mfa.gov.cn/wjbzhd/202207/t20220729_10730035.shtml。

[2] 《阿富汗邻国关于支持阿富汗经济重建及务实合作的屯溪倡议(全文)》,中国政府网,http://www.gov.cn/xinwen/2022-04/01/content_5683003.htm。

[3] 《王毅主持第三次阿富汗邻国外长会》,中华人民共和国外交部,https://www.mfa.gov.cn/wjbzhd/202203/t20220331_10658101.shtml。

第十二章　中亚在动荡中谋变革[*]

2022年是中亚国家较为困难、地区局势比较复杂的一年，年初哈萨克斯坦突发独立后最大规模骚乱，塔吉克斯坦、乌兹别克斯坦也出现了不同程度的动荡。在乌克兰危机难解背景下，中亚各国经济复苏乏力，通胀高企，民生困难。地缘政治博弈更加激烈，地区格局呈现新态势，安全挑战增添新变数。面对多重挑战，中亚各国纷纷出台新战略，推动新改革，努力维护本国稳定，促进地区发展。

一、发展困境催生经济新战略

2022年中亚经济下行风险陡增。各国积极应对，避免经济大幅滑坡，但通胀和负债问题依旧严重，复苏前景堪忧。

（一）地缘危机影响经济复苏

2021年中亚经济实现正增长，但未恢复到新冠病毒感染疫情前水平，发展仍处于困境中。2022年，突发的地缘危机使各国经济普遍被看衰。4月世界银行发布《全球经济展望》称，地缘危机破坏供应链稳定，中亚经济可能负增长。世界银行还修正对哈萨克斯坦和乌兹别克斯坦的预测，将其2022年GDP增速从

---

[*] 本章撰稿人：丁晓星、孙渤、王聪、张也。

3.7%和6%分别下调至1.8%和3.6%。[①] 同期的欧洲复兴开发银行报告虽未作出衰退预警，但将中亚2022年GDP增速预测从4.3%下调至3.2%，其中，哈、乌、吉、塔、土2022年增速预期分别是2%、4%、1%、3%和6%。

（二）各国努力遏制经济滑坡

面对困难形势，中亚各国多管齐下，采取多种反危机措施，基本遏制住衰退势头。虽然2022年各国经济增速未高于2021年，同时2020~2022年的三年平均增速也低于疫情前，但整体发展好于预期。2022年1~9月，哈、乌、吉、土GDP同比分别增长2.8%、5.8%、7.2%和6.2%，1~6月塔GDP同比增长7.4%。

行业方面，哈前三季度工业产值增长2.1%、农业增长6.9%、固定投资增长7%、建筑业增长5.1%、交通运输业增长4.8%；[②] 乌前三季度工业增长5.3%、农业增长3.6%、固定投资增长5%、建筑业增长6.3%；吉前三季度工业增长16.6%、除去库姆托尔金矿的工业增长4.2%、农业增长6.5%、建筑业增长4.3%。[③]

表2 2016~2022年中亚五国GDP增长率

年份 国别	2016	2017	2018	2019	2020	2021	2022年1~9月
哈萨克斯坦	1%	4%	4.1%	4.5%	-2.6%	4%	2.8%
乌兹别克斯坦	7.8%	5.3%	5.1%	5.5%	1.6%	7.4%	5.8%

---

① 周翰博：《世界银行：中亚经济复苏面临的不确定因素增多》，http：//world.people.com.cn/n1/2022/0413/c1002-32398173.html。

② Бюро национальной статистики Агентства по стратегическому планированию и реформам Республики Казахстан, Основные Социально-Экономические Показатели, https：//www.stat.gov.kz/.

③ Государственный Комитет Республики Узбекистан По статистике, Основные показатели социально-экономического развития Кыргызской Республики в январе-сентябре 2022 года, https：//www.stat.gov.uz/.

续表

年份 国别	2016	2017	2018	2019	2020	2021	2022年1~9月
吉尔吉斯斯坦	3.8%	4.5%	3.5%	4.5%	-8.6%	3.6%	7.2%
塔吉克斯坦	6.9%	7.1%	7.3%	7.5%	4.5%	9.2%	7.4%（1~6月）
土库曼斯坦	6.2%	6.5%	6.2%	6.3%	5.9%	5%	6.2%

资料来源：作者根据相关各国统计部门数据整理。

各国经济好于预期的主因在于应对危机的措施相对及时。虽然近十多年来，中亚在屡次经济危机中努力自救，但实施效果并未立竿见影。这是因为此前经济危机是由市场供需错配引发，难以察觉。而此次经济危机的导火索是地缘危机，各国能及时反应。

2022年中亚国家为稳增长主要做了四个方面工作。首先，实行经济新战略。1月，乌出台《"新乌兹别克斯坦"2022—2026年发展战略》，继续深化经济改革，扩大对外开放，计划未来五年将乌人均GDP提高60%，2030年前达到人均4000美元。2月，土颁布《2022—2052年社会经济发展国家战略》，方向是建立有效市场机制，加速发展油气综合体等。哈启动"新哈萨克斯坦"改革，经济领域包括减少国家干预、取消非必要价格调控和加速私有化等。

其次，稳住民生。一是保障侨工权益。3月，乌通过法令，向侨工家庭提供无偿援助、低息贷款、培训补贴等，受惠人群约200万。同时，乌还为失业侨工创造数万个就业岗位。二是控制物价。乌加大市场监管，打击囤积居奇。塔制定反危机计划，首要任务是确保食品供给。不过，由于全球物价高企，中亚抗通胀成效不佳，各国物价指数持续攀升，民用品涨价尤甚。

再次，严控金融风险。截至10月中旬，哈、吉、塔央行较年初累计上调基准利率2.25个百分点[①]、6个百分点[②]和0.25个百分点。[③] 同时，各国采取必要手段防止本币受卢布震荡连带影响。截至10月中旬，哈、乌货币对美元分别贬值9%和3%，表现不弱于世界主要货币。

最后，寻找新增长点。一是努力改善营商环境。3月，乌召开宏观经济稳定会议，决定采取一揽子措施扶持商业。同月，塔宣布暂停对企业进行税收稽查。二是主动拓展外贸新通道。地缘危机使中亚对欧贸易通道受阻，各国为此与阿塞拜疆、土耳其等建设里海的东西向通道，与伊朗共建里海的南北向通道。

（三）高通胀和高债务令复苏前景堪忧

欧洲复兴开发银行2022年9月预测，2023年中亚经济增速约4.8%，低于疫情前水平。这意味着制约五国发展的因素短期内不会消失。

一是货币和财政政策的宽松空间有限。目前中亚基准利率均在高位，理论上降准空间很大。但各国央行均将抑制物价上涨作为重中之重。1~9月，哈、乌、吉物价指数分别是17.7%、12.2%和10.6%，创近年新高。高通胀使各国难以使用货币宽松政策刺激经济发展。同时，2020~2022年中亚国家预算赤字占GDP比重连续三年超过3%，财政政策也缺乏足够弹性。

二是债务风险急剧上升。2022年，以美联储为主的主要国家央行快速加息，抬升了全球无风险利率，推高了发展中国家债

[①] Национальный Банк Казахстана, График принятия решений по базовой ставке 2015 – 2022, https：//nationalbank.kz/ru/news/grafik - prinyatiya - resheniy - po - bazovoy - stavke/rubrics/1698.

[②] Национальный Банк КР, Учетная ставка НБКР, https：//www.nbkr.kg/index1.jsp? item = 123&lang = RUS.

[③] Национальный Банк Таджикистана, Ставка рефинансирования Национального банка Таджикистана, https：//nbt.tj/ru/statistics/monetary_sector.php.

务风险。10月，国际货币基金组织表示，大多低收入国家已经或即将陷入债务困境。[①] 目前，哈、吉、塔外债存量占GDP比重均超国际警戒线，未来可能爆发债务危机。

二、国内骚乱倒逼政治新变革

2022年中亚政局挑战增多，哈萨克斯坦、塔吉克斯坦、乌兹别克斯坦三国接连发生骚乱。各国努力防控社会风险，维护政局稳定。

（一）哈萨克斯坦开启托卡耶夫时代

2022年1月，哈萨克斯坦爆发独立以来最严重骚乱。1月2日，曼吉斯套州发生抗议液化气大幅涨价的民众集会，示威很快蔓延全国，诉求亦从民生问题扩至政治领域；4日，抗议活动全面暴力化，多地出现冲击当地行政机构的暴力事件，形势几近失控；5日，总理阿斯卡尔·马明被解职；6日，总统托卡耶夫请求集安组织出兵，哈形势趋稳；11日，托卡耶夫提名阿里汉·斯迈洛夫任总理并获议会通过，骚乱基本平息。此次骚乱有多重原因，既有高层内斗影响，也有社会矛盾因素。

骚乱平息后，托卡耶夫整顿阿马纳特党（原祖国之光党），改组了内阁。随后于3月和9月分别发表国情咨文，提出名为"新哈萨克斯坦"的改革计划，将原来的超级总统制改为拥有强大议会的总统制，扩大议会权限，加强地方自治，同时完善社会财富分配机制，缩小贫富差距，增强社会公平。依此方案，哈于6月举行1995年以来首次全民公投，完成宪法修订，11月中旬

[①] Pierre - Olivier Gourinchas：《全球经济阴云密布，政策制定者需要沉稳应对》，https://www.imf.org/zh/Blogs/Articles/2022/10/11/policymakers - need - steady - hand - as - storm - clouds - gather - over - global - economy。

提前举行总统选举，托高票当选。至此，哈进入托卡耶夫时代。

（二）乌兹别克斯坦西部动荡滞缓修宪进程

2021年9月，米尔济约耶夫以建设"新乌兹别克斯坦"为总统竞选纲领。10月，米成功连任，任期至2026年。2022年1月乌公布《"新乌兹别克斯坦"2022—2026年发展战略》，启动"新乌兹别克斯坦"改革，确定7个优先发展领域，分别是发展公民社会、完善司法体系、确保经济高速发展、建设公平社会、增强民众爱国情怀和民族凝聚力、奉行国家利益至上的多元平衡外交、提升国家安全保障能力。为确保改革顺利进行，乌于5月成立宪法委员会，启动修宪工作；6月，修宪草案在议会通过一读并向公众征求意见，核心内容是将总统任期从5年延至7年。按照最初规划，征求意见期截至7月初。[1]

但草案公布后不久，乌西部卡拉卡尔帕克斯坦共和国突发大规模骚乱，导火索是修宪草案删除了关于该共和国独立权的表述。总统米尔济约耶夫果断应对，一方面实施紧急措施，镇压不法分子；另一方面承诺不动宪法涉及该共和国的条款，并提升当地发展水平。这些措施成效显著，当地的社会秩序迅速恢复。动乱平息后，乌没有急于进行修宪公投，而是将公众征求意见期不断延长，以便修改内容能得到充分讨论。10月初，米尔济约耶夫表示，"截至8月初已收到超过15万份修宪意见，表明人民对国家未来高度关心。我们不能急于求成。如有必要，将再次与民众沟通宪法修正案的内容"。[2]

---

[1] Газета узбекистан, Обсуждение поправок в Конституцию снова продлено, https：//www.gazeta.uz/ru/2022/07/15/draft/.

[2] Газета узбекистан, Не нужно торопиться с поправками в Конституцию—президент, https：//www.gazeta.uz/ru/2022/10/07/constitutional‐reform/.

（三）土库曼斯坦进行权力交接

2022年，土库曼斯坦的权力交接迈出实质一步。2月，总统别尔德穆哈梅多夫突然宣布提前两年举行总统大选。3月12日投票开始，共9名候选人参选，根据3月15日中选委公布的结果，别尔德穆哈梅多夫的长子谢尔达尔以72.97%得票率胜出，任期至2029年。

谢尔达尔能够轻松获胜有三个原因：一是家族受民众支持。老总统别尔德穆哈梅多夫2007年上台以来，对内实行高福利政策，不断改善民生；对外开展平衡外交，为土在动荡时局中谋得良好发展空间，获得民众支持。二是自身形象较佳。谢尔达尔从政以来未出现任何丑闻，被民众视为值得信任的青年精英。他精通俄语和英语，多次代表国家出访，获得国内民众和国际政要的认可。三是竞争对手实力不济。土境内不存在体制外反对派，参选的其他候选人无法构成实质挑战。

别尔德穆哈梅多夫卸任总统后继续担任人民委员会主席（相当于议会上院议长），这说明土的权力交接并未最终完成，但是土政坛已进入了新的阶段。2022年2月，土议会上院通过《2022~2052年社会经济发展国家战略》。新总统谢尔达尔表示将以该战略为指导，不断提升综合国力和人民福祉。

（四）塔吉克斯坦平息东部叛乱

2022年，塔政府平定戈尔诺-巴达赫尚自治州（简称"戈州"）武装叛乱是塔重大政治事件。5月16日，戈州的反政府武装突然封锁杜尚别到霍罗格的高速公路，并袭击了强力部门。5月18日，塔政府在戈州启动反恐特别行动，称"当地武装分子试图破坏塔宪法秩序"。6月中旬，塔当局宣布特别行动胜利结束。戈州在塔内战时期便是叛军的大本营，内战结束后当地仍抗争不断。近年来，总统拉赫蒙强力控局，取缔所有体制外反对派。2018年，流亡在外的反对派联合组建塔吉克斯坦民族联盟，与戈州武装分裂势力频繁接触。2022年戈州事件便是双方共同策划的结果。

以谢尔达尔就职土新总统为起始，中亚老一辈政治家逐渐淡出政坛，平稳地完成权力交接也成为塔当前最重要的政治任务。拉赫蒙总统长子鲁斯塔姆年轻有为，担任塔上院议长兼杜尚别市市长。2022年，鲁斯塔姆在国际舞台十分活跃，先后出访阿塞拜疆、土库曼斯坦等国，与多国领导人举行会晤。分析认为，拉赫蒙很可能会效仿土模式，提前让儿子鲁斯塔姆接班。

（五）吉尔吉斯斯坦政局稳中有忧

2022年，吉政局基本保持稳定，但是反对派在吉乌边界划分等问题上不断发难，政治氛围有所紧张。

因历史遗留等因素，吉乌两国约10%的边界未划定。2022年9月，两国初步完成划界草案。但很快吉国内传出消息称，"政府可能放弃争议地区的克姆比尔-阿巴茨基水库"。由于该水库是吉重要的农业灌溉水源，此消息在吉国内引起不小的震荡。吉政府辟谣称"吉乌将共同管理水库，且会获得不少争议地区的领土"。10月5日，吉议长塔兰特·马梅托夫辞职，吉媒认为主因是其不愿卷入边界谈判。10月10日，吉国家安全委员会主席、扎帕罗夫总统的政治盟友卡姆奇别克·塔西耶夫称"近期将与乌签署划界协议"。反对派不满该表态，10月下旬在多地举行示威，要求政府"夺回"水库。吉政府强硬应对，以企图制造骚乱等罪名逮捕了数十名反对派领导人，包括前总统候选人拉夫尚·热恩别科夫、前总检察长阿齐姆别克·别克纳扎罗夫等人。截至11月初，被逮捕的反对派仍然在押，吉政局趋于紧张。

2010年，吉精英集团曾试图通过分权来解决家族统治带来的系列问题。但此后政治乱象表明，扩权后的议会无法凝聚共识。吉政坛内斗频繁，制约社会发展。民众渴望出现一位强势实干的领导人，扎帕罗夫便是在这种背景下脱颖而出。扎帕罗夫高票当选总统后将政体从议会制改回了总统制，但困扰吉政坛多年的朝野之争并未因此终止。目前，吉经济停滞，民生困难，发展之路艰难。

三、乌克兰危机引发博弈新态势

乌克兰危机爆发以来，中亚国家多元外交格局进一步强化，与各大国均保持合作。俄美在中亚博弈持续升温，土耳其和伊朗也借机拓展影响力，中亚国家抱团取暖动力加强。中国和中亚合作步入新时代。

（一）俄美博弈持续升温

俄罗斯一直将中亚地区视为传统势力范围以及南部安全屏障。2022年，俄继续以集安组织为主要抓手，在中亚发挥独特作用。年初，集安组织派出维和部队助哈平乱，这是其成立以来首次执行相关任务。同时，俄积极回应中亚对阿富汗乱局的安全关切，召开双多边军事安全会议，协助成员国升级军备，加强边境防御能力，举行系列联合军演。

2022年是俄罗斯和中亚国家建交30周年，各方互动的最大亮点是将既有的"俄罗斯+中亚"外长会晤机制拓展至元首和防长会晤。4月，"俄罗斯+中亚"第五次外长会以视频方式举行。6月，首次"俄罗斯+中亚"防长会在莫斯科举行，重点讨论联合打击阿富汗境内猖獗的国际恐怖组织。[①] 10月，六国元首

[①] Ministry of Defence of the Russian Federation, "First Meeting of Defence Ministers from Russia and Central Asian Countries Takes Place in Moscow," https：//eng. mil. ru/en/news_page/country/more. htm? id = 12426340@ egNews.

在哈出席首届俄罗斯—中亚峰会,围绕加强经济合作与共同维护地区安全等议题深入交换意见。

总体看,中亚仍将俄视为外交优先方向,但乌克兰危机给双方关系蒙上阴影,对俄哈关系的影响尤其明显,俄与中亚国家关系有可能在危机过后出现一些微妙变化。俄哈有着7500公里的漫长边界,哈也存在哈籍俄罗斯族人和俄语地位问题。近年来,俄个别政客和媒体也多次公开声称哈北部城市是俄罗斯的城市。因此,哈对乌克兰危机的爆发十分震惊,哈官方立场十分坚定,不支持乌东独立,不帮助俄绕开西方制裁。总统托卡耶夫在圣彼得堡经济论坛上,当着普京的面公开表达这一立场,让俄十分不满。俄罗斯以不同的理由限制哈里海石油管道的运输,使哈经济受损。哈萨克斯坦虽对乌克兰危机十分担心、对主权领土问题十分敏感,但不会奉行公开的反俄政策,在保持哈俄合作的同时加大与其他国家的合作,试图逐步与俄拉开距离。中亚其他国家对俄的戒备之心没有哈萨克斯坦那么强烈,在乌克兰危机中保持中立态度,但也不同程度地表达了对俄威胁的担忧。10月中旬,塔吉克斯坦总统在俄罗斯—中亚峰会上,公开表达了对俄的不满,希望俄能"尊重中亚国家"。

美国从阿富汗撤军后,在中亚影响有所下降,但乌克兰危机给予美可乘之机,使其加紧渗透中亚。2002年2月,"美国+中亚"外长会在线上举行,美国务卿布林肯提出美军基地可能重返中亚。4月,美国负责民事安全、民主和人权事务的副国务卿乌兹拉·泽雅访问哈吉两国。5月23~27日,美负责南亚和中亚事务的助理国务卿唐纳德·卢访问中亚四国。美大力兜售"价值观外交",并承诺对俄制裁不会"误伤"中亚。8月10日,美参加在塔吉克斯坦举办的"区域合作-2022"联合军演。9月22日,"美国+中亚"外长会在纽约线下举行,美表示将拨划2500万美元用于提升中亚出口潜力和居民教育水平。10月初，美国际开发署承诺将追加中亚项目投资，推动地区国家与俄经济脱钩。① 此外，美发起舆论战，大肆渲染中亚国家在乌克兰危机中对俄的恐惧，炒作俄与中亚关系裂痕等议题。同时，欧盟和日本也积极策应美在中亚对俄掣肘。

（二）土耳其和伊朗影响力跃升

乌克兰危机爆发后，中亚国家经俄入欧的传统物流渠道受阻，亟需开发替代性运输路线。土耳其和伊朗利用自身区位优势，邀请中亚国家共建通往欧洲和中东的过境通道，得到积极响应。土力图在东西向打通跨里海走廊，通过高加索和中亚地区贯通欧亚大陆。伊朗则在南北向发力，总统莱希表示愿向哈、土（库曼斯坦）等国提供抵达波斯湾的出口通道。

高层互动频繁是2022年土、伊与中亚国家合作升温的重要表现。土耳其总统埃尔多安3月访问乌兹别克斯坦，两国关系提升至全面战略伙伴关系。上合组织撒马尔罕峰会期间，埃尔多安再访乌；5月10~11日，哈总统托卡耶夫访问土耳其，两国建立"增强型战略伙伴关系"。10月，埃尔多安赴哈出席哈土高级别战略合作委员会第四次峰会和亚洲相互协作与信任措施会议第六次峰会，托卡耶夫亲赴机场迎接。5月底，塔总统拉赫蒙访问伊朗，签署16项合作协议。6月，土库曼斯坦新总统谢尔达尔访伊，双方一致同意加强能源和物流合作。同月，托卡耶夫访伊，双方签署涉及多领域的9份谅解备忘录，重点关注运输和物流合作。同月下旬，伊总统赴土出席第六届里海沿岸国家首脑峰会。9月，伊总统莱希赴乌出席上合组织撒马尔罕峰会，伊朗成

---

① В USAID заявили о планах США《отстыковать》Центральную Азию от России, https://www.kt.kz/rus/politics/v_usaid_zayavili_o_planah_ssha_otstykovat_tsentralnuyu_1377939718.html.

为上合组织成员国，对中亚地区的影响将大幅提升。

2022年，土耳其和伊朗在中亚安全领域也有不少投入。5月10日，土耳其在哈萨克斯坦建立全球首个"安卡"无人机境外组装生产线和后勤支援基地。[①] 5月17日，伊朗在塔开设"燕子-2"无人机生产企业，这是伊首次在海外启动军用生产线。[②] 10月13日，吉尔吉斯斯坦国防部宣布接收土新型"旗手"无人机。除土、伊两国外，沙特、卡塔尔、阿联酋等中东国家与中亚国家的互动也较频繁。哈、乌、土三国总统分别对沙特进行国事访问并朝觐。

（三）中亚一体化动力增强

面对动荡复杂的地区及国际形势，中亚各国抱团取暖意愿更加强烈。2022年7月21日，第四届中亚国家元首磋商会议在吉尔吉斯斯坦召开。各国将深化政治和安全协作列为优先合作方向。哈、乌总统提议建立五国外长及强力部门负责人定期会晤机制。乌总统呼吁在中亚范围内推动进口替代政策，完善边境自贸区；土总统表示将打造地区转运枢纽。会后，五国领导人共同签署了《中亚区域绿色议程规划》《2022~2024年区域合作发展路线图》等重要文件。哈、乌、吉三国签署了《21世纪中亚睦邻友好合作条约》。

2022年，中亚国家在政治上相互声援、经济上加强域内协作、安全上彼此支持。哈、塔、乌国内发生骚乱后，周边国家领导人坚定支持当事国维持政局稳定的各项举措。土库曼斯坦权力

---

① 《土耳其国产无人机将在哈萨克斯坦生产》，https：//www.trt.net.tr/chinese/tu-er-qi/2022/05/11/tu-er-qi-guo-chan-wu-ren-ji-jiang-zai-ha-sa-ke-si-tan-sheng-chan-1825156。

② В Таджикистане открылось предприятие по производству иранских беспилотников, https://www.asiaplustj.info/ru/news/tajikistan/security/20220517/v-tadzhikistane-otkrilos-iranskoe-predpriyatie-po-proizvodstvu-bespilotnikov.

交接后，其他四国元首纷纷致电土新、老总统并祝贺谢尔达尔当选。5月，塔总统拉赫蒙会晤来访的哈参议院议长玛吾林·阿什姆巴耶夫，表示与哈发展战略伙伴关系是塔当务之急。6月，拉赫蒙访乌，塔乌两国正式启动亚湾水电站建设项目，商议开通直通首都的铁路。7月，土总统谢尔达尔访乌，两国召开首届土乌地区间合作论坛，签署了19份合作文件。中亚各国之间频繁的互动，进一步促进了地区合作，有利于推动中亚地区的一体化进程。

（四）中国与中亚开启合作新篇章

2022年，中国同中亚五国迎来建交30周年。新年伊始，习近平主席分别与中亚五国元首互致贺电，庆祝建交30周年。1月25日，习近平主席主持中国同中亚五国建交30周年视频峰会，宣布中国同中亚五国关系进入新时代。2月，中亚五国元首齐赴北京出席冬奥会开幕式，以实际行动支持中国的喜事。6月，中国国务委员兼外长王毅在哈出席"中国+中亚"第三次外长会议，本次会晤重要成果是确定"中国+中亚"元首会晤机制化。[①]

9月，习近平主席应邀对哈萨克斯坦、乌兹别克斯坦进行国事访问，并出席上合组织成员国元首理事会第二十二次会议。除上合组织框架下的系列多边会议外，习近平主席与中亚五国元首分别举行双边会晤。此次出访是习主席在新冠病毒感染疫情以来的首次外访，又逢中国共产党第二十次全国代表大会召开在即，时机特殊、意义重大，充分彰显中国对中亚国家和上合组织的高度重视。乌总统米尔济约耶夫称习近平主席来访是"历史性国

[①] 《王毅谈"中国+中亚五国"外长第三次会晤的成果和共识》，https://www.mfa.gov.cn/wjbzhd/202206/t20220608_10700258.shtml。

事访问"。停滞25年的中吉乌铁路项目也在本次峰会取得重大进展,三国有关部门签署了《关于中吉乌铁路建设项目(吉境内段)合作的谅解备忘录》。党的二十大成功召开后,中亚国家元首和政要纷纷祝贺习近平当选中共中央总书记。塔总统表示,"习主席再次当选充分证明其崇高的威望,中共二十大所作决策将引领中国不断前行"。

四、内外因素增添安全新变数

2022年中亚地区安全形势总体稳定,阿富汗乱局是地区最大安全风险,跨境有组织犯罪和极端主义是地区安全顽疾。吉、塔自年初以来因边界问题矛盾不断,局势持续紧张,影响地区稳定。

(一) 阿富汗乱局风险外溢

"全球和平指数"自2019年起连续四年将阿富汗评为世界最危险的国家。与阿毗邻的中亚国家首当其冲承受阿局势动荡和风险外溢挑战。阿富汗塔利班分别在1月和5月与土库曼斯坦和塔吉克斯坦边防部队在边境地带交火。2022年以来,阿境内恐怖组织也多次袭扰乌阿、塔阿边界。5月,"伊斯兰国呼罗珊分支"宣称向塔境内发射了7枚火箭弹。7月,5枚来自阿富汗的火箭弹落入乌境内。据称,当前阿境内藏匿包括"伊斯兰国"在内的20多个极端恐怖组织,仅"基地"组织就达千余人,阿东北部还有多个自杀式炸弹袭击营,塔利班政权对其约束力有限。

塔利班掌权后,从阿富汗流向中亚的毒品未见明显减少。塔吉克斯坦2022年第一季度缴获的阿毒品数同比大幅增长13.5倍。4月,塔内务部在塔阿边境查获92千克毒品。9月,乌警方缉获95千克毒品，其中鸦片和大麻均来自阿富汗。10月，乌内务部在塔什干逮捕一个涉嫌贩运阿毒品的犯罪团伙。此外，中亚多国执法人员发现，阿富汗输出的主要毒品种类正从鸦片升级为冰毒。

（二）跨国有组织犯罪猖獗

跨国有组织犯罪是2022年中亚地区面临的主要安全挑战之一。6月23日，乌国家安全局在费尔干纳一居民家中发现一条直通吉巴特肯地区的地下隧道。此前已在乌吉边境发现三条类似大型走私地道。同月，俄、乌、哈、吉安全部队共同清除地区毒品网络，捣毁6个毒品实验室，查封大量制毒原料。[①] 10月11日，哈安全部门在哈乌边境逮捕一个犯罪组织，该组织涉嫌向外国公民和私人承运人勒索过路费。

极端势力本土化趋势加剧是中亚安全面临的另一大挑战。2022年2月，乌塔什干地区24人因涉嫌宣传极端主义被拘留。5月，吉特勤局抓捕12名"伊斯兰解放党"活跃分子。6月，乌强力部门在塔什干和撒马尔罕地区抓捕7名"伊斯兰解放党"成员。7月，乌内务部捣毁恐怖组织"伊斯兰解放党"在乌新分支。

（三）吉塔边界矛盾愈演愈烈

吉、塔之间的边界纠纷由来已久，但是2022年冲突规模远超以往。1~8月两国共发生5次小规模交火。9月中旬，两国冲突升级，呈现出以下特征：伤亡更大，塔称本国41人死亡、30多人受伤，吉称本国63人丧生、198人受伤；烈度更高，双方动用了多种重型装备，包括迫击炮、榴弹炮、火箭弹、军用无人

[①] Силовики России, Узбекистана, Казахстана и Кыргызстана совместно ликвидировали крупный международный наркоканал, https://centralasia.media/news: 1788811.

机等；时间更长，本轮冲突长达4天，其间达成的两次停火协议并未执行；范围更广，除塔伊斯法拉地区和吉巴特肯地区，战火还蔓延至吉尔吉斯斯坦的奥什地区。

9月25日，吉塔签署调解局势议定书，同意加快国家边界划定进程、关闭边境4个哨所等，但未能落实，两国不时指责对方无人机侵犯其领空。此外，边境冲突似乎已影响两国双多边合作。10月，吉单方面取消集安组织在该国举办的联合军事演习，也未参加集安组织在塔举办的"边界–2022"演习。外界普遍认为，这与吉塔冲突不断升级、紧张局势加剧有关。因此，在高层互信缺失、民粹主义盛行、外界调解不足的大背景下，吉塔边界纠纷可能仍将持续，给中亚稳定带来新的不确定性。

（审定：胡继平）

第十三章　中东地缘格局加速重组[*]

乌克兰危机爆发后，中东能源重要性回升且中东再次成为大国竞相拉拢的中间地带。地区国家立足自身发展，外交自主性有所增强。同时，国际油价及粮价的暴涨让地区产油国与非产油国间发展不平衡进一步加剧。在这些因素共同作用下，中东地缘格局正加速进行新一轮演变重组。

一、在国际格局中重新定位

2022年，中东作为大国博弈中间地带及国际能源重镇的价值凸显，美欧被迫向该地投入更多关注，俄罗斯亦在该地谋求外交破局。

（一）美国中东政策出现局部调整

拜登上台后，延续从中东战略收缩态势，并且一面向沙特、埃及等国进行人权施压，一面重返伊核谈判，导致地区盟友日益离心。但乌克兰危机爆发后，中东国家拒绝在美俄之间选边站队，美危机感上升；同时，全球油气价格大涨，美国内通胀亦升至40年来最高水平，随着中期选举临近，拜登面临巨大压力，被迫重新审视中东。7月13～16日，拜登上任一年半后终于开启首次中东之行，先后到访以色列、巴勒斯坦、沙特，其间同以

---

[*] 本章撰稿人：董冰、廖百智、秦天、李亚男、唐恬波。

色列、印度、阿联酋三国领导人召开"I2U2"线上峰会,同"海合会+埃及、伊拉克、约旦"等国举行"安全与发展峰会"。拜登政府重新校准中东政策,呈现如下新动向。

一是被迫因能源而折腰。因卡舒吉事件影响,美政界极力反对拜登访沙,但其依然成行。美国内外舆论普遍认为,其此行最主要原因就是迫于油价压力,劝说沙特增产。① 此外,拜登3月邀请卡塔尔埃米尔塔米姆访美,提升卡为"非北约重要盟国",2022年10月极力促成黎巴嫩、以色列达成海上边界划分协议,意在进一步挖掘卡塔尔和东地中海天然气潜能,增加对欧洲供气,缓解盟友压力。

二是致力修复盟友关系。一方面,对沙特态度逆转。拜登上台后,高举价值观外交大旗,甚至称传统盟友沙特为"贱民国家",拒见实际掌权的王储小萨勒曼,美沙关系空前遇冷。拜登此番访沙不但与王储"碰拳"会晤,重申美沙战略伙伴关系,还签署18项合作协议,力图重振美沙同盟。此后,沙特王储国际处境大大改善,一举摆脱卡舒吉事件后遭受的外交冷遇。另一方面,努力安抚以色列。以色列对美重返伊核协议大为紧张,拜登访以时承诺不会让伊核谈判影响美以战略同盟,不会允许伊朗拥核;在《国家安全战略》报告中强调将"通过在美国伙伴间建立政治、经济和安全联系来促进中东地区一体化",② 大力支持以色列进一步融入中东,改善生存环境。

三是将中东纳入大国竞争范畴。近年来美国全球战略重心逐步从中东向"印太"转移,但地区国家在乌克兰危机中的立场让美心生警惕,开始从全球视角整体看待中东地位,以服务其大

---

① "Biden Heads to Saudi Arabia amid Discomfort and Criticism," https://www.washingtonpost.com/politics/2022/07/12/biden-saudi-arabia-mbs-khashoggi/.

② "National Security Strategy," The White House, 2022, pp. 42–43.

国竞争战略。拜登多次强调"不会在中东留下真空,让中俄伊（朗）填补";尝试引入印度,通过 I2U2 小多边机制连接中东与"印太"板块,并强化与沙特、以色列的科技、经贸联系,企图遏制中国在中东的经济影响力。

不过,美国的中东政策调整更多是压力下的不得已而为之,从中东战略收缩的态势并未改变。一是对盟友安全承诺避而不谈。沙特、阿联酋强烈要求美增加武器供应,并提供具有条约性质的安全保障;沙特要求将也门胡塞武装列入外国恐怖组织名单;以色列要求设定伊核谈判时间表,划出伊朗突破核门槛的红线,均未获拜登回应。二是巴以问题进一步边缘化。美此前历届总统均对巴以问题投入巨大精力。2022 年拜登高调到访以巴,却成为 30 年来首个访以时未提出巴以和谈新方案的美国总统。三是寻求地区盟友更多担责。2022 年,美力推地区国家组建以以色列为核心的"中东版北约",并主导"多国海上联合部队"新建一支红海特遣队,由各成员国轮流担任指挥,实际均意在将相关防务问题外包,从而轻装上阵,从中东腾出手来应对大国竞争。

（二）欧洲向中东寻求能源安全保障

长期以来,欧洲能源消费严重依赖俄罗斯,2021 年其 40% 油气进口自俄,还有 5 个欧盟国家天然气 100% 来自俄罗斯。[①] 乌克兰危机爆发后,欧洲能源短缺困境加剧,各国纷纷将俄气替代作为迫在眉睫的任务。中东与欧洲地理位置接近,油气资源丰富,成为合作首选。欧洲为此搁置此前一向标榜的人权问题,不得不放下身段,密集前往中东找气。

[①] "Solving Europe's Energy Challenge," https://www.meed.com/solving-europes-energy-challenge.

2022年3月，德国副总理兼经济和气候保护部长罗伯特·哈贝克访问卡塔尔，重点讨论能源合作。4月、7月，意大利总理德拉吉两度访问阿尔及利亚，阿同意将大幅增加对意天然气出口。6月，欧盟与埃及、以色列签署天然气进口协议。8月，法国总统马克龙访问阿尔及利亚，两国重建伙伴关系，背后亦有天然气谈判。6月、9月，法国道达尔能源公司与卡塔尔能源公司签约，成为卡北方气田东扩、南扩项目重要合作伙伴。9月，德国总理朔尔茨率团访问沙特、阿联酋、卡塔尔，寻找能源合作机会。总体而言，欧洲在中东找气是三路齐下，海湾、东地中海及北非成为重点。

与之相应，欧洲也开始重新评估与中东国家关系，提高对中东的重视，2022年5月初欧盟委员会公布"与海湾战略伙伴关系"便是突出表现。欧洲智库分析称，已签署的一系列能源协议增加了欧洲与中东高度复杂的地缘政治的牵涉度。[1] 能源合作影响的不只是经济，未来还可能导向更多政治、安全和军事合作，为欧洲更深入地参与中东地缘政治带来了更大的潜力。

不过，受地缘纠纷、产能限制等多重因素制约，中东对欧洲的能源供应短期内难有大幅提升，无法从根本上缓解欧洲气荒。从双方深化关系的前景而言，目前欧洲麻烦缠身，对中东事务也有心无力，合作意向尚局限于能源领域。

（三）俄在中东寻求战略突破

2015年，俄罗斯军事介入叙利亚，通过重返中东打破因乌克兰危机所导致的封锁。2022年初乌克兰危机爆发后，俄处境再度艰难，欲再次将中东作为冲破西方围堵的突破口。一是联合

---

[1] "Europe's Bumpy Road to Energy Security: Heading to the Middle East?" https://www.ispionline.it/it/pubblicazione/europes-bumpy-road-energy-security-heading-middle-east-35994.

沙特等国，加强"欧佩克+"框架内协调，共同宣布减产，维持高油价。二是用好土耳其，将其打造为俄、乌粮食出口的通道和"天然气阀"，借此向西方施压。三是拉拢伊朗，与美西方针锋相对。拜登中东之行仅结束3天，普京即于7月19日飞赴伊朗，强调反对美单边制裁，提出在双边贸易中使用本币结算并达成400亿美元油气合作意向。同时，西方媒体还大肆炒作，称俄从伊秘密进口无人机用于乌克兰战场。

不过，与2015年时相比，俄处境明显更为艰难，不但难以持续加大对中东投入，相反，自2022年8月以来不断抽调在叙驻军，并回撤在叙布防仅数月的S-300导弹系统，以全力支援乌克兰前线。

总之，尽管2022年大国普遍提高对中东重视，但其中东政策调整均为应急性、局部性，均未将中东作为战略重点加大实际投入。

二、地区主要国家自主性增强

近年来地区国家日益感到内外政策转型的紧迫性，越来越倾向从本国长远利益出发作出理性战略选择，外交自主性上升，修隙意愿增强，合作趋势渐显。2022年这一势头依然延续。

（一）对乌克兰危机普遍持中立态度

中东国家认定美战略收缩态势不会改变，对美从阿富汗撤军的狼狈之举更是心有余悸，普遍认为美安全承诺不可靠、不可信。因此，乌克兰危机爆发后，面对美俄尖锐对立局面，美中东盟友普遍表态谨慎，虽谴责俄罗斯出兵举措，却并未追随西方对俄制裁，以免卷入危机。

海湾国家敢于对美说"不"。海湾国家近年来对美不满上升，又因俄敢于出手对其多有忌惮。同时，中东能源的重要性再次凸显，海湾油气出口国地位提升，开展自主外交的底气增强，不再唯美国马首是瞻。2022年3月，沙特、阿联酋王储拒绝了拜登要求增产石油的通话请求，即使拜登7月亲访沙特也未能如愿，沙特反而于10月5日主导"欧佩克+"作出原油减产200万桶/日的决定，令油价应声大涨。美指责沙特此举无异于资俄，威胁重新评估美沙关系。但沙特坚称这是单纯市场行为，阿联酋、科威特、阿曼、伊拉克等国亦公开发声与沙特共进退。

以色列权衡利弊后选择"战略自私"。以是美在中东最重要盟友，但其空袭叙利亚境内伊朗目标需获俄默许，而且本国俄乌移民众多，表态不慎可能引发内部纷争。因此，以一方面拒绝向乌克兰出售"铁穹"导弹防御系统，仅提供人道主义援助；另一方面开展密集斡旋，在俄乌间劝和促谈。以色列总理贝内特打破宗教传统，于犹太安息日飞往莫斯科见普京，并多次与普京通话。同时，以方与乌克兰也保持密切沟通，在俄乌间不断穿梭递话。

土耳其左右逢源。土耳其是北约重要成员国，但在中东热点问题、能源经贸等方面与俄有割舍不开的联系。于是土亦大搞外交平衡，既向乌提供无人机、称俄行为是"入侵""不可接受"，又反复声明不愿俄土关系受损，拒绝加入对俄制裁。土还积极组局调停，推动俄乌和谈。土2022年3月10日促成俄乌外长危机以来的首度会面，7月22日与联合国一道成功在俄乌间斡旋达成粮食谷物出口协议，10月进一步成为俄天然气向欧洲出口的枢纽。土左右逢源，逐渐以调解人立场更深入地参与到乌克兰危机之中，不但抬高了自身国际地位，还获得了实际好处。

埃及两面讨好。埃是美重要盟友，每年从美获得逾10亿美元军援，并依赖国际货币基金组织等西方机构提供优惠贷款；俄埃关系在总统塞西上台后也迅速升温，两国在农业、军售、能源、工业园区等领域以及利比亚等地区热点问题上合作密切。因此，埃及对乌克兰危机表态十分谨慎，3月初，埃及对联大谴责俄罗斯的决议投下赞成票，但埃总统塞西专门与普京通话，解释埃方立场，表示愿继续推进俄埃战略框架下的合作项目。两国2015年即达成的总额300亿美元的核电站项目也取得进展，2022年7月启动第一批机组的建设。①

（二）地区主要力量间缓和态势进一步巩固

2021年以来，地区国家开始纷纷修复与对手的关系。2022年，地区几大矛盾缓和态势进一步巩固。

其一，阿以关系持续向好。2020年，美促成多个阿拉伯国家与以关系正常化。此后阿以合作迅速发展并从经贸向安全领域扩展。2022年3月28日，以色列作为东道国邀请美国、阿联酋、埃及、摩洛哥、巴林外长在内盖夫会晤，共商热点议题，并讨论建立中东防务伙伴关系。以外长亚伊尔·拉皮德称这是一次历史性会议，并称此会将成年度常态化机制。沙特虽未与以实现关系正常化，但7月15日向以色列开放商业领空。10月27日，黎巴嫩同以色列就两国间大约860平方公里海域主权归属达成一致。黎以曾长期交战，该协议是两国关系取得的重大进展。

其二，沙特与伊朗阵营对立趋缓。沙特、阿联酋重要设施多次遭伊朗袭击，美均未给予有力庇护。沙特等国意识到美国靠不住，为确保本国安全，2021年后陆续寻求对伊缓和。2022年5月，沙特和伊朗在伊拉克斡旋下举行了第五轮和谈。8月、9月，科威特、阿联酋相继任命2016年来首位驻伊朗大使。沙伊关系

---

① "Egypt Begins Construction of First Reactor at El‐Dabaa Nuclear Plant," https：//english.ahram.org.eg/News/471838.aspx.

缓和也带动了叙利亚重新融入阿拉伯世界，3月18日，叙总统阿萨德应邀访问阿联酋，为西亚北非局势动荡后首次。

其三，土耳其与地区国家修复裂痕。一是与反对政治伊斯兰的阿拉伯国家示好言和。2021年以来，土减少对政治伊斯兰的支持，谋求与沙特、埃及、阿联酋等国搁置意识形态分歧达成和解。2021年11月，时任阿联酋副总统穆罕默德访问土耳其，承诺将在土设立价值100亿美元的战略投资基金；2022年2月，埃尔多安回访阿联酋，双方签署13项合作协议，并启动防务合作与自由贸易谈判。4月，土暂停对被控谋杀卡舒吉的26名沙特人的缺席审判，并将此案移交沙特，埃尔多安随即对沙进行2018年来首访。次月，沙特王储小萨勒曼回访，两国声明将"开启全面合作的新时代"。二是与以色列改善关系。土以在巴以问题上长期龃龉不断，2018年更是互驱外交官。近期土在阿以问题上调门降低，土以关系缓和。3月9日，以总统赫尔佐格访问土耳其，系14年来首次。4月，土根据以色列提供的名单，禁止一批常驻土耳其的哈马斯特工再次入境；巴以爆发大规模冲突期间，土也罕见地未公开谴责以色列。5月初，埃尔多安前所未有地为以独立日发去贺电。8月17日，土以宣布恢复互派大使，实现两国外交关系正常化。

（三）小多边外交风生水起

昔日，美长期主导中东，并与地区盟友形成辐射型关系架构，即中东国家普遍与美国关系紧密，但彼此间合作较少，中东区域经济一体化程度更是全球垫底。[1] 随着美在中东战略收缩态势持续，地区国家也作出相应调整，寻求加强协作，各种小多边

---

[1] "Economic Integration in the MENA Region: More of a Hope than a Reality," https://omerjournal.com/2022/01/27/economic-integration-in-the-mena-region-more-of-a-hope-than-a-reality/.

机制在中东日渐升温。

其一，美国盟友间关系进一步融合。2022年，美中东盟友继续积极参与美力推的I2U2、内盖夫峰会等地区小多边机制，也是意在减少对美依赖，增强自主抵御风险能力，为后美国时代的生存和发展获取更多保障。特别是I2U2机制自2021年10月成立以来进展迅速，经济合作尤其亮眼。印度、阿联酋仅经过88天的自贸谈判便于2022年2月签署《全面经济伙伴关系协定》，5月该协议已正式生效；印度与以色列、以色列与阿联酋的双边自贸谈判也接近完成。

其二，地区内部自发抱团谋发展势头上升。2019年，埃及、约旦、伊拉克便召开三国峰会以增进安全和经济合作，并将会晤机制化。2022年3月，三国与阿联酋召开四国峰会。9月，巴林亦加入进来，五国首脑聚首埃及北部阿拉曼，就推动阿拉伯国家经济一体化进行了探讨。此前，五国间经济合作已不断提升，6月，埃及、约旦和伊拉克宣布三国间电网连通项目建设接近完成，预计2023年初约旦将开始向伊拉克供电。7月，埃及、约旦和巴林加入由阿联酋发起的"综合工业伙伴关系倡议"，开始分阶段开展经济合作。各方宣布在倡议第一阶段实施12个项目，重点关注粮食安全、消费和医药等领域，总投资约34亿美元，未来其他领域的合作亦将逐步展开。

三、产油国与非产油国冰火两重天

尽管当前中东地缘博弈烈度下降、发展和民生问题关注度普遍提高，但地区内部发展不平衡态势正在加剧。产油国财力大增，获得了更大发展转型空间，非产油国则普遍在外部冲击下脆弱性尽显，旧疾未愈又添新伤。困境之下，地区国家也纷纷思考到底什么才是实现发展的关键,对局势动荡后的地区民主化浪潮作出了进一步反思。

(一) 产油国发展势头见涨

2021年以来,国际油价显著回升,中东油气出口国财源滚滚,吃足红利。彭博社称海湾国家2022全年累计石油出口收入将超过5000亿美元。油气收入的暴涨带动了海湾宏观经济的总体改善。世界银行预测,2022年海湾六国平均经济增长率为6.9%,财政盈余将占GDP的5.3%;其中沙特经济增长率为8.3%,或成全球增长最快国家之一,并且9年来首次实现财政盈余(6.8%);六国中只有巴林财政赤字未消,但亦降至GDP的4%以下。[①]《金融时报》称,2022年海湾地区在整个中东的经济权重达到60%,是1981年以来的最高点,且将继续上升。

虽然好日子再次到来,但各产油国居安思危,力求用好眼下的高油价窗口期,为国家经济的长足发展做好充分准备。

一是扩产抢抓油气红利。近年来中东国家纷纷大力投资油气产业,欲在行业衰落前将更多储量变现。油气价格重回高位后,各国扩产动力更足。2022年卡塔尔分别于6月、9月启动北方天然气田东扩、南扩项目,计划投资300亿美元,把液化天然气产能从当前的每年7700万吨增至1.26亿吨。阿尔及利亚石油天然气公司年初也表示,未来5年将在油气勘探和生产领域投资400亿美元,目前已与多国能源企业达成合作协议。

二是加快经济转型步伐。为应对后油气时代的临近,中东产油国几年前便已陆续出台本国长期发展战略,力图摆脱对油气的过度依赖,向多元、绿色经济迈进。2022年各国推进经济转型

[①] "A New State of Mind: Greater Transparency and Accountability in the Middle East and North Africa," World Bank Group, October 2022, p. 9.

的底气更足、手笔更大。阿联酋4月推出一项数字经济战略，旨在十年内将数字产业对GDP贡献率从约10%翻倍至20%；9月宣布将2030年碳减排目标从2020年设定的23.5%提高到31%。沙特更是雄心勃勃，王储小萨勒曼3月称2030年前将投入3万多亿美元用于经济发展；7月公布了预计耗资5000亿美元的新未来城设计方案"镜线"；9月发起国家电子竞技游戏战略，将投资380亿美元使本国在2030年成为全球电子竞技中心；10月又发布国家工业战略，欲在2030年将工业出口价值提高至1500亿美元，让沙特成为世界工业强国。

三是积极承办国际大型活动激发经济活力。11月20日，第22届国际足球联合会世界杯比赛在卡塔尔开幕，这是该赛事历史上首次在中东国家举办，卡称其带来的经济拉动效益可达170亿美元，并将对国家经济产生持续正面影响。此外，2022年卡塔尔获得2023年亚洲杯足球赛主办权；沙特获得2029年亚洲冬运会举办资格，还宣布竞争2030年世博会、2026年亚足联女子亚洲杯主办权。

（二）非产油国面临严峻挑战

近年来疫情延宕，全球经济不景气，中东非产油国贸易、旅游发展普遍受阻，经济内生动力不足。2022年，在乌克兰危机风险外溢的冲击之下，这些国家的困境愈发凸显。

一是粮食安全遭遇挑战。中东国家粮食普遍依赖进口，乌克兰危机使各国粮食安全风险上升，埃及、突尼斯、黎巴嫩等国自俄乌进口小麦的比例超过60%，承压尤重。各国被迫投入巨大精力加以应对，纷纷禁止小麦、蚕豆等物资出口，努力寻找更多粮食进口来源；埃及还大量增加带有国家补贴性质的食品摊位数量，以防粮食短缺引发社会动荡。根据联合国、IMF等机构估算，食品进口将占埃及2022年GDP的2.9%。截至2022年7

月，埃及外汇储备已从2021年底的409亿美元降至331亿美元，降幅达19%。① 随着国际社会加大协调，尤其是7月俄乌达成粮食出口协议，中东的粮食危机才逐渐得到缓解。

二是通货膨胀加剧。在内外因素共同作用下，部分中东国家通胀严重恶化。黎巴嫩正遭遇30多年来最严重金融危机，2022年10月14日黎镑兑美元黑市汇率已跌破40000∶1，自2019年以来跌幅已超96%。黎巴嫩严重依赖进口，本币贬值导致黎多次出现3位数的通胀指数。为应对经济困境，黎政府实行外汇管制，国民只能通过抢银行等极端方式取出美元存款。土耳其年度通胀率亦创下24年来新高，10月达到85.5%，为连续第17个月上升。但因总统埃尔多安坚信降息更利于经济增长，土央行连续第三个月降息，10月20日将基准利率下调至10.5%。根据"埃尔多安经济学"，土或将利率进一步下调至个位数。自年初至11月初，土耳其里拉兑美元已贬值28%以上。②

三是债务风险上升。近年来中东国家普遍以增加补贴和现金转移的方式，减轻食品和能源价格上涨对国民生活水平的冲击。非产油国因财政吃紧，被迫靠借债筹集资金。世界银行数据显示，当前中东非产油国债务占GDP的比重普遍高于世界中位数，其中黎巴嫩、约旦超过100%，埃及为92%，突尼斯为82%，摩洛哥也达70%以上。突尼斯债务总额的63%为外币债务，随

---

① "Egypt's Foreign Reserves Drop 19% Due to Economic Crisis Caused by Russia–Ukraine War," https：//www.al-monitor.com/originals/2022/08/egypts-foreign-reserves-drop-19-due-economic-crisis-caused-russia-ukraine-war#ixzz7jv6dTIpy.

② "Yearly Inflation in Turkey Rises to New 24-year High of 85%," https：//abcnews.go.com/International/wireStory/yearly-inflation-turkey-rises-24-year-high-85-92586560.

着全球利率上升，偿债负担大增。①

（三）部分国家动荡加剧

在中东，经济困境和政治动荡往往相伴而生，2022年亦有部分地区国家动荡加剧。

突尼斯成为西亚北非局势动荡后唯一成功实现民主转型的国家。但此后突政坛内斗更迭频繁，经济困境毫无改善。民众对政界的腐败、低效厌恶至极，2021年7月25日发动针对政府和议会的大规模抗议活动。政治素人出身的总统赛义德趁势暂停议会、接管政府、罢免总理，并陆续采取措施加强总统集权。2022年7月25日，突举行新宪法公投并以高票通过，突尼斯从半议会半总统制转向超级总统制。外媒评这是在这场动荡的棺材板上钉下最后一颗钉子，标志着突尼斯民主转型中建立的分权政体彻底瓦解。该国政治精英不甘放权，对此强烈抵制，突政治极化现象更趋严重。

伊拉克2003年后在美干预下建立西式民主分权体制，但20年来腐败严重，民生恶化，选举沦为不同族群、教派争权夺利的角斗场。2021年10月伊举行议会大选，得票最多的萨德尔派因其他什叶派势力抵制未能组阁。2022年6月，萨德尔派议员集体辞职并发动街头抗议；8月抗议升级，一度全国宵禁。10月27日，伊议会终于通过候任总理苏丹尼的内阁提名，但其曾承诺2023年提前举行议会选举，伊政局依然充满变数。

黎巴嫩亦长期实施依教派分权体制，但政府因内斗长期瘫痪，治理水平低下。黎民众深感绝望，甚至有人提出法国重新接管。黎现政府为看守内阁，10月底总统奥恩届满离任后，黎议

---

① "A New State of Mind: Greater Transparency and Accountability in the Middle East and North Africa," World Bank, p. 9.

会因分歧过大未能选出新总统，黎首次面临总统、总理双空缺局面，困境改善的希望愈发渺茫。

苏丹2019年进入民主过渡期，但此后军民矛盾、民间阵营内部矛盾、央地矛盾均日益激化。2021年10月25日，苏丹军方再次夺权。此后，各方提出的和谈方案均告失败，迄今苏仍每周爆发大规模抗议活动。

2011年后，这股浪潮一度席卷中东，民众曾期望用民主拯救民生。但如今，利比亚、叙利亚、也门战局僵持，埃及、阿尔及利亚重回旧体制，突尼斯、苏丹等国局势恶化，西式民主在中东的水土不服日益凸显。阿拉伯晴雨表2021~2022年民调显示，与2018~2019年相比，认为政治不稳、经济疲软等难题与民主体制相关的阿拉伯民众比例显著上升。[1]

四、中国与中东合作持续深化

随着中东国家外交自主性的增强和对发展问题日益关注，中国与地区各国合作前景日益广阔。

（一）政治互信继续加深

一是元首外交引领关系发展。习近平主席2月5日分别接见了来华出席北京2022年冬奥会开幕式的埃及总统塞西、阿联酋阿布扎比王储穆罕默德、卡塔尔埃米尔塔米姆，9月16日在撒马尔罕出席上合组织峰会期间又分别与伊朗总统莱西、土耳其总统埃尔多安会面；还先后与沙特王储穆罕默德（4月）、阿联酋总统穆罕默德（5月）、伊朗总统莱西（7月）通电，与各国领

---

[1] "Democracy in the Middle East & North Africa 2021 – 2022," https://www.arab-barometer.org/wp-content/uploads/ABVII_Governance_Report-EN-1.pdf.

导人就深化政治互信、增进双边合作、加强在彼此关切的热点问题上的立场协调进行交流。10月，中国共产党第二十次全国代表大会胜利闭幕后，中东国家领导人纷纷在第一时间热烈祝贺习近平当选中共中央总书记，盛赞习近平治国理政卓越贡献和带领中国取得的巨大发展成就，表示愿与中国加强治国理政交流，推进双边关系持续深入发展。12月，习近平主席赴沙特出席首届中国—阿拉伯峰会，与阿拉伯国家领导人举行深入交流，进一步发挥了元首外交的战略引领作用，推动中国与地区国家进一步实现互利共赢。

二是在国际舞台上守望相助。中东国家继续在事关中方核心利益问题上给予中国鼎力支持。2022年2月，十多个中东国家分别通过贺信贺电、元首来华、派员参赛等方式支持北京冬奥会；7月，中东18国在联合国人权理事会第50届会议上联署挺华共同发言，支持中方在新疆、香港和西藏问题上的立场；8月，美众议长佩洛西窜访台湾后，阿盟及中东多国均声明坚持一个中国原则。投桃报李，中国也多次在多边舞台上公开发声，坚定支持阿拉伯国家独立自主探索自身发展道路，反对外部势力的横加干涉。

三是伙伴关系持续拓展。1月5日，摩洛哥与中国签署"一带一路"合作规划协议，开北非地区先河；年初中国在联合国平台启动全球发展倡议之友小组，多个阿拉伯国家表示支持，并同中国探讨发展愿景对接实施方案；首届中国—阿拉伯国家峰会年底将在沙特举行，届时中国与阿拉伯国家的伙伴关系势必进一步走深走实，开启合作共赢的新篇章。

（二）经济合作势头良好

一是经贸往来再创佳绩。中国常年稳居中东第一大贸易伙伴国的地位，2022年双方经贸关系再次显示出强劲的发展动力。

2022年前5个月，中国同该地区双边贸易额超2000亿美元，同比增长近40%；中国从中东进口石油0.84亿吨，同比增加75%。[①]

二是工程项目稳步推进。一方面，中企在中东多个重点项目2022年顺利完工，如卡塔尔世界杯主场馆卢赛尔体育场如期竣工交付，埃及斋月十日城市郊铁路通车运行，阿联酋联邦铁路二期项目主线贯通，阿尔及利亚奥兰奥林匹克综合体育中心顺利落成。另一方面，中企2022年在中东新单不断，如中国港湾中东区域管理中心中标阿联酋贸易中心沙滩改建项目，中建三局与中钢国际签约阿尔及利亚综合钢厂项目土建工程，中国化肥公司与阿及正式签约首个磷酸盐一体化项目，中工国际与中海油组成的联合体与科威特能源巴士拉有限公司签署伊拉克九区天然气中央处理设施项目，中国电建签约埃及苏伊士湾风电项目等。

三是新兴领域合作不断发展。近年来中国与中东在5G技术、数字经济、云计算等领域打造出许多合作亮点。2022年这些合作亦在有条不紊地展开，如华为与阿联酋经济部合作推出"扩展数字化"计划，促进阿初创企业和中小企业创新和数字化转型，并与卡塔尔、约旦、巴林等多国高校签署共建信息通信技术合作协议。

四是联手抗疫持续加强。面对新冠病毒感染疫情，中国同中东国家协同引领国际抗疫，向中东援助大量抗疫物资，并同阿联酋、埃及等国开展疫苗本地化生产和药物研发等合作。截至2022年7月，中国已累计向中东17个国家提供疫

[①] 《携手并进谋发展，同舟共济创未来》，http://www.chinaarabcf.org/zagx/sssb/202207/t20220725_10726927.htm。

苗超过5亿剂。4月14日，中国科兴公司援建疫苗冷库项目在埃及十月六日城举行开工仪式，冷库建成后埃将成为非洲最大疫苗仓储中心。

（三）安全合作日益加深

长期以来，中东战乱、冲突、恐袭、疫情等多种安全问题交织共振，严重制约了地区国家发展。近年来中国已多次为中东安全贡献中国智慧、中国方案，为促进中东和平稳定发挥建设性作用。2022年1月，在接待中东六国外长和海合会秘书长密集访华时，中国进一步提出倡导团结自主、捍卫公平正义、坚持核不扩散、共建集体安全、加快发展合作等建议，得到来访的中东官员的认可和赞誉。

4月，习近平主席秉持真正的多边主义，着眼后疫情时代全球发展和安全治理，在博鳌亚洲论坛年会开幕式上提出全球安全倡议，为中东国家开辟了一条对话而不对抗、结伴而不结盟、共赢而非零和的新型安全之路，得到中东国家的积极响应。

为落实习近平主席讲话重要精神，9月21日第二届中东安全论坛在京召开，主题为"推动构建中东安全新架构，实现地区共同安全"，国务委员兼外长王毅致辞，从四个方面全面阐述了中方落实全球安全倡议、推动构建中东安全新架构的思路和主张，分享了对中东安全以及地区安全治理的思考。一是秉持共同、综合、合作、可持续的新安全观；二是明确中东国家主导地位；三是遵守《联合国宪章》宗旨和原则；四是加强区域安全对话。[①] 中东国家政要和专家高度评价中国对推进中东地

[①]《王毅出席第二届中东安全论坛》，https://www.fmprc.gov.cn/wjbzhd/202209/t20220921_10769081.shtml。

区安全和发展所作出的重要贡献，称中国的行动充分体现了共商共建中东安全的良好意愿，表示愿与中国一道落实全球安全倡议，推动构建中东安全新架构，实现地区共同安全。

（审定：傅小强）

第十四章　中东欧成西方反俄前哨[*]

乌克兰危机对地处俄罗斯与西方对抗前沿的中东欧国家产生直接冲击。多数中东欧国家主动站队西方阵营，高举援乌抗俄大旗，力促欧盟严厉制裁俄罗斯。相关举措不可避免地对中东欧政治、经济产生反作用，也间接影响到对华关系。

一、力促欧盟对俄示强

2022年乌克兰危机爆发后，以波兰和波罗的海三国为代表的中东欧国家既担心成为俄罗斯的下一个目标，同时也觅得重创俄罗斯的机会，不仅极力挺乌抗俄，更千方百计鼓动欧盟对俄示强。

（一）不断示警促欧入局

早在2021年俄乌局势持续紧张之际，一些中东欧国家就大力渲染俄罗斯的军事威胁，坚决要求对俄以牙还牙。2021年12月17日，俄罗斯向美方提出包括北约放弃东扩、不接纳乌克兰等要求在内的安全保障建议。三天后，波兰、立陶宛和乌克兰三国总统举行"卢布林三角"首次线下紧急峰会。三国一致决定共同应对俄罗斯威胁，明确支持乌克兰加入欧盟和北约，反对俄罗斯最后通牒式做法，将说服美欧采取强硬立场，"以最后通牒

---

[*] 本章撰稿人：曲兵、高瞻、李俊、董一凡。

回应最后通牒"。① 2022年1月，波罗的海三国、捷克和波兰分别宣布向乌克兰提供武器装备，成为最早决定军事援乌的欧盟成员国。

2022年3月15日，波兰总理莫拉维茨基、时任副总理卡钦斯基和捷克总理菲亚拉、斯洛文尼亚时任总理扬沙一同乘火车突访基辅。这是乌克兰危机爆发后，首批访问乌克兰的外国国家领导人。波兰总理府当日发布公告称，访前已与欧洲理事会主席米歇尔和欧盟委员会主席冯德莱恩协商，三国领导人作为欧洲理事会代表前往基辅，意在表明"整个欧盟对乌克兰主权和独立的明确支持"。② 波兰政府发言人米勒也表示，"代表团事实上代表了欧盟和欧洲理事会"。但据法国《费加罗报》透露，有欧洲外交官称，此访并未得到欧盟领导层认可，是三个国家的个体意愿。一些匿名的欧洲议会议员对此予以批评，认为三个国家无权代表整个欧盟进行访问，称"冒险的单独行动"可能会影响俄乌谈判进程。③ 但随着挺乌抗俄逐渐成为欧盟的政治正确，访问乌克兰的行动在欧盟引发群体仿效。短短数月内，几乎所有欧盟成员国和欧盟机构领导人都单独或组队访乌，德国总统施泰因迈尔一度因申请访乌遭拒而承受巨大压力，公开承认以前对俄政策是错误的。

（二）力推欧盟升级制裁

一些中东欧国家不断推动欧盟加码制裁。2022年3月24

---

① Татьяна Ивженко, Люблинский треугольник нацелился на Москву: Президенты Украины, Польши и Литвы рекомендовали США не принимать требования России, https：//www. ng. ru/cis/2021－12－20/1_8331_ukraine. html.

② "Prime Ministers' Visit to Kyiv," https：//www. gov. pl/web/primeminister/prime-ministers-visit-to-kyiv.

③ Anne Rovan, "à Bruxelles, le Déplacement de Trois Dirigeants Européens à Kiev Fait Grincer des Dents," https：//www. lefigaro. fr/international/a-bruxelles-le-deplacement-de-trois-dirigeants-europeens-a-kiev-fait-grincer-des-dents-20220315.

日，波兰与波罗的海三国总理发表联名信，称"面对俄罗斯在乌克兰犯下的大规模暴行，欧盟不能采取观望态度"，呼吁欧盟予以"一致和强有力的回应""共同对俄施加最大压力"。[①] 此后，这些国家先后提出停止进口俄罗斯天然气、将更多的俄罗斯银行逐出 SWIFT 等激进主张，部分内容被欧盟采纳。截至 2022 年 10 月 6 日，欧盟已公布 8 轮对俄制裁措施，波兰和波罗的海三国在其中起了重要推动作用。

以波兰为代表的中东欧国家还持续敦促德法对俄强硬。随着乌克兰危机爆发，曾对俄威胁发出预警的中东欧国家在欧盟内话语权大幅上升，开始站在道德高地上斥责德法。波兰抨击德国在对俄制裁问题上存私心、过于算经济账。2022 年 2 月 26 日，波总理莫拉维茨基在访德时表示要"唤醒德国的良知"，说服德国政府同意尽快对俄罗斯实施真正"碾压式"的制裁。4 月 4 日，他公开指责德国因自身经济利益袒护俄罗斯，是欧盟对俄追加制裁的最大绊脚石；呼吁德国总理朔尔茨改变立场，对俄采取更强硬态度，还批评前总理默克尔自乌克兰危机爆发以来一直保持沉默。4 月 23 日，莫拉维茨基在英国《经济学家》撰文，强调西方必须停止对普京的"绥靖政策"。而卡钦斯基在接受采访时不仅埋怨德国，还指责法国对俄偏心，称"德国和法国一样，对俄罗斯有强烈的偏爱"。

（三）新招频出加剧对抗

2022 年 6 月 17 日，立陶宛铁路运输部门通知俄飞地加里宁格勒州，从 18 日起停止为俄罗斯向该州运输的钢铁、高科技产

[①] "Joint Letter on Behalf of the Republic of Estonia, the Republic of Latvia, the Republic of Lithuania and the Republic of Poland," https：//www.gov.pl/web/primeminister/joint - letter - on - behalf - of - the - republic - of - estonia - the - republic - of - latvia - the - republic - of - lithuania - and - the - republic - of - poland.

品等属于欧盟制裁范围内的物资提供过境服务。俄罗斯对此反应强烈，威胁让立陶宛"在不久的将来面临严重后果"。面对俄罗斯与北约爆发全面战争的风险，欧盟态度谨慎。欧盟机构虽在公开场合为立陶宛站台，但私下多有抱怨，认为立陶宛采取单边行动将欧盟整体拖入不必要的对抗和风险之中。6月23～24日的欧盟峰会未给予立陶宛明确支持。德国总理朔尔茨一再要求立陶宛取消对俄过境运输的限制措施，称欧盟对俄制裁并不适用于俄罗斯两个地区之间的货物往来。①7月，在欧盟与俄罗斯达成协议后，立陶宛才予以放行。

自8月初开始，爱沙尼亚、拉脱维亚、立陶宛、波兰和芬兰五国联合敦促欧盟对俄罗斯公民停发签证，禁止持有申根签证的俄罗斯公民入境。个别国家率先行动，拉脱维亚驻俄大使馆无限期暂停接受俄罗斯公民签证申请，爱沙尼亚限制持有本国签发申根签证的俄罗斯公民入境。8月23日，立陶宛外交部表示，若欧盟不颁布一项全欧盟范围内的禁令，该国可能会争取通过"区域解决方案"来禁止俄罗斯游客入境。在欧盟8月底举行的欧盟外长非正式会议上，由于德法匈等国反对，欧盟未采取更广泛的禁止入境措施，但同意全面中止2007年与俄罗斯达成的签证便利化协议。

二、高调倚美强军挺乌

乌克兰危机使安全成为中东欧国家的主要关切，它们重回"倚美求安全"的老路，同时加强军力建设以求自保，多措并举

---

① 张健：《加里宁格勒飞地"这把火"》，http://www.xinhuanet.com/globe/2022-07/11/c_1310640220.htm。

支持乌克兰，营造于己有利的缓冲区。

（一）倚美求托底

在俄乌持续冲突下，为获得美国及北约的安全保障，中东欧国家以各种方式向美国寻求军事保护。美国出于现实战略需要，亦给予积极回应。美国总统拜登上台后重视与西欧国家重塑盟友体系，对中东欧国家态度相对冷淡。乌克兰危机使中东欧与美国关系迅速回暖。2022年3月，美国国务卿布林肯访问波兰及波罗的海三国，副总统哈里斯访问波兰与罗马尼亚，总统拜登访问波兰。波兰在一个月内接连迎来美国三巨头，一扫之前与拜登政府因民主、法治及媒体自由问题而交恶的阴霾，重拾"兄弟情谊"。[①] 美国高层一再重申对北约第五条款的承诺，声称要保卫"北约的每一寸领土"，将加强北约在中东欧国家的军事存在等。拜登在波兰的演讲中还特意引用了已故教皇保罗二世（波兰人）的箴言"不要害怕"，[②] 为盟友打气。8月，美国国防部长奥斯汀在访问拉脱维亚期间表示，美国将与波罗的海三国进行更多军演，并可能在三国永久驻军。

乌克兰危机爆发前，北约在其东翼保加利亚、匈牙利、罗马尼亚、斯洛伐克、波兰以及波罗的海三国驻扎的总兵力为1万余人。[③] 2022年3月24日，北约布鲁塞尔峰会决定在保加利亚、罗马尼亚、匈牙利和斯洛伐克部署4个新的战斗群。北约在东翼

---

① Magdalena Gwozdz‐Pallokat, "Poland and the United States: Warsaw and Its 'Big Brother'," https://www.dw.com/en/poland-and-the-united-states-warsaw-and-its-big-brother/a-61265937.

② "Remarks by President Biden on the United Efforts of the Free World to Support the People of Ukraine," https://www.whitehouse.gov/briefing-room/speeches-remarks/2022/03/26/remarks-by-president-biden-on-the-united-efforts-of-the-free-world-to-support-the-people-of-ukraine/.

③ 张宇：《俄乌冲突"世界冲击波"之安全篇——北约与俄对立加剧，分割安全绝非正道》，http://www.news.cn/world/2022-05/11/c_1128639256.htm。

的兵力达到4万。6月29~30日的北约马德里峰会又决定在波兰常设美国陆军第五军司令部前沿指挥部,在罗马尼亚新增一个旅级轮换战斗队;在波罗的海地区加强部署,其中包括装甲、航空、空防和特种部队,进一步建设互操作能力及强化训练。乌克兰危机爆发后,美国在欧洲驻军迅速增至10万,其中,波兰驻军从5000人增至10000多人,罗马尼亚驻军从100人增至2500人,波罗的海国家驻军也增至约2000人。[①]

(二)强军保安全

在寻求美国安全保障的同时,中东欧国家加强自身军事能力建设,以备不测。首先是增加军费。2022年3月18日,波兰通过《祖国保卫法》,从2023年起将国防预算占GDP比重提升到3%,军队规模从目前的12万扩大至30万(包括25万职业军人和5万国土防御部队军人),恢复预备役制度及提高军人福利。波兰希望建立一支强大、现代化且装备精良的军队,能够震慑、预防与抵御战争。斯洛伐克、罗马尼亚、斯洛文尼亚和拉脱维亚政府都表示,最晚2023年前达到北约要求的军费开支占GDP 2%的标准。捷克、北马其顿则计划到2024年达到这一目标。[②]

其次是积极军购。波兰着手加快国防采购计划,以确保本国军队不再使用苏联或俄罗斯生产的武器。2022年4月以来,波兰从美国采购了366辆M1艾布拉姆斯主战坦克,还准备购96架美制阿帕奇取代苏制米-24武装直升机,并与德国达成了一

---

① Michael E. O'Hanlon, "Strengthening the US and NATO Defense Postures in Europe after Russia's Invasion of Ukraine," https://www.brookings.edu/articles/strengthening-the-us-and-nato-defense-postures-in-europe-after-russias-invasion-of-ukraine/.

② David Hutt, "How European Countries Stand on 2% of GDP Defense Spending," https://www.euronews.com/my-europe/2022/07/20/how-european-countries-stand-on-2-of-gdp-defence-spending.

项坦克交换协议。① 8月，波兰与韩国签署协议，出资57.6亿美元从韩国采购180辆K2坦克、212门K-9自行榴弹炮。② 9月，波兰宣布斥资30亿美元，购买48架韩产FA-50攻击机。8月，捷克与斯洛伐克国防部签署协议，从英国航空航天系统公司瑞典分公司购买履带式步兵战车。捷克还表示正与美国商讨采购24架F-35战斗机，波罗的海三国寻求联合采购"海马斯"多管火箭炮系统。

（三）挺乌谋长远

对于中东欧国家，特别是与乌克兰接壤或接近的国家，挺乌不仅可以在本国与俄罗斯之间建立安全缓冲区，牵制俄罗斯行动，还可以占据道义制高点，提升自己在欧盟乃至西方阵营的地位。

一是政治上为乌克兰打气。继波兰、捷克和斯洛文尼亚三国领导人乘坐专列访问基辅后，2022年4月12日，波兰总统杜达、爱沙尼亚总统卡里斯、拉脱维亚总统莱维茨和立陶宛总统瑙塞达访问乌克兰。莱维茨表示："我们有责任用各种武器来帮助乌克兰。"卡里斯则强调："乌克兰的未来将在战场上决定……乌克兰必须胜利。"③ 10月2日，爱沙尼亚、拉脱维亚、立陶宛、黑山、波兰、捷克、罗马尼亚、北马其顿和斯洛伐克9个中东欧国家总统发表联合声明，支持乌克兰加入北约。在中东欧国家力促下，欧盟启动快速入盟程序，赋予乌克兰欧盟候选国地位。

---

① 根据协议，波兰向乌克兰援助苏联时期生产的T-72坦克，换取德国向波兰提供德制豹式坦克。

② "Poland and South Korea Seal ＄5.8 Billion Military Deal," https://abcnews.go.com/International/wireStory/poland-south-korea-seal-58-billion-military-deal-88889783.

③ 《波兰与波罗的海三国总统访基辅　吁国际社会加大对乌克兰军事援助》，https://www.zaobao.com/news/world/story20220415-1262876。

二是军事上慷慨援助。2022年6月，波兰已向乌克兰提供了价值约18亿美元的军事援助，其中包括200多辆T-72坦克和数十辆步兵战车，是波兰有史以来最大的军事援助。根据基尔研究所公布的对乌克兰军事援助排行榜，波兰以18.2亿欧元在欧盟成员国中位居第一，超过德国（12亿欧元）和法国（2.2亿欧元），接近欧盟机构（25亿欧元）。[①] 截至2022年8月，拉脱维亚为乌克兰提供了约2.03亿美元的军事援助，包括"毒刺"防空导弹、无人机、反坦克武器等，还赠送了4架直升机。[②] 斯洛伐克向乌克兰提供了S-300防空导弹系统。

三是提供人道主义援助。据联合国统计，截至2022年7月，约有520万乌克兰难民逃往欧洲。在中东欧国家滞留的难民人数约为波兰119.5万，捷克38.3万，罗马尼亚8.3万，斯洛伐克8万，匈牙利2.6万。[③] 波兰官方称"从政府到普通民众均为难民提供了真诚帮助"。[④] 除接收难民外，中东欧国家还提供其他形式的人道主义援助。2022年6月16日，波兰为乌克兰提供了包括食品、卫生用品等164吨救援物资。拉脱维亚启动了一项特别计划，在乌克兰切尔尼戈夫地区重建包括教育机构在内的设施，以便儿童能重返学校。

[①] 数据为相关国家2022年1月24日~10月3日期间承诺的军事援助金额，参见 "Government Support to Ukraine: Type of Assistance, € Billion," https://www.ifw-kiel.de/topics/war-against-ukraine/ukraine-support-tracker/。

[②] 《拉脱维亚向乌克兰捐赠米-17和米-2直升机》，https://www.cannews.com.cn/2022/0823/349122.shtml。

[③] 《俄罗斯入侵乌克兰：造成了多少难民，他们去了哪里》，https://www.bbc.com/zhongwen/simp/world-62048747。

[④] "Poland and the War in Ukraine: A Conversation With Zbigniew Rau, Poland's Minister of Foreign Affairs," https://www.csis.org/analysis/poland-and-war-ukraine-conversation-zbigniew-rau-polands-minister-foreign-affairs.

三、内部遭遇多重反噬

乌克兰危机爆发后，中东欧国家冲在对俄制裁和能源脱钩最前沿，但自身亦遭反噬。

（一）政治动荡加剧

在乌克兰危机致经济下行背景下，中东欧各国政府治理缺陷和政党恶斗等老问题进一步恶化。

一是政府不稳定性加剧。最有代表性的国家是黑山和保加利亚。2022年2月4日，黑山议会通过时任副总理阿巴佐维奇牵头提交的对政府不信任动议，总理克里沃卡皮奇下台。4月28日，阿巴佐维奇组建少数派政府。8月20日，黑山议会再次通过政府不信任动议，阿巴佐维奇政府倒台，成为黑山历史上最短命政府。保加利亚佩特科夫政府罔顾本国与俄罗斯经济、社会密切关联的基本国情，采取激进抗俄路线，最终与执政盟友闹翻，导致其领导的政府在议会不信任投票中失利。保加利亚10月2日再次举行大选，为该国18个月以来的第四次大选。保加利亚政治学者认为，大选难以缓解政治动荡，标志着"政治精英群体的失败"，选民的冷漠和失望则直接反映在低投票率（39.4%）上。[1]

二是政党斗争更趋激烈。中东欧各国反对党通过炒作执政党"对俄偏软"或"应对经济民生危机不力"等，频频向执政党发起攻击。2022年7月，斯洛伐克执政联盟内的自由与团结党因家庭福利计划"缺乏系统性且不足以帮助最贫困人群"，要求财长伊戈尔·马托维奇下台，造成政府危机。9月1日，罗马尼亚

---

[1] "Five Key Takeaways from Bulgaria's Fourth Election in 18 Months," https://www.euronews.com/2022/10/02/bulgaria-election-exit-polls-suggest-victory-for-ex-pm-boyko-borissovs-gerb-party.

反对党拯救罗马尼亚联盟认为，能源部长维尔吉尔·波佩斯库的能源限价措施及补偿计划"加剧社会恐慌和经济不确定性"，发起谴责动议要求其下台。9月5日，斯洛伐克自由与团结党宣布退出政府，执政联盟不得不组建少数派政府。[①]

此外，民族问题火上浇油。塞尔维亚执政党进步党与总统武契奇虽均在2022年4月大选中获胜，政权稳定，但受到内外巨大压力，除因拒不参加对俄制裁受到欧美施压外，科索沃"老问题"接踵而至。6月，科索沃当局继2021年后再提"车牌问题"，即限期要求当地塞族停止使用塞尔维亚颁发的车牌，更换科索沃车牌，遭到强烈抵制，塞尔维亚军队高度戒备，地区局势再度紧张。

（二）经济深受制裁"回旋镖"效应冲击

一是经济出现衰退苗头。过去几年，中东欧国家经济增长率普遍处于欧盟前列，但乌克兰危机爆发后，多数中东欧国家不吝成本推动对俄制裁，导致相关国家在供应链、消费信心、能源保障等方面都受到严峻挑战，经济下行压力明显。2022年第二季度，波兰、爱沙尼亚、拉脱维亚、立陶宛的GDP分别环比下降2.1%、1.3%、1%和0.5%，在欧盟内从领先变为领跌。[②] 波兰作为中东欧最大国家，经济下行势头明显，影响深远。英国《金融时报》刊文称，波兰经济衰退或将整个中东欧地区拉进衰

[①] "Slovak Government Loses Majority as Ministers Quit," https://www.reuters.com/world/europe/slovak-govern ment-loses-majority-ministers-quit-2022-09-05/.

[②] "GDP up by 0.8% and Employment up by 0.4% in the Euro Area," https://www.businesstoday.com.mt/business/business/2034/gdp_up_by_08_and_employment_up_by_04_in_the_euro_area#.Y3RAQ3ZByUk.

退轨道。①

二是通胀屡破记录。在能源、贸易等领域，中东欧国家与俄罗斯相互依赖程度高，乌克兰危机爆发后，一些中东欧国家主动与俄脱钩。立陶宛总理希莫尼特就表示，该国从2022年4月1日开始已不再消耗一立方厘米"有毒的俄罗斯气体"。② 作为回击，俄罗斯切断了对波罗的海三国、波兰、保加利亚等国的天然气供应。然而，中东欧在拒绝俄能源的同时，无法用可再生能源填补缺口，不得不在国际市场购买高价船运油和液化气，能源危机对其通胀问题的冲击甚于西欧。2022年9月，爱沙尼亚、立陶宛、拉脱维亚通胀率分别高达24.1%、22.5%、22.0%，为欧元区平均水平（9.9%）的两倍以上。③

三是货币金融压力增大。中东欧国家受经济前景预期黯淡、美联储强势升息等因素影响，货币贬值明显。2022年2月至8月初，匈牙利福林、波兰兹罗提、捷克克朗兑美元汇率分别下跌17%、12%和9.5%。④ 以中东欧货币计价的资产也遭国际市场看空，匈牙利等国债券和金融资产被大幅抛售。匈牙利总理欧尔班虽经4月议会选举后三度连任，政权巩固，但面对货币剧烈波动、金融资产贬值的冲击，经济形势不容乐观。中东欧国家为稳定本币汇率，亦不惜大幅消耗外汇储备，2022年2月以来，捷克为提

---

① "Poland's Economy Contracts as Threat of Recession across Eastern Europe Mounts," Financial Times, August 17, 2022.
② Richard Milne, "Lithuania Becomes First EU Country to End Imports of Russian Gas," Financial Times, April 3, 2022.
③ "Annual Inflation Up to 9.9% in the Euro Area," https：//ec. europa. eu/eurostat/web/products－euro－indicators/－/2－19102022－AP.
④ Netty Ismail and Maciej Onoszko, "Emerging Eastern Europe Nations to Suffer If Euro Weakens," https：//www. businesslive. co. za/bloomberg/news/2022－08－08－emerging－eastern－europe－nations－to－suffer－if－euro－weakens/.

振本币汇率已导致外汇储备消耗19%。① 乌克兰危机长期化将持续损害投资者对处于冲突前沿的中东欧国家的经济信心。中东欧国家货币和资产贬值、资产外逃及公私债务风险或持续上升。

四是关联产业遭遇池鱼之殃。中东欧国家与俄罗斯在能源、投资、原材料等方面关系紧密，其产业受制裁影响尤为明显。罗马尼亚蓝色航空公司因燃料价格飙升、俄欧航空制裁阻断航线等影响出现严重财务困难，债务总额高达2.3亿欧元，占其年收入一半以上。克罗地亚斯普利特造船厂因俄罗斯外贸银行遭制裁而无法得到既定贷款，2022年4月因难以偿债破产，该国造船业受到严重打击。爱沙尼亚企业因制裁停止从俄进口玻璃瓶，玻璃瓶产品价格出现20%～80%不等的涨幅。

（三）社会更趋动荡

乌克兰危机令中东欧国家民生挑战不断上升，政府和媒体不断炒作反俄情绪和民族主义，各国内部及国家间民族、文化矛盾上升，社会进一步撕裂。

一是民生问题凸显。中东欧国家落后于西欧，食品和能源占居民收入比重更高，危机下生活成本受到的冲击更大。阿尔巴尼亚民调显示，59%的民众认为经济困难是阿最大问题，有民众因无力支付食品和能源费用自杀。② 捷克学者指出，捷克民众正以苏东剧变后最快的速度变穷。③ 中东欧国家不断爆发抗议活动，

---

① 《美媒：世界外汇储备骤降万亿美元》，http：//www.cankaoxiaoxi.com/finance/20221008/2492315.shtml。

② Marsela Musabelliu, "Albania Economy Briefing: When Poverty Kills – the Human Toll of an Economic Crisis," https：//china – cee.eu/2022/09/20/albania – economy – briefing – when – poverty – kills – the – human – toll – of – an – economic – crisis/.

③ Ladislav Zemánek, "Inflation, Nondevelopment and Liberal Leaders' Impotence," https：//china – cee.eu/2022/07/20/czech – republic – economy – briefing – inflation – non-development – and – liberal – leaders – impotence/.

反对政府的经济和外交政策。2022年4月，北马其顿教育行业从业者在全国范围内罢工，要求政府为其加薪以应对生活压力。9月，捷克首都布拉格爆发7万人参加的抗议活动，抗议能源价格飙升，要求政府停止援乌抗俄举措。

二是反俄和民族主义宣传撕裂社会。一些中东欧国家政府出于国内政治正确以及转移民众视线等考虑，不断采取极端的反俄举措和发表激进的民族主义言论，甚至诉诸历史虚无主义，这些做法进一步加剧了社会族群间撕裂。2022年4月，斯洛文尼亚执政党民主党在大选中落败，时任总理扬沙在议会选举期间指责竞争对手戈洛布亲俄，宣称"斯洛文尼亚有一个强大的亲俄网络"。[①] 7月13日，黑山民族主义者破坏了尼克希奇市举行的国庆活动并发生了骚乱，黑山学者认为这一事件体现了政府对纳粹宣传、民族主义、种族主义和宗教仇恨等应对不力。8月25日，拉脱维亚拆除胜利公园内的苏联纪念碑，该国六成俄裔民众表示反对。

四、对华关系面临考验

随着大国博弈和地缘政治冲突加剧，中东欧地区关注焦点转向安全，并外溢到对华关系中。中国与中东欧国家合作面临更多挑战，但务实合作仍不乏亮点。

（一）对华不满情绪上升

近年，受中美博弈、世纪疫情等多重因素影响，中东欧地区涉华舆论趋于负面。一些国家不顾对华出口取得实质性进展的事实，渲染"对华贸易逆差仍在扩大"，因此断言"与中国合作缺

[①] 孔田平：《斯洛文尼亚右翼民粹政党在大选中落败》，《世界知识》2022年第13期，第49页。

乏切实成果"。美国和西欧国家炒作的"债务陷阱""中国未兑现承诺"等议题在中东欧亦获得更多回响，中东欧智库学者刊文称："自 2012 年以来，中国作出许多投资承诺，其中大多数从未兑现。"[1]

一些中东欧国家长期与俄不睦，乌克兰危机爆发后，中东欧国家惧俄、仇俄情绪高涨，进而对作为俄罗斯战略伙伴的中国横加指责。不少中东欧国家认为中国在乌克兰危机中"没有谴责俄罗斯"，担心中国"帮助俄罗斯规避制裁"，还片面解读《中俄关于新时代国际关系和全球可持续发展的联合声明》。"中俄共同威胁论"在部分国家颇有市场，给中国—中东欧国家合作造成负面影响。此外，不少中东欧国家从对苏联的历史记忆看社会主义中国，始终怀有意识形态芥蒂，在乌克兰危机爆发后，将中国台湾问题和乌克兰问题相提并论，"挺台"观点抬头。

（二）消极举动增多

一是个别国家酝酿或执意"退群"。一些中东欧国家以退出中国—中东欧国家合作的方式表示不满。2022 年 5 月，捷克议会外事委员会通过了一项决议，呼吁捷克退出合作机制。该决议获外长利帕夫斯基支持，但菲亚拉总理暂未采纳。8 月 11 日，爱沙尼亚和拉脱维亚外交部先后发表声明，宣布退出中国—中东欧国家合作机制。爱沙尼亚外长雷恩萨鲁接受彭博社专访时表示，爱沙尼亚方面决定退出主要是出于政治原因，即中国方面拒绝谴责俄罗斯发起的"特别军事行动"。[2] 美国对此乐见其成并

---

[1] Piotr Maciej Kaczynski, "How China Lost Central Europe," https：//balkaninsight. com/2022/08/15/how‐china‐lost‐central‐europe/.

[2] "Russian War in Ukraine Bruises Baltics' Relations with China," https：//www. bloomberg. com/news/articles/ 2022‐08‐13/russian‐war‐in‐ukraine‐bruises‐baltics‐relations‐with‐china.

推波助澜，其国务院副发言人韦丹·帕特尔表示："美国尊重并支持爱沙尼亚和拉脱维亚的主权决定。"①

二是部分国家与台湾地区政治往来频密。2022年3月，台湾地区跨部门考察团访问捷克、斯洛伐克和立陶宛。随后，波兰等国官员相继访台。立陶宛政府更是不顾中方严正立场和反复劝阻，先后派遣4位副部长级官员访台。2022年8月，美国众议长佩洛西窜访台湾地区后，立陶宛外长兰茨贝吉斯公开表示声援。9月，立陶宛总理顾问卢考斯卡斯赴台北出任该国"驻台办事机构"的首任代表。

（三）务实合作有亮点

一是"一带一路"项目取得新进展。2022年3月19日，在塞尔维亚总统武契奇、总理布尔纳比奇和匈牙利总理欧尔班的见证下，中企参建的"一带一路"旗舰项目匈塞铁路贝尔格莱德—诺维萨德段正式通车。开通运营后，该段列车最高运行时速由原来的40～50公里提至200公里。武契奇在开通仪式上说，高速铁路代表着塞尔维亚的未来。7月26日，作为中国与克罗地亚共建"一带一路"和中国—中东欧国家合作标志性项目的佩列沙茨大桥顺利通车，克罗地亚实现了连接南北领土的夙愿。中欧班列探索运输新通道，包括开辟拉脱维亚新线路，开通跨里海、黑海班列，开启在匈牙利扎霍尼口岸换装。

二是投资获得新突破。2022年7月，中资控股的沃尔沃汽车集团宣布将投入12亿欧元在斯洛伐克新建电动车工厂，该工厂预计年产25万辆全电动汽车，提供大约3300个新工作岗位。8月，宁德时代正式宣布在匈牙利德布勒森建设电池工厂，规划

---

① Vedant Patel, "Department Press Briefing – August 11, 2022," https：//www.state.gov/briefings/department-press-briefing-august-11-2022/.

产能为100吉瓦时，投资金额73.4亿欧元，有望创造约9000个工作岗位。匈牙利外交与对外经济部长西雅尔多表示，宁德时代这项投资是十年来欧洲五大绿地投资之一，也是匈牙利有史以来最大的绿地投资，对匈牙利意义重大。①

三是重启人文交流。受新冠病毒感染疫情影响，中国与中东欧国家之间的人文交流减少。2022年4月，时任中国—中东欧国家合作事务特别代表霍玉珍大使率代表团访问中东欧八国。9月，新任特别代表姜瑜大使率团访问中东欧七国。在中国驻外使馆的推动下，希腊"中国旅游文化周"、首届罗马尼亚中国电影节、"水立方杯"中国歌曲大赛、"汉语桥"世界大中学生中文比赛等人文交流活动也陆续举行，塞尔维亚和中国之间开通直航航班。

中国—中东欧国家合作启动十年来，大项目合作逐步落地，多领域建立了合作机制，民间友好交往持续深化，成为推动中国与中东欧国家关系发展的重要引擎。尽管面临新的困难和挑战，但务实合作符合中国与中东欧各国的利益，中国推动同中东欧国家合作的初衷没有改变，未来中国开放的大门将会进一步敞开，这为合作提供了持续动力和更多机遇。

（审定：张健）

---

① 陈浩：《宁德时代匈牙利工厂项目正式启动》，http://www.news.cn/2022-09/06/c_1128980433.htm。

第十五章　非洲在变局中求稳自强[*]

2022年，非洲政治与安全依旧面临着较为复杂严峻的形势，但非洲自主维稳、自主解决问题的意识和力度在提升。非洲经济进入缓慢复苏期，部分国家仍面临较大发展压力。在大变局以及乌克兰危机的影响下，大国加紧对非经略，地缘政治博弈升温。中国与非洲保持紧密的战略合作，各领域合作稳步有序推进。

一、加大自主维稳应对挑战

2022年，虽然非洲政治与安全形势比2021年有所改善，但部分国家及相关地区依旧动荡不安，特别是非洲之角、萨赫勒地区和非洲大湖区的安全形势不容乐观。面对挑战，非洲自主维稳的意识和力度在提升。

（一）政治局势依旧复杂多变

一是部分国家及地区依旧动荡。2022年，埃塞俄比亚持续的内战冲击非洲之角稳定，地区国家厄立特里亚和苏丹都间接介入到埃塞内部冲突中，加上美国的干预，使局势更加复杂。11月2日，尽管埃塞政府与"提格雷人民解放阵线"在南非达成和平协议，但双方矛盾依然尖锐，未来和平局势依旧脆弱。萨赫勒地区国家马里、乍得文官与军政府矛盾加剧，民众抗议示威活

---

[*] 本章撰稿人：黎文涛、殷悦、余文胜、孙红、钟卓锐、高群博。

动增多，要求军政府快速恢复民主。联合国秘书长古特雷斯警告说，有关国家不安全局势日益加剧，加之政治动荡，使萨赫勒地区处于危机之中，并构成全球威胁。地区大国尼日利亚安全局势恶化激化了党争，主要反对党人民民主党议员批评总统布哈里未能解决国家普遍存在的不安全状况，威胁弹劾总统，从而使政局趋向动荡。刚果（金）东部安全局势恶化，指责卢旺达支持反政府武装"M23运动"并驱逐卢大使，大湖区国家间紧张关系加剧。

二是政变潮延续。2022年，布基纳法索两次发生政变，几内亚比绍发生未遂政变。虽然与上一年相比非洲发生政变国家和次数有所减少，但政变潮仍未消除。一些国家国内党争激烈，抗议不断，亦存政变隐患。此外，马里、苏丹、布基纳法索均在短期内发生二次政变，凸显军政权脆弱性，不排除已政变国家再度发生政变的可能。

同时，非洲政局也呈现出积极一面，逢选易乱的局面并未发生。2022年是非洲大选"小年"，只有肯尼亚、安哥拉、索马里举行总统或议会大选。地区大国肯尼亚选举虽竞争激烈，但最终和平结束，副总统鲁托成功当选新任总统。2023年是非洲选举"大年"，尼日利亚、刚果（金）、加蓬、利比里亚、马达加斯加、津巴布韦、塞拉利昂将举行总统选举，其中不少是逢选易乱的国家，能否和平有序进行选举和实现权力平稳过渡值得关注。

(二) 极端暴恐威胁加剧

非洲政局动荡以及法国撤军带来的安全真空，让非洲极端暴恐势力加速蔓延，恐情进一步恶化。一是致死人数增多。2022年3月，澳大利亚经济与和平研究所发布的《全球恐怖主义指数报告》显示，撒哈拉以南非洲正成为全球恐怖主义中心，该地区因恐怖活动死亡人数占全球48%。据非洲恐怖主义研究中心统计，2022年1~6月，非洲恐怖袭击造成5412人死亡，较2021年同期增加近40%。① 二是势力范围扩大。"伊斯兰国"将非洲作为发展重点，其分支"大撒哈拉伊斯兰国"7月首次袭击贝宁，显示其活动范围已从萨赫勒地区扩展至西非沿海国家；"伊斯兰国西非省"已取代"博科圣地"，成为乍得湖地区主要恐怖组织；"伊斯兰国"还向刚果（金）、乌干达、莫桑比克、坦桑尼亚渗透。"基地"组织的附属组织"伊斯兰和穆斯林支持组织"巩固在萨赫勒地区的地盘后，在贝宁、多哥多次发动袭击，表明其已向西非沿海国家扩张。"索马里青年党"利用索马里政局不稳、埃塞内战扩张，7月500~800名武装分子跨境进入埃塞，欲在埃塞建立基地。三是重特大暴恐事件频发。据非洲恐怖主义研究中心统计，仅2022年上半年，在非洲致死50人以上的恐袭就有约10起。面对地区恐怖威胁加剧和西方撤出反恐力量，非洲国家加大自主反恐力度。2月，南部非洲发展共同体（简称"南共体"）在坦桑尼亚成立反恐中心；5月，非洲联盟（简称"非盟"）举行反恐特别峰会，商讨动员自身力量反恐，减少对外部依赖。尼日尔与布基纳法索多次开展联合反恐行动；莫桑比克与坦桑尼亚签署打击恐怖主义和犯罪的安全协议，将共同打击两国边界附近的暴恐活动。

（三）治安严重恶化

2022年，非洲多国经济增长放缓，粮价油价攀升，贫困失业人口激增，牧民与农民冲突、部族矛盾、分离主义、社会抗议活动、暴力犯罪等问题凸显，安全形势持续恶化。尼日利亚面临

---

① "Mid-Year Africa Terrorism Trend Analysis," African Centre for the Study and Research on Terrorism, January-June 2022, p. 3.

极端组织袭击、牧民与农民冲突、分离运动、有组织犯罪等多种挑战，社会治安严重失序。2022年以来，首都阿布贾等地发生监狱被劫，火车、总统卫队遇袭等重大安全事件。南非部分民众排外情绪日益高涨，暴力事件时有发生。苏丹达尔富尔冲突再度升级，自2021年10月至今，当地牧民与农民冲突加剧，导致数百人丧生。喀麦隆英语区（西北省和西南省）分离团体不仅不断袭击英语区军民，也开始袭击法语区，表明英语区危机有扩大趋势。非洲多国发生大规模游行示威活动，抗议生活成本暴涨。8月，塞拉利昂物价上涨40%以上，首都弗里敦等多地爆发示威抗议活动，示威者与安全部队发生冲突，导致11名平民和6名警察死亡。此外，非洲多国绑架、抢劫、袭击等恶性案件频发，治安形势严峻。尼日利亚、刚果（金）多地接连发生针对外国和当地公民的武装绑架和袭击事件。南非、安哥拉、科特迪瓦等国社会治安状况出现恶化。南非2022年二季度谋杀案比2021年同期增长11.5%，共有6424人被杀。

（四）强化自主维稳应对挑战

2022年，面对部分国家及地区局势动荡和政变潮延续带来的严峻挑战，非洲大陆及地区组织加强自主维稳的意识和力度。如非盟、南共体在安哥拉大选前就派遣选举观察团，并在选后及时公布评估报告。非盟还向肯尼亚、索马里、莱索托派遣选举观察团，以防止选举引发暴力和动荡。同时，西非国家经济共同体（简称"西共体"）持续推动政变国家加快向文官统治过渡。2020年以来，非洲发生政变国家多集中在西非，被称为"政变传染病"，威胁地区稳定。2022年，西共体通过派人调解、制裁施压等方式，促使马里、布基纳法索军政权过渡时间表缩短至24个月。9月，西共体特别峰会决定对几内亚实施外交、经济和金融层面的制裁，以推动当局制定可接受的过渡时间表；10月，布基纳法索发生二次政变后，西共体派人与布政变领导人会谈，促使后者遵守2024年7月前恢复宪法秩序的过渡时间表。非盟推动埃塞内战双方在南非和谈，这是冲突爆发近两年来首次举行的正式和谈。东非共同体（简称"东共体"）决定部署一支由肯尼亚领导的多国联合部队，同时大湖地区国家加强团结合作，共同应对刚果（金）东部冲突。从域外大国看，美西方聚焦国内事务和乌克兰危机，对非洲干预减少，客观上为"非洲人解决非洲问题"创造了条件。

二、经济逆势中艰难复苏

2022年受多重不利因素影响，非洲经济艰难前行，发展结构性矛盾凸显，各国政府竭力纾困，为后续复苏积攒动能。

（一）经济复苏放缓

根据非洲开发银行预测，非洲经济2022年将增长4.1%，较2021年6.9%下降明显。IMF和世界银行下调撒哈拉以南非洲地区经济增长预测，分别为3.6%和3.3%，较2021年下降1.1和0.8个百分点。横向来看，2022年撒哈拉以南非洲地区经济增长低于新兴与发展中经济体（3.7%），略高于全球平均水平（3.2%）。

多重不利因素阻碍发展。全球经济增长放缓，对大宗商品需求萎缩。气候变化引发极端天气对部分国家农业造成破坏性影响，引发粮食供应紧张及严重人道主义危机。乌克兰危机推升国际粮价、油价，加剧非洲粮食和能源进口国财政负担。同时，美联储持续激进加息，非洲面临输入性通胀压力不断攀升，近20

国通胀达两位数。① 非洲开发银行认为非洲经济增长前景具有高度不确定性，IMF 称撒哈拉以南非洲经济处于危险边缘。

地区与国家间发展不平衡现象持续。在次地区层面，北非从2021年高速增长回归4.5%平稳轨道。东部非洲经济多元化程度较高，有效缓冲了大宗商品价格市场波动的冲击，2022年将实现4.7%增长。中部非洲产油国多，国际油价上涨拉动效应明显，多国展现强劲复苏势头，2022年将增长4.6%。西部非洲在尼日利亚、科特迪瓦等主要经济体拉动下，预计可增长4.1%。南部非洲受南非增长放缓所限，约为2.5%，明显落后于其他地区。

在国家层面，尼日利亚原油行业受产量和投资不足，2022年预计增长3.2%，同比放缓0.4个百分点。南非受持续断电和东部洪灾冲击，预计小幅增长2.1%。在油价刺激下，安哥拉将走出多年衰退，今年可实现2.9%增速，较2021年0.8%大幅提升。不同类型经济体中，石油出口国受国际油价提振，平均增长3.3%；其他资源富集国预计实现3.1%的增长；非资源富集国展现出较强劲活力，预计可增长4.6%。随疫情平稳和管控放松，非洲旅游业持续回暖，2022年1~7月，非洲国际游客抵达人数同比增长171%，已恢复到疫情前60%的水平。② 毛里求斯和塞舌尔将实现5.8%和11%的增长。

（二）三大现实性难题亟待破解

粮食安全威胁日益严峻。非洲长期受粮食短缺困扰，疫情前平均每年需支付400亿美元进口粮食。近年，受疫情、气变等影

---

① 《美国输出通胀拖累非洲经济增长前景》，http://www.news.cn/world/2022-09/20/c_1129017124.htm。

② "World Tourism Barometer and Statistical Annex," https://www.e-unwto.org/doi/epdf/10.18111/wtobarometereng.2022.20.1.5?role=tab.

响，非洲粮食短缺危机频现，乌克兰危机令这一问题愈发凸显。据联合国粮农组织报告，非洲有 3.46 亿民众受粮食危机影响，非洲之角、萨赫勒地区最为严重，超 6000 万人面临严重粮食危机。①

债务风险依然高企。非洲重债国家难以在短期内提升造血能力，偿债压力依然巨大。非洲还承受通胀压力，部分国家本币加速贬值，加重债务违约风险。IMF 数据显示，目前有 22 个非洲国家处于债务困境或面临债务高风险。②

经济改革阻力重重。近年来，非洲国家着手解决困扰经济的顽瘴痼疾，然而改革进展难达预期。南非电力改革举步维艰。2019 年南非曾公布电力改革路线图，计划对国家电力公司进行拆分，推行市场化运营，但进展缓慢。2022 年 8 月，总统拉马福萨宣布正式开放电力市场，鼓励更多私营资本进入。改革尚未见效，停电危机却愈演愈烈。截至 10 月初，南非停电天数达创纪录 120 天。③ 尼日利亚油气业改革面临资金和产能不足难题。尼日利亚 2021 年通过《石油工业法案》，2022 年成立新的国有石油公司及石油监管机构、引入私人资本修建新炼油厂，获业界好评。然而，尼原油产能持续下降，2022 年 9 月仅为 114 万桶/日，远低于 OPEC 180 万桶/日额度。④ 在全球能源转型大背景下，壳牌、雪佛龙、埃克森美孚已几乎全部转让在尼陆地油气资

---

① "'People Are Hungry: Food Crisis Starts to Bite across Africa,'" https://www.ft.com/content/c3336e46-b852-4f10-9716-e0f9645767c4.

② 《美国输出通胀拖累非洲经济增长前景》，http://www.news.cn/world/2022-09/20/c_1129017124.htm。

③ 《南非今年停电天数达 120 天电力公司承诺十日内缓解限电影响》，https://www.chinanews.com.cn/gj/2022/10-05/9867071.shtml。

④ "Nigeria's Oil Output at 32-year Low as Thieves Hobble Output," https://www.reuters.com/business/energy/nigerias-oil-output-drops-below-1-mln-bpd-2022-09-09/.

产，国际社会对尼行业改革前景信心寥寥。

（三）经济一体化和数字化转型有所成就

自2021年1月启动以来，非洲大陆自贸区建设取得实质性进展。目前已有39国向非盟确认批准了《非洲大陆自贸区协定》，非盟成员国已就超过80%的非洲原产地商品关税问题达成共识，并启动了争端解决机制。2022年初，泛非支付结算系统正式推出，非洲国家将能使用本国货币跨境结算，每年将节省50亿美元支付成本。① 非洲自贸区数字贸易走廊、非洲电子疫苗护照等新倡议也陆续推出，对加快非洲各国间人员交往和贸易流通具有积极的推动作用。卢旺达、喀麦隆、埃及、加纳、肯尼亚、毛里求斯和坦桑尼亚7国已被选为自贸区试点贸易国，将对大陆内部贸易的环境、法律及贸易政策基础进行测试。②

经济数字化转型进程加快。非洲电缆系统项目、各国互联网升级换代和数据中心本地化建设均加速推进，网络基础设施大幅改善。各国相继出台数字化经济政策，加强顶层设计与引导。肯尼亚发起《2022~2032年数字总体规划》，将数字化作为肯实现跨越式发展主要工具。南非发布国家数据和云政策草案，把数字经济列入优先发展规划。尼日利亚发布5G数字经济规划，埃塞俄比亚电信行业改革逐步落实，首家外资电信公司正式运营。截至2022年9月，非洲已有10国12家电信运营商推出5G服务。③ 在全球经济增长趋缓的大环境下，区域一体化和数字技术为非洲实现可持续复苏提供了新思路，对增强非洲经济发展韧性、提升

---

① 《泛非支付结算系统正式发布》，http：//www.news.cn/fortune/2022-01/14/c_1128262430.htm。

② Femi Adekoya, "AfCFTA Secretariat Commences Pilot Trading with Seven Countries," The Guardian, July 27, 2022.

③ "The Inflection Point: Africa's Digital Economy Is Poised to Take off," Endeavor, June 9, 2022.

抵御外部风险能力具有重要意义。

三、大国对非争夺白热化

2022年，国际主要力量着眼全球布局，加大对非经略力度，高访与峰会此起彼伏，新机制新举措层出不穷，呈现出"多方唱戏，竞相出招"的局面，非洲俨然成为各大国谋求全球战略主动的博弈场。

（一）主要大国对非高调进取、加紧布局

美拜登政府在对非关系上打出组合拳，推出对非新战略，筹办美非峰会，把非洲纳入美全球战略框架，意在强化对非洲影响力和控制力。国务卿布林肯2022年8月访问南非期间正式发布对非新战略，提出"培育'开放社会'、改善民主和安全、促进疫后恢复、应对气变和能源转型"四大战略支柱。[①] 新战略有三大特点：一是重塑价值观外交。拜登政府称非洲处"民主倒退"趋势，有意深化非洲民主机制建设，瞄准"威权"政府和政变国家，以劝导和制裁等综合手段遏制"民主逆流"。二是合作理念与领域拓展。新战略首提"开放社会"概念，强调确保非洲"开放和可进入"，作出"符合国际道义"的政治选择，把应对新冠病毒感染疫情和气候变化、能源转型、发展数字经济、粮食安全等作为对非合作重点。三是强调"多边主义"。新战略多次提到与欧洲、"印太"盟友协力促进在非"高标准"投资，打造对非洲合作小圈子。美国以宣布新战略开启新一轮对非外交攻势序章，并以12月美非峰会为压轴，意将非洲作为最后一块拼图

[①] "U. S. Strategy toward Sub-Saharan Africa," The White House, August 8, 2022, p. 4.

纳入美全球战略版图。

欧盟以2022年2月欧非峰会为对非经略主战场,加速构建"新型伙伴关系"。欧盟在会上推动"全球门户"战略,与非洲达成"2030共同愿景",承诺未来7年对非投资1500亿欧元。受乌克兰危机影响,欧盟试图利用非洲填补能源缺口,减少对俄气进口依赖,重点推动尼日利亚—阿尔及利亚—南欧天然气管道建设。

面对前殖民地国家此起彼伏的反法浪潮,法国的焦虑感和危机感显著上升。马克龙连任后强调复兴与非洲国家的关系仍然是"一项政治优先事项",[①] 注意力重回法语西非地区,凸显法国在乌克兰危机背景下拉紧对非纽带以维持地缘影响力。在政治上,法国淡化意识形态色彩,改善在非形象。马克龙将非洲作为欧洲外首访地,2022年7月访问喀麦隆、贝宁和几内亚比绍,避谈法媒鼓噪的受访国领导人"超期执政""破坏人权"问题,[②] 展现反思、尊重姿态,宣布归还文物,讨论殖民历史责任。在安全上,法国积极调整军事部署。一方面,法国在萨赫勒反恐行动遭遇重挫,从"救世主"沦为"侵略者";另一方面,8月完成从马里撤军后,法国同步加强在尼日尔、乍得等国的军事存在,试图重新打造地区反恐支点。而针对西非频发政变推翻亲法政权情况,法与西共体商讨建立地区反政变军事力量。[③]

---

① Cyril Bensimon and Philippe Ricard, "Emmanuel Macron's Tricky Visit to Africa," Le Monde, July 25, 2022.
② "Macron Begins First Africa Trip of New Term with Visit to Cameroon," https://www.rfi.fr/en/africa/20220725 - macron - begins - first - africa - trip - of - new - term - with - visit - to - cameroon.
③ "Macron Promises to Revive Relations with Guinea Bissau and Help Region Battle Terrorism," https://www.rfi.fr/en/africa/20220729 - macron - promises - to - revive - relations - with - guinea - bissau - and - help - region - battle - terrorism.

德国紧跟欧盟对非战略。总理朔尔茨2022年5月访非，与塞内加尔、尼日尔、南非商讨能源、卫生等领域合作。德于6月举办德非能源论坛，聚焦非洲能源开发与能源转型。在军事上，因法撤军产生萨赫勒安全力量真空，德决定增加在马里驻军，并延长行动期限，成为在马里最大驻军国。

日本借峰会外交拉拢非洲，扩大与非洲所谓"价值观共享"。日本于2022年8月在突尼斯举办第八届东京非洲发展国际会议，将未来3年对非投资承诺额提至300亿美元，并鼓吹"与中国不同"的"差异化"对非投资援助模式，特设40亿美元助非去碳化发展、50亿美元助非"恢复财政健康"。日本提出对非合作"以人为本"，承诺3年内为非洲培养30万人才。日本还拉拢非洲针对乌克兰危机发表共同声明，在安理会改革问题上，日本继续诱拉非洲，试图改变非盟共同立场。

俄罗斯借乱谋势，通过介入非洲安全事务扩大影响。俄借瓦格纳集团参与多国军事培训与维安平叛行动，已在利比亚、中非共和国、苏丹、马里形成战略支点，并借此获得对几国石油、黄金、木材等战略资源开发许可。乌克兰危机爆发后，俄亟需争取一切可能支持，对非经略力度显著加强。俄外长拉夫罗夫2022年7月访问埃及、刚果（布）、乌干达和埃塞俄比亚，感谢非洲不参与对俄制裁，承诺保障对非粮食出口，号召共同反对西方霸权，推进与刚果（布）联建传染病实验室，启动埃及首座核电站建设，并就2023年俄非峰会向四国提前吹风。俄还通过"欧佩克+"机制与非洲油气出口国加强产能协调。

（二）对非争夺白热化

非洲在大国竞争时代战略价值凸显，一些大国经略非洲过程中的冲突性与排他性更加突出，尤其美西方延续冷战思维，不断加强对中俄的围堵与排挤。

竞争与对抗成美西方对非战略主基调。乌克兰危机爆发以来，绝大多数非洲国家坚持中立，拒绝谴责或制裁俄罗斯，反对欧美施压选边站队，引发西方惊愕与焦虑。美欧在非持续鼓噪"民主对抗威权"叙事，在气变、安改、网络安全等议题上对非洲强力拉拢，试图重建"非洲统一战线"，疏远孤立中俄。欧盟与法国警惕俄在非军事活动，以断援威胁马里，要求其终止与瓦格纳集团合作。美国对非新战略把中俄定位为"最大威胁"，指责中国在非"挑战以规则为基础的国际秩序，削弱美非关系"。[1] 2022年4月，美众议院通过《打击俄罗斯在非恶意活动法案》，被非洲认为是"惩罚对俄友好非洲国家的工具"。[2]

中美博弈传导至非洲，拜登政府动用"全政府"手段对华展开"混合战"。在制度与模式方面，美国认为非洲在中国影响下正整体偏离西方治理模式与价值体系，直言"非洲民主发展跌至冷战后最低点"，"民主重塑已刻不容缓"，加强了对传统友华国家干涉与拉拢。在经贸领域，美通过《建造法案》、"繁荣非洲"倡议等，重点对标中国在非洲占领先地位的贸易与基建领域。美国接连推出"供应链百日审查报告""矿产安全合作伙伴计划"，把中企在非矿产权益作为重点攻击目标，大力诱压相关国家重审对华合作协议。此外，美国在舆论上持续炒作"债务陷阱论""环境破坏论""中国种族歧视论"等，以此干扰中非合作。

面对美西方压力，非洲总体保持清醒冷静，大多数非洲国家

---

[1] "U. S. Strategy Toward Sub - Saharan Africa," The White House, August 8, 2022, p. 5.

[2] Kate Bartlett, "South African Minister Accuses West of 'Bullying' on Ukraine," https：//www. voanews. com/a/south - african - minister - accuses - west - of - bullying - on - ukraine -/6693372. html.

反对以意识形态划线，拒绝加入针对第三方的小圈子。不少非洲国家重申不结盟立场，多位领导人发声抵制美新冷战意图，表示不会选边站队，[①] 以防止非洲成为大国地缘博弈的牺牲品。

四、中非合作稳步推进

2022 年，在全球地缘政治博弈加剧的背景下，中非团结互助，携手前行。政治、经贸、安全等合作有序展开，一些合作亮点为中非关系注入新动力。

（一）中非命运共同体精神彰显

政治引领中非友好。2022 年，习近平主席与非盟轮值主席，南非、赞比亚、肯尼亚、安哥拉、多哥、尼日利亚、乌干达等国总统互致函电，共谋中非发展蓝图。在中国共产党第二十次全国代表大会召开时，非洲各国相继发来贺电。截至 2022 年 10 月 28 日，非洲已有 48 国政党政要对党的二十大胜利召开表示祝贺。南非总统拉马福萨称，大会的召开将促使中国共产党进一步发展壮大，并成为持续推动世界公平正义与和平发展的领导力量。11 月 2 日，坦桑尼亚总统哈桑访华并与习近平主席会面，这是新冠病毒感染疫情后首位访华的非洲国家元首。

中国援助为非洲纾困解难。2022 年，中国继续为非洲多国提供疫苗和抗疫物资，中方已向非洲 27 国提供 1.89 亿剂新冠疫苗，并推进疫苗本地化生产，年产能达 4 亿剂，助力非盟实现 2022 年 60% 非洲人接种疫苗的目标，加深了中非患难与共的友好精神，诠释了中非命运共同体应有之义。非洲各界普遍认为，

[①] "Senegal President Urges World against Dragging Africa into 'New Cold War'," https://newsaf.cgtn.com/news/2022 - 09 - 21/President - Sall - urges - world - against - dragging - Africa - into - new - cold - war - -1duupLlckbS/index.html.

中国疫苗援助有效弥合了非洲与其他地区的"免疫鸿沟"。[①] 今年，非洲之角遭遇严重旱灾，多国爆发饥荒。中国向索马里、厄立特里亚、埃塞俄比亚、吉布提等国提供紧急粮援，中方承诺年内还将继续向17国提供援助。

中非在国际社会保持战略共识与互助。非洲国家高度评价习近平主席提出的全球发展倡议和全球安全倡议，并积极响应。2022年9月中非联合发起"全球发展倡议之友小组"部长级会议，提出七大合作举措，扩大了该倡议的号召力。[②] 非洲在涉台、涉疆问题上坚定挺华。针对美众议长佩洛西窜访台湾，中非发布《联合声明》，重申一个中国原则，反对外部势力干涉中国内政。10月，联合国人权理事会关于新疆人权问题决议草案遭否决，近半数否决票来自非洲国家。同时，中国也在国际场合给予非洲鼎力支持。8月，安理会一致通过中国起草的关于加强非洲能力建设问题的主席声明，就发展、法治、粮食、和平与安全等非洲普遍关切的问题提出系统性建议，非洲多国认为这是助力非洲正向发展的关键一步。10月，中国在安理会"非洲气候与安全"公开辩论会上，敦促发达国家尽快落实对非气候融资承诺。中国还支持非洲国家诉求，主张二十国集团和金砖国家组织纳入更多非洲国家，公开呼吁美西方解除对津巴布韦的单边制裁。

（二）中非多领域合作有亮点

中非贸易持续高位运行。在新冠病毒感染疫情和乌克兰危机冲击下，非洲粮食、能源和金融三重危机加剧，多国通胀高企。

---

① 《中国疫苗，给非洲带来希望》，http://health.people.com.cn/n1/2022/0106/c14739-32325083.html。

② 《全球安全倡议引领中非和平安全合作》，http://www.81.cn/ss/2022-07/28/content_10173917.htm。

面对复杂严峻形势，中非经贸规模和质量持续提升，助力非洲经济复苏。据中国海关数据，2022年上半年，中非贸易额达1374亿美元，同比增长16.6%，中国已连续13年保持非洲最大贸易伙伴国地位。同期，中国对非投资新增21.7亿美元，已成为非洲第四大投资来源国，超4000家中企扎根非洲。[①] 同时，中非贸易结构逐步优化。中国已同非洲12国就98%输华产品零关税签署换文，且为非洲农产品输华建立绿色通道，扩大非洲农产品对华出口。2022年1~8月，已有47.2亿元非洲农产品从上海口岸进口。此外，非洲52国和非盟同中方签署"一带一路"合作协议，非洲成为参与"一带一路"合作最重要的方向之一。

打造了一批优质惠民项目。2022年在乡村发展领域，中国在刚果（金）、布隆迪等国偏远农村地区，援助建设了水井、小水电站等一批"小而美"的项目，有效改善了当地民众生活质量。10月，中国在肯尼亚建成了首个中非农业发展与减贫示范村，通过向当地派驻中国农技专家的方式，因地制宜推广先进实用农业技术，助力肯尼亚及东非地区提升粮食自给能力。在能源建设领域，中国兼顾非洲能源转型和发展需求，大力推进非洲地热、水电等清洁能源开发。5月，中国与埃塞俄比亚签署了图鲁莫耶一期地热电站项目合同，这是埃塞首个地热电站项目。年底，中国援建的赞比亚下凯富峡水电站也将竣工，该站是赞40年来投建规模最大的水电站，将大为缓解赞乃至南部非洲用电荒。

安全合作稳步拓展。2022年，中国加大建设性参与非洲和平与安全事务的力度。1月，中国提出"非洲之角和平发展构

---

① 《2022年上半年中非贸易额同比增长16.6%》，http://ml.mofcom.gov.cn/article/jmxw/202208/20220803342396.shtml。

想"，6月召开首届中国—非洲之角和平会议。会上，各国同意设立中国与非洲之角合作机制，将定期召开高官会，以对话和磋商的方式解决本地区和平与安全问题。7月，第二届中非和平与安全论坛成功举办，大力支持地区国家增强自主维稳促和能力。[①] 此外，中国继续落实对非盟军事援助，开展中非维和部队联合训练、现场培训、轻小武器管控合作。

然而，非洲经济复苏缓慢，大国在非博弈加剧，致使中非合作仍然面临一些风险与挑战。当前，非洲部分国家债务负担重，财政紧张，多个中非合作项目受到影响。新冠病毒感染疫情后，受多方因素影响，非洲局势动荡加剧，社会治安恶化。中国企业、公民和机构在非洲面临的安全风险较高。2022年，针对中国企业和公民的袭击、绑架等恶性案件仍处高发态势，主要集中在南非、尼日利亚、刚果（金）、安哥拉、马里等国。此外，美西方强化在非洲的地缘政治博弈，部分非洲国家在对华关系上遭到西方政治施压及经济胁迫，对中非关系的冲击不容小觑。

世界进入动荡变革期，非洲对中国外交的战略基础性作用凸显，中非关系的牢固对发展中国家团结以及世界和平稳定都具有重要意义。在大变局下，中非命运共同体精神更加弥足宝贵，双方需进一步强化战略互助，实现共同发展繁荣的美好愿景。

（审定：王鸿刚）

[①] 《朝着共筑中非安全共同体的美好愿景迈进（和音）》，http：//hb.people.com.cn/n2/2022/0727/c194063-40055186.html。

第十六章 拉美"左转"中艰难调整*

2022年,拉美内外发展挑战不减,脱困求变成为民意主流。新崛起的左翼引领地区之变,对内改革调整,对外团结自强,但困难挑战不少。新形势下,中拉合作动能增强,正迈向高质量发展新阶段。

一、左翼崛起改写政治版图

多重困境之下,民意求新求变,政治社会思潮激荡,推动政治生态重塑,地区加速"左转"同时,左右之争更趋激烈。

(一)多元政治社会思潮涌动

反传统、反权威、反政府意识普遍增强。新冠病毒感染疫情暴发以来,地区贫困、失业、通胀加剧,贫困阶层的绝望与中产阶层的愤怒交加,民众对既有体制、传统政党以及当权者的极度不信任与日俱增。"拉美晴雨表"2021年报告显示,2020年地区各国政府平均支持率仅40%,各国总统平均支持率更低至32%。[1] 此外,超78%的拉美民众对现行制度不满,认为其"仅

---

* 本章撰稿人:杨首国、严谨、吕洋、李萌、陈晓阳、刘婉儿。
[1] 周志伟:《拉美新"粉红浪潮"的成因、特点及前景》,《当代世界》,2022年第8期,第50~55页。

为权贵服务"。[1] 在高度不信任的社会氛围下，民众纷纷在选举中对当政者投下"愤怒票"和"惩罚票"，导致执政的右翼接连下台。[2] 2022年，在哥伦比亚、巴西两场重要大选中，右翼均未实现连任。与此同时，一批非传统政治人物乃至草根人物迅速崛起，乡村教师出身的秘鲁前总统卡斯蒂略、学生运动领袖出身的智利总统博里奇几年前还默默无闻，但在反精英、反传统的社会大潮下，得以脱颖而出，一跃成为国家掌舵者。

多种激进主张发酵并存。民族主义、民粹主义、威权主义等激进思想开始抬头。政治领域，部分激进右翼面对选举不利局面，打出民粹牌，巴西总统博索纳罗、智利总统参选人卡斯特强烈抨击现有政治体制，频繁发表激烈反移民、反女权等出格言论，旨在打造不畏世俗的克里斯玛型领袖，吸引更多选民。尤其博索纳罗强化保守威权化路线，全力拉拢以农商大资本、军人、基督教福音派为代表的保守阶层，大力强化与军队的联系。经济领域，伴随大宗商品价格不断攀升，"资源主权"呼声高涨，不少国家领导人鼓动资源民族主义。墨西哥总统洛佩斯宣称"禁止任何私企将锂矿从地下挖走，它只属于墨西哥人民"；[3] 智利总统博里奇强调"国家应掌控锂、稀土、油气的专属开采权和

---

[1] Latinobarómetro, "Informe Latinobarómetro 2021," https://www.latinobarometro.org/lat.jsp.

[2] Bloomberg, "Angry Voters Strike again in Latin America," https://www.bloomberg.com/tosv2.html? vid = &uuid = 0839633a - 5698 - 11ed - 9655 - 52525a4b5059 &url = L2NvbXBhbnkv.

[3] El Financiero, "México Tendrá Empresa para Explotar Litio, Anuncia AMLO," https://www.elfinanciero.com.mx/nacional/2022/02/02/mexico - tendra - empresa - para - explotar - litio - anuncia - amlo/.

铜矿的多数股权"；① 秘鲁前总统卡斯蒂略宣称"地下宝藏应归全体秘鲁人民所有"。② 社会文化领域，激进环保主义、性别平权运动不断兴起。以绿色和平组织、地球解放阵线为代表的西方激进环保组织不断在拉美扩大影响，环保开始与土著权益、人权保障等高度关联。此外，阿根廷、墨西哥、智利和秘鲁等国妇女团体追随西方"我也是"女权运动，通过网络声援、线下集会方式施压，要求政府允许自由堕胎、同性婚姻，影响不断扩大。

（二）左翼加速崛起展现新气象

左翼持续扩大政治版图。2022年10月30日，拉美头号大国巴西举行第二轮大选，左翼前总统卢拉以不到两个百分点的微弱优势击败现任右翼总统博索纳罗，这是近年来左翼继在墨西哥、阿根廷、秘鲁、玻利维亚、智利、洪都拉斯、哥伦比亚等国执政后的又一重大胜利，补齐了左翼掌权拉美主要国家的最后一块重要拼图。同时，长期执政左翼努力稳固政权。古巴面对世纪疫情冲击以及美国强化封锁的前所未有困难，坚持社会主义道路不动摇，粉碎了美在古煽动抗议的"颜色革命"。委内瑞拉左翼执政党统一社会主义党借助能源资源优势有力复苏经济，并且在国会和地方选举连战连捷，政权得到巩固。尼加拉瓜左翼领导人奥尔特加在2021年大选中以75%得票率顺利连任，执政地位难以撼动。当前，地区左翼国家至少达到11个，约占地区总面积的90%、人口和GDP总量的85%。21世纪头十余年，以委内瑞拉的查韦斯、巴西的卢拉、阿根廷的基什内尔夫妇、厄瓜多尔的

---

① El Mostrador, "La Propuesta del Frente Amplio: Nacionalizar el Litio, el Cobre y el Agua," https://www.elmostrador.cl/noticias/pais/2019/10/08/la-propuesta-del-frente-amplio-nacionalizar-el-litio-el-cobre-y-el-agua/.

② Franklin Briceño, "Perú: Izquierdista Castillo Promete Nacionalizar Minas y Gas," https://apnews.com/article/noticias-30dd5d4fc8fefff303c79de9a3c65b3c.

科雷亚、玻利维亚的莫拉莱斯等为代表的左翼领导人,曾掀起一轮"粉红浪潮"。十年后左翼卷土重来,智利总统博里奇、秘鲁前总统卡斯蒂略、哥伦比亚总统佩特罗等新崛起领导人被视为新左翼代表人物,正引领新一轮左转风潮。

左翼展现诸多新特质。左翼之所以再度崛起,既有困境之下民众对执政右翼不满等外界客观因素,也有自身顺应时代不断努力调整的主观因素。面对新的政治社会思潮,新兴左翼力量乃至一些传统左翼政治人物日益认识到仅仅依靠底层传统支持群体不足以取得执政权,因此在强调社会公平正义稳住基本盘的同时,力争跳出左右政治叙事,以获得更广泛支持,与传统左翼注重意识形态斗争、倾向激进改革形成较明显的差异。

意识形态上更多元包容。新上台左翼普遍注重整合各派政治力量,执政左翼联盟内政治光谱五光十色,思想理念五花八门。如秘鲁前总统卡斯蒂略所在的秘鲁自由党指导思想达19个之多,既有传统的马列主义、地区的一体化主义,也有立足本国的马里亚特吉主义(马列主义与土著主义的融合),还有社会民主主义、环保主义等。部分国家左翼与中右政党结盟,如巴西前总统卢拉挑选中右翼的阿尔克明作为竞选副手。

思想观念上更新潮前卫。新左翼领导人擅长以新观念新议题吸引年轻和跨阶层选民。智利总统博里奇将环保、女权和土著权益作为施政重点,内阁28名成员中女性达到15人,其中两人是同性恋。他还坦承有强迫症,自称"后现代领导人",[1] 乐于展示自己的文身,借此表明与青年选民属同一阵营。哥伦比亚总统

---

[1] Javier Sinay, "Gabriel Boric, Explicado: un Presidente Joven que Pone el Foco en su TOC y en Políticas de Salud Mental," https://www.redaccion.com.ar/gabriel-boric-explicado-un-presidente-joven-que-pone-el-foco-en-su-toc-y-en-politicas-de-salud-mental/.

佩特罗紧跟西方"标签政治潮流",选择单亲母亲、非洲裔女权和环境活动家马尔克斯作为竞选搭档,主张大麻合法化。

政策上更平衡务实。与传统左翼高举"社会主义"旗帜、推行激进改革不同,新左翼不再主张重新制宪、全面国有化等颠覆性变革。游击队员出身的哥伦比亚总统佩特罗深知本国右翼保守势力强大,认为只能进行渐进式改良,提出"哥伦比亚不需要社会主义,只需要民主与和平",将政治改革集中于惩治腐败、提升基层政治参与、推动与反政府游击队谈判等领域,政策上更加务实。[①]

(三)左翼执政前景多艰难

左翼彰显时代进步性。拉美地区贫困和不公平问题长期存在,只要这些问题得不到根本性改善,左翼就有与生俱来的强大生命力和号召力。当下,多数民众对现状不满,渴望国家朝左翼主张的公平正义方向改变,这使得左翼在与右翼的竞争中占据相对优势,左翼力量在一些国家仍有成长空间。

左翼上台伊始面临执政困难。左翼虽在不少国家取得执政权,但在国会普遍处于弱势地位,施政受到右翼掣肘,执政地位受到威胁。秘鲁前总统卡斯蒂略所在的秘鲁自由党在国会130个席位中仅占16席,加之执政表现不佳,支持率已下降到25%,弹劾危机频现。[②]智利总统博里奇年仅36岁,缺乏执政经验,其领导的左翼执政联盟在参众两院均受制于右翼反对派,公投修

[①] Jan Martínez Ahrens, "Gustavo Petro: 'Colombia no Necesita Socialismo, Necesita Democracia y Paz'," https://elpais.com/internacional/2021-09-19/gustavo-petro-colombia-no-necesita-socialismo-necesita-democracia-y-paz.html.

[②] Sebastian Ortiz Martínez, "Pedro Castillo: Aprobación del Presidente Cae de 33% a 25% en Solo un Mes," https://elcomercio.pe/politica/pedro-castillo-aprobacion-del-presidente-cae-de-33-a-25-noticia/.

宪遭遇重挫，目前支持率跌至27%。①阿根廷左翼政府面临债务、通胀等困难，民众不满情绪增加，导致2021年国会选举失利，参议院72席只获35席，为1983年以来左翼首次失去对参院控制权，2023年大选连任难度加大。巴西当选总统卢拉将于2023年元旦上任，面对国内政治社会严重分裂，带领国家走出困境并非易事。

左翼要实现长期执政任重道远。此轮左翼崛起在很大程度上得益于民众对右翼执政不力的严重反感，其自身有不少软肋，普遍缺乏系统的执政理念、强有力的领导和坚实的执政基础，因此难以凝聚长期稳定的支持力量。此外，左翼上台执政并未改变该地区政治分化、极化和碎片化的基本政治生态，右翼反对力量十分强大。左翼需要发挥政治智慧，争取更多支持力量，推动国家形成改革和发展共识，这关系到国家的持续稳定发展，也是左翼实现长期执政的基本前提。

二、发展困境驱动改革新政

在内外多重不利因素冲击下，拉美经济社会发展困境凸显。新上台左翼政府正努力寻找新的改革纾困之道。

（一）经济复苏乏力

2022年，拉美经济未能延续2021年6.6%的高增速，再度陷入低增长漩涡。联合国拉美经委会预估地区经济增速仅

---

① Cadem, "Aprobación del Presidente Boric Cae 6pts a 27% y se Ubicapor Primera Vez bajo la Barrera del 30%. 65% (+5pts) Desapruebasu Gestión," http://webcache.googleusercontent.com/search? q = cache: IUDiBdzDeV4J: https://cadem.cl/estudios/aprobacion－del－presidente－boric－cae－6pts－a－27－y－se－ubica－por－primera－vez－bajo－la－barrera－del－30－65－5pts－desaprueba－su－gestion/&newwindow = 1&hl = zh － CN&strip = 1&vwsrc = 0.

为2.7%，①这意味着疫情暴发以来的三年平均增速仅0.6%，表明拉美很可能已重回2014～2019年年均0.4%的低增长区间。②从横向对比看，拉美经济成绩不仅不及世界平均水平（3.1%），在整个发展中国家和新兴经济体中也靠后，与亚洲（4.4%）、中东（5%）和撒哈拉以南非洲（3.6%）均有差距，仅仅好于饱受乌克兰危机冲击的东欧地区（0%）。③从国别表现看，除圭亚那（52%）、委内瑞拉（10%）、哥伦比亚（6.5%）等少数能源出口国受益全球大宗商品价格上涨而超预期增长外，巴西（1.6%）、墨西哥（1.9%）、阿根廷（3.5%）等主要经济体增速都较2021年大幅回落，拉美33国中有一半仍未恢复至疫情前水平。④从主要宏观经济指标来看，地区经常账户赤字和初级财政赤字占GDP的比重分别为1.7%和3.4%，⑤显示双赤字问题正进一步加重。各国中央政府债务占GDP比重均值虽较上年有所回落，但仍高达69.3%，远超60%的国际警戒线，巴西、哥伦比亚和墨西哥等主要经济体分别高达88.2%、61.1%

---

① ECLAC, "Economic Survey of Latin America and the Caribbean 2022," United Nations Publication, October 2022, p. 18.
② ECLAC, "Preliminary Overview of the Economies of Latin America and the Caribbean 2019," United Nations Publication, December 2019, p. 116.
③ "World Economic Outlook: Countering the Cost – of – Living Crisis," International Monetary Fund, Washington, D. C., October 2022, p. 125.
④ ECLAC, "Economic Survey of Latin America and the Caribbean 2022," United Nations Publication, October 2022, p. 117.
⑤ "World Economic Outlook Database: October 2022," International Monetary Fund, https://www.imf.org/en/Publications/WEO/weo – database/2022/October/weo – report? a = 1&c = 205, &s = PCPIEPCH, TM_RPCH, TX_RPCH, GGXWDG_NGDP, BCA_NGDPD, BFD, BFRA, D_NGDPD, &sy = 2020&ey = 2022&ssm = 0&scsm = 1&scc = 0&ssd = 1&ssc = 0&sic = 0&sort = country&ds = . &br = 1.

和56.8%，①阿根廷更是面临高达2529亿美元（占GDP 54%）的主权外债，与IMF达成的440亿美元再融资协议执行困难，②一度导致政府内阁震荡，两任经济部长下台。

拉美经济在2021年短暂反弹后再陷低迷，主要原因在于持续增长动力不足。从内部看，随着各国逐步退出大规模财政刺激政策，公共投资对经济的带动力显著下降，建筑、制造业等部门也因原材料价格上涨导致的成本上升而显露疲态，只有消费在2022年前四个月取得4.6%的增速，表明地区经济增长暂时只能依赖放松疫情管控后的短期需求反弹，势必难以持久。从外部看，国际大宗商品价格上涨虽然带动地区出口总额增长22%，但进口额却也同步暴涨23%，致使实际贸易条件指数恶化7%。③大量外资出口企业趁价格上涨将利润汇出，导致资本净流入水平较上年下降13%。④进口价格上涨又引发输入性通胀，拉美地区12个月累计通胀率高达14.6%，尤其食品和能源价格仅2022年前5个月就分别上涨24%和43%。⑤这表明本轮大宗商品价格上涨并未给拉

---

① "World Economic Outlook Database: October 2022," International Monetary Fund, https://www.imf.org/en/Publications/WEO/weo-database/2022/October/weo-report? c = 213, 223, 228, 233, 248, 273, 293, 299, &s = PCPIEPCH, TM_RPCH, TX_RPCH, LUR, GGXWDG_NGDP, BCA_NGDPD, &sy = 2020&ey = 2022&ssm = 0&scsm = 1&scc = 0&ssd = 1&ssc = 0&sic = 0&sort = country&ds = . &br = 1.

② Secretaría de Finanzas, "Boletínmensual de deuda Septiembre," Ministerio de EconomíaArgentina, 2022, p. 4.

③ ECLAC, "Economic Survey of Latin America and the Caribbean 2022," United Nations Publication, October 2022, p. 48.

④ ECLAC, "Economic Survey of Latin America and the Caribbean 2022," United Nations Publication, October 2022, p. 50.

⑤ "World Economic Outlook Database: October 2022," International Monetary Fund, https://www.imf.org/en/Publications/WEO/weo-database/2022/October/weo-report? c = 213, 223, 228, 233, 248, 273, 293, 299, &s = PCPIEPCH, TM_RPCH, TX_RPCH, LUR, GGXWDG_NGDP, BCA_NGDPD, &sy = 2020&ey = 2022&ssm = 0&scsm = 1&scc = 0&ssd = 1&ssc = 0&sic = 0&sort = country&ds = . &br = 1.

美带来真正的外贸繁荣，甚至一定程度加剧了内部经济困难。

（二）内外挑战增多

外部遭遇三重冲击。一是乌克兰危机影响。巴西23%的化肥自俄进口，哥伦比亚农业生产所用尿素29%来自俄、13%来自乌，[①] 委内瑞拉石油和金融业亦长期仰赖俄支持帮扶。冲突和西方对俄制裁如不能尽快缓和，拉美部分国家支柱产业恐长期承压。此外，乌克兰危机引发的全球粮食、能源价格暴涨虽使拉美少数能源、粮食出口国获益，但不足以扭转经济整体下行势头。地区主要能源出口国的出口收益被高粮价抵消，多数中美洲、加勒比国家和智利等南美洲国家同为能源和粮食进口国，进口价格上涨可能引发连锁反应。2022年4月，秘鲁燃料和化肥涨价引发全国农民和卡车司机抗议，政府一度在首都利马宣布宵禁，左翼总统卡斯蒂略执政地位受到严重冲击。二是金融趋紧风险。美联储年内数次激进加息推动美元大幅升值，导致拉美国家汇率普遍承压。巴西雷亚尔兑美元汇率一度跌至两年来最低水平，[②] 穆迪预计墨西哥比索将贬值20%，[③] 阿根廷6月一个月内抛售5.8亿美元仍难阻比索兑美元汇率暴跌41%。[④] 各国被迫纷纷调高利

[①] "Russia‐Ukraine: Economic Implications for Latam," Economic Intelligence Unit, http://country.eiu.com/article.aspx?articleid=751905658&Country=Argentina&topic=Economy&subtopic=_4.

[②] Luana Maria Benedito and Jose de Castro, "Brazilian Real Tumbles amid Rallying Dollar and Local Tensions," https://www.reuters.com/world/americas/brazilian‐real‐tumbles‐amid‐rallying‐dollar‐local‐tensions‐2022‐04‐25/.

[③] "Moody's Warns about 'Imminent' Peso Depreciation of 20% against the Dollar," https://mexicodailypost.com/2022/10/21/moodys‐warns‐about‐imminent‐peso‐depreciation‐of‐20‐against‐the‐dollar/.

[④] Federico Rivas Molina, "Inflación, Deuda y Desplome del Peso: la EconomíaArgentina Vuelve a Asomarse al Precipicio," https://elpais.com/economia/negocios/2022‐07‐25/inflacion‐deuda‐y‐desplome‐del‐peso‐la‐economia‐argentina‐vuelve‐a‐asomarse‐al‐precipicio.html.

率稳定汇率,却进一步加重债务风险。IMF 在 10 月发布的《全球金融稳定报告》中警告,拉美在国际市场发行的债券总额已达 3380 亿美元,美元走强、利率上涨可能导致地区国家借贷、还债成本激增,主权违约风险恐持续存在。三是新冠病毒感染疫情持续冲击。拉美多数国家虽已主动或被迫放松管控,但疫情远未结束,截至 10 月底,累计确诊病例超 7900 万人次,[1] 大量人口多次染病或受"长新冠"影响,造成地区劳动力资源持续、大量损失,进一步拖累地区经济复苏。

内部面临两大问题。一是经济结构加速失衡。受国内财政压力增大、外国资本加速回流等因素冲击,对潜在增长率和就业带动作用最大的制造业持续萎缩,巴西制造业产值下滑超 20%。与此同时,油气、矿产、农业等部门却在外部需求拉动下持续扩张,巴西在创造 2.6 亿吨粮食总产量历史记录的同时,却也有着创纪录的 530 亿美元制成品进口赤字,[2] 显示拉美"重资源、轻制造"的产业结构失衡问题正进一步加剧。二是社会问题制约发展潜力。拉美经济颓势不断向社会领域传导。地区失业率高达 9.4%,劳动参与率仅为 62.6%,且多为小微企业非正规就业,低收入者工资缩水 39.4%。[3] 受此影响,拉美近 1/3 人口陷入贫困,14.5% 人口处于难以维持温饱的极端贫困状态。与之形成鲜明对比的是,中高收入人口比例不减反增,较 2021 年

---

[1] "Coronavirus (COVID-19) Dashboard," WHO, https://covid19.who.int/.

[2] "Why Industrial Decline Has Been So Stark in Brazil," https://www.economist.com/the-americas/2022/03/05/why-industrial-decline-has-been-so-stark-in-brazil.

[3] "Low Growth and Global Crisis Slow Job Recovery in Latin America and the Caribbean," International Labour Organization (ILO), https://www.ilo.org/global/about-the-ilo/newsroom/news/WCMS_854817/lang--en/index.htm.

的 4300 万人再增加 700 万人，贫富差距持续拉大。① 社会结构急剧变化之下，教育不公问题凸显，大量中低收入家庭学生辍学或无法接受优质教育，50% 中低收入家庭学生不具备基本读写、算术技能，中学入学率仅为 42%，严重阻滞各国人力资本水平提升，削弱了潜在增长率，令拉美国家未来发展面临更多风险。

（三）探寻改革新政

随着拉美迎来又一轮左翼崛起政治周期，新上台左翼开始尝试以新理念和政策摆脱发展困境。

优先加强社会保障。新上台左翼领导人提出一系列更加重视社会公正的政策。智利博里奇政府提出高等教育免费、削减学生债务等措施以期提高教育水平；② 哥伦比亚佩特罗政府计划建立全国性社会化托育体系以促进女性就业；③ 玻利维亚阿尔塞政府向全国 390 万贫困人口一次性提供 1000 玻利维亚诺（约 145 美元）反饥饿补贴，保障民众基本生活。④

着力掌控能矿资源。拉美左翼多强调民族主权，认为应抓住当前国际大宗商品价格上涨契机，将资源作为摆脱贫困、争取国际地位的工具，尤其是智利、秘鲁等矿业大国更有意搭上全球绿色经济、新能源产业革命东风，通过强化对关键资源掌控推动经济发展。墨西哥众参两院相继通过《矿业法》修订案，明确境

---

① ECLAC, "Social Panorama of Latin America 2021," United Nations Publication, 2022, p. 84.

② "Gabriel Boric Presentasu Plan de Gobierno para Chile," https://www.publico.es/internacional/gabriel-boric-presenta-plan-gobierno-chile.html.

③ Gustavo Petro, "Programa de Gobierno," p. 28.

④ "A Combatir el Hambre, Insta Presidente de Bolivia en Cumbre Andina," https://www.prensa-latina.cu/2022/08/29/a-combatir-el-hambre-insta-presidente-de-bolivia-en-cumbre-andina.

内锂资源勘探及开采权归国家所有;[1] 智利国会批准矿业权利金修正案,对年产铜、锂超过 5 万吨的企业,视矿石出口价格,加收 3%~40% 不等的权利金税;[2] 秘鲁政府则计划向境内铜矿和锂矿企业征收最高占"超额利润"70% 的额外税款。[3]

不过不少评论认为,上述措施多是左翼为了稳政权、保经济的权宜之计,并未触及国家发展面临的根本问题。拉美要走出困境,需进行全方位深层次改革。联合国拉美经委会建议各国加快推进结构性变革,全面优化税收分配制度,平衡"分蛋糕"与"做蛋糕"间关系,稳定社会发展预期;推进严格、审慎的扩张性财政以提振需求;加大教育、医疗系统投资以提升中长期人力资本。在此基础上,制定中长期投资发展战略,建立有效的协调、监督和政策执行机制,更好协调公私部门间关系,改善营商环境,充分利用拉美比较优势,大力发展绿色经济、数字经济、新能源产业、现代农业等新兴业态,找到国家发展新动能。[4]

2022 年,拉美经济面临严峻挑战。IMF 预测地区经济增速将降至 1.7%,巴西、墨西哥、阿根廷、哥伦比亚、智利等主要经济体增速将分别降至 1%、1.1%、2%、2.1% 和 -0.9%,地

---

[1] Jorge Hurtado, "Senado de México Aprueba Reforma para Nacionalizar la Explotación de Litio," https://www.france24.com/es/programas/econom%C3%ADa/20220420-mexico-nacionalizacion-explotacion-litio.

[2] "Royalty Minero: ¿qué dice la Indicación que será Tramitada en la Comisión de Minería?" https://www.senado.cl/royalty-minero-que-dice-la-indicacion-que-sera-tramitada-en-la.

[3] Global Business Reports, "Peru Mining 2022," Southern Peaks Mining, 2022, p. 4.

[4] ECLAC, "Towards Transformation of the Development Model in Latin America and the Caribbean: Production, Inclusion and Sustainability," United Nations Publication, 2022, p. 275.

区发展前景不容乐观。① 经历了又一轮"左进右退"的拉美各国政府，无疑需要进一步凝聚社会共识，以更科学的治理决策、更长远的战略谋划推动经济发展。

三、内外变局推升外交自强

百年变局、世纪疫情和乌克兰危机的冲击，加之大批左翼力量重返执政，驱动拉美地区外交定位与政策出现重要变化。

（一）拉美重塑对外观

一是更多元平衡的世界观。面对国际政治集团化、对抗化趋势，拉美作为第三世界重要板块，日益成为各大国际力量竞相争取拉拢的对象。不少拉美国家主张以更灵活、独立、自主的方式开展多元平衡外交，通过发出拉美声音、提出拉美主张来争取全球治理更大话语权，最大限度维护和拓展本国利益。智利前驻华大使、波士顿大学教授贺乔治在其新著《积极的不结盟运动和拉美：一个面向新世纪的理论》中专门提出"积极的不结盟运动"一说，认为世界面临滑入"冷战2.0"的危险，呼吁拉美国家不要在乌克兰危机和中美博弈中选边站队，而是要专注于自身发展利益，以更团结的姿态、更深入的合作携手推进"不结盟运动2.0"，在变局中谋发展。②

---

① "World Economic Outlook Database: October 2022," International Monetary Fund, https://www.imf.org/en/Publications/WEO/weo-database/2022/October/weo-report?c=213,223,228,233,248,273,293,299,&s=PCPIEPCH,TM_RPCH,TX_RPCH,LUR,GGXWDG_NGDP,BCA_NGDPD,&sy=2020&ey=2022&ssm=0&scsm=1&scc=0&ssd=1&ssc=0&sic=0&sort=country&ds=.&br=1.

② "Heine Publishes New Book on Active Non-Alignment for Latin America," https://www.bu.edu/pardeeschool/2021/11/16/heine-publishes-el-no-alieamiento-activo-y-aerica-latina/.

二是更团结自强的地区观。拉美各界深刻意识到，国际局势变乱交织之下，全球治理赤字日益凸显，以往地区各国自扫门前雪、搭便车坐享全球发展红利的时代已一去不复返，唯有抱团取暖，才能共克时艰。曾任联合国拉美经委会执行秘书的哥伦比亚经济学家、现财政部长奥坎波表示，外部环境的持续恶化凸显拉美国家在国际体系中的弱势地位，摆脱这一局面的唯一方式是联合自强，通过一体化合作协调政策、整合立场，增强拉美国家竞争力。①

三是更务实理性的美国观。左翼回潮激发地区国家长期隐忍的反美厌美情绪。在 2022 年美国主场举办的第九届美洲峰会前夕，围绕古巴、委内瑞拉、尼加拉瓜三国参会问题，拉美国家与美国争执不下。其中，左翼国家在墨西哥的挑头下抱团对拜登政府说不，有的降格与会级别，有的索性彻底抵制参会，一些国家与会期间公开对拜登政府发难，如墨西哥外长指责美洲国家组织失能，呼吁重建美洲秩序；② 阿根廷总统费尔南德斯要求美国将美洲开发银行领导权"还给拉美"。③ 与此同时，拉美也意识到美国是"搬不走的邻居"，在经济复苏、治理移民、打击犯罪等方面仍有求于美，不愿彻底闹僵，主张在坚持本国基本利益和立

---

① "José Antonio Ocampo Afirma que Latinoamérica Tiene que Avanzaren Cooperación Regional para Superar la Crisis Económica," https：//www. infobae. com/america/colombia/ 2022/10/24/jose‑antonio‑ocampo‑afirma‑que‑latinoamerica‑tiene‑que‑avanzar‑en‑cooperacion‑regional‑para‑superar‑la‑crisis‑economica/.

② Telesur, "México Propone Refundar la OEA en la Cumbre de las Américas," https：//www. telesurtv. net/news/mexico‑propone‑refundar‑oea‑cumbre‑americas‑20220609‑0001. html.

③ Miguel Jiménez, "Alberto Fernández, a Biden：'Ser País Anfitrión no Otorga la Capacidad de Imponer un Derecho de Admisión'," https：//elpais. com/internacional/2022‑06‑10/alberto‑fernandez‑a‑biden‑ser‑pais‑anfitrion‑no‑otorga‑la‑capacidad‑de‑imponer‑un‑derecho‑de‑admision. html.

场的前提下以平等姿态与美打交道。

（二）美国强化对拉美掌控难以如愿

面对拉美变局，拜登政府以主办美洲峰会为契机，加大对拉美政策调整，加快"民主善治、治理移民、助力抗疫、帮扶复苏"等议程的落地，力求强化对拉美掌控，排挤打压中国等竞争对手，但仍难扭转对拉影响力下滑的趋势。

一是以价值观为抓手，强化意识形态塑造。拜登政府上台一年多来，在加紧聚拢所谓"志同道合"盟友的同时，对激进左翼国家保持高压态势，伺机策动"颜色革命"，公然介入中美洲国家的治理体系，逼迫各国按照所谓美式标准实施改革。美洲峰会期间，拜登政府坚持以美式价值观为会议定调，反复强调美洲的"民主属性"，并宣布资助实施所谓的"美洲民主治理行动计划"、支持公民社会、投资"独立媒体"、建立"反数字威权的网络"，进一步暴露美国打价值观牌分化打压拉美的图谋。[①]

二是以利益捆绑为手段，加大资源投入。拜登政府竭力展现向拉美让利的姿态，持续兜售近岸外包和"重建更美好世界"计划，同时调动私营部门、国际开发金融公司、美洲开发银行、国际开发署参与拉美疫后复苏。在美洲峰会上，美国抛出一系列新经贸倡议、计划和项目，包括覆盖贸易、投资、供应链、能源转型和劳工权利五大领域的"美洲经济繁荣伙伴关系"计划，还许下5年培训50万职业医师、3亿美元援助应对粮食危机、5亿美元援助打击有组织犯罪和32亿美元私营企业投资助力中美

[①] "Remarks by President Biden at the Inaugural Ceremony of the Ninth Summit of the Americas," https://www.whitehouse.gov/briefing-room/speeches-remarks/2022/06/08/remarks-by-president-biden-at-the-inaugural-ceremony-of-the-ninth-summit-of-the-americas/.

洲治理等一系列"帮扶"承诺。①

三是以大国竞争为指向,排挤域外力量。拜登政府视中国为主要竞争对手,以更具隐蔽性、迷惑性和破坏性的手段进行全方位遏制打压。如打意识形态牌,借乌克兰危机强行将中俄捆绑并打入所谓"威权阵营",渲染中拉在政治制度和治理模式上的差异;打舆论宣传牌,抹黑中国疫苗无效、滥捕滥捞、网络窃密、逃避减排责任;打规则标准牌,将贸易、投资、援助等政策工具与美式标准相挂钩,给中拉务实合作设置规则和标准障碍。

相比特朗普政府,拜登政府的拉美新政策在打交道手法上更加柔和,干涉手段上更加隐蔽,也推出了一些具体的合作举措。但美对拉美谋控制与拉美国家求发展的目标南辕北辙,随着国际地缘格局重塑以及拉美出现发展新变局,美拉间矛盾只会不减反增,美对拉美影响力下滑趋势不会改变。2022年9月底,美强推上位的美洲开发银行行长克拉韦尔-卡罗内遭拉美国家联手罢免下台,表明美一手打造的泛美体系千疮百孔,对拉掌控力持续下降。②

(三) 区域合作重现生机

双边层面,左翼国家间合作更趋紧密。2022年8月,哥伦比亚与委内瑞拉复交,智利与玻利维亚领导人实现历史性会晤。11月,哥伦比亚总统佩特罗时隔多年访问委内瑞拉,两国关系加速正常化。多边层面,右翼和左翼主导的次区域组织发展势头

---

① "Remarks by President Biden at the Inaugural Ceremony of the Ninth Summit of the Americas," https://www.whitehouse.gov/briefing-room/speeches-remarks/2022/06/08/remarks-by-president-biden-at-the-inaugural-ceremony-of-the-ninth-summit-of-the-americas/.

② Andrea Shalal, "IDB Directors Unanimously Recommend Firing of Claver-Carone after Ethics Probe," https://www.reuters.com/business/finance/idb-directors-vote-unanimously-recommend-removal-claver-carone-sources-2022-09-22/.

此消彼长。右翼合作机制明显弱化虚化，如利马集团因墨西哥、阿根廷、秘鲁等国左转宣告瓦解，南美进步论坛则由于首倡国智利的暂停参与而名存实亡。① 与此同时，左翼国家主导的次区域组织则展现生机。2022年5月，随着委内瑞拉局势趋稳，美洲玻利瓦尔联盟重整旗鼓召开第21届峰会，号召拉美国家在拉共体引领下推进一体化进程。8月，安第斯共同体自疫情以来首度举行线下峰会，哥伦比亚总统佩特罗呼吁智利和委内瑞拉重返并提议阿根廷加入，以进一步壮大安共体。此外，智利总统博里奇提出成立太平洋左翼联盟，墨西哥总统洛佩斯多次提议以拉共体为基础组建类似欧盟的经济共同体组织，拉美多国代表在一体化峰会上呼吁推动实现货币一体化。② 外界普遍认为，随着一向主张加强本地区合作的左翼领导人卢拉当选巴西总统，拉美一体化进程有望继续推进。

四、创新合作激活中拉关系

中国共产党的二十大宣告中国开启全面建设社会主义现代化国家新征程，拉美也进入改革转型新阶段。新的历史时期，创新合作推动双边关系高质量发展是必然要求。2022年，中拉关系在逆境中继续保持积极向上势头，充分诠释了其发展的巨大韧性与活力。

（一）中拉关系创新发展取得积极成果

战略合作不断推进。2021年12月，中拉论坛第三届部长会

---

① 步少华：《巴西大选或成拉美左翼回归高潮，区域合作能否乘此东风而起？》https://m.thepaper.cn/newsDetail_forward_20109661.

② María C. Suárez, "Parlamento Andino Reitera Propuesta de tener una Moneda única para América Latina," https://www.bloomberglinea.com/2022/10/26/parlamento-andino-reitera-propuesta-de-tener-una-moneda-unica-para-america-latina/.

议成功举办,双方就未来三年深化中拉战略互信和重点领域务实合作达成新的广泛共识。2022年2月,中拉在疫情后首启元首外交,厄瓜多尔总统拉索、阿根廷总统费尔南德斯访华并出席北京冬奥会开幕式。2022年4月29日,国务委员兼外长王毅和多米尼克代总理奥斯特里共同主持中国和加勒比建交国外长会,与会代表一致决定持续深化中加全面合作伙伴关系。2022年以来,尼加拉瓜、阿根廷相继与中国签署"一带一路"合作备忘录,拉美地区已有21个国家加入"一带一路"倡议。此外,秘鲁加入亚洲基础设施投资银行,阿根廷正式向中国申请加入金砖国家组织。

经贸合作不断拓展。贸易方面,2021年中国继续保持拉美第二大贸易伙伴地位,中拉贸易达到创纪录的4515.91亿美元,首次突破4500亿美元,同比增长41.1%。[1] 2022年1~9月,中拉贸易额达3734.7亿美元,同比增长12.5%。[2] 中国正与厄瓜多尔、乌拉圭进行自贸协定谈判,与尼加拉瓜签署自贸协定"早期收获"安排并启动全面自贸协定谈判。中拉贸易结构正从传统的大宗商品贸易延伸拓展至清洁能源、电动汽车等绿色经济领域,拉美有望成为中国绿色能源供应链的重要组成部分。基础设施合作方面,中国投资领域不断扩大,合作模式日渐丰富。据统计,2005~2020年,中国在拉美在建和投入使用的基础设施超过100个,为当地创造了超过60万个就业岗位。[3] 投融资方

---

[1] 《2021年:中拉贸易创新高市场互补促共赢》,http://www.news.cn/2022-01/24/c_1128294683.htm。

[2] 《2022年9月进出口商品国别(地区)总值表(美元值)》,中华人民共和国海关总署,http://www.customs.gov.cn/customs/302249/zfxxgk/2799825/302274/302277/302276/4635875/index.html。

[3] 《中方愿同拉方一道扩大务实合作,构建中拉命运共同体》,中华人民共和国外交部,https://www.mfa.gov.cn/web/fyrbt_673021/202209/t20220908_10764065.shtml。

面，根据美洲对话组织的数据，2005～2021年间，中国在拉美投资达1400亿美元，在基础设施建设领域投资达660亿美元，其中51%为能源项目，29%为交通设施。① 2022年，中国为"一带一路"和亚投行成员推出一揽子投资和融资方案，其中与阿根廷签署价值230亿美元融资的谅解备忘录，主要用于基础设施项目；与厄瓜多尔达成债务减免的重组协议。

创新合作不断加强。在共同保障粮食安全方面，中拉分享农业技术发展经验，加速推进中拉可持续粮食创新中心建设，继续推动中国—墨西哥优质玉米小麦品种培育工作，利用智利—中国农业科技研发中心、智利—中国示范农场实现农业技术在中智乃至拉美市场的转移和应用，共助中拉农业高质量发展。在抗击疫情方面，新冠病毒感染疫情暴发以来，中国向拉美国家提供物资援助、医疗支持、疫苗援助和合作，为拉美国家抗疫发挥了重要作用。中国已累计向拉美20余国供应了超15亿剂疫苗，占该地区总采购量的29%。② 除此之外，中国还积极推进疫苗生产本地化。2021年3月，中国在墨西哥克雷塔罗州建成康希诺疫苗首条海外灌装生产线；2022年5月，科兴生物制药公司位于智利首都大区的疫苗工厂开工，预计年产能将达到5000万剂，有效弥补智利乃至拉美的疫苗缺口，提升疫情防控能力。③

民间友好不断夯实。中国在拉美24个国家开设了46家孔子学院和14家孔子学堂，已有1000多名拉美政党领导人和4000多

---

① Sandra Zapata, "Auge Chino (y Caída Rusa) en América Latina," https：//www.politicaexterior.com/auge-chino-y-caida-rusa-en-america-latina/.

② Zara C. Albright, Rebecca Ray and Yudong Liu, "2022 China-Latin America and the Caribbean Economic Bulletin," https：//www.bu.edu/gdp-cn/tag/2022-china-latin-a-merica-and-the-caribbean-economic-bulletin/.

③ 《科创合作助力中拉共建美好未来》，http：//www.news.cn/2022-09/04/c_1128974944.htm。

名拉美公务员和专家访华或接受培训。"中拉文化交流年""中拉科技伙伴计划""中拉青年科学家交流计划"等项目不断增进双方相互了解。中拉学术交流与合作不断增加,迄今举办了10届"中拉学术高层论坛"和6届中国—拉美和加勒比智库论坛。

(二) 中拉创新加强合作的主要路径

加强战略谋划,推动全方位对接。增进战略和政策层面的沟通协调,加强发展互鉴,以高质量共建"一带一路"为抓手,推动政策、标准、规则和设施等领域的全方位对接,制定详细工作计划,商定优先合作领域和项目;提升合作的惠民质量,使中拉民众成为合作的推动者、实践者和受益者。

创新合作方式,培育新的合作动能。一方面,在矿产、能源、基础设施建设、农业等传统的贸易和投资合作领域,加快提质升级,包括推动产业链融合和价值链提升,推动贸易从商品拓展到服务领域,如法律服务、语言培训、文化艺术、传统医学等。另一方面,加强5G技术、人工智能、大数据等数字经济领域合作,拓展清洁能源、电动汽车、可持续农业、生态多样性保护等绿色经济领域合作,为中拉合作提供新的发展动能。

中国共产党的二十大吹响了"以中国式现代化全面推进中华民族伟大复兴"的号角。拉美学者普遍认为,中国迈向现代化强国的道路将为同处发展转型期的拉美树立新的榜样、提供新的机遇,为深处发展困境的拉美国家带来急需的资金、技术和治理经验支持,为推动改革创新提供外部助力。展望未来,中拉双方将主动回应世界之变、时代之变、历史之变,共促发展、共谋安全,为推动建设一个持久和平、普遍安全、共同繁荣、开放包容、清洁美丽的世界携手努力。

(审定:王鸿刚)

第十七章　大洋洲地缘战略博弈升温[*]

2022年，受乌克兰危机叠加疫情延宕、世界政治经济格局复杂演变的影响，大洋洲地缘战略博弈急剧升温，各国国内局势动荡，与中国关系在曲折中负重前行。

一、大选年变乱交织

2022年大洋洲地区多国迎来大选，受内部痼疾丛生、经济形势严峻、社会不稳、大国势力介入等多重因素影响，地区局势极不太平。

（一）澳大利亚政坛变天

2022年5月21日，澳大利亚举行三年一度的联邦大选。按照澳法律规则，赢得众议院多数的政党或政党联盟执政，其党首出任总理。时任总理斯科特·莫里森领导的执政党自由党-国家党联盟（简称"联盟党"）谋求实现第四个任期，阿尔巴尼斯领导的反对党工党则希望时隔近十年后再次上台。

两党竞选围绕"危险之变"还是"机遇之变"议题展开。联盟党强调"不确定的时代，改变意味着风险"，大力宣扬联盟党的经济管理和国家安全政绩，攻击工党党首阿尔巴尼斯经验不足恐危及澳经济复苏。工党则宣称"改变意味着更美好的未

---

[*] 本章撰稿人：郭春梅、孙畅、李锴。

来"，抨击莫里森"傲慢""无诚信"和联盟党"不关心民生疾苦"，承诺将在社会民生领域下功夫，着力降低民众生活成本等。① 最终在众议院151个席位中，联盟党丢掉近20席，国库部长、土著事务部长等议席不保；工党则赢得77席，在野9年后重新执政。

较之2019年大选，此次大选最突出的特点是中间党派异军突起，获16席，议会迎来了史上最强大的中间党派阵容。其中，最大黑马为新组建的"蓝绿色"独立候选人团队。该团队由"气候200"基金资助的22名独立候选人组成，以气候行动、政治诚信、性别平等为纲领，精准打击自由党软肋，② 最终从自由党手中抢走10席。亚当·班特领导的绿党也赢得创纪录的4个议席。③

工党带着满满的政治抱负回归，但面对高通胀、高赤字和世界经济下行之势，能否兑现选举承诺、延续疫后复苏仍任重道远；在继续视美澳同盟为外交与防务基石的前提下，澳能否重拾地区国家信任、推进多边主义有待考验。

（二）岛国进入多事之秋

2022年，南太地区局势持续生变，多个岛国举行选举，政党争夺白热化。地区最大岛国巴布亚新几内亚于2022年7月举行五年一度的大选，但因暴力冲突频发，计票工作被迫推迟。据悉，选举期间有数十人丧生，数万人流离失所，遭到联合国谴责。④ 8月，总理马拉佩凭借97名议员高票支持成功连任，暴力

---

① Michelle Grattan, "View from The Hill: Morrison Talks Risk, Albanese Spruiks Opportunity, In Opening Pitches," The Conversation, April 10, 2022.

② Amy Nethery, "Why Teal Independents Are Seeking Liberal Voters and Spooking Liberal MPs," The Conversation, May 3, 2022.

③ "Senators and Members," https://www.aph.gov.au/Senators_and_Members.

④ "UN Condemns Election-Related Violence across Papua New Guinea Highlands," https://news.un.org/en/story/2022/07/1123002.

活动才有所趋缓。[1] 9月，所罗门群岛发生修宪风波。索加瓦雷政府因无法同时兼顾2023年太平洋运动会和国内大选，经议会投票通过宪法修正案将大选推迟至2024年举行，引发反对派声讨、抗议。[2] 澳大利亚借机煽风点火，宣称可资助所国2023年如期选举，被所国指责侮辱民主、试图政治干预。[3] 同样在瓦努阿图，面临反对派挑战的还有总理拉夫曼。8月，在反对派向拉夫曼发起不信任动议前夕，新任总统武罗巴拉乌解散了议会，将原定于2024的选举提前到2022年10月。因未有单一党派获得多数席位，伊什梅尔·卡尔萨考在拉夫曼支持下成为唯一候选人，获得绝大多数议员支持，当选瓦新总理。[4] 斐济大选最终确定于12月14日举行，现任总理、斐济优先党领袖姆拜尼马拉马和前总理、人民联盟党领袖西蒂维尼·兰布卡将展开激烈角逐。[5] 此前，姆拜尼马拉马通过《2022年选举修正案》扩大选举监督员的权力，招致反对派指责，批其通过法律打压异己，呼吁国际社会关注斐济选举动向。[6] 斐济历史上发生多次军事政变，且两位候选人均曾通过政变上台，不排除斐济因选举发生政局再次震荡

---

[1] Gorethy Kenneth, "PM to Continue His Leadership," https://postcourier.com.pg/pm-to-continue-his-leadership/.

[2] Kirsty Needham, "Solomon Islands Votes to Delay Election Despite Opposition," https://www.reuters.com/world/asia-pacific/solomon-islands-set-vote-election-delay-despite-opposition-2022-09-08/.

[3] Kate Lyons, "Solomon Islands Refuses Australia's Offer to Help Fund Election as 'Foreign Interference'," https://www.theguardian.com/world/2022/sep/07/solomon-islands-refuses-australias-offer-to-help-fund-election-as-foreign-interference.

[4] Pita Ligaiula, "Ishmael Kalsakau is Vanuatu's Prime Minister Elect," https://pina.com.fj/2022/11/04/ishmael-kalsakau-is-vanuatus-prime-minister-elect/.

[5] Pauliasi Mateboto, "2022 General Election: Race Is on," https://www.fijitimes.com/2022-general-election-race-is-on/.

[6] Finau Fonua, "Fiji Is Nowhere Near a Genuine Democracy Says Biman Prasad," https://www.rnz.co.nz/international/pacific-news/476668/fiji-is-nowhere-near-a-genuine-democracy-says-biman-prasad.

可能。

南太平洋地区主义再遇波折。太平洋岛国论坛（PIF）为地区最主要合作组织，2021 年因秘书长人选分歧，密克罗尼西亚地区五国宣布退出，后在多方斡旋下暂缓。但在 2022 年 7 月 PIF 召开疫情以来首次线下领导人会晤前夕，风波再起。基里巴斯表示，各方并未就论坛领导权问题达成一致，且 6 月签订的《苏瓦协议》未征求其意见，宣布退出 PIF。[①] 随后，瑙鲁、库克群岛、马绍尔群岛也因疫情、选举或国内法律等原因相继退出峰会。尽管峰会仍按此前协商通过了地区长期愿景《蓝色太平洋 2050 战略》，但无疑以团结一致著称的"太平洋方式"再遭重创。

（三）经济复苏风险积聚

澳大利亚深陷通胀危机。澳大利亚因大宗商品价格飙升，对外贸易表现创纪录，但在新冠病毒感染疫情叠加俄乌冲突引发全球能源危机、通胀危机的背景下，澳也难独善其身。截至第三季度，澳年通胀率 7.35%，为 32 年来最高。澳央行预计未来几个月通胀仍将持续攀升，到 2022 年底将达 8%。[②] 国库部长查尔默斯公开表示，当前通胀已成澳经济的头号挑战。[③] 为对抗通胀，澳双管齐下。其一，加息进入快车道。自 5 月起，澳大利亚已连续 7 次加息，现金利率由 0.1% 的历史低位迅速跃升至 2.85%，

[①] Radio New Zealand, "PIF Kiribati Withdraws from Pacific Islands Forum," https://www.rnz.co.nz/international/pacific-news/470679/kiribati-withdraws-from-pacific-islands-forum.

[②] "Statement by Philip Lowe, Governor: Monetary Policy Decision," https://www.rba.gov.au/media-releases/2022/mr-22-36.html.

[③] Cait Kelly and Natasha May, "Treasurer Says Inflation 'Number One Challenge' – As It Happened," https://www.theguardian.com/australia-news/live/2022/nov/01/australia-news-live-reserve-bank-melbourne-cup-interest-rates-cost-of-living-inflation-power-prices.

为2013年5月以来的最高点，此轮加息也是澳近30年来最快的一次。① 为实现通胀重回2%～3%的目标区间，预计澳还将持续收紧货币政策。其二，推出"负责任"的财政预算案。鉴于高通胀、高赤字及全球经济的不确定性，阿尔巴尼斯政府力避撒钱式的财政预算案：一方面，继续兑现减税承诺，以缓解家庭经济压力；另一方面，财政开支有所节制，以免加重通胀。②

尽管如此，抗通胀非一日之功。以电价为例，随着天然气价格大幅上涨，预计澳零售电价2022年飙升20%，2023～2024财年则为30%。③ 澳收紧货币政策的阵痛也在逐渐显现，持续加息使有贷款的家庭生活成本进一步上升，④ 房地产市场也经历自20世纪80年代初以来最严重的冲击，到2024年底预计房价下跌20%；⑤ 澳政府也面临70年来最高的公共债务占比，预计到2026年中期，债务将达1.16万亿澳元，约为GDP的43.1%。⑥ 加之国内消费者信心不足、全球经济下行，澳央行已下调经济增长预期，预估2022年GDP增速3%，2023年、2024年为1.5%。⑦

---

① "Statement by Philip Lowe, Governor: Monetary Policy Decision," https://www.rba.gov.au/media-releases/2022/mr-22-36.html.

② Geoff Chambers, "Anthony Albanese Rejects Handouts to Fix Crisis," The Australian, November 1, 2022.

③ Michelle Grattan, "Albanese Government's First Budget Delivers Election Promises but Forecasts Soaring Power Prices," The Conversation, October 25, 2022.

④ Michael Janda, "The Biggest Cost-of-Living Increase This Year – Rising Interest Rates – Climbs again," https://www.abc.net.au/news/2022-11-01/the-biggest-cost-of-living-increase-interest-rates-set-to-rise/101597166.

⑤ Shane Wright, "Property Prices to Fall up to 20 Percent: RBA," Sydney Morning Herald, October 23, 2022.

⑥ Geoff Chambers, "Anthony Albanese Rejects Handouts to Fix Crisis," The Australian, November 1, 2022.

⑦ "Statement by Philip Lowe, Governor: Monetary Policy Decision," https://www.rba.gov.au/media-releases/2022/mr-22-36.html.

新西兰经济增速放缓。同2021年亮丽的复苏成绩单相比，2022年新西兰经济表现黯淡。无独有偶，受乌克兰危机、全球通胀等因素影响，新西兰食品、交通、住房成本居高不下。新西兰统计局数据显示，2022年二季度新西兰CPI达到7.3%，为32年来最高，三季度虽略降至7.2%，但仍处于历史高位。① 为抑制通胀，新西兰储备银行2022年已6次加息，以创纪录的速度将现金利率从1%提至3.5%，达到7年来最高水平。② 尽管新西兰寄希望于加息猛药对抗通胀，但外部压力短期难以缓解，加上货币贬值推高进口成本，新西兰国内经济将持续承压。IMF最新预测，2022年新西兰经济增长2.3%，略低于发达经济体2.4%的平均增速。③

太平洋岛国复苏情况不一。2022年，岛国逐渐克服疫情的负面影响，经济复苏略有起色。IMF预测，2022年太平洋岛国经济增速为5.2%。其中，斐济因政府对商业的大力扶持和外国游客回潮达12.5%的高增长率，在太平洋岛国中拔得头筹。地区大国巴布亚新几内亚得益于天然气出口，经济增长3.8%。萨摩亚、所罗门群岛和汤加则分别因新冠病毒感染疫情暴发、国内暴动和自然灾害等原因，经济分别萎缩5%、4.5%和2%。④

二、大国在南太竞夺加剧

随着中国在南太地区影响力持续攀升，视南太为其"后院"

---

① "Consumers Price Index," https://www.stats.govt.nz/indicators/consumers-price-index-cpi/.
② "Monetary Policy/OCR Decisions," Reserve Bank of New Zealand, October 19, 2022.
③ "World Economic Outlook," IMF, October 11, 2022, p.126.
④ "World Economic Outlook," IMF, October 11, 2022, p.129.

的美澳等国备感忧虑，为维持霸权、"收复失地"，纷纷加大投入，太平洋岛国成为各方竞相拉拢的香饽饽。

（一）美国加速"重返"南太

2022年以来，美国出于对华竞夺考量，对南太一改往日的"战略忽视"，明显加大投入，与太平洋岛国互动更趋紧密，"回归"南太逐渐成为其"印太"部署的重要一环。

在战略上，美明显提高对南太的重视程度，先是在新版美国《印太战略》报告中将同岛国建设"有韧性的伙伴关系"列入"十大行动计划"，[1] 后又于9月发布首个《美国的太平洋岛国伙伴关系战略》，明确将"广泛且深入的岛国接触"置于拜登政府外交政策的优先方向，正式将南太纳入"印太战略"总体布局。[2]

在外交上，美国同岛国高层联系空前密切，国务卿布林肯、国家安全委员会"印太"政策协调员坎贝尔、助理国务卿康达、副国务卿舍曼等高官接连访问南太，副总统哈里斯则以视频形式参与岛国论坛的专题会议。[3] 为拓展在地区的外交存在，美国加速重建美驻所罗门群岛大使馆，并宣布将新建美驻汤加和基里巴斯大使馆，还任命弗兰基·瑞德为首个美驻太平洋岛国论坛特使。总统拜登于9月底出席了在华盛顿召开的史上首届美国—太平洋岛国领导人峰会，会晤岛国领导人，并发表《美国—太平

---

[1] "Indo-Pacific Strategy of the United States," The White House, February 2022, p. 17.

[2] "Pacific Partnership Strategy of the United States," The White House, September 2022, p. 4.

[3] "Fact Sheet: Vice President Harris Announces Commitments to Strengthen U. S. Partnership with the Pacific Islands," https://www.whitehouse.gov/briefing-room/statements-releases/2022/07/12/fact-sheet-vice-president-harris-announces-commitments-to-strengthen-u-s-partnership-with-the-pacific-islands/.

洋伙伴关系宣言》，进一步为美国同岛国深化关系制定了路线图。

在安全上，美任命尹汝尚为"自由联系国"续约谈判大使，力推续约取得进展，并加强在关岛、帕劳等地的军事存在，试图以此延续对密克罗尼西亚地区的军事掌控，确保对华岛链封锁。美海岸警卫队则以打击"非法、未报告、无管制捕鱼"为名，加大在南太地区活动的范围和频次；美还联合盟友伙伴在地区开展包括"环太平洋－2022""勇敢之盾－2022""车轮演习"在内的多次大规模联合军演，挑动地区紧张局势。

在援助上，拜登在美国—太平洋岛国峰会上承诺将向岛国提供8.1亿美元援助资金，美国际开发署、和平队将陆续"重返"岛国，千年挑战公司也准备上岛。此外，美还在青年交流、性别平等、医疗卫生、教育机会等领域大展身手，力争赢得岛国信任。[1] 此外，为修正特朗普时期在岛国最为关心的气候变化问题上不作为政策，美强调与太平洋岛国伙伴关系的当务之急就是应对气候危机。为此，美承诺将向岛国提供1.3亿美元投资，另调动4亿美元私人融资，在气候研究、监测及应对等方面开展合作，同时推进"韧性蓝色经济项目"，提高岛国气候承受力。[2]

美国在加强自身对地区投入的同时，还将拉帮结派拓展至南太。2022年5月，美日印澳"四方安全对话"峰会宣布建立"印太海域态势感知伙伴关系"，未来将全面提升对南太海域的监视与联合行动。6月，美国又联合澳大利亚、日本、新西兰和

---

[1] "Fact Sheet: Roadmap for a 21st－Century U. S.－Pacific Island Partnership," https://www.whitehouse.gov/briefing－room/statements－releases/2022/09/29/fact－sheet－roadmap－for－a－21st－century－u－s－pacific－island－partnership/.

[2] "Declaration on U. S.－Pacific Partnership," https://www.whitehouse.gov/briefing－room/statements－releases/2022/09/29/declaration－on－u－s－pacific－partnership/.

英国组建了"蓝色太平洋伙伴关系",试图以对接岛国《蓝色太平洋 2050 战略》之名,加强与岛国经济的排他性合作。①

(二)澳大利亚竭力护持"后院"

澳大利亚对中国的地区影响力增长极为不安,甚至有人称 2022 年所罗门群岛与中国签署安全合作协议是澳"二战以来最大的战略失败"。早在 5 月大选前,工党就曾抨击联盟党政府对"后院"关注不够致澳失去地区影响力。② 工党新政府上台后,明确将"夺回"南太地区主导权作为外交政策重点。

为重获岛国信任,澳外长黄英贤上任半年内出访足迹已覆盖大部分岛国,总理阿尔巴尼斯亦亲自出访所罗门群岛等国,以示合作诚意。③ 在"二战以来最具挑战的战略环境"中,为防止"他国继续填补真空","建设更加强大和团结的太平洋大家庭",④澳在最新财政预算中进一步增加对南太的发展援助,未来四年援助金额将由 5.25 亿澳元提至 9 亿澳元。⑤ 澳还主动放低

---

① "Statement by Australia, Japan, New Zealand, the United Kingdom, and the United States on the Establishment of the Partners in the Blue Pacific (PBP)," https://www.whitehouse.gov/briefing-room/statements-releases/2022/06/24/statement-by-australia-japan-new-zealand-the-united-kingdom-and-the-united-states-on-the-establishment-of-the-partners-in-the-blue-pacific-pbp/.

② Daniel Hurst and Paul Karp, "Australia's Lost Influence in Pacific on Display in Solomon Islands–China Deal, Anthony Albanese Says," https://www.theguardian.com/australia-news/2022/mar/28/australias-lost-influence-in-pacific-on-display-in-solomon-islands-china-deal-anthony-albanese-says.

③ 2022 年 5 月底至 10 月底,黄英贤先后访问斐济、萨摩亚、汤加、所罗门群岛、巴布亚新几内亚、马绍尔群岛、瑙鲁、库克群岛和纽埃。

④ Stephen Dziedzic, "Australian Government Commits to Spending \$900 Million to Boost Soft-Power in the Pacific Region," https://www.abc.net.au/news/2022-10-21/pacific-funding-making-australia-stronger-and-more-influential/101560038.

⑤ "Budget Highlights October 2022–23," https://www.dfat.gov.au/about-us/corporate/portfolio-budget-statements/budget-highlights-october-2022-23.

姿态，向岛国保证澳方援助"不附加任何条件"。① 在岛国最为关切的气候变化议题上，澳作出更大承诺，宣布到 2030 年将在 2005 年基础上减排 43%，并与岛国共同申办 2026 年联合国气候变化大会，力图将气候议题由过去澳与岛国关系的"最大障碍"转变为"最大助力"。

澳大利亚持续加码地区安全合作。在双边层面，澳防长马尔斯先后访问巴布亚新几内亚和斐济，计划将通过条约级别的安全协议扩大同巴新的安全合作；② 并与斐济签署《部队地位协定》，强化澳斐防务合作和军队部署便利性。③ 在地区安排上，澳未来四年将投入 1.47 亿澳元推进与太平洋地区的安全合作，包括 4600 万澳元资助澳联邦警察在所罗门群岛的行动，④ 1860 万澳元在太平洋地区建立澳边防部队官员网络，690 万澳元用于创建专门为岛国培训国防和安全力量的澳大利亚—太平洋防务学校，3040 万澳元用于升级整个太平洋区域的空中监视能力。⑤ 澳还将依托"太平洋海事安全计划""印太海域态势感知伙伴关系"等机制，拉美日等盟友伙伴介入，提升对地区海洋的监视与控制

---

① Pita Ligaiula, "Australian Support for Pacific Does Not Come with Strings Attached: PM Albanese," https://pina.com.fj/2022/07/13/australian-support-for-pacific-does-not-come-with-strings-attached-pm-albanese/.

② Stephen Dziedzic, "Australia, PNG Inch Closer to Inking Security Treaty as Defence Minister Tours the Pacific Island Nation," https://www.abc.net.au/news/2022-10-13/richard-marles-defence-security-deal-papua-new-guinea/101531650.

③ "Status of Forces Agreement between Fiji and Australia," https://www.minister.defence.gov.au/statements/2022-10-20/status-forces-agreement-between-fiji-and-australia.

④ Stephen Dziedzic, "Australian Government Commits to Spending $900 Million to Boost Soft-Power in the Pacific Region," https://www.abc.net.au/news/2022-10-21/pacific-funding-making-australia-stronger-and-more-influential/101560038.

⑤ "Making Australia Stronger And More Influential in a Contested World," https://www.foreignminister.gov.au/minister/penny-wong/media-release/making-australia-stronger-and-more-influential-contested-world.

能力。

（三）域外力量趁势搅局

随着南太地缘博弈升温，在地区拥有海外领地的法国、英国对其关注程度也日益提升。为确保法国军事力量可以快速部署并迅速投送至南太地区，防长塞巴斯蒂安·勒科尔尼明确表示，法将以多边方式加强南太存在，并在新喀里多尼亚和法属波利尼西亚分别部署巡逻舰，以完成"监视和主权任务"。英国则从常态化力量部署入手，在"印太"地区永久部署近海巡逻舰"斯佩"号和"添马"号，多次在南太地区进行人道主义救援、打击非法捕鱼及联合军演等相关活动。

除了在地区拥有传统影响力的域外国家以外，日韩德加等国亦在强化同南太岛国的联系。中所签订安全合作框架协议后，日本外务大臣政务官上杉谦太郎、外务大臣林芳正先后访问岛国，岸田文雄亦表态称日密切关注中国在南太地区的行动。与此同时，日本海上自卫队2022年首次同汤加海军和所罗门群岛海警举行双边联合演习，以拓展其地区安全存在。[1] 韩国不仅将高级外交官会晤频率从三年一次提高到两年一次，还计划在2023年召开首次韩国—太平洋岛国领导人峰会，寻求全面扩大地区影响力。[2] 加拿大和德国已明确表示将加入美倡建的"蓝色太平洋伙伴关系"，[3] 法国、欧盟、韩国、印度暂为该机制观察员，不排

---

[1] "Japan's MSDF, Tonga Navy Hold 1st Joint Drill amid China's Rise," https://www.scmp.com/news/asia/east-asia/article/3189917/japan-tonga-navy-hold-first-joint-drill-amid-china-tensions.

[2] "S. Korea Plans to Host Inaugural Summit with Pacific Island Nations Next Year," https://en.yna.co.kr/view/AEN20220920005300315.

[3] "Fact Sheet: Roadmap for a 21st-Century U.S.-Pacific Island Partnership," https://www.whitehouse.gov/briefing-room/statements-releases/2022/09/29/fact-sheet-roadmap-for-a-21st-century-u-s-pacific-island-partnership/.

除加入可能。

三、中国与岛国合作走向深入

面对波谲云诡的国际局势，中国同太平洋岛国克服外界杂音、干扰，坚持相互尊重、共同发展，双方全面战略伙伴关系取得新进展。

（一）双轮驱动开新局

2022年5月，王毅外长应邀对所罗门群岛等八国进行正式访问，并结合"云访问"和视频访问的形式实现对建交岛国的全覆盖。[①] 访问期间，中国与岛国签署并达成52项双边合作成果，涵盖"一带一路"、应对气候变化、防灾减灾等10余个合作领域，在经济发展、环境保护和民生改善等岛国关切领域贡献力量。在多边合作上，中国急岛国之所急，积极对接太平洋岛国论坛《蓝色太平洋2050战略》，一面针对气候变化应对和防灾减灾提出中国方案，一面分享符合当地减贫需求的中国经验，打造应急物资储备库、应对气候变化合作中心、减贫与发展合作中心、农业合作示范中心、防灾减灾合作中心、菌草技术示范中心6个合作新平台，切实契合民众需求，助力岛国可持续发展，为中国同岛国合作注入新动力。[②]

在双方共同努力下，中国同岛国的合作呈现出双边主渠道、多边新平台双轮驱动的生机勃勃局面，为地区人民带来了实实在

[①] 王毅外长于5月26日至6月4日应邀对所罗门群岛、基里巴斯、萨摩亚、斐济、汤加、瓦努阿图、巴布亚新几内亚、东帝汶八国进行正式访问，对密克罗尼西亚联邦进行"云访问"，同库克群岛总理兼外长、纽埃总理兼外长举行视频会晤，并在斐济主持召开第二次中国—太平洋岛国外长会。

[②] 《中国关于同太平洋岛国相互尊重、共同发展的立场文件》，https://www.fmprc.gov.cn/wjbzhd/202205/t20220530_10694631.shtml。

在的利益，也为南南合作树立了典范。所罗门群岛驻华大使傅桂由衷感慨，"在海洋生活的文化和传统告诉我们，只有不断努力向前划桨，船才不会被大海吞没。太平洋岛国同中国要继续做对的事，合作的船桨不能停"。①

（二）安全合作有突破

中国与所罗门群岛于 2019 年 9 月建交，虽时间不久，但"起步稳、开局顺、发展快"。基于中所关系的蓬勃发展及所方切实需求，中国同所罗门群岛安全合作实现新突破。

2021 年 11 月，所罗门群岛首都霍尼亚拉发生暴动，唐人街遭纵火、劫掠，当地经济、人民生活受到严重影响。危难时刻，应所方请求，中国向所罗门群岛援助多批警用物资，并派出临时警务顾问专家组赴所国开展培训，助其警务人员提高警务能力，支持所方止暴制乱，维护社会稳定。

所罗门群岛并无军队，只有不足千名警察维持社会治安，因暴动后仍有部分余乱，所国社会稳定和人民生命安全受到严重威胁。出于维护社会稳定和安全多样化的考量，所国政府决定同中国深化安全合作。2022 年 3 月 30 日，所国外交与外贸部常务秘书与中国驻所罗门群岛大使草签了中所安全合作框架协议，同意加强两国在自然灾害应对、人道主义救援、发展援助、维护社会秩序等领域合作，为所国及地区安全环境注入正能量和稳定性。②

尽管中所安全合作不针对任何第三方，与地区现有安排并行不悖，中方也无意建立军事基地，但所国不顾美西方阻挠、坚持

---

① 《"与中国建交，我们就像坐上高速列车"（我在中国当大使（96））——访所罗门群岛驻华大使约翰·莫法特·傅桂》，http://world.people.com.cn/n1/2022/0905/c1002-32519439.html。

② 《中国和所罗门群岛草签两国安全合作框架协议》，http://sb.chineseembassy.org/sgxw/202203/t20220331_10658139.htm。

同中方开展安全合作仍刺痛了美西方国家的敏感神经。美澳数次对中所安全合作框架协议表示严重关切，并诬称协议对地区安全和美及其盟友具有潜在风险，"若中国在所建立永久性军事存在，美将'作出必要反应'"。[1] 对此，所国总理索加瓦雷表示，同中国开展安全合作是所国出于国家利益作出的独立选择，他国无权干涉。[2] 中国外交部亦数次回应称，中国在南太地区没有任何私利，不谋求势力范围，也从不强加于人。[3]

（三）全球治理多亮点

近年来，中国同太平洋岛国合作取得丰硕成果，已成为南南合作、互利共赢的典范，其中气候变化和灾后救援工作颇具亮点。

太平洋岛国是世界上受气候变化威胁最严重的地区之一，海洋酸化、海平面上升和自然灾害等问题严重影响岛民生计，但岛国对于气候变化的强烈诉求常常被地缘政治掩盖。作为太平洋岛国论坛轮值主席国元首，斐济总理姆拜尼马拉马明确表示，同生存相比，其他事情显得无关紧要[4]，呼吁大国关注岛国气变诉求，切实承担减排责任。

在此背景下，中国作为生态文明践行者、气候治理行动派，

---

[1] "Readout of Senior Administration Travel to Hawaii, Fiji, Papua New Guinea, and Solomon Islands," https://www.whitehouse.gov/briefing-room/statements-releases/2022/04/22/readout-of-senior-administration-travel-to-hawaii-fiji-papua-new-guinea-and-solomon-islands/.

[2] "PM SOGAVARE: Not a Secret Deal but a Sovereign Issue," https://solomons.gov.sb/pm-sogavare-not-a-secret-deal-but-a-sovereign-issue/.

[3] 《王毅阐述中所安全合作三项原则》，https://www.mfa.gov.cn/wjbzhd/202205/t20220526_10693097.shtml。

[4] Navitalai Naivalurua, "We Simply Cannot Settle for Anything Less than the Survival of Every Pacific Island Country – Bainimarama," https://www.fijivillage.com/news/We-simply-cannot-settle-for-anything-less-than-the-survival-of-every-Pacific-Island-Country---Bainimarama-fx84r5/.

积极向岛国提供援助，减轻气候灾害影响，同时注重授之以渔，助力岛国可持续发展。2022年4月，中国—太平洋岛国应对气候变化合作中心在中国山东正式启用。在南南合作框架下，中国同岛国开展示范项目合作，共享绿色低碳发展经验与实践;[1] 中国同岛国签署应对气候变化物资援助的项目文件，为岛国培训应对气候变化专业人员，助力其提升应对气候变化能力；中国还加强同岛国对话交流、协调立场、扩大合作，就应对气候变化的政策、行动、《联合国气候变化框架公约》第27次缔约方大会成果预期等问题同岛国深入交换意见，凝聚合力应对气候变化挑战。

基于岛国在气候变化中的艰难处境和迫切诉求，中国持续向岛国提供紧急人道主义援助。2021年12月，中国—太平洋岛国应急物资储备库在中国广东正式启用，长效平台搭建初见成效。[2] 2022年1月，汤加海底火山喷发，引发海啸等次生灾害，中国政府高度关注，紧急驰援，派遣"运-20"和海军舰艇编队向汤加运送30多吨应急和灾后重建物资、1400余吨援助物资，成为全球首先向汤加提供援助的国家，为岛民送去希望、传递友谊。[3]

中国与太平洋岛国以民为本、以诚相待、以心相交，在全球治理的各项议题中相互沟通、紧密配合，为推进全球发展倡议，携手构建更加紧密的中国同太平洋岛国命运共同体谱写了共同发展的新篇章。

---

[1]《外交部副部长谢锋出席中国—太平洋岛国应对气候变化合作中心启用仪式》，https://www.fmprc.gov.cn/wjbxw_new/202204/t20220428_10674947.shtml。

[2]《中国—太平洋岛国应急物资储备库正式启用》，http://www.gov.cn/xinwen/2021-12/04/content_5655782.htm。

[3]《强军十年大事记》，http://www.mod.gov.cn/shouye/2022-10/10/content_4922843.htm。

四、中澳关系艰难转圜

过去几年，澳大利亚在联盟党政府领导下，甘当反华马前卒、急先锋，致中澳关系跌至冰点，政治对话中断、经贸关系受挫、社会往来遇阻。2022年5月，工党政府上台后，在两国共同努力下，中澳关系迎来转圜契机。

（一）政治互信止跌回升

联盟党治下，澳大利亚涉华议题被普遍安全化、武器化，中澳关系严重受损。工党上台前就曾抨击联盟党过度挑衅致澳中关系持续恶化，并表示一味鼓噪"战鼓论"于澳无益。工党政府上任几个月来，为顺应民意对华采取了相对理性、务实的态度，与中方开展了系列建设性接触。

工党党首阿尔巴尼斯出任澳总理后复信李克强总理，对其祝贺表示感谢。2022年6月12日，中澳防长在香格里拉对话会期间进行了"充分而又坦诚的交流"，此为2020年1月以来两国高层的首次会晤，迈出了双边关系缓和的"关键性的第一步"。[1] 6月30日，中国外交部副部长谢锋应约会晤澳驻华大使傅关汉，被外界视为"一个充满希望的信号"，是两国复杂外交关系向前迈出的又一步。[2] 7月8日，中澳外长在巴厘岛G20外长会期间举行会晤，澳外长黄英贤坦诚表示，中澳确有不同，双边关系存在挑战，但新政府将本着冷静务实的态度处理双边关系，"接触

---

[1] Jane Norman "Australia's Defence Minister Meets Chinese Counterpart, Marking the End of a Two - Year Diplomatic Freeze," https：//www.abc.net.au/news/2022 - 06 - 12/chinese - and - australian - defence - ministers - meet - in - singapore/101146690.

[2] "Gradual Thawing of Australia China Relations Continues," The Australian, July 4, 2022.

是稳定关系的必由之路"。① 9 月，在联合国大会期间，两国外长再次会晤，黄英贤重申，澳方愿在相互尊重基础上同中国发展趋于稳定、互惠互利、富有成效的关系，愿以建交 50 周年为契机，推进澳中全面战略伙伴关系。11 月 13 日，李克强总理在柬埔寨金边与阿尔巴尼斯会面交谈，双方就推动中澳关系持续健康稳定发展进一步达成共识。②

在中澳双方不懈努力下，11 月 15 日，两国领导人迎来 2016 年以来首次正式会晤，为中澳关系稳定向好注入了新动力。习近平主席强调，"中澳两国同为亚太地区重要国家，应该改善、维护、发展好两国关系，这不仅符合两国人民根本利益，也有利于促进亚太地区和世界和平与发展"，提议"双方应该总结经验教训，探讨如何推动两国关系重回正确轨道并可持续地向前发展"。阿尔巴尼斯也表示"愿意秉持当年澳中建交初心"，"通过建设性、坦诚对话沟通缩小分歧，推动澳中关系稳定发展"。③两国领导人还重申了超越分歧、相互尊重的重要性，愿以中澳建交 50 周年为契机，持续推进双边对话、开展更多合作等。

（二）经贸关系酝酿新篇

经贸往来长期被视为中澳关系的"压舱石"，2009 年以来，中国更是持续为澳最大贸易伙伴、第一大出口市场和第一大进口来源地。但近年中澳关系波折，两国贸易摩擦也呈上升之势，波及多个领域、数百亿澳元贸易额。对此，澳商界曾痛心疾首，希

---

① Amanda Hodge and Will Glasgow, "First Step to Better Beijing Ties," The Australian, July 9, 2022.
② 《李克强在出席东亚合作领导人系列会议期间同澳大利亚总理阿尔巴尼斯会面交谈》，国家国际发展合作署，http：//www.cidca.gov.cn/2022 - 11/14/c_1211700859.htm。
③ 《习近平会见澳大利亚总理阿尔巴尼斯》，新华网，http：//www.xinhuanet.com/world/2022 - 11/15/c_1129131133.htm。

望政府尽快修复与最大客户的关系。

得益于两国强大的经济互补性,中澳双边贸易在不确定的时代仍保持高位运行。据统计,2021年中澳贸易额2821.9亿澳元,占澳贸易总额的30.7%。其中,对华出口约1889亿澳元,占总出口额的36.4%;从华进口932.9亿澳元,占总进口额的23.4%。① 尽管受疫情冲击,中国仍保持澳第一大国际留学生来源国的地位,截至2022年5月,中国赴澳留学生有13.14万人,在外国来澳留学生中占比28%。② 2022年,中国还超过印尼、越南成为澳大利亚小麦出口的第一大市场。

当今世界经济复苏乏力,澳所面临的国内外挑战增多,稳住与最大贸易伙伴中国的关系也变得前所未有的急迫。阿尔巴尼斯政府上台后,澳商界自告奋勇,愿作为政府努力的补充,推动中澳关系重回正轨。澳民调也显示,多数受访者赞成"澳政府要支持与中国建立更密切的经济关系"。③ 在此背景下,澳政府已将修复中澳贸易关系提上日程,包括总理、外长在内的多位政要表示,希望以协商方式解决贸易争端,期待中澳贸易恢复正常;澳贸易部长法雷尔也多次发出希望尽快与中方贸易部长会晤的积极信号等。④

---

① "Australia's Trade in Goods and Services by Top 15 Partners," Australia Government Department of Foreign Affairs and Trade, 2021, pp. 1 – 2.
② 《肖千大使:互利共赢是中澳关系的本质特征》,http://au.china-embassy.gov.cn/chn/sghdxwfb/202208/t20220810_10740048.htm。
③ James Laurenceson, "Australia's Trade Ties with China Show There's No Need to Throw the Baby out with the Bath Water," South China Morning Post, September 21, 2022.
④ Paul Karp and Daniel Hurst, "Australian Trade Minister Offers 'Compromise' with China over Anti-Dumping Tariffs," https://www.theguardian.com/australia-news/2022/jul/06/australian-trade-minister-offers-compromise-with-china-over-anti-dumping-tariffs.

（三）关系回暖难掩分歧

在中美博弈加剧的背景下，澳大利亚对华政策仍呈现出较强的两面性。工党政府和联盟党政府一样，视美澳同盟为澳外交与防务基石，迷信美主导的地区秩序最符合澳国家利益。同时，以反华鹰派人物达顿为首的反对党也对工党加紧"盯防"，随时准备给工党政府贴上"亲华""绥靖"标签。在此环境下，工党政府若想要"重置"中澳关系，亦非易事。

当前工党政府通过重申致力于美日印澳"四方安全对话"机制、澳英美三边安全伙伴关系，积极响应美主导的"印太经济框架""印太海域态势感知伙伴关系""蓝色太平洋伙伴关系"等新倡议，积极配合美"印太战略"。澳大利亚还允许美在澳本土部署具有核打击能力的 B-52 战略轰炸机，接受更多美军进驻，[1] 加速推进核潜艇建设等，进一步将自己绑在美国战车之上。

在涉华敏感议题上，澳也紧随美国立场。南海、东海议题上，澳仍诬称中国为"国际秩序的破坏者"，表示将继续在争议水域实施"航行自由行动"，[2] 并与美、日等国进一步升级防务合作，搅动地区安全局势。在台海议题上，澳虽声称坚持一个中国原则，却仍以"今日乌克兰，明日台湾"的谬论夸大中国大陆"武统"台湾可能，[3] 并与美日发表联合声明对中国进行不当指

---

[1] Angus Grigg, Lesley Robinson and Meghna Bali, "US Air Force to Deploy Nuclear - Capable B - 52 Bombers to Australia as Tensions with China Grow," https：//www. abc. net. au/news/2022 - 10 - 31/china - tensions - taiwan - us - military - deploy - bombers - to - australia/101585380.

[2] Andrew Greene, "South China Sea Patrols to Continue as RAAF Declares China's Air Defences Are 'Not Impenetrable'," https：//www. abc. net. au/news/2022 - 08 - 22/south - china - sea - patrols - to - continue/101358624.

[3] Greg Sheridan, "NATO, G7 Reveal Ideological Conflict Has Gone Global," The Australian, July 2, 2022.

责,以配合美国"以台遏华"的错误战略,为中澳关系制造了新的麻烦和干扰。[①]

新形势下,中澳关系仍有转圜契机,但未来几年澳能否真正基于自身国家利益,跳出美澳同盟的桎梏,与中国持续相向而行,仍有待观察。

(审定:胡继平)

[①] Matthew Doran, "Taiwan Says China Military Drills Appear to Simulate Attack, Chinese Embassy Warns Australia against Involvement," https://www.abc.net.au/news/2022-08-07/china-takes-aim-at-australia-stimulates-attack-taiwain/101308534.

第四篇
领域安全与全球治理

第十八章　国际反恐治理陷入困境[*]

2022年，国际恐怖主义威胁加速回潮，严重冲击非洲、南亚等地区安全形势。美国进一步推卸反恐责任，并以反恐为幌子大搞大国竞争，扰乱国际反恐合作。

一、国际恐怖主义呈现新形态

2022年以来，国际恐怖主义威胁在地缘政治动荡区、破碎区加速回潮。同时，多股极端思潮恶性互动，加剧地区安全威胁。

（一）恐怖活动加速回潮，加剧地区安全威胁

"伊斯兰国"、"基地"组织等恐怖组织复苏态势明显，持续在中东、非洲、南亚、中亚和东南亚等地区扩张蔓延。它们利用地区乱局、社会乱象，与其他极端势力、犯罪团伙勾结串联，催生安全风险。

在非洲，恐怖活动进入新一轮活跃期。一是暴恐烈度增强。2022年，非洲重大暴恐事件多发。8月，马里一处军营遭严重恐袭，导致42名士兵和4名平民死亡；9月，布基纳法索一支由150辆车组成的货运车队遭极端武装袭击，致11名士兵死亡。二是平民死伤人数上升。联合国数据显示，截至6月底，马里、

---

[*] 本章撰稿人：严帅、李伟、孙冉、林梦婷。

尼日尔和布基纳法索共有 2057 名平民因暴力事件丧生，超过 2021 年全年死亡人数。① 三是恐怖活动范围扩大。此前非洲恐怖活动主要集中在萨赫勒中部、索马里、乍得湖盆地和北非地区，2022 年恐怖活动向西非沿海、中部非洲和东南非进一步拓展。如，乌干达多次发生恐怖袭击，莫桑比克沦为非洲新暴恐基地。四是"伊斯兰国"渗透加剧。"伊斯兰国"将非洲作为扩张渗透的重点目标，"伊斯兰国西非省""伊斯兰国中非省"等多个分支组织迅速壮大，其接受"伊斯兰国"总部的资金、武器和人员援助，承袭"伊斯兰国"恐袭路线，在尼日利亚、尼日尔、刚果（金）、马里等地招募极端分子和发动恐袭。据美国国务院网站数据显示，2022 年前 4 个月，"伊斯兰国西非省"在尼日利亚发动的恐袭次数高达 162 次，比"伊斯兰国"在伊拉克的袭击次数还多 40 次。② 此外，"基地"组织、"索马里青年党"等活动愈发猖獗，不断挑拨教派、民族矛盾，煽动民众对立情绪，加剧地区动荡。

在中东，"伊斯兰国"局部坐大的风险显著上升。据联合国数据，截至 2022 年 6 月，"伊斯兰国"在叙利亚、伊拉克有 1 万余名恐怖分子，且在不断招募扩充人员，加大袭击力度。2022 年初"伊斯兰国"在叙利亚东北部的库尔德武装控制区发动三年来最大规模恐袭，凸显其组织策划能力和武装精良程度大幅提升。8~9 月，"伊斯兰国"在叙利亚拉卡省、代尔祖尔省多次袭击库尔德武装领导的"叙利亚民主军"。③ 伊拉克深陷政治乱局，

---

① "War Kills More Civilians in Sahel," https：//www.africanews.com/2022/06/30/war‐kills‐more‐civilians‐in‐sahel/.

② "Joint Communiqué by Ministers of the Global Coalition to Defeat ISIS," https：//www.state.gov/joint‐com munique‐by‐ministers‐of‐the‐global‐coalition‐to‐defeat‐isis‐2/.

③ "Syria Events of 2021," https：//www.hrw.org/world‐report/2022/country‐chapters/syria.

首都巴格达陷入多年来最严重的政治暴力冲突。"伊斯兰国"趁机在伊拉克北部基尔库克、萨拉赫丁和东部迪亚拉等省发动多起对伊拉克安全部队和什叶派民兵的攻击，制造混乱，挑动教派冲突。①

在南亚，阿富汗塔利班执政一年有余，其对国际社会的反恐承诺备受质疑，阿富汗境内恐怖活动更加猖獗，并外溢至巴基斯坦、中亚等地区邻国。"伊斯兰国呼罗珊分支"与塔利班之间的矛盾加剧，频繁爆发冲突，成为影响阿富汗安全稳定和塔利班政治转型的一大障碍。2022年9月，"伊斯兰国呼罗珊分支"在俄罗斯驻阿富汗大使馆附近发动炸弹恐袭，导致至少8人死亡。同月，该组织又策划袭击阿富汗西部赫拉特省一处清真寺，致18人死亡、23人受伤。②受阿富汗恐情外溢影响，巴基斯坦的恐怖活动显著上升。据巴基斯坦冲突与安全研究所统计，2022年3~4月，巴基斯坦暴恐死伤人数大幅增加，4月恐袭数量比3月又增24%。③3月4日，巴西北部城市白沙瓦一座什叶派清真寺遭"伊斯兰国"自杀式炸弹袭击，造成至少56名穆斯林死亡、194人受伤，成为近年来巴什叶派民众遭遇的最惨重恐袭。4月26日，"俾路支解放军"对巴基斯坦卡拉奇大学孔子学院班车发动自杀式炸弹袭击，造成中国教师3名遇难、1名受伤。

在中亚，受乌克兰危机影响，恐怖势力死灰复燃，部分极端组织从中东、南亚等地流入，地区乱局雪上加霜。2022年5月，吉尔吉斯斯坦打击极端主义和非法移民部称，"伊斯兰国呼罗珊

---

① "Iraq and Its Ongoing Fight against ISIS: An Assessment," https://www.iiss.org/events/2022/10/iraq-and-its-ongoing-fight-against-isis-an-assessment.

② "Afghanistan: Russian Embassy Staff Killed in Kabul Bombing," BBC, https://www.bbc.com/news/world-asia-62764222.

③ "A Global Terrorism Index 2022," https://reliefweb.int/report/world/global-terrorism-index-2022.

分支"着力招募中亚籍"圣战"分子，试图打通从阿富汗经中亚至俄罗斯南部（特别是北高加索地区）的通道，并最终实现在中亚重建"伊斯兰哈里发国"。叙利亚、伊拉克的"伊斯兰国"极端分子也持续窜入中亚，伙同当地恐怖组织实施袭击，加剧地区安全风险。

在东南亚，各大恐怖组织积蓄实力，谋求壮大，制定实施新的暴恐策略。印尼"伊斯兰祈祷团"大搞渐进"圣战"，将主要精力用于宗教宣传、恐袭培训和筹资等，图谋拓展在东南亚的恐袭范围；印尼"神权游击队"队长期接受"伊斯兰国"资金支持，进行极端人员武装训练；菲律"宾阿布沙耶夫""穆特"组织等持续发动小范围恐袭，滋扰平民，消耗政府军精力。与此同时，该地区以女性和家庭为单位的恐袭活动逐渐上升，成为威胁地区安全的新暴恐模式。①

（二）恐怖组织强化"类政府"治理，谋求政治合法性

在阿富汗塔利班"圣战"模式的示范效应下，越来越多的恐怖组织企图建政立国，在控制区实施割据统治，并积极与地区国家政府谈判，以谋取政治合法性。

"伊斯兰国"在非洲的分支逐步建立"类政府"式管理体系。如"伊斯兰国西非省"于2021年下半年改革领导体系，在尼日利亚廷巴克图、乍得湖、桑比萨森林和图母布马四省建立影子政府，并各设"省长"，以赢得当地民众支持。该组织在四省设立军事指挥和司法机构，负责社会治安及惩治违法犯罪；设立并完善农、商税收体系，促进控制区商贸发展；成立"天课办公室"筹款救济弱势群体；设立金融机构，向当地民众提供贷

---

① Change, Continuity and Trajectories, "Assessing Southeast Asian Terrorists' Attack Tactics and Trends Post – Bali Bombings, Kenneth Yeo and UnaesahRahmah," https://www.rsis.edu.sg/ctta – newsarticle/.

款服务；与控制区的穆斯林社区签署"安保"协定等。目前，这一政策已赢得一定民心，吸引控制区部分居民入伙。

此外，叙利亚的"沙姆解放组织"已在叙西北部伊德利卜省建立稳定的割据统治，不断宣扬所谓"廉洁、高效"的治理理念，加强与当地部族的合作，扩大群众支持基础，并寻求国际合法性。

2022年以来，巴塔极力谋求在巴基斯坦西北部地区的控制权，企图建立独立政府。在阿富汗塔利班斡旋下，巴塔与巴政府已展开多轮谈判，5月，巴塔50多名部落长老参与谈判，双方达成无限期延长停火协议。[1]

"基地"组织逐步形成一套运作良好的组织体系，获得稳固的群众支持。该组织采用特许经营的扩张模式，在各地建立财务自给自足的分支机构，保证资金运营顺畅，其控制区则建立社区支持体系，鼓励组织成员与控制区民众及武装团体合作，扩大其群众声望和影响力。[2] 按照这一扩张理念，"基地"组织重整旗鼓速度加快，目前该组织在南亚、中东、非洲多国的分支日趋活跃。

（三）极端思潮恶性互动，内外威胁竞相为患

美欧等激进民族主义思潮持续蔓延，排外情绪发酵，导致本土恐怖滋扰叠加国际恐患威胁。

美国极右翼恐怖活动增多，本土恐怖威胁升级。2022年，美国发生多起涉及种族问题的恐怖袭击。4月，纽约一地铁车厢

---

[1] Asfandyar Mir, "Pakistan's Twin Taliban Problem," https://www.usip.org/publications/2022/05/pakistans-twin-taliban-problem.

[2] Matthew Levitt and Aaron Y. Zelin, "What Zawahiri's Death Means for al-Qaeda and Its Branches," https://www.washingtoninstitute.org/policy-analysis/what-zawahiris-death-means-al-qaeda-and-its-branches.

遭极端分子枪击，致 10 人中枪，袭击目标是亚裔和西班牙裔居民；5 月，一白人枪手在布法罗市一家超市开枪，造成 10 人死亡、3 人受伤，其中 11 人是非洲裔。据美枪支暴力档案网站统计，截至 2022 年 6 月初，美已发生 246 起大规模枪击事件。美联邦调查局统计，美枪击暴力事件大多与白人至上和极右翼主义有关。此外，种族问题还引发仇穆（斯林）排穆情绪。据卡塔尔半岛电视台称，美政府 2022 年 9 月民调显示，美国内 62% 的穆斯林感受到来自白人的宗教敌意。[①]

欧洲极右翼民族主义、种族主义势力和激进伊斯兰势力的恶性互动使欧洲恐怖主义、极端主义的痼疾持续加深。近年来，极右翼政党走上欧洲政治"主干道"，法国、西班牙的极右翼势力成重要政治派别，瑞典极右翼的民主党跃升为议会第二大党。2022 年 9 月，代表极右翼民族主义的意大利兄弟党也在议会选举中获胜。这一趋势激化欧洲民粹主义和极端主义，多国极端暴力问题恶化。[②] 4 月，瑞典极右翼政客拉斯穆斯·帕卢丹公开焚烧《古兰经》，引发瑞典多地爆发暴力冲突。

二、美国反恐战略转向"轻脚印"

2022 年，美全球反恐战略的"轻脚印"色彩愈发明显，着重利用空袭和特种部队打击对美构成威胁的恐怖组织。同时，美不断以反恐为借口加紧地缘政治布局，加大遏制竞争对手力度。

[①] Aljazeera, "Decades after 9/11, Muslims Battle Islamophobia in US," https://www.aljazeera.com/news/2022/9/11/decades-after-9-11-muslims-battle-islamophobia-in.

[②] The Guardian, "Italy Election: Far-right Brothers of Italy Set to Take Power," https://www.theguardian.com/world/live/2022/sep/26/italy-election-result-giorgia-meloni-brothers-of-italy-far-right.

(一) 进一步甩掉反恐责任

一方面，推动当事国承担更多反恐责任。2022年10月，拜登政府发布新版《国家安全战略》，延续特朗普政府《国家安全战略》中反恐让位于大国竞争的态势，将恐怖主义同气候与能源安全、大流行病和生物防御、粮食安全、军控与核不扩散一起列为需"合作应对的共同挑战"，并且置于"与中俄竞争"之后。① 美新版《国家安全战略》宣称，"与20年前相比，今天的恐怖主义威胁在意识形态上更加多样，在地域上更加分散"，"随着威胁的演变，我们的反恐方法也必须变化"。新版《国家安全战略》明确将美全球反恐战略从"美国主导、合作伙伴支持"调整为"合作伙伴主导、美国支持"。白宫8月发布的《美国对撒哈拉以南非洲战略》中则明确表示，"美将优先利用反恐资源降低恐怖组织对美国本土、人员、外交和军事设施的威胁，仅在威胁最严重地区通过合法方式实施单边措施""美将集中外交努力，利用发展项目和防御工具，增强合作伙伴应对地区冲突的能力，让更多专业、有能力和负责任的政府安全部门保障国内安全"。② 美国务院代理反恐协调员蒂莫西·艾伦·贝茨9月表示，美不会打击对美不构成直接威胁的恐怖势力。③

另一方面，力推盟国分担反恐任务。2014年，美主导成立打击"伊斯兰国"国际联盟，以使其欧洲等地区盟友为反恐出钱出力。目前，该联盟主要任务已从中东地区扩展至其他地区。

---

① "National Security Strategy," https：//www.whitehouse.gov/wp-content/uploads/2022/10/Biden-Harris-Administrations-National-Security-Strategy-10.2022.pdf.

② "U.S. Strategy toward Sub-saharan Africa," https：//www.whitehouse.gov/wp-content/uploads/2022/08/U.S.-Strategy-Toward-Sub-Saharan-Africa-FINAL.pdf.

③ Timothy Alan Bett, "Counterterrorism Lessons Learned to Face Future Threats," https：//www.state.gov/counterterrorism-lessons-learned-to-face-future-threats/.

特别是随着非洲地区逐渐成为"伊斯兰国"的活动重心，该联盟工作重点不断转向非洲，2021年年底成立非洲焦点小组，并于2022年5月在非洲举行首次部长级会议。联盟计划通过军事打击"伊斯兰国"，以减少其非洲分支机构的暴力行为；通过阻断"伊斯兰国"的融资行为、防止域外恐怖主义人员跨境流动、为非洲各国恢复和提供基本公共服务等方式，进一步遏止"伊斯兰国"在非洲大陆的持续扩张。①

（二）倚重军情结合的精确打击

美国依靠空袭、特种部队结合情报配合进行精确打恐，对威胁美国的高价值暴恐分子进行猎杀。2022年美最大的反恐成果是，在阿富汗通过"超视距"反恐行动击毙"基地"组织头目扎瓦希里。美2021年8月从阿富汗撤军后，在阿富汗推行所谓"超视距"反恐，即在阿富汗境内无驻军、无军事基地情况下，通过部署在阿富汗周边的无人机、导弹等远程手段打击威胁美的恐怖分子。2022年7月，扎瓦希里在喀布尔被美中情局用无人机发射的两枚"地狱火"导弹精确击毙。美国总统拜登称"这不仅是美从阿撤军一周年来的重要成果，还是美情报和反恐部门的巨大成绩"。美国务卿布林肯发表声明称，击毙扎瓦希里兑现了美反恐承诺，"美将继续坚决打击那些威胁我们的国家、我们的人民，或我们的盟友和伙伴的人"。②

2022年2月，美在叙利亚西北部伊德利卜省击毙"伊斯兰国"最高头目库莱希；7月在叙利亚阿勒颇省击毙"伊斯兰国"五大头目之一马赫尔·阿加尔；10月，美在叙利亚发动空袭击毙"伊斯兰国"3名高级头目。此外，美在非洲索马里加大空袭

---

① 瑗敏：《警惕"伊斯兰国"在非洲扩张》，《中国国防报》，2022年7月8日。
② Antony J. Blinken, "The Death of Ayman al‐Zawahiri," https：//www.state.gov/the‐death‐of‐ayman‐al‐zawahiri/.

打击力度，拜登授权对"索马里青年党"几十名重要头目发起定点清除，力争瓦解该组织策动袭击的能力，将其威胁降至"可以容忍的水平"。6月以来，美已对"索马里青年党"发动多次空袭。[1] 如8月14日，在索马里中部发动空袭，打死至少13名"索马里青年党"武装分子。10月1日，美军与索马里政府军、非盟维和部队在索马里中部朱巴地区开展联合行动，击毙了"索马里青年党"重要头目阿卜杜拉希·纳迪尔。

与此同时，拜登政府也试图降低无人机反恐造成的大量无辜平民伤亡。在新版《国家安全战略》报告中，拜登政府表示将尽量减少因反恐导致的平民伤亡，宣称将"用狭窄而具体的框架取代过时的使用武力授权"。据美媒报道，2022年10月拜登签署了一项机密政策，收紧了特朗普政府时期将发动袭击的决定权下放至现场指挥官的宽松政策。根据新政策，除在伊拉克、叙利亚的无人机反恐行动，美军在阿富汗、也门、索马里等国执行无人机打击任务时，须事先得到总统批准，才能将恐怖分子嫌疑人列入直接行动的目标名单。[2]

（三）借反恐强化地缘政治布局

美在重点地区仍然维持小规模驻军，以保持对恐怖组织的威慑力，保护美海外利益，同时借反恐完善在重点地区的布局，以介入地区安全事务，服务地缘政治和大国竞争需要。

在中东，美继续保持一定规模的军事部署。目前中东地区在美全球战略中的重要性下降，新版《国家安全战略》报告称，要改变以军事为中心的中东政策，支持中东地区"降级"。但同

---

[1] Bill Rpggio and Caleb Weiss, "US Picks up Pace of Airstrikes in Somalia," https://www.longwarjournal.org/archives/2022/08/us-picks-up-pace-of-airstrikes-in-somalia.php.

[2] 才仁卓玛：《美调整无人机打击政策》，《中国国防报》，2022年10月26日。

时美认为在中东地区必须维持有效、可持续的军事态势，以强化威慑、加强伙伴能力、促进区域安全一体化、打击恐怖主义威胁和确保全球商业自由流动。2022年，美军以反恐为幌子继续维持在叙利亚的非法驻军，并伙同其支持的叙反对派武装控制了主要产油区，频繁将叙石油盗运出境，造成叙境内严重能源短缺，加剧叙人道主义灾难。叙政府多次谴责美"海盗行径"，要求美非法驻军撤离。此外，美在叙利亚遏制伊朗的态势愈发明显。8月23~25日，美军连续三天空袭叙境内"伊朗支持的民兵组织"的基础设施。

在非洲，美军重返索马里打恐，强化在非洲之角的军事布局。2021年初，美从索马里撤军，相关人员转移至吉布提、肯尼亚，此后以轮转方式对索马里实施跨境反恐行动，但效果不佳，美在索马里反恐行动严重受阻。2022年5月16日，拜登签署命令，向索马里重新部署约500人规模的特种部队，旨在通过小规模、持续的军事存在，抑制"索马里青年党"威胁，保障美人员安全。美国防部发言人约翰·柯比称，美军在索马里不会直接参与战斗行动，而是帮助培训索马里政府军，提供后勤、情报等支持，协助索马里政府更有效打击"索马里青年党"。[①] 而美军此番返索，绝不仅是基于反恐考量，索马里位于东非之角、印度洋之滨，地缘战略位置重要，随着美将重心转向大国竞争，索马里地缘价值愈发凸显。2022年，美非洲司令部司令史蒂芬·汤森与美驻索大使小拉里·安德烈连续窜访索马里西北部自行宣布独立的"索马里兰"首都哈尔格萨，并考察位于伯贝拉港的机场，试图将其改造为美军事基地，以监视我军在吉布提军事基地的活动。

---

① 林源：《拜登政府重新调整对非政策？》，《中国国防报》，2022年6月6日。

在中亚，美极力寻求扩大与中亚国家安全合作，以填补其从阿富汗撤军后的军事真空。2022年5月以来，美先后派遣多个代表团访问中亚。美国务院高级官员称，"美现在看到了平衡俄罗斯在中亚影响力的机会，意欲在安全和反恐领域中为中亚国家提供更多合作"。8月，美在塔吉克斯坦与蒙古国、巴基斯坦、哈萨克斯坦、塔吉克斯坦、吉尔吉斯斯坦和乌兹别克斯坦举行"区域-2022"联合军演。美中央司令部表示，联合军演旨在"加强地区安全和稳定，应对恐怖主义和大规模杀伤性武器"。此外，自阿富汗撤军以来，美一直想在中亚设立军事基地。6月，《华尔街日报》爆料称，美中央司令部有意诱使中亚国家与美合作，在当地建立军事基地。8月，美"政治"网站称，美正在退而求其次，试图向乌塔两国提供战斗机以换取安全合作协议，以深化边境安全和反恐合作，特别是加强情报共享。①

三、国际反恐合作止步不前

当前，国际反恐合作面临复杂挑战。美持续收缩全球反恐战略，推卸作为大国本应承担的反恐义务，造成地区反恐真空，美等少数国家还炮制人权人道问题，干预他国反恐努力，并打着反恐旗号，奉行单边主义和霸凌行径，干扰国际反恐合作进程。

一是反恐共识减少，合作反恐动力不足。"9·11"事件以来，应对恐怖威胁成为国际社会共识，曾形成以美为首的打击"基地"组织和"伊斯兰国"的国际反恐联盟以及多个区域性反恐集团。然而，美国际反恐防线持续收缩，反恐战略日益内顾，

---

① Lara Seligman, "U. S. Looks to Trade Former Afghan Aircraft for Counterterrorism Help in Central Asia," https://www.politico.com/news/2022/09/19/afghan-aircraft-trade-counterterrorism-al-qaeda-00057564.

并把过去 20 年的反恐力量、资源和机制转向服务大国竞争，引发国际社会的反恐思潮变化。美国不愿承担国际反恐责任，其他国家既没有能力也缺乏意愿接过美国抛弃的反恐责任。

二是西方国家罔顾反恐责任，采用双重标准选择性反恐。美国从反恐转向大国竞争，从国际反恐的领导者甚至转变为破坏者，大肆纵容和利用恐怖组织谋求地缘私利、将反恐工具化等做法，严重损害国际反恐合作有效性。2021 年美为了一己私利从阿富汗仓促撤军，导致阿富汗重新成为地区战乱之源，恐情外溢对中亚、南亚等地区国家的冲击开始显现。美坚持双重标准和纵容利用国际恐怖势力为己所用，给"东伊运"摘帽洗白，为"东伊运"和与之关联密切的国际恐怖组织提供更大的生存活动空间，严重破坏大国之间的反恐信任，搞乱了国际反恐统一战线，搞废了国际反恐思想防线。[①] 同时，美国在阿富汗撤而不离，谋求在中亚等地建基地，采取"超视距"战略打击阿恐怖分子，严重侵害他国主权。如美年初在喀布尔发现了"基地"头目扎瓦希里的踪迹，并在当地时间 7 月 31 日由中情局对其发动无人机袭击，当时正在房屋阳台上的扎瓦希里当场毙命。事后引发阿富汗、巴基斯坦两国的强烈抗议和国际社会的广泛谴责。更令人吊诡的是，美在收缩反恐阵线的大背景下，却又重新出兵索马里，与其整体反恐战略背道而驰，根源在于美要趁机强化在非军事布局，牵制中国在非洲影响力。

三是地区国家与帮扶国家矛盾加剧，导致反恐合作难以维持。这点在法国与马里之间最为明显。一直以来，法国与马里之间的反恐合作是抑制萨赫勒地区恐怖威胁的重要保障。2014 年，

---

① 傅小强：《国际反恐变局呼唤合作应对新格局》，《大众日报》，2022 年 1 月 3 日。

法国时任总统奥朗德正式启动"新月形沙丘"行动,向马里出动数千名军人帮助解决萨赫勒地区恐患。然而,2020年8月,马里发生军人政变,由哗变军人成立的全国人民救赎委员会随后组建过渡政府,但法国并不支持,双方龃龉不断各不相让,矛盾愈演愈烈。而在法国旷日持久的反恐战争下,马里民众对法国的不满情绪与日俱增。马里多地相继爆发反法游行,甚至有人点燃法国国旗,高呼"打倒法国"等口号。尼日尔、布基纳法索等国也都发生反法抗议。法国2022年2月宣布从马里撤军,并于8月15日撤走参与"新月形沙丘"行动的最后一支部队。法国撤军前,欧盟也于2022年4月11日停止欧盟在马里的所有军事训练计划。就在法国完成撤军当天,马里外交和国际合作部长阿卜杜拉耶·迪奥普致信联合国安理会,指责法国向马里当地的恐怖组织提供支持,并要求召开紧急会议,终止法国的侵略行为。这封信函使得马里与法国本已紧张的关系降至新低。马法两国的交恶,使得萨赫勒地区的恐怖威胁更为严峻。

四是新冠病毒感染疫情持续,严重冲击反恐合作的顺利开展。新冠肺炎疫情导致各国反恐训练、部署和行动受限。疫情也增加了反恐力量感染的风险,士兵被迫减少反恐训练、作战行动以及与他国的反恐合作。因新冠肺炎疫情持续发酵,联合国秘书长古特雷斯一度宣布暂停维和部队的轮换和部署,而这些维和部队对于打击非洲南部等地的恐怖势力、维护地区安全意义重大。在恐情严峻的中东和萨赫勒地区,也面临类似困扰。在中东,打击"伊斯兰国"全球联盟因为疫情暂停了对伊拉克安全部队的援助和培训,加拿大、英国、法国和西班牙等国军队先后从伊拉克撤出。

四、中国作用日益彰显

中国是恐怖主义的受害者，也是国际反恐事业的重要参与者和贡献者，国际反恐行动中国方案的成效日渐凸显。

（一）反恐实践成效显著

以"东伊运"为代表的"东突"恐怖势力是中国也是国际社会面临的重要恐怖威胁，其在叙利亚和阿富汗有活动据点，在东南亚等地区有流窜通道，与国际恐怖势力和极端势力相互勾结，并在中国境内外策划实施恐怖袭击。1990年至2016年底，作为中国反恐斗争主战场的新疆发生了数千起恐怖袭击事件，造成大量无辜人员伤亡和财产损失，极大地阻碍了新疆的经济发展和社会进步。面对严峻复杂的反恐形势和各族群众对打击暴力恐怖犯罪、保障生命财产安全的迫切要求，中国积极响应《联合国全球反恐战略》及其一系列反恐决议，在借鉴国际社会反恐经验的基础上，坚持标本兼治方针，一手抓打击、一手抓预防，既依法严厉打击暴力恐怖犯罪，又重视开展源头治理，通过着力改善民生、加强法治教育、加强帮扶教育等多种形式，最大限度保障公民免遭恐怖主义和极端主义侵害。[①] 中国反恐斗争的良好态势不断拓展，新疆已经连续6年未发生恐怖袭击事件。中国反恐、去极端化成就获得国际社会广泛认可。联合国负责反恐事务的副秘书长沃伦科夫积极评价中国政府采取的反恐举措，认为中国的经验值得借鉴。2022年10月31日，又有近百个国家在联

[①] 《新疆维吾尔自治区第74场涉疆新闻发布会实录》，http：//www.chinaxinjiang.cn/zhuanti/2021/2/2/202207/t20220714_665827.htm。

合国表达对中国反恐政策的理解和支持。①

（二）积极倡导新反恐理念

2001年"9·11"事件以来，美在南亚、中东、非洲等地区大搞军事反恐行动，造成阿富汗、叙利亚等多国长期动荡，不仅未能有效削弱恐怖主义威胁，反而留下了越反越恐的烂摊子。美主导的20年反恐战争惨淡收场，凸显其反恐理念的无效性和自私性。事实上，美长期利用反恐问题谋取私利、维护霸权、破坏其他国家间的反恐合作，注定其必然走向失败。当前，国际恐怖活动加速回潮，南亚、中东、非洲等地区面临的恐怖威胁不断攀升，国际社会迫切需要新的反恐治理理念来引导新的国际反恐斗争。

习近平主席在博鳌亚洲论坛2022年年会开幕式上发表主旨演讲首次提出全球安全倡议，强调安全是发展的前提，人类是不可分割的安全共同体，呼吁国际社会共同维护世界和平安宁。中国秉持全球安全倡议的精神和理念，践行共同、综合、合作、可持续的安全观，在反恐治理上日益形成了中国方案、中国智慧，为化解国际反恐困局提供了新思路。

一是坚持联合国在反恐国际合作中的中心地位和主导作用，推动落实《联合国全球反恐战略》及安理会反恐决议，建立以联合国为中心的全球反恐统一战线，倡导在联合国的领导下，凝聚共识，加强统筹协调，推动形成更大合力。中国反对采取双重标准，强烈谴责一切形式的恐怖主义和极端主义，反对将恐怖主义、极端主义与特定国家、民族、宗教挂钩。

二是主张综合施策、标本兼治。国际反恐经验表明，以军事

---

① 《2022年11月1日外交部发言人赵立坚主持例行记者会》，https://www.fmprc.gov.cn/fyrbt_673021/202211/t20221101_10795384.shtml。

打击为主的"硬式"反恐治标不治本,不仅不能从根本上消除宗教极端思想和暴力恐怖主义,反而会激化恐怖主义问题。反恐应综合运用政治、经济、社会、文化、外交、军事等手段,加强源头治理,防患于未然;同时突出重点,推动政治解决地区热点问题,倡导不同文明和宗教和谐共处,帮助有关地区和国家的经济社会发展,改善民生,彻底消除恐怖主义产生的土壤。

三是注重加强反恐能力建设。国际社会应充分利用高新科技精准打击恐怖活动,同时防止这些新工具被恐怖组织滥用。发展中国家是恐怖势力主要流入地,国际社会应采取切实举措,提升发展中国家反恐能力。中国坚持继续为有关国家自主维护地区安全和反恐努力提供支持。①

(三) 反恐国际贡献日益扩大

中国是国际反恐事业的重要参与者和贡献者,中国方案在国际反恐中成效日渐凸显。中国先后批准加入12个全球性的国际反恐公约,并积极履行《联合国宪章》和所缔结、参加的国际公约规定的反恐义务,严惩恐怖主义。与此同时,中国积极参与联合国、国际刑警组织、上海合作组织、金砖国家、亚太经合组织、东盟地区论坛等多边合作机制,为国际反恐事业作出了积极努力和贡献。近年来,中国积极通过双多边渠道开展反恐合作,已与数十个国家建立了会晤交流机制,在情报交流、线索核查、案件侦办、能力建设等方面开展务实合作。在新形势下,中国有推进国际反恐合作的紧迫感和使命感,不断在国际反恐合作和促进地区稳定方面推出新举措,与国际社会共同构建人类安全共同体。2022年9月17日,上海合作组织成员国元首理事会发表

---

① 《耿爽大使在第77届联大六委"消除国际恐怖主义的措施"议题下的发言》,中国常驻联合国代表团, http://un.china-mission.gov.cn/hyyfy/202210/t20221005_10777222.htm。

《撒马尔罕宣言》，强调继续深化反恐合作，并倡议将上合组织地区反恐怖机构升级为上合组织应对安全威胁和挑战综合中心。[1] 中方还在此次会议上宣布，愿在未来5年为成员国培训2000名执法人员，建立中国—上海合作组织反恐专业人才培训基地，强化各方执法能力建设。[2] 针对非洲地区日益严峻的恐怖威胁，中国表示，愿加快落实对非盟和地区国家军援，增强非洲反恐维稳能力，愿与非洲共同落实全球安全倡议，增加对中国—联合国和平发展基金投入，优化联合国在非洲的维稳促和行动。[3]

（审定：傅小强）

---

[1] 《上海合作组织成员国元首理事会撒马尔罕宣言》，中华人民共和国外交部，https：//www.mfa.gov.cn/web/zyxw/202209/t20220917_10767328.shtml。

[2] 《习近平在上海合作组织成员国元首理事会第二十二次会议上的讲话》，中华人民共和国外交部，https：//www.mfa.gov.cn/web/zyxw/202209/t20220916_10767102.shtml。

[3] 《弘扬中非友好 加强团结合作 打造中非共同发展的新时代》，中华人民共和国外交部，https：//www.fmprc.gov.cn/web/wjbz_673089/zyhd_673091/202208/t20220819_10745611.shtml。

第十九章　数字时代"要塞"之争硝烟四起[*]

2022年网络与数字领域大事频发，种种迹象表明，在技术与政治双重因素推动下，网络或数字空间成为国际地缘政治博弈主战场的现实再次得以印证。尤其是随着中美战略博弈进入相持阶段，美国不断加大对华科技遏制力度，实招、硬招频出，给全球科技生态带来深远影响；乌克兰危机向国际社会充分展示，信息时代技术加持对传统地缘政治冲突的深刻冲击，亦使得长期以来对于何为网络战的场景设想得到一定现实验证，混合战的对抗形态更趋明朗；各国加大数据安全维护力度，随之而来关于数据跨境流动的规则与模式之争日趋激烈，美欧等国加紧谋篇布局，试图打造数据流动新版图。数字时代的"要塞"之争硝烟四起。

一、大国前沿科技竞争进入新阶段

新一轮科技革命背景下，科技尤其是关键与新兴技术成为地缘战略竞争的高地，自特朗普政府发动所谓"科技战"之后，拜登政府沿着加大科技竞争力度，尤其是强化对华科技遏制与围堵的既定思路，不断推动政策升级，实施所谓"精准化脱钩"策略。2022年10月12日，白宫发布新版《国家安全战略》报告，明确将技术视作当前地缘政治竞争的关键。当前大国科技竞

---

[*] 本章撰稿人：李艳、谭笑间、周宁南、孙榕泽、翟一鸣。

争进入新阶段，具体表现有三：一是美对华科技遏制由理念、战略进入落地、执行阶段，对华打压实招、硬招频出；二是大国博弈重塑科技发展，全球科技生态发生显著改变；三是围绕关键与新兴技术的博弈日趋激烈，并不断催生新的博弈点。

（一）美对华科技遏制硬招频出

一是继续加大出口管制力度。美商务部持续将中国企业和机构列入出口管制清单：2021年11月25日，借口"支持中国解放军的现代化""试图获取源自美国的技术并用于军事用途"将杭州中科微电子有限公司、合肥微尺度物质科学国家研究中心等12家中国企业和科研机构列入"实体清单"；2021年12月16日，将中国军事医学科学院、大疆等34家中国科研机构和科技企业列入"实体清单"；2022年2月8日和2月14日，将南方实业、上海微电子等34家中国企业列入"实体清单"和"未验证清单"；8月24日，再度以"支持解放军现代化"为借口将中国航天科技集团、中国空间技术研究院以及中国电子科技集团旗下的7个研究所列入"实体清单"；9月9日，公布了对《出口管制条例》的修改内容，正式将"软件、密码和技术"纳入管制内容；10月9日，将依图科技等31家中国企业和机构列入"实体清单"。美商务部网站公开数据显示，2021年10月至2022年9月新增列入美出口管制清单的中国企业和机构累计达118个，涉及芯片、核能、光电、计算机、无人机、发动机、航空航天、人工智能、海底光缆、脑机接口、高超声速、数控机床、智能设备、生物制药、大数据、量子科技等方方面面，凸显了美国对中国前沿科技领域全面打压的意图。

二是综合运用软性措施进一步强化限制。美政府认为"实体清单"仍存在一定灰色地带或漏洞，因此在加大"实体清单"制裁的同时，增加带有"毒丸条款"的法律与政府建议信等软性措施，这些措施具有较强随意性，应用起来亦更加灵活。2022年8月9日，拜登签署了《芯片和科学法案》，正式禁止所有接受该法案资助的各国芯片制造企业在华扩大芯片制程在28纳米以下的芯片生产线。法案中的"毒丸条款"要求所有接受美联邦政府资金的对象必须向美政府报告任何来自中国且金额大于5万美元的资金支持，并要求其不得扩大在华芯片领域投资，所孵化的新兴技术的产业化必须发生在美国而不是中国。与此同时，美商务部还通过向企业发送信函的方式，建议泛林、科磊和应用材料等芯片制造设备供应商停止对华供应用于生产14纳米以下逻辑芯片、18纳米以下DRAM芯片与128层以上NAND闪存芯片的设备；英伟达、AMD公司亦收到了要求停止对华供应最先进的可用于人工智能训练的图形处理器芯片的信函。[1] 表面上看，这些软性措施似乎并不具有直接强制性，但无疑会对美企业和厂商造成不良心理预期，事实上造成与华合作意愿下降。

（二）大国博弈重塑科技发展前景

一是使全球互联网与科技领域的发展陷入低迷。在拜登宣布针对中国的人工智能芯片禁令后，包括英伟达、台积电、AMD、三星、ASML等公司的股价应声下跌。英伟达年内累计下跌59%，市值缩水4637亿美元；台积电年内累计下跌41%，市值缩水3830亿美元；AMD年内累计下跌59%，市值缩水1516亿美元；作为垄断极紫外光刻机市场的厂商，ASML跌超45%。[2]

---

[1] Josh Horwitz and Jason Xue, "China Tech Shares Sink as U. S. Export Curbs Raise Chip Sector Hurdles," https：//www.reuters.com/technology/chinese－chip－makers－shares－slump－after－us－publishes－new－export－rules－2022－10－10/.

[2] Jeff Tucker, "USAnti－China Sanctions Brought down the Global Semiconductor Industry. Shares of TSMC, Samsung and other Companies Have Collapsed," https：//gadgettendency.com/us－anti－china－sanctions－brought－down－the－global－semiconductor－industry－shares－of－tsmc－samsung－and－other－companies－have－collapsed/.

且美互联网巨头年内亦纷纷开始裁员。据美媒报道，在美国内其他行业招聘火热的情况下，科技行业却显示出萎缩迹象。2022年，亚马逊正式员工减少9.9万人，创2008年成立以来最大跌幅;① 美云服务器巨头Oracle年内已裁员超1万人;② 特斯拉宣布裁减10%的员工，总人数接近1万人;③ 脸书亦宣布10%的员工裁减计划，将导致全球近8000名员工失业;④ 甚至连苹果、微软都加入了裁员行列。有迹象表明，美政府这种行为正在给全球科技市场带来连锁效应，全球科技企业均将面临严峻的发展前景。同时，这些行为也正在不断破坏多年来形成的国际合作基础。

二是使全球科技产业发展更趋分裂。美参议员查尔斯·舒默称，2020年起全球芯片短缺的影响传导至美各行各业，使美国内出现了因缺乏芯片而停工停产和产品价格上涨等现象;⑤ 2022年起又出现了低端芯片局部过剩的现象，使包括高通、德州仪器在内的美芯片厂商不得不降价销售，经济损失严重。⑥ 这种规模

---

① Todd Bishop, "Amazon Sheds Record 99k Employees after Overstaffing Warehouses, Will Slow Office Hiring," https：//www.geekwire.com/2022/amazon－sheds－record－99000－employees－after－overstaffing－warehouses－plans－to－slow－office－hiring/.

② "Oracle Starts Job Cuts in U.S.－The Information," https：//www.reuters.com/technology/oracle－starts－job－cuts－us－information－2022－08－01/.

③ HyunjooJin, "Exclusive：Elon Musk Wants to Cut 10% of Tesla Jobs," https：//www.reuters.com/technology/exclusive－musk－says－tesla－needs－cut－staff－by－10－pauses－all－hiring－2022－06－03/.

④ Allison Levitsky, "Job Cuts Are Looming at Meta," https：//www.protocol.com/newsletters/protocol－work place/big－tech－job－cuts？rebelltitem=5#rebelltitem5.

⑤ Chuck Schumer, "Majority Leader Schumer Floor Remarks on Addressing The Chips Shortage and Continuing to Approve President Biden's Judicial Nominations," https：//www.democrats.senate.gov/newsroom/press－releases/majority－leader－schumer－floor－remarks－on－addressing－the－chips－shortage－and－continuing－to－approve－president－bidens－judicial－nominations.

⑥ 《有芯片价格下跌8成，部分生厂商开始被客户砍单，汽车芯片短缺已缓解？》，https：//view.inews.qq.com/wxn/20220718A09AME00。

与烈度、前所未有的市场波动使得芯片自给自足这种从未出现过的政策选项进入美国决策者视野。美商务部长吉娜·雷蒙多称，美国需要在芯片上实现自给自足，而不是依赖中国。美参议员迪克·德宾亦称，重建美国的芯片生产是为了在一个危险的世界中捍卫国家和盟友。美还在全球范围内重塑半导体产业链，尤其是推动"友岸外包"，试图将中国排除在全球半导体供应链之外。2022年6月，被列入美"实体清单"超3年的华为宣布，其新版操作系统"鸿蒙3.0"将删除全部来自谷歌安卓社区的开源代码，意味着"鸿蒙3.0"将从操作系统代码层面完全与谷歌安卓划清界限。

此外，这种分裂的影响还从产品、技术等有形层面转向知识产权、人才等无形层面。2022年10月14日，中国最大的半导体制造商北方华创已告知其在华工作的美籍员工停止参与零部件和机械开发，以主动避免自身成为美商务部出口管制措施所限制的对象。美三大芯片（半导体）设备巨头应用材料、泛林集团和科磊亦同步开始从中国的长江存储等国产芯片企业撤走设备维护方面的专家。这种分裂的做法显然使全球科技发展面临更大的不确定性。

（三）新兴技术应用不断催生全新博弈点

一是乌克兰危机中"星链"下场催生"网太融合"博弈。截至2022年10月8日，美太空探索技术公司已累计发射3347颗"星链"卫星，目前在轨服务的卫星已达2642颗。[①] 从发射速度来看，过去两年"星链"的部署进度非但没有减缓，反而在加速，这表明美国正在加紧抢占太空互联网领域的网络与太空

[①] "Live Starlink Satellite and Coverage Map, Constellation Size over Time," https://satellitemap.space/#.

资源。与此同时，"星链"已于2022年5月发布了2.0版本的全新卫星系统，其最大的变化是支持星间链路，使卫星与卫星之间可以直接传输网络信号，下一步手机也能够直接连接"星链"。"星链"在乌克兰危机中表现抢眼，甚至直接下场参与军事行动，为乌军的战场指挥与信息设备的联网提供帮助。而对于俄军占领地区，"星链"则关闭信号，使俄军无法利用星链。[①] 这表明"星链"前所未有地介入了地缘政治冲突，成为各国进行军事行动前必须考虑的重要因素。

在此背景下，"星链"催生网络安全与太空安全融合效应，"网太融合"博弈初现端倪。一方面美太空影响力事实上得以增强。根据南安普顿大学教授休·刘易斯公布的数据，"星链"可能引发的卫星碰撞已占当前全球可能发生卫星碰撞的预警事件的50%以上，成为第一大太空碰撞风险源。[②] 由于"星链"卫星体积小、重量轻、造价低廉、机动性好，一旦与他国卫星发生近距离交汇，不仅躲避成本更低，还会令他国绷紧神经，即便发生碰撞损失也较轻。这就使美国事实上拥有了影响和限制他国太空活动的能力。2021年7月和10月，"星链"卫星两次不安全抵近中国载人空间站导致后者被迫变轨就是一例。另一方面，网络武器成为有效反制太空能力的重要选项。北约诺福克联合部队司令部总部在2021年12月发布系列报告，以论文集的形式详细阐释了类似"星链"这样的巨型卫星星座可能面临的在《武装冲突法》意义上的安全问题，其中网络攻击作为一种新型反卫星手

---

① Max Seddon and Richard Waters, "Ukrainian Forces Report Starlink Outages during Push against Russia," https://www.ft.com/content/9a7b922b-2435-4ac7-acdb-0ec9a6dc8397.

② Tereza Pultarova, "SpaceX Starlink Satellites Responsible for over Half of Close Encounters in Orbit, Scientist Says," https://www.space.com/spacex-starlink-satellite-collision-alerts-on-the-rise.

段受到广泛关注。① 对北约而言，防范网络攻击已成为保护此类太空资产的重要议题。

二是新兴技术军事泄密催生开源情报博弈。当前，卫星遥感、社交网络、智能导航、网络摄像头等新兴技术的普及已显著改变全球信息环境，给传统的军事动员、行动及作战的保密带来前所未有的挑战，催生开源情报博弈。这从冲突中传统战法在各种科技应用面前水土不服。所谓开源情报是指从公开渠道获取的情报，其主要来源包括智库、互联网、新闻机构以及身处冲突前线的民众等。乌克兰危机中，美西方组织了上千个大大小小的开源情报机构，其中不乏各领域专业人士甚至前情报官员。这些机构通过互联网向前线乌军提供情报支援，与之进行深度合作，不仅帮助乌军，也使乌克兰危机成为美西方开源情报机构的练兵场。

早在冲突爆发前两个月，美商业卫星遥感公司拍摄到俄罗斯靠近乌边境的克林茨镇有350辆军车停在一处废弃的弹药储存设施内，成为美政府判断俄军可能很快进攻乌克兰的依据之一。美媒分析称，2014年俄占领克里米亚时，卫星遥感技术尚需数月才可部署到位，如今已可以实时观测俄军动向。② 美广播电视新闻网则称，TikTok已成为分享军事视频的重要平台，其中一些俄军登上火车的视频甚至由俄士兵自行拍摄分享。在普京宣布"特别军事行动"前几小时，俄军车队集结使得俄乌边境交通受阻，俄民众使用的智能导航自动向谷歌地图回传了数据，使该路

---

① Paula Raboso Pantoja and Rodrigo Vazquez Benitez, "The Threat of Cyber – attacks to Space – based Assets Affecting NATO's Communications and Weapons Systems," *Legal Gazette*, Issue42, December 2021, pp. 114 – 128.

② Warren P. Strobel and Michael R. Gordon, "Russia's Military Buildup near Ukraine Is an Open Secret," https://www.wsj.com/articles/russias – military – buildup – near – ukraine – is – an – open – secret – 11641292202.

段在凌晨3点出现了大段的堵车标志,暴露了俄军车队的行踪。① 作战开始后,乌调取交通管理部门的网络摄像头画面来获取俄军情报,并在俄军必经之路部署地雷或发射火箭弹袭击。俄军直到两天后才有所反应,边行进边破坏摄像头。但由于摄像头遍布乌大街小巷,俄军行进速度严重放缓,阻碍了俄军实施闪电战,而乌军仍可通过被破坏的摄像头判断俄军抵达位置。② 此外,乌军还利用网络摄像头直播所谓俄军士兵"伤害"乌平民的画面,使俄军陷入舆论危机与外交被动,为"直播战争"时代的到来增添了新注脚。这些战场上的科技因素或多或少对乌克兰危机的走向带来了一定影响,并进一步使新兴科技在国际博弈中的地位得到提升,其自身亦形成博弈新领域。

二、现实冲突催生网络战新场景

网络战构想自美网络中心战、俄第六代战争等理念出现以来广为流传,但网络战的具体形态众说纷纭。迄今为止,多国虽在联合国等正式场合讨论防范网络战争、反制网络战争,但联合国信息安全专家组、开放式工作组多年讨论均未能就界定网络战达成一致意见。各国学者结合大国网络战理念,从国际网络安全事件出发,有的以海湾战争中伊拉克军队因指挥系统遭网络攻击导致军队瘫痪等事例为蓝本,认为网络战以攻击对手核心部位为主要行动,兵不血刃结束战斗;有的推崇"网络影响力行动"在英国"脱欧"、美国2016年总统选举中的重大作用,畅想网络

---

① B. David Zarley, "Open Source Intelligence Exposes War as Never before," https://www.freethink.com/technology/osint-ukraine.

② Guardian News, "Russian Soldiers Captured on CCTV Disabling Surveillance Cameras," https://www.youtube.com/watch?v=SVpyXal1xt4.

空间的信息操纵活动能够影响敌军心理，实现"不战而屈人之兵"。乌克兰危机校正了此前人们对网络战形态的种种猜测，揭示了以混合为特征的网络战新场景。

（一）网络行动与军事行动混合

俄方网络攻击在乌克兰危机中主要发挥对军事行动的配合作用。一方面，俄围绕军事进攻目标进行网络攻击：2022年2月24日，俄对服务乌克兰军事通信的卫星通信网络发动了网络攻击，造成乌军事通信短暂中断；[①] 3月2日，微软发现俄网络力量已成功入侵乌最大核电站扎波罗热核电站，俄部队次日占领该核电站。[②] 另一方面，俄针对电力等能源系统进行网络攻击以瓦解对手斗志：3月24日，乌国家特殊通信和信息保护局副局长维克多·佐拉称，乌输电企业遭到俄网络攻击，险些造成200万人失去电力供应。[③] 4月27日和6月22日，微软分别发布两份报告，梳理乌克兰危机以来俄对乌发动网攻的情况，认为俄持续开展的网络攻击有力支持了俄军战略和战术行动。[④]

乌克兰组织的网络力量则对俄方军事行动发挥牵制作用。乌国防部在乌克兰危机开始时就指示乌网络安全企业 Cyber Unit Technologies 的创始人叶戈尔·奥舍夫组建由全球志愿者组成的

[①] Chris Vallance, "UK Blames Russia for Satellite Internet Hack at Start of War," https://www.bbc.com/news/technology-61396331.

[②] Marc Santora, "The Operator of Ukraine's Nuclear Plants Says It Faced an Ambitious Cyberattack," https://www.nytimes.com/2022/08/16/world/europe/the-operator-of-ukraines-nuclear-plants-says-it-faced-an-ambitious-cyberattack.html.

[③] Mehul Srivastava, "Inside Ukraine's Online Defence: The Battle against Moscow's Cyber Attacks," https://www.ft.com/content/20544951-2c98-4d47-842d-b34a246a564f?shareType=nongift.

[④] Brad Smith, "Defending Ukraine: Early Lessons from the Cyber War," https://blogs.microsoft.com/on-the-issues/2022/06/22/defending-ukraine-early-lessons-from-the-cyber-war/.

约 30 万人的"网络部队",以弥补自身网络攻防力量的不足。一方面,乌对俄政府网站及第三国基础设施开展网络攻击,干扰俄国防、军事部署。2022 年 2 月 24 日,克里姆林宫官方网站、国防部网站等俄政府网站即遭乌网络攻击而无法访问,成为乌反击俄"特别军事行动"的第一枪;白俄罗斯铁路调度系统遭受乌网络攻击,使得本拟借道白俄罗斯铁路直捣乌克兰首都基辅的俄卡车和坦克部队尚未参战就被困在白俄罗斯,陷入燃料耗尽、食物匮乏的窘境。另一方面,乌对俄军事设施进行网络攻击,盗取俄军事情报。乌"网络部队"利用攻击获取了大量俄武器装备实验数据、前线官兵和情报机构线人身份,为乌应对俄军进攻提供了关键情报信息。

(二) 网络行动与认知塑造混合

乌克兰危机早期,俄曾利用网络攻击影响部分乌公民认知。2022 年 1 月 14 日起,俄对乌发动试探性网络攻击,乌外交部、教育部、能源部、内阁等在内的 70 多个中央和地区政府网站成为攻击目标,造成乌克兰人心浮动。乌克兰首富里纳特·阿克梅托夫在乌遭网络攻击的第一时间乘坐私人飞机逃往国外,随后,乌克兰第二富豪、钢铁巨头维克托·平丘克以及瓦迪姆·诺维茨基、奥列克桑德尔·雅罗斯拉夫斯基等寡头均逃离乌克兰。俄乌两国还将网络行动对认知塑造的重点放在争夺战争国际话语权上。冲突前期,俄在全球社交媒体平台中塑造"乌克兰当局破坏俄乌关系""西方政策将乌克兰推向冲突""乌克兰袭击俄罗斯军队""俄干预可解决乌克兰人道主义危机"等国际叙事,同时宣扬爱国主义等国内叙事并广泛传播,以掌握道义高点。[①] 乌

---

① "Fact vs. Fiction: Russian Disinformation on Ukraine," https://www.state.gov/fact-vs-fiction-russian-disinformation-on-ukraine/.

也在网络空间传播"总统街头坚守"等故事,[①] 努力营造乌"誓死保卫家园"的社会氛围,并传播俄"屠杀"等"侵略暴行",塑造战争叙事,争取国际支持。[②]

(三) 国家与非国家行为体混合

乌克兰危机中,以网络安全企业、网络平台企业为代表的非国家行为体在网络战中扮演了重要角色。网络攻防的主体拓展到网络安全企业,它们在网络战中起到了关键性作用。微软、曼迪昂特、ESET、思科等全球网络安全企业帮助乌克兰提升网络防御能力,俄长期在乌电网中的潜伏活动就被微软发觉,导致俄发起"特别军事行动"后第一时间对乌克兰电网的网络攻击未能奏效。美国国家网络总监英格利斯称,全球网络安全企业积极为乌克兰提供网络防御能力,意味着俄罗斯想在网络战中击溃乌克兰,就需要同时击溃所有网络安全企业。认知塑造的网络行动主体同样拓展到网络平台巨头,它们发挥了扭转战局的作用。冲突前期,俄在脸书、推特等网络平台中发布"俄军势如破竹""乌官员流亡国外"等信息,对乌社会产生极大震慑,乌总统泽连斯基不得不在首都基辅街头露面以示仍在坚守。俄还在网络平台上发布美乌违反《禁止生物武器公约》并在乌境内进行生物武器实验等信息,有效挫损乌政府合法性和美乌国际声誉。[③] 但随着苹果、脸书、谷歌等网络平台巨头限制俄相关媒体在其平台上

---

① Steven Erlanger, "How Volodymyr Zelensky Rallied Ukrainians, and the World, against Putin," https：// www. nytimes. com/2022/02/27/world/europe/volodymyr – zelensky – ukraine – russia. html.

② Simon Gardner, "Ukraine Accuses Russia of Civilian 'Massacre'; Moscow Denies It," https：// www. reuters. com/world/europe/ukraine – claims – control – over – kyiv – region – russia – looks – east – 2022 – 04 – 03/.

③ Ed Pilkington and Gloria Oladipo, "What Are Russia's Biological Weapons Claims and What's Actually Happening?" https：// www. theguardian. com/world/2022/mar/11/russia – biological – weapon – claim – us – un – ukraine – bio – labs – explainer.

传播信息,[1] 乌逐渐掌握话语权。2022年5月24日,俄在联合国安理会会议上称,美西方正在网络空间封杀俄罗斯立场观点,煽动针对俄罗斯的网络极端主义。

总而言之,美俄正不断强化以混合为特征的大国间网络战预期:美成立网络空间认知塑造部队,美网络司令部司令亲口承认美军在乌克兰危机中对俄罗斯发动了网络攻击,[2] 对俄发动网络攻击已成为美总统行动选项之一;俄则尽力提升以混合为特征的网络战新形态下的作战能力,对美能源部门进行网络攻击早期的侦查行动,[3] 对美开展的有限网络攻击予以反制,一面封杀境内美西方网络社交媒体,一面开启新一轮网络空间行动,努力在美西方掌控的网络社交媒体平台中发声。可见,乌克兰危机引发的网络战正超越现实战场,激发大国网络战备,预示了未来的网络战争形态。

三、全球数字规则新版图逐步显现

数据作为21世纪最重要的资源之一,是科技创新的巨大驱动力,国际贸易的关键要素,国家安全的重要组成部分,在当今国际政治舞台中前所未有地与权力紧密联系在一起。2022年全球数据领域系列新态势表明,数据作为未来新兴技术应用以及数

---

[1] Adam Satariano and SheeraFrenkel, "Ukraine War Tests the Power of Tech Giants," https://www.nytimes.com/2022/02/28/technology/ukraine-russia-social-media.html.

[2] Ines Kagubare, "Cyber Command Chief Confirms US Took Part in Offensive Cyber Operations," https://thehill.com/policy/cybersecurity/3508639-cyber-command-chief-confirms-us-took-part-in-offensive-cyber-operations/.

[3] Drad Dress, "FBI 'Concerned' about Possible Russian Cyberattacks on Critical Infrastructure," https://thehill.com/policy/cybersecurity/599362-fbi-concerned-about-possible-russian-cyberattacks-on-critical/.

字经济发展的核心要素，正在成为大国博弈的焦点与前沿，全球数字规则新版图正逐步显现。

（一）跨大西洋数据合作取得实质进展，美欧数据联盟初见雏形

一是美欧跨境数据自由流动协议谈判取得突破性进展。美欧《隐私盾协议》失效后，跨境数据流动协议的缺失一直是跨大西洋数据与数字合作的最大阻碍。长期以来，美一直希望推动与欧盟达成新的数据跨境流动协议，但欧盟担心美信号情报活动侵犯欧盟公民个人隐私，要求美进行立法，保证传输至美国的欧洲个人隐私及数据安全。2022年3月25日，拜登访欧之际，美欧宣布达成《跨大西洋数据隐私框架》（简称《框架》）原则性协议。[①]《框架》提出跨大西洋数据流动的五大关键原则——平衡数据流动中的自由与安全、美国对情报监视活动进行约束、进一步强化补救措施、加强美国企业的责任义务以及强化审查与监测。[②] 这体现出美积极回应欧盟关切，作出了妥协与让步。为落实这些承诺，拜登于10月7日签署《关于加强美国信号情报活动保障措施的行政命令》，[③] 宣布加强对美国信号情报活动的约束，加强对信号情报活动中个人信息的隐私保障，明确欧盟公民有权对美情报活动提起诉讼，设立数据保护审查法院，并提出对

[①] "United States and European Commission Announce Trans-Atlantic Data Privacy Framework," https://www.whitehouse.gov/briefing-room/statements-releases/2022/03/25/fact-sheet-united-states-and-european-commission-announce-trans-atlantic-data-privacy-framework/.

[②] "Trans-Atlantic Data Privacy Framework," https://ec.europa.eu/commission/presscorner/detail/en/FS_22_2100.

[③] "Executive Order on Enhancing Safeguards for United States Signals Intelligence Activities," https://www.whitehouse.gov/briefing-room/presidential-actions/2022/10/07/executive-order-on-enhancing-safeguards-for-united-states-signals-intelligence-activities/.

情报机构政策程序及美司法补救措施进行年度审查。欧盟对此高度认可，认为美行政令为跨大西洋数据流动提供了可靠法律基础，并将进一步拟定数据跨境流动充分性认定草案。此次美欧跨境数据自由流动协议取得突破性进展，既表明了冲突爆发后双方有塑造更紧密的跨大西洋合作的现实需要，也体现了美国希望以美欧数字合作为示范，打造全球数字同盟体系的通盘考量。

二是美在欧洲打造跨境执法数据调取前沿阵地。在跨境执法数据调取上，美一直试图搭建以《澄清境外合法使用数据法》（简称《云法案》）为基础的低门槛跨境执法数据国际合作机制。美通过《云法案》将"长臂管辖"延伸至跨境执法数据调取进程中，规定美电子通信服务商或在美运营外国服务商，无论其数据是否存储在美境内，均有数据保存、备份及披露的义务。《云法案》出台后，美国开始与欧盟、英国、澳大利亚等盟友开启跨境执法数据调取双边协议谈判，建立数据跨境调取国际合作体系。2019年10月3日，美英宣布签署《关于为打击严重犯罪跨境获取电子数据的协议》，即第一份《〈云法案〉协议》，规定两国执法机构可快速调取对方境内的企业数据。2022年10月3日，该协议正式生效，[1]既体现了美英电子数据领域合作落实走深，也标志着美在欧洲迈出跨境执法数据调取实质性第一步。可以预见，美将以此为范本，以欧洲为前沿阵地，与更多盟友国家签订协议，进一步将数据流动控制在自己及盟友优势法律管辖之下，并加大对数据跨境治理国际合作及国际规则构建话语权的争夺。

---

[1] "Landmark U. S. – UK Data Access Agreement Enters into Force," https：//www. justice. gov/opa/pr/landmark – us – uk – data – access – agreement – enters – force.

（二）美积极输出所谓数据治理理念，抢占亚太数据规则新高地

一是宣扬美式数据自由流动观，在亚太力推全球跨境隐私规则体系，打造排华数据流动圈。理念上，美一直主张所谓"自由、开放、可信、安全"的数据自由流动观，打造以自由流动为核心的国际数据治理体系。其本质是促进数据流向美国，使美尽可能掌握和控制全球数据，以实现数据霸权及经济科技发展利益最大化。在具体实践上，美力推 APEC 下的区域性数据规则体系——跨境隐私规则体系，通过提供较低保护水平的数据跨境流动机制，削弱体系内国家或地区自主管控数据跨境的权力，[①] 实现美式跨境数据自由流动规则扩张。2011 年以来，美不断将其盟友纳入跨境隐私规则体系，并在 2020 年 8 月首次提出将该体系从 APEC 框架中独立出来。2022 年 4 月 21 日，美与加、日、菲、新（加坡）及中国台湾联合发布《全球跨境隐私规则宣言》[②]（简称《宣言》），宣布成立"全球数据跨境隐私规则论坛"（简称"论坛"），标志着美推动该体系逐渐走实落地取得阶段性进展。"论坛"采取多利益相关方模式，向接受《宣言》的所有管辖区开放，可见美意在数据跨境流动领域进一步夯实跨境隐私规则体系，并将其扩充为全球所有国家及经济体均可加入的隐私规则体系，加强美对全球数据治理规则的主导权，在全球数据流动及数字贸易上构筑排华小圈子；同时促进全球数据跨境"自由"流动，打造以美国为中心的全球数据体系，实现数据霸权。

---

① 洪延青：《数据竞争中的美欧战略立场及中国因应——基于国内立法和经贸协定谈判双重视角》，《国际法研究》，2021 年第 6 期，第 71 页。

② "Global Cross-Border Privacy Rules Declaration," https://www.commerce.gov/global-cross-border-privacy-rules-declaration.

二是借多边机制重塑国际数字格局，重夺"印太"数字经济及数据治理主导权。拜登政府将"印太"视作外交重点及与中国战略博弈的核心，在"印太"积极布局打造数字同盟体系，拉拢盟友，谋求对华阵营化"脱钩"。美通过 IPEF、美日印澳"四方安全对话"等多边机制与亚太相关国家开展数字合作，将所谓"民主价值观"嵌入其中，抢占数字新兴地区，并以此为抓手谋求全球数字治理定制立规权。2022 年 5 月 23 日，拜登在访日期间宣布启动 IPEF，含美国、澳大利亚、新西兰、印度、日本、韩国、印度尼西亚、文莱、马来西亚、菲律宾、新加坡、泰国、越南、斐济 14 个成员国。IPEF 以数字经济为首要支柱，提出要"构建 21 世纪经济规则"，企图通过构建数字经济领域标准规则主导国际经济新秩序。2022 年 5 月 24 日，美、日、印、澳领导人举行东京峰会，发布《四方伙伴关系领导人联合声明》，[1] 指出要在数字领域加强合作，包括共享威胁信息，识别和评估数字化产品和服务供应链的潜在风险，加强 5G 及更前沿领域互操作性等。可见，美正在数字领域积极拉拢亚太相关国家，推广数字贸易及数据跨境流动规则，促进所谓的可信数据自由流动，以谋取经济科技发展利益最大化及对华阵营化"脱钩"，获取对华数字竞争优势。

四、"要塞"之争的风险与挑战

2022 年大国间数字时代的"要塞"之争，其阶段性的博弈目标与效果将在很大程度上影响未来国际安全与力量格局。多年

---

[1] "Quad Joint Leaders' Statement," https：//www.whitehouse.gov/briefing-room/statements-releases/2022/05/24/quad-joint-leaders-statement/.

全球化背景下对于国际安全与稳定、乃至大国关系的传统观念与认知正受到前所未有的挑战。技术与政治的迭加与共振重塑的不仅是现实,更是国际社会各方对于未来国际环境的预期,而这些预期反过来又会在一定程度上加剧可能的风险与挑战。

一是关键与新兴技术的演进不断带来新型安全挑战。技术的发展与治理原本就内生"科林格里奇困境",即在发展初期面临"信息困境"而在发展成熟期又存在"控制困境",安全挑战可谓贯穿技术发展的全过程;再加上技术本身又成为地缘政治竞争的关键,对于新兴技术的战略布局与政策实践,亦不再是单纯的局限于技术本身,而是更多从国家安全与战略博弈的角度予以重视,整体呈现出明显的安全偏好,进一步加大了技术发展所带来的系统性风险。在新兴技术演进与治理中,国家安全维度前所未有的凸显,已成为影响治理进程的重要因素,增加了治理的复杂性。[1]

二是更趋白热化的科技竞争成为不稳定因素。围绕新一轮科技革命的竞争热度与烈度只增不减,相应措施手段更加花样翻新。美国不断对内加强前沿技术的战略布局与资源投入,对外联合盟友出手遏制竞争对手,不惜摒弃其一直宣扬的"自由市场导向",以国家之力启动技术脱钩,动用包括制定"实体清单"、实施出口管制甚至采取司法手段等一切可能的资源,打压包括华为在内的中国公司,甚至联合盟友试图形成国际围堵,进一步压缩中国公司的发展空间。在中美战略博弈进入相持阶段的背景下,这种趋势难有逆转,将继续作为不稳定因素长期存在。

---

[1] 李艳:《新兴技术与国家安全:发展规律、治理逻辑与实践路径》,《国家安全研究》,2022年第4期,第67页。

三是地缘政治博弈的加剧增大网络空间碎片化风险。近年来网络空间不断加剧的博弈态势使得国际合作尤其是大国间合作的基础更加不稳，各国对于共同安全的追求已经被最大限度维护自身安全的诉求所替代，甚至是谋求自身的绝对安全所替代。这种认知的改变体现在政策实践上，就是网络空间整体陷入安全困境，即各国对于自身安全的追求反而带来更多的分歧与冲突，网络、数字等领域的议题不断被安全化与政治化，从而使得既有分歧不仅难以得到有效弥合，反而有进一步加剧的趋势。这也是网络空间需要稳定与秩序，但共识更难达、规则更难立的根本原因所在。越来越多的政策制定者与学者认识到，这种安全困境正在不断加大网络空间碎片化风险。

四是非国家行为体作用的凸显带来新的不确定性。鉴于全球化进程的大背景，非国家行为体本身所具有的独特优势使其在网络等全球性治理领域中的作用不断上升。在乌克兰危机中，非国家行为体前所未有地介入传统地缘政治冲突，无论是国际黑客组织的网络参战，还是借由社交媒体展开的认知战、心理战甚至情报战，其强大的行动力与影响力在一定程度上影响冲突局势，甚至再次刷新了国际社会各方对其作为与能量的认知。从安全的角度来看，一些潜在的风险已然浮出水面。以黑客组织参战为例，无论是应政府要求还是出于自愿，这些黑客组织的参与，对于身处博弈之中的国家而言是把双刃剑。一方面，它使当事国能够动用的资源，无论是人力还是技术力量均得以拓展，以民间力量充实军事力量；但另一方面，必须看到，这亦给博弈双方带来极大的不可控性，因为对这些非政府行为体难以进行有效约束，其目标与开展行动的"度"不能确保与政府一致，不排除因他们行动的擦枪走火酿成更大的危机，使当事国反受其累，导致冲突朝着不可控的方向发展。①

随着数字时代网络空间"要塞"之争加剧，一方面，地缘政治因素与技术安全风险正在前所未有地叠加影响，网络与数字空间合作与信任的基础持续受到侵蚀；另一方面，如何有效管控风险、有效应对挑战，在当前形势下亦难以形成共识，更遑论形成有效的机制，国家与非国家行为体在网络空间的失范行为无法得到有效规范，灰色地带不断蔓延。种种态势使得数字时代的发展与安全面临相当的不确定性。当然，同时亦应看到，国际社会各方并未就此放弃努力，尤其是联合国框架下的相关机制仍在不断推进，努力凝聚全球共识和推动合作实践，数字时代的未来会是各种力量共同作用的结果，一个和平、安全、开放、合作、有序的网络空间仍然是国际社会共同的愿景。

（审定：王鸿刚）

---

① 李艳：《国际地缘政治博弈对网络安全的影响》，《国家安全论坛》，2022年第2期，第73页。

第二十章　海洋安全环境进入板块活跃期[*]

2022年，大国博弈和地区冲突牵动全球海域形势发生整体性变化，海洋安全风险呈现多板块抬升、跨板块联动势头。美西方以海遏华战略从中国周边海域加速向深远海拓展，海上地缘战略较量更加激烈广泛，跨域安全挑战更加复杂多样。

一、岛链角力出现阶段变化

拜登政府以应对所谓"中国军事威胁"为牵引，重回对华岛链遏制战略，日本、菲律宾、澳大利亚等美国盟友介入角力增加更多不稳定因素，加剧西太平洋海空军事安全风险。

（一）岛链成为美军事战略推进前沿

拜登政府2022年《国防战略》直言中国是美国"最重要的战略竞争对手"，是美国防部"步步紧逼的挑战"，美军首要任务是"应对中国日益增长的多领域威胁"。美军高官年内频频发声，聚焦将美国军事力量向第一岛链推进，强化对华"综合威慑"能力，妄想迫使中国不敢战、不能战。美国防务新闻网站分析称，美国将把"向前推进"战略作为未来行动支柱之一，美国海军、海军陆战队已按该战略开展工作，这"对威慑中国至关重要"。美国海军作战部长迈克·吉尔戴称，美国及其盟友

---

[*] 本章撰稿人：王力、王旭、陈子楠、刘兰芬、张益焓。

的舰队持续存在可以让中国对邻国采取行动时三思而行。美国海军陆战队司令戴维·伯杰称,"若中国想将防线拓展至南海以外时,美军已在那里,这就会让它变得更难"。美国太平洋舰队司令塞缪尔·帕帕罗称,美国将"拒止第一岛链内目标,协防第一岛链沿线盟友和伙伴,控制第一岛链以外空间"。[1]

(二) 岛链全时全域博弈态势初现

美军全面整合岛链军事部署,突出作战单元小型化、部署地点分散化、力量编成网络化新特点,旨在利用西太平洋地区岛链地理优势补充军事优势。第一,拓宽海上预设战场宽度。美国强化陆军和海军陆战队计划在第一岛链分散部署和机动作战,增加战场不确定性、提升目标复杂性、拉高对手攻击成本,以抵消对手"反介入/区域拒止"策略,封堵对手向岛链外力量投送。[2] 美国海军陆战队将改革现有远征部队力量编成,裁撤后勤和重装甲单位,强化远程对地、反舰打击能力,组建空地特遣部队和濒海作战团等新质作战力量,突出第一岛链防守反击能力。[3] 第二,构筑战时岛链协防体系。美国空军战机和海军水面舰艇在第二岛链组织纵深防御,提升战时对第一岛链快速增援能力,[4] 聚焦提供火力支援、填补防御缺口、遂行渗透打击和海上破交任务。美军参谋长联席会议主席马克·米利认为,若中美在"印太"地区爆发冲突,陆军特种部队、海军陆战队、陆军地面部

---

[1] Megan Eckstein, "Navy, Marines Push 'Campaigning Forward' Strategy as Vital to Deterring China," https://www.defensenews.com/naval/2022/04/04/navy-marines-push-campaigning-forward-strategy-as-vital-to-deterring-china/.

[2] Thomas G. Mahnken, "A Maritime Strategy to Deal with China," https://www.usni.org/magazines/proceedings/2022/february/maritime-strategy-deal-china.

[3] Mark F. Cancian, "U. S. Military Forces in FY 2021: Marine Corps," https://www.csis.org/analysis/us-military-forces-fy-2021-marine-corps.

[4] Thomas G. Mahnken, "A Maritime Strategy to Deal with China," https://www.usni.org/magazines/proceedings/2022/february/maritime-strategy-deal-china.

队将在防空、远程火力、精准火力和特种行动方面发挥重要作用，但是海军和空军仍将占据主导地位。① 第三，维持平时海空力量展示。美军将提升西太沿海和第一岛链内军事威慑能力作为"向前推进"战略重点发力方向。2022年1月，美国海军"卡尔·文森"号航母打击群和"埃塞克斯"号两栖戒备群在南海开展联合远征打击力量训练行动。② 3月，美、日、澳海军在南海举行多边训练，提高三国共同维护海上安全、维持战备状态、应对地区突发事件的能力，以促进航行自由，支持"自由开放的印太地区"。③ 第四，鼓噪域内"灰色地带"竞争。2022年5月，美国海岸警卫队前司令卡尔·舒尔茨称，2023年预算案通过后，美国海岸警卫队要改变在"印太"地区行动模式，瞄准中美"竞争与合作的中间地带"，利用各方对中国远洋船队捕鱼活动的不满情绪，在地区国家舰艇上配备多国海警官员，打击中方"非法捕鱼"和"海上民兵"船只，强化对华海上竞争。6月，美国海军作战部长迈克·吉尔戴会见日本海上幕僚长酒井良，讨论日美提高战备、威慑和打击"印太"地区"恶性灰色地带活动"的方法，重点关注两国军队

---

① Lalit K Jha, "US 'Realigning' Posture in Indo - Pacific towards 'a More Distributed Footprint' amid Chinese Challenges: Austin," https://theprint.in/world/us - realigning - posture - in - indo - pacific - towards - a - more - distributed - footprint - amid - chinese - challenges - austin/908222/.

② "Carl Vinson Carrier Strike Group and Essex Amphibious Ready Group Wrap up Joint Operations in the South China Sea," https://www.navy.mil/Press - Office/News - Stories/Article/2901296/carl - vinson - carrier - strike - group - and - essex - amphibious - ready - group - wrap - up - joint/.

③ "U.S., Japan, Australia Conduct Trilateral Naval Training in South China Sea," https://www.pacom.mil/Media/News/News - Article - View/Article/2970443/us - japan - australia - conduct - trilateral - naval - training - in - south - china - sea/.

互操作性和互换性。① 7月，美国海岸警卫队"米吉特"号巡逻船抵达西太平洋地区执行巡逻任务，打击"非法、不报告和不管制"捕鱼活动。"米吉特"号船长威利·卡迈克尔称，美国海警船将在伙伴国实际巡逻和执法水域活动，根据双边协议支持伙伴行动。

（三）盟伴协同重要性格外突出

美军将西太平洋作为军备建设和兵力部署重点区域，将日本、菲律宾、澳大利亚等岛链沿线盟友作为战略威慑与遏制重要支点，着重提高美军区域介入和盟友作战协同能力。在日本方向，美国依托日本奄美、冲绳、先岛三大岛屿群，以及大隅、吐噶喇、宫古三大咽喉海峡，构筑横跨约1300公里的西南岛链，重点强化海上预警、战时封锁和支援保障能力。2022年9月，日防相滨田靖一视察神县与那国岛陆上自卫队，称下半年将在陆上自卫队与那国驻地部署电子战部队，并在冲绳县石垣岛部署导弹部队，以可见方式强化西南诸岛防卫体系。② 滨田靖一还透露，日将在鹿儿岛县奄美大岛新建弹药库储备防区外导弹，考虑在冲绳和九州相关岛屿建设港湾设施和燃料贮藏罐，以应对"台湾有事"。在菲律宾方向，菲律宾地理位置重要，是美国关键盟友。拜登政府积极深挖美菲同盟潜力，意欲进一步扩大在菲律宾军事存在。英国《金融时报》认为，菲律宾正考虑其在台海冲突中角色，将强化美菲双边军事合作。③ 2022年9月，菲驻

---

① "Chief of Naval Operations, Japanese Chief of Staff Meet to Discuss Maritime Security," https：//www.pacom.mil/Media/News/News - Article - View/Article/3081137/chief - of - naval - operations - japanese - chief - of - staff - meet - to - discuss - maritime - secu/.

② 《日本防卫相视察与那国岛部队，称将强化防卫体制》，https：//sputniknews.cn/20220922/1044166355.html。

③ Kathrin Hille, "US and Philippines Increase Military Ties over China Threat," https：//www.ft.com/content/9c295755 - eadf - 48a9 - 9818 - 6afa1bcbe498.

美大使罗穆亚尔德斯透露，菲律宾前总统杜特尔特曾表示愿意让美军将菲律宾作为应对台海冲突的集结地，但双方没有就此开展任何讨论，美菲目前正就增加美军可以使用的菲军事基地数量等问题展开磋商。[1] 2022 年度美菲"肩并肩"联合军事演习规模罕见大增，训练重点转向海上安全和两栖作战，美国海军"阿什兰"号船坞登陆舰和"米格尔·基思"号远征移动基地舰参演。美国媒体称之为"30 年来规模最大的一次演习"。[2] 菲军联合及合成作战训练中心主任迈克尔·洛希科透露，2023 年度"肩并肩"演习规模还会大幅提升，"将在靠近台湾海峡的吕宋北部地区进行全面作战测试"。在澳大利亚方向，美国在"印太"地区先后组建美澳英三边安全伙伴关系、美日印澳"四方安全对话"机制、美澳英加新"五眼联盟"和美澳英日新"蓝太平洋伙伴"等众多小圈子，美澳海上安全合作不断拓展加深。美国《华尔街日报》报道称，拜登政府考虑向澳大利亚出售或租借 2 艘"弗吉尼亚"级巡航导弹核潜艇，计划在澳南部和东部新建核动力潜艇建造、维修和部署设施，与澳西海岸基地相策应，将澳打造为岛链战术核威慑节点。[3]

二、北极重现冷战对抗局面

乌克兰危机溢出效应迅速显现，西方国家不断加大对俄罗斯

---

[1] Ryo Nakamura, "Philippines May Allow U. S. Military Access during Taiwan Crisis," https://asia.nikkei.com/Editor-s-Picks/Interview/Philippines-may-allow-U.S.-military-access-during-Taiwan-crisis.

[2] 《美媒忙着炒美菲"30 年来最大军演"，中国东盟却将迎来友好互动》，http://www.news.cn/mil/2022-03/29/c_1211625354.htm。

[3] Michael R. Gordon, "U. S. in Talks to Build First Nuclear Subs for Australia," https://www.wsj.com/articles/biden-administration-in-discussion-to-build-first-nuclear-subs-for-australia-in-u-s-11663963244.

制裁力度，直接导致北极地区治理机制停摆、经济合作倒退和安全形势恶化。

（一）芬兰、瑞典实现快速加入北约

乌克兰危机爆发后，芬兰、瑞典快速加入北约，令北极地缘版图与安全格局出现重大调整。第一，北约空前团结并成功实现向北扩张。北欧国家加强安全合作的诉求高涨。2022年4月，北约"寒冷反应"演习期间，挪威、瑞典、芬兰三国司令会晤，强调全面考虑北欧防务合作日益突出的重要性。8月，挪威、瑞典、芬兰和丹麦防长讨论"寒冷反应"军演新模式，或将更名为"北欧反应"，在2024年扩大演习规模。[①] 与此同时，芬兰、瑞典5月放弃长期奉行的军事不结盟政策，正式申请加入北约；6月，北约30个成员国迅速签署芬兰、瑞典入约议定书；8月，美国总统拜登签署批准书，并敦促剩余7个成员国尽快完成批准程序。[②] 俄总统普京认为，北约扩张是对俄国家安全直接威胁，瑞典、芬兰加入北约被视为挑衅。[③] 9月，美国国防部宣布成立由美国助理防长帮办埃利斯·弗格森领导的北极战略与全球复原力办公室。弗格森在接受采访时表示，美国将密切关注俄罗斯在该地区的行动和意图，与盟友确保联合行动能力。[④]

[①] Hilde-Gunn Bye, "Chief of Defence to HNN: Russian Military Activity Is Unusually Low in the High North," https://www.highnorthnews.com/en/chief-defence-hnn-russian-military-activity-unusually-low-high-north.

[②] "Signing of U. S. Instruments of Ratification of Finland and Sweden's NATO Accession Protocols," https://www.state.gov/signing-of-u-s-instruments-of-ratification-of-finland-and-swedens-nato-accession-protocols/.

[③] "Sweden Joins Finland in NATO Bid as Putin Warns of 'Response'," https://www.rferl.org/a/finland-sweden-nato-russia-debate/31852819.html.

[④] Jim Garamone, "DOD Establishes Arctic Strategy and Global Resilience Office," https://www.defense.gov/News/News-Stories/Article/Article/3171173/dod-establishes-arctic-strategy-and-global-resilience-office/.

第二，北极军事沟通机制悉数失灵。2022年3月，北约盟友和伙伴在挪威举行"寒冷反应"演习，共有27个国家的3.5万名军人、2艘航母战斗群参演，规模为冷战结束以来之最。而该演习的重点内容就是检验挪威受到攻击后，根据北约共同防御条款接收和协调盟军增援部队的能力。俄方明确拒绝在欧洲安全与合作组织框架下以观察员身份参与相关活动，并在北约演习以西海域发布航行通告，划设"射击区域"。① 此系继北极国家武装力量总参谋长会晤机制、北约—俄罗斯理事会会议后，又一个陷入困局的涉北极安全领域沟通渠道。

第三，北极军事化水平迈上新台阶。一方面，北极多国提升国防开支水平。瑞典时任总理马格达莱娜·安德森表示，"周边局势很紧张，瑞典需要继续加强防御能力"。其已明确国防开支要在2014～2025年间增加85%。挪威国防部长罗杰·埃诺克森称，需要增加在北方的存在。挪威将新增30亿挪威克朗经费，强化与俄罗斯陆地和海上边界的防务。芬兰近期也将讨论大幅提高2023年国防预算。② 加拿大决定为拖延已久的北美防空司令部现代化改造项目制订一揽子拨款计划。③ 四国从北欧和北美两个方向对俄罗斯施加军事压力的态势已然浮现。另一方面，美国提升对北极的军事关注。2022年10月，美国发布新版《国家安全战略》报告，在地区战略中新增"维护和平的北极"内容。报

---

① "Russia Will Not Observe NATO's Cold Response Polar Drills," https://tass.com/defense/1416165?utm_source=google.com.hk&utm_medium=organic&utm_campaign=google.com.hk&utm_referrer=google.com.hk.

② Christina Mackenzie, "Seven European Nations Have Increased Defense Budgets in One Month. Who Will Be Next?" https://breakingdefense.com/2022/03/seven-european-nations-have-increased-defense-budgets-in-one-month-who-will-be-next/.

③ 伯恩德·德布斯曼：《乌克兰战争：俄罗斯入侵乌克兰会不会殃及北极圈内的边界安宁》，https://www.bbc.com/zhongwen/simp/world-60902298。

告提出，"北极国家对应对区域挑战有主要责任"，美国将重点改善海域态势感知、通信、破冰和应急响应能力，强化美国在北极地区存在，深化盟友和伙伴合作，维护美国安全利益。[①]

（二）俄罗斯北极项目频遭废约

美欧国家掀起针对俄罗斯北极油气项目的撤资潮。英国石油公司率先宣布退出在俄罗斯石油公司19.75%的股权并退出公司董事会。此后，挪威国家石油公司、英荷壳牌石油、埃克森美孚等石油公司纷纷退出现有合资企业，停止新增项目投资。此次撤资潮将波及俄罗斯目前在北极周边地区主要液化天然气项目的融资、建设和投产。[②] 2022年9月，俄罗斯诺瓦泰克公司称，受西方制裁的影响，原计划的"北极液化天然气2号"项目建设工作已推迟到2023年8月。目前，外国石油巨头中仅剩道达尔没有从俄罗斯撤资，但也明确表态不在俄罗斯经营油田或液化天然气厂、不再购买俄罗斯石油及产品、不再为俄罗斯项目开发提供资金。[③]

俄罗斯北极基础设施与航运受到波及。2022年3月17日，俄罗斯政府宣布因经济形势恶化，融资风险升高，推迟"北纬通道"铁路项目，重新开展货流基础分析。[④] 俄罗斯北极地区航

[①] "National Security Strategy," https://www.whitehouse.gov/wp-content/uploads/2022/10/Biden-Harris-Administrations-National-Security-Strategy-10.2022.pdf.

[②] Melody Schreiber, "Major Oil Companies and Investors Pull back from Russian Arctic Oil and Gas," https://www.arctictoday.com/major-oil-companies-and-investors-pull-back-from-russian-arctic-oil-and-gas/.

[③] "Russia: Total Energies Shares Its Principles of Conduct," https://totalenergies.com/media/news/press-releases/russia-totalenergies-shares-its-principles-conduct.

[④] 《俄政府暂停建设"北纬通道"铁路》，https://sputniknews.cn/20220317/1040111054.html。

运依赖冰级船舶，原材料出口、大型工业模块和部件进口依靠外国航运公司。西方国家制裁加大后，俄罗斯北极地区物流运输链中断。俄罗斯远东和北极发展部会同俄罗斯国家原子能公司紧急开辟圣彼得堡至符拉迪沃斯托克的定期班轮航线，保障北极地区货物配送。9月，挪威媒体称国际航运企业重点回避在俄罗斯业务，导致北方海航线2022年国际过境运输量触底。[1]

（三）美国乘机另立治理新约

北极七国在区域治理问题上与俄罗斯分道扬镳。2022年3月，美国、加拿大、丹麦、芬兰、冰岛、挪威、瑞典北极七国发布《关于俄罗斯入侵乌克兰后北极理事会合作的联合声明》，指责俄罗斯破坏北极理事会的价值观基础，宣布暂停参加北极理事会及其附属机构所有会议。[2] 6月，七国再发声明称，仍相信理事会在极地合作方面的持久价值，重申支持理事会工作，将根据北极国家在雷克雅未克部长级会议批准的工作计划，有限恢复理事会工作，主要是无需俄方参与的项目。[3] 10月，拜登政府发布《北极地区国家战略》，系美国政府第二份北极国家战略文件。该报告将乌克兰危机列为北极地缘环境变化的主要威胁之一，称该事件导致俄罗斯与北极地区国家开展政府间合作难以实现，但未来仍有恢复可能。美国将维护自身在北极地区领导地位，拓展与盟友伙伴协同，维持北极理事会等北极合作机构运转，构建

---

[1] Malte Humpert, "International Shipping on Northern Sea Route Collapses as Foreign Companies Stay Away," https：//www.highnorthnews.com/en/international - shipping - northern - sea - route - collapses - foreign - companies - stay - away.

[2] "Joint Statement on Arctic Council Cooperation Following Russia's Invasion of Ukraine," https：//www.state.gov/joint - statement - on - arctic - council - cooperation - following - russias - invasion - of - ukraine/.

[3] "Joint Statement on Limited Resumption of Arctic Council Cooperation," https：//www.state.gov/joint - statement - on - limited - resumption - of - arctic - council - cooperation/.

"和平、稳定、繁荣和合作的北极"。[①]

在北极具体领域治理层面，2022年3月8日，北极经济理事会执委会召开特别会议并投票赞成谴责俄罗斯，决定将年度大会由圣彼得堡转至线上。此系2014年克里米亚事件导致北极国家武装力量总参谋长会晤机制暂停后，北极再次出现主要领域治理机制陷入停摆状态的情况。在次区域合作层面，北欧部长理事会、波罗的海国家理事会先后暂停对俄合作。[②] 俄罗斯也不甘示弱，主动宣布退出"北方维度"和巴伦支海欧洲—北极理事会两大对欧北极合作平台。俄罗斯认为，相关国家不友好行为违背两个组织的基本原则，破坏欧洲北部稳定和睦邻关系，导致多年建立的紧密联系崩溃。[③] 2022年9月，俄罗斯远东和北极发展部长阿列克谢·切昆科夫称，北极国家在重大问题上仍分裂为北大西洋和俄罗斯两个阵营。[④]

三、深海竞争提上大国议程

深海曾是美苏冷战期间你争我夺、激烈较量的重要战场，在中美战略相持背景下深海竞争再度升温。美军潜艇事故充分暴露深海安全隐患，美国纠结盟友极力阻挠中国参与国际海缆建设，

[①] "National Strategy for The Arctic Region," https://www.whitehouse.gov/wp-content/uploads/2022/10/National-Strategy-for-the-Arctic-Region.pdf.

[②] Atle Staalesen, "Nordic Countries Halt All Regional Cooperation with Russia," https://thebarentsobserver.com/en/life-and-public/2022/03/nordic-countries-halt-all-regional-cooperation-russia.

[③] "Comment by Foreign Ministry Spokeswoman Maria Zakharova on the Situation around the Northern Dimension and the Barents Euro-Arctic Council (BEAC)," https://mid.ru/ru/foreign_policy/news/1803807/?lang=en.

[④] Alexey Chekunkov, "The Pivot to the East Runs through the Arctic," https://roscongress.org/en/materials/povo rot-na-vostok-proiskhodit-cherez-arktiku/.

将国际海洋公共基建政治化。深海国际规则未能如约在2022年达成共识，各方仍在为争夺战略资源与战略空间展开激烈角逐。

（一）大国深海安全博弈大幕开启

美英澳联盟建立的首要目标是帮助澳大利亚建造一支核动力潜艇舰队，这标志着"印太"地区战略竞争将延伸至深海。2022年3月，澳大利亚宣布在东海岸建造一个新潜艇基地，用来停靠未来的核动力潜艇并支持美英潜艇定期访问；9月，澳大利亚海军首次被允许在英国潜艇内训练。[①] 美国外交政策研究所学者菲利克斯指出，列装核动力潜艇将大大扩展澳大利亚潜艇舰队的航程、续航力和火力，使其充分发挥地缘优势，在太平洋和印度洋的深海海域自由行动，对中国形成战略威慑；更重要的是，核动力潜艇具有远程航行能力，能够前出至南海、台海，协助美军封锁主要海上通道。[②] 南海捞机舆论战折射美忌惮中国深海技术能力。2022年1月24日，美国太平洋舰队一架F-35战机在南海坠毁，随后美西方媒体罔顾中国外交表态，宣称美军的打捞行为必然受到中国的密切监视，中国可能秘密打捞海底散落的碎片，以获得最新的战机技术。[③] 美参谋长联席会议前主席顾问阿比·奥斯汀狂言，中国任何主张打捞权的尝试都是对美国的

[①] Jan Hernik, "AUKUS First Anniversary: Is U. S. Advocate of UK – Australia Partnership?" https：//warsawinstitute. org/aukus – first – anniversary – u – s – advocate – uk – australia – partnership/.

[②] Felix K. Chang, "Strategic Choice: Australia's Nuclear – Powered Submarines," https：//www. fpri. org/article/2021/ 10/strategic – choice – australias – nuclear – powered – submarines/.

[③] "As U. S. Navy Salvages Crashed Jet, China Will Be Watching Closely: Analysts," https：//www. ctvnews. ca/world/as – u – s – navy – salvages – crashed – jet – china – will – be – watching – closely – analysts – 1. 5754825.

压力测试。① 美国"海狼级"潜艇撞山事件暴露深海安全风险。2021 年 10 月 2 日，美国海军"海狼级"潜艇"康涅狄格"号发生撞击事故，直至接近年底美军才公布潜艇是撞上一座未知的海底山脉，但对所执行任务和行动轨迹闭口不谈。有学者指出，"海狼级"潜艇属专业间谍潜艇，可对全球水下通信网络进行监控、监听；② "康涅狄格"号可能是在执行海底侦察或抵近跟踪任务，为躲避监测关闭了部分功能，导致无法准确识别周边环境而最终发生碰撞。③ 近年来，美国加快推动深海装备研发，积极为夺取未来水下空间主导做准备。所谓"技术最为先进"的"海狼级"潜艇也未能规避水下事故风险，深刻暴露出美西方大肆开展深海活动带来的深海安全隐患。

（二）美西方挑动国际海缆建设政治化

全球海缆市场前景巨大。当前，97% 的互联网流量依赖海底光缆。④ 全球现有 400 余条海缆，总长度超过 120 万千米，成为全球关键基础设施。据美国研究机构预测，2022～2030 年全球海缆将以 6.1% 的复合年增长率增长。⑤ 近年来，中国企业进军国际海缆市场，凭借质优价廉，市场占有率迅速增长，铺设能力跻身世界第四。美西方极力阻挠中国参与国际海缆建设。美国以

---

① Claire Hills, "F－35C Fighter Jet: Race Is on to Reach Sunken US Plane before China," https://www.bbc.com/news/world－us－canada－60148482.

② H I Sutton, "Spy Sub－USS Seawolf (SSN－575)," http://www.hisutton.com/Spy%20Sub%20－%20USS%20Sea wolf%20 (SSN－575).html.

③ Ryan Pickrell, "Here's How a \$3 Billion US Attack Submarine Can Run into an Underwater Mountain, according to a Former Submariner," https://www.businessinsider.com/how－a－submarine－runs－into－an－underwater－mountain－former－submariner－2021－11.

④ "Submarine Cable System Market," https://www.marketsandmarkets.com/Market－Reports/submarine－cable－system－market－184625.html.

⑤ "Submarine Cable Market Size, Share & Trends Analysis Report," https://www.grandviewresearch.com/industry－analysis/submarine－cables－market.

"国家安全隐患"为由，禁止中国企业承建海缆及设备登陆其领土及附属岛屿，干扰跨太平洋高速光缆项目在中国香港、上海登陆。2022年8月，美国国务卿布林肯在南非大肆渲染"中美在关键基础设施控制权上的竞争升温"，鼓噪"全世界应注意中国的数字主导地位及间谍意图"。[1] 此外，海缆成为七国集团"全球基础设施和投资伙伴关系"核心项目、美国"清洁网络计划"重点项目。日、澳、加等与美国联手阻止中资参与所罗门群岛、巴布亚新几内亚等南太平洋国家的海缆建设。[2]

（三）国际规则之争闯入深水区

各方围绕国际海底制度争执不下。随着深海科技的发展，国际海底区域矿产资源日益受到关注。国际海底管理局制定相关规章，试图对矿产资源开发及相关环境保护要求作出规定。当前，深海海底采矿法规仅以2019年的草案形式存在，其最终通过必须得到国际海底管理局理事会的批准。[3] 2022年3月和7月，国际海底管理局召开了第27届会议第一期和第二期会议，但由于各国存在诸多争议，仍未达成统一结论。更有部分国家宣扬"绝对环保"，在2022年6月底联合国海洋会议期间，法国总统马克龙呼吁建立一个法律框架停止公海采矿。新西兰、新加坡、意大利等国也在谈判中表示，在推进深海采矿之前，必须保证环

---

[1] Jevans Nyabiage, "US Takes China Rivalry over African Influence Underwater, with High - speed Internet Cable Spanning Continents," https：//www. scmp. com/news/china/diplomacy/article/3188832/us - takes - china - rivalry - over - african - influence - underwater - high.

[2] Matthew P. Goodman and Matthew Wayland, "Securing Asia's Subsea Network：U. S. Interests and Strategic Options," https：//www. csis. org/analysis/securing - asias - subsea - network - us - interests - and - strategic - options.

[3] Loprespub, "Into the Depths：International Law and Deep Seabed Mining," https：//hillnotes. ca/2022/07/21/into - the - depths - international - law - and - deep - seabed - mining/.

境保护。① 来自欧洲的绝对环保主义者坚称，深海采矿将对环境造成不可逆转的大规模破坏，强调国际海底管理局有义务确保国际海底免受深海采矿的影响。②

国家管辖外海域生物多样性养护与可持续利用谈判进展缓慢。国家管辖外海域生物多样性谈判是《联合国海洋法公约》生效以来最重要的国际海洋法律制度谈判，根据联合国大会第72/249号决议，将召开四届政府间会议。2022年3月，国家管辖外海域生物多样性第四届政府间会议召开，这本应是最后一届会议，但与会代表仍未达成共识。在此背景下，8月再次召开了国家管辖外海域生物多样性第五届政府间会议，由于发达国家与发展中国家围绕公海自由确权、公海生物资源利用与共享、海洋保护区划定等立场差距大，会议最终暂停。③ 以欧盟为代表的发达国家，主张在全球范围内建立公海保护区，意图引导议程设置，在全球海洋新秩序中占据先机；美国明确反对人类共同继承财产立场，主张先到先得，其实质是凭借资金和技术优势攫取更多资源，维系海洋霸权；发展中国家则坚持惠益共享，希望通过制度约束确保公平。

四、跨域博弈拉开海上序幕

美国通过炮制"绿色航运网络"新规则，渲染中国"非法

---

① "International Seabed Authority (ISA) Deep-Sea Mining Negotiations Tracker," https://www.savethehighseas.org/isa-tracker/latest-news-and-updates/.

② "Deep-sea Mining: Green-tech Enabler or Environmental Catastrophe?" https://www.curonews.com/green/2022/09/29/deep-sea-mining-green-tech-enabler-or-environmental-catastrophe.

③ "Summary Report, 15-26 August 2022: 5th Session of the Intergovernmental Conference (IGC) on the BBNJ," https://enb.iisd.org/marine-biodiversity-beyond-national-jurisdiction-bbnj-igc5-summary.

捕捞"伪命题,圈建"印太海域态势感知伙伴关系"小圈子,吹响"印太"跨域海上竞争号角。

(一) 污蔑中国海事数字化发展

中国是全球最大的货物贸易国和船舶制造国。美国《纽约时报》渲染称,中国已经意识到,海洋实力并不是仅以军力来衡量的;中国具有庞大的造船能力,且在全球海上供应链中占据主导地位,美国经济"严重依赖"中国和东亚的产品、资源,而航运网络越来越受中国的控制。报道还称,美国国会一家咨询机构警告称,中国可以利用航运数据来跟踪货物流动,获得商业或战略优势。《纽约时报》还称,美国应制定《美国船舶法案》,出台国家海事战略,帮助美国造船商和航运公司在国际市场上收复失地。[1]

(二) 全域组网强化"海域感知"

2022年5月24日,美日印澳"四方安全对话"峰会宣布构建"印太海域态势感知伙伴关系","在很大程度上实现了美国定义的印太地区战略图景的联网"。[2] 拜登政府试图利用此举"加强与印太地区的关系,并以此对抗中国的影响力"。[3] 一方面,抢占天空岸海网技术融合高地。"印太海域态势感知伙伴关系"号称主要基于船舶自动识别系统数据,实则将综合处理卫星、无人机、船舶自动识别系统、雷达与其他海上设备所获数

---

[1] Michael Roberts, "A U.S. 'Ships Act' Would Break China's Control of the Seas," https://www.nytimes.com/2022/10/03/opinion/china-us-shipping-security.html.

[2] Lalit Kapur, "Assessing the Indo-Pacific Partnership for Maritime Domain Awareness," https://www.delhipolicygroup.org/publication/policy-briefs/assessing-the-indo-pacific-partnership-for-maritime-domain-awareness.html.

[3] Jenny Leonard, "Biden Team Unveils Indo-Pacific Plan to Counter China's Clout," https://www.bloomberg.com/articles/biden-team-unveils-indo-pacific-plan-to-counter-china-s-clout/.

据，并以人工智能进行数据处理和分析预警。这是科技革命背景下技术交融发展和装备低成本化的结果。另一方面，抢占跨海域情报信息融合高地。"印太海域态势感知伙伴关系"宣布将整合和扩展既有数据，主要倚重4个情报融合中心，分别是位于新加坡的国家信息融合中心、印度的印度洋国家信息融合中心、瓦努阿图的太平洋融合中心以及所罗门群岛的太平洋岛国论坛渔业局区域渔业监控中心。其中，新加坡的国家信息融合中心成立于2009年，与41个国家的97个海事情报中心长期合作，发挥着东南亚乃至亚太地区海上情报信息交换的重要作用。美国海军官员此前就曾提议建立国际海事融合中心来协调亚太地区的情报融合机制。[1]

（三）利用气候议题重塑海上供应链

"绿色航运"牌被纳入"印太战略"和气候战略。为结成绿色航运网络，美、日、印、澳提出在四边机制下成立航运工作组，以洛杉矶、孟买、悉尼、横滨为支点构建新航运网络，2030年前建设2~3条低排放或零排放的地区航运走廊。[2] 2022年2月，美国发布《印太战略》报告提出，将以"绿色航运网络"做实做深四边机制。[3] 随后，美国务院发布四边机制峰会成果清单，提出将以"绿色航运网络"作为在"印太"地区合作应对气候变化的首要举措。4月，美利用主办"我们的海洋"会议等机会，高调宣介"绿色航运网络"，为拉高规则目标造势。在拜

---

[1] Deon Canyon, Wade Turvold, and Jim McMullin, "A Network of Maritime Fusion Centers throughout the Indo – Pacific," https：//apcss.org/nexus_articles/a – network – of – maritime – fusion – centers – throughout – the – indo – paci fic/#_edn19.

[2] "Fact Sheet：Quad Leaders' Summit," https：//www.whitehouse.gov/briefing – room/statements – releases/2021/09/24/fact – sheet – quad – leaders – summit/.

[3] "Indo – Pacific Strategy of the United States," https：//www.whitehouse.gov/wp – content/uploads/2022/02/U.S. – Indo – Pacific – Strategy.pdf.

登东亚之行的美日首脑会谈上,美日一唱一和续推绿色、供应链合作。中国是全球最大航运国,在全球吞吐量前10位的港口中占7席,所谓"绿色航运网络"没有中国的参与根本无从谈及国际贡献,其本质是打着气候变化治理旗号的零和博弈。

(四) 借口生态安全炒作"非法捕捞"

美国鼓吹,非法、不报告和不受管制的捕捞活动已经取代海盗行为,成为威胁全球海洋安全的头号威胁,[1] 将非法、不报告和不受管制问题提升至"国家安全"高度,采取"全政府"措施。2022年6月27日,拜登签署美国首份关于"非法、不报告和不受管制捕捞活动"的国家安全备忘录(简称"备忘录"),要求美国政府机构加强合作、出台新规以打击"非法捕捞",称此举将促进"对海洋资源的可持续开发"。[2] 备忘录要求美国21个联邦部门和机构强化信息共享、协调制裁和签证限制等执法行动,并在美国的国际盟友之间推广所谓"最佳的实践方案"。美国、英国和加拿大声称计划成立针对非法、不报告和不受管制捕捞行动联盟,旨在增强打击"非法捕捞"的雄心和势头,包括承诺采取紧急行动,改善对渔业的监测、控制和监督,提高捕鱼船队和海鲜市场的透明度,并建立新的伙伴关系,追究不良行为者的责任。[3] 尽管美国声称备忘录"不针对任何国家",但政府高级官员在记者答问时仍暴露出拜登政府以所谓"非法捕捞"

---

[1] "Illegal, Unreported, and Unregulated Fishing Strategic Outlook," https://www.uscg.mil/Portals/0/Images/iuu/IUU_Strategic_Outlook_2020_FINAL.pdf.

[2] "Memorandum on Combating Illegal, Unreported, and Unregulated Fishing and Associated Labor Abuses," https://www.whitehouse.gov/briefing-room/presidential-actions/2022/06/27/memorandum-on-combating-illegal-unreported-and-unregulated-fishing-and-associated-labor-abuses/.

[3] "US to Engage with Partners to Combat Illegal, Unreported and Unregulated Fishing," https://theprint.in/world/us-to-engage-with-partners-to-combat-illegal-unreported-and-unregulated-fishing/1015221/.

为借口打压中国的企图。① 一名白宫官员污蔑中国是"世界范围内非法捕鱼的主要实施者"。② 美国海岸警卫队已经开始以协助小岛屿国家对抗中国"非法捕捞"为借口，向南太平洋地区派遣巡逻船。英国路透社一针见血地指出，备忘录是美国对抗中国在"印太"等地区日益增长的影响力的举措之一。③

（审定：王鸿刚）

---

① Barry Hatton and Joshua Goodman, "Biden Aims at China in New Illegal Fishing Policy Framework," 2022/06/28, https：//apnews.com/article/climate – politics – china – 5c5b2f79c2f02196651cf99f5bfc4ac0.

② "White House Urges Renewed Focus on IUU Fishing, Forced Labor," https：//insidetrade.com/daily – news/white – house – urges – renewed – focus – iuu – fishing – forced – labor.

③ Steven Myers, "How China Targets the Global Fishing," https：//www.nytimes.com/interactive/2022/09/26/world/asia/china – fishing – south – america.html?_ga = 2.264064524.1404468539.1666061413 – 1299696468.1663032593.

第二十一章 集团政治回潮加剧全球治理赤字[*]

2022年以来，世界动荡和变革两种趋势持续演进，发展和安全两大赤字不断攀升。全球治理遭受乌克兰危机、大国博弈等因素严重冲击，国际局势中不稳定、不确定、不安全因素凸显，世界面临分裂对抗的现实风险。

一、联合国阵营博弈加深安全治理裂痕

2022年以来，世界进入新的动荡变革期，集团对抗加剧，全球治理陷入失序失效状态；地缘博弈全面升级，大国合作意愿与基础全面松动；全球共识阙如，国际多边机构日益沦为"清谈馆""角斗场"，机制改革遥遥无期，全球治理失能、失治现象进一步突显。

（一）世界进入新的动荡变革期，国际安全环境趋于恶化

集团政治和阵营对抗加剧。乌克兰危机加速西方大联合，七国集团对俄实施史上最严厉的经济金融制裁，北约趁机强化军事部署、加大对俄军事威慑。6月底，北约马德里峰会通过新战略概念文件，对华定位出现重大转向，称中国对北约的"安全、利益和价值观"构成挑战，北约应共同应对中国"系统性挑

---

[*] 本章撰稿人：倪建军、吴洪英、姚琨、徐飞彪、吕洋。

战"。10月12日，美国发布新版《国家安全战略》报告，渲染中国与俄罗斯的"挑战"、地缘冲突和大国竞争，以意识形态划线恶意制造阵营对抗，在军事上推行"一体化威慑"，加速"三位一体"核力量建设，为谋求和巩固霸权强权制造借口，将自身利益凌驾于国际公义之上，与国际社会的普遍期待背道而驰。为达目的，美国不断强化其亚太地区盟国与北约深度捆绑，集团政治、小圈子冷战思维烙印明显；怂恿地区国家采取更具进攻性的军事安全政策，迫使地区国家在中美之间选边站队，地区阵营对抗风险剧增。

西方大国竞相提升军费开支。据斯德哥尔摩国际和平研究所数据，2021年全球军费开支首次突破2万亿美元，其中美国一家高达8010亿美元，占38%，是全球军费开支最大的国家。2022年2月底，德国总理朔尔茨宣布大幅增加军费计划，预计2022年实际军费将会达到755亿欧元，相对2021年的470亿欧元增长近60%。英国和法国也随即跟进，英国宣布到2030年军费支出翻一番，达到1000亿英镑，最终实现军费预算占GDP3%的目标；法国计划未来年增加30亿欧元军费，2025年前军费达到500亿欧元。9月5日，日本通过2023年国防预算法案，2023年军费开支或首次突破6万亿日元，在GDP中的占比超过1%，并将在5年内提高至2%。

多国社会政治动荡加剧，国家治理难度上升。就发展中国家而言，斯里兰卡等多国经济状况不断恶化，粮食、油气、药品等严重短缺，食品价格大幅上涨，通货膨胀不断加剧，民众不满情绪持续累积，社会骚乱频发。就发达国家而言，政治乱象丛生。英国首相闪电换人，特拉斯上任仅44天便辞职，成为英国历史上最短命的首相。欧洲多国右翼势力快速崛起，挺进议会或参与执政。日本前首相安倍晋三被刺杀，美国前总统特朗普被"抄家",凸显党争之激烈、社会撕裂程度之深重。由经济恶化、贫富差距、腐败、族群矛盾等引发的国家治理危机正在演变成世界难题,各国普遍内顾,全球治理参与意愿和能力同步下降。

(二)联合国成为大国博弈角斗场,集体安全体制遭到侵蚀

乌克兰危机爆发后,美西方国家在联合国框架内频频向俄罗斯发难,多次鼓噪"将俄罗斯逐出五常""剥夺俄罗斯否决权",试图采取"切香肠"的方式变相削弱俄在安理会的权力,甚至主张改变安理会基本架构和投票制度,深度动摇了联合国集体安全体制根基。

一是限制安理会否决权的使用。乌克兰危机爆发后,俄与西方博弈和较量的战火也燃烧到联合国。2022年2月25日,安理会召开紧急会议,就美国、阿尔巴尼亚提交的关于乌克兰局势的决议草案进行投票,要求对俄罗斯进行谴责。决议最终获得11票赞同、1票否决和3票弃权,并因俄罗斯动用一票否决权而致草案未通过。美西方遂选择绕开安理会,在联大继续展开涉乌问题表决,并点名让俄罗斯停战撤军。3月2日,联合国大会举行第11次紧急特别会议,表决通过乌克兰等90多国共同提交的乌克兰局势决议草案。虽然决议获得压倒性通过,但因联大通过的决议不具约束性,美西方国家转而盯上安理会,意图削弱俄罗斯作为五常的权力特别是否决权。列支敦士登常驻联合国代表克里斯蒂安·韦纳韦瑟代表美英等83个共同提案国提出决议草案。4月26日,联大通过第A/RES/76/262号决议,要求联大主席在安理会常任理事国投出否决票后的10个工作日内召开会议,就投否决票所涉局势进行辩论,相关常任理事国应说明行使否决权的理由。① 这标志着安理会否决权的行使受到限制，大国博弈尤其是俄与西方博弈开始触及联合国集体安全体制的根基。

二是炒热安理会改革及德日入常议题。2022年3月15日，日本外相林芳正借乌克兰危机公开表示"存在重建安理会架构的必要"，改革措施包括"让日本成为安理会常任理事国"；9月，日本首相岸田文雄在第77届联合国大会提出改革安理会乃至联合国的计划，包括加强联合国自身职能、促进国际社会法治、推进"人类安全理念"等。德国总理朔尔茨在联大也公开表达入常诉求，称德"已经准备好"成为安理会常任理事国，并要求其他国家支持本国候选资格。美国对德日入常大开绿灯，总统拜登在联大演讲时提出安理会扩容问题，包括增加新常任理事国、限制五常否决权等；美驻联合国代表琳达·格林菲尔德称美支持改革安理会，指责某些常任理事国使用否决权"维护侵略行径""使联合国失去道德权威"。

（三）全球公域失序凸显，安全治理赤字有增无减

全球公域失序。网络、深海、极地等未来制高点备受关注，大国加大力度投棋布子加剧乱象。美国加紧打造各种小圈子，筑造"小院高墙"，大搞排除异己、圈内循环。继抛出"基于价值同盟"的未来互联网联盟构想之后，美国2022年4月发布所谓的"未来互联网宣言"，引发国际社会尤其是互联网社群普遍担忧，认为此举可能进一步割裂互联网并增加网络空间碎片化和失序风险。美国还宣布将北极列为"更大优先事项"，美国务院8月宣布提升现有北极协调员地位、任命北极无任所大使；10月，白宫发布十年来第二份《北极地区国家战略》，将乌克兰危机和

---

① 《联合国大会授权在安理会出现行使否决权情况后召开联大会议》，http://news.un.org/zh/story/2022/04/1102322。

"中国攫取影响力"列入北极地缘环境变化主要威胁，提出构建"和平、稳定、繁荣和合作的北极"等主张。英国同步加快深海能力建设，8月发布新版《国家海洋安全战略》，提出建立海底测绘中心，"协调跨政府与行业的合作，以提高海洋领域数据的量、质和可用性"。

安全治理赤字增加。例如，全球可持续发展严重倒退，联合国发布《2022年可持续发展目标报告》，警告世界面临地缘冲突、气变、疫情等多重危机的挑战，全球落实可持续发展目标的进展停滞不前。[①] 减贫进程严重倒退，2022年全球极端贫困人口将增加7500万~9500万。应对气变乏力，世界正处于气候灾难的边缘，2021年与能源相关的二氧化碳排放量增加6%，达到历史新高，而发达国家仍对扭转气候危机所需承诺持回避态度。

二、二十国集团艰难前行凸显经济治理困境

乌克兰危机是牵动国际多方力量的复杂冲突，直接影响世界政治经济格局走向。以G20为标志的21世纪全球经济治理机制受到前所未有的战略挤压。

（一）G20在集团政治冲击下弱化虚化

2022年，全球性问题集中爆发，世界安全发展面临严重冲击，国际社会期盼G20能够及时发挥作用。据预测，世界经济在2021年短暂复苏反弹后大幅放缓，衰退风险大幅上升，预计经济增长率将由2021年的6.0%降至2022年的3.2%，2023年将进一步降至2.7%，这是2001年以来除了2008年（金融危

---

① The Sustainable Development Goals Report 2022, United Nations, 2022.

机）和2020年（新冠病毒感染疫情）的最低增速。① 能源危机持续，天然气、煤炭和电力市场遭遇数十年来最大震荡，石油市场巨幅波动，国际能源署成员国2022年内两次释放规模空前的石油库存以平稳市场，凸显当前全球能源系统的脆弱性和不可持续性。② 粮食危机明显加重，据世界粮食计划署最新报告，当前世界陷入严重粮食不安全的国家由2021年的53个猛增至82个。③ 此外，全球通胀压力高企，国际债务规模空前膨胀，系统性金融风险升高，气候变化持续加剧，军备竞赛全面升级，网络安全日益严重，流行病肆虐横行，各种传统与非传统威胁叠加共振，给世界和平与发展带来复杂、严重的影响。

全球经济治理体系正面临冷战后最为深刻的重塑，G20作为世界经济治理首要平台的地位和作用都受到冲击。2008年美国次贷危机推动G20从部长级会议升级为首脑级峰会，实现了全球经济治理核心体系的升级。然而，面对世纪疫情和乌克兰危机，美西方国家固守冷战思维和零和博弈等陈旧观念，以意识形态划线，强化G7、北约等集团政治作用，渲染地缘冲突、大国竞争，将疫情政治化、病毒标签化，在乌克兰危机中浇油拱火，严重破坏全球经济治理合作。

美国试图通过盟友合作虚化弱化G20。美国总统拜登强调，正是美国的领导力，"连同与我们的盟友和伙伴合作"对G20至关重要；"无论是大型会议还是一对一会议，我们的合作伙伴和盟友都非常渴望美国发挥领导作用"。然而，美西方国家在G20

---

① World Economic Outlook: Countering the Cost-of-Living Crisis, International Monetary Fund, Washington, DC, October 2022, p. xvi.
② World Energy Outlook, International Energy Agency, October 2022.
③ Global Report on Food Crises 2022, WFP, April 2022, p. 6; WFP, Global Food Crisis: Update on the World's Unprecedented Needs 2022, July 25, 2022, https://www.wfp.org/publications/update-global-food-crisis-2022.

中不是考虑如何更好地发挥世界经济稳定器作用,而是算计如何取消俄罗斯的成员资格,指责中国"想要另起炉灶"改变基于规则的国际秩序,破坏G20合作氛围。

G20领导人第十七次峰会于2022年11月15~16日在印尼巴厘岛举行。印尼作为峰会主办国,在乌克兰危机爆发后全力斡旋,总统佐科分别访问俄乌两国力促参会,避免G20彻底解体的危险。印尼将G20峰会主题定为"共同复苏,强劲复苏",并提出加强抗击疫情国际合作、促进世界经济复苏以及维护全球粮食、能源安全等议题磋商。据印尼《罗盘报》网站报道,印尼外长蕾特诺·马尔苏迪表示,G20峰会不能失败,因为国际社会都在等待峰会的结果。然而,由于与会国分歧深重,G20部长级会议和工作组会议,多数未能发表联合声明,而仅以"会议摘要"收尾。本届峰会也被称为史上最艰难的一次峰会。

美国白宫发布的新版《国家安全战略》报告称,即使在俄罗斯"入侵"乌克兰之后,中国仍是全球秩序的最大挑战,美国必须在同中国的竞争中获胜。世界银行前首席经济学家、美国耶鲁大学经济学教授平洛皮·戈德伯格指出,国际经济关系进入了一个以不信任和分裂为特征的新时代;美国哈佛大学历史学家尼亚尔·弗格森甚至警告,第二次冷战可能变成第三次世界大战。

(二)零和博弈思维对全球经济治理或造成不可逆破坏

美西方国家借乌克兰危机,加快推进"筑墙设垒""脱钩断链",加大对俄罗斯等国单边制裁和极限施压力度。美国把自己的"家规""帮规"强加于人,将俄罗斯剔除出SWIFT支付系统并冻结其3000亿美元外汇储备,拒绝阿富汗政府将70亿美元储备用于民生救助;美欧贸易与技术委员会声称要加强跨大西洋协调遏制中俄。以在芯片领域的大肆干预为例,美国通过2022

年《芯片和科学法案》，巨额补贴芯片生产，严禁受补贴公司在华投资，全面遏制中国芯片产业发展；诱拉胁迫韩国、日本和中国台湾组建芯片领域的排华俱乐部——"芯片四方联盟"；2022年10月颁布拜登政府新规，禁止对华出售使用美国设备制造的先进芯片。路透社称，这是自20世纪90年代以来美对华技术输出方面的最大政策转向。有专家指出，美国此举一定意义上就是向一个大国"宣战"。在世界经济形势低迷且中国为全球重要的芯片需求市场背景下，美国政府对芯片领域的干预违背市场规律和世贸规则，已经产生明显负面影响，严重搅乱全球产业链供应链的稳定。多家芯片制造商已经被迫减产：全球第二大存储芯片制造商韩国海力士半导体表示将削减2023年资本支出一半以上；美光科技公司将把2023年的资本支出削减30%；芯片代工企业台积电也把2022年的资本支出预期从年初计划的400亿~440亿美元下调至360亿美元。

美国以多边主义之名行单边主义之实，无下限追求自身利益，酿成全球经济治理平台意识形态化和工具化的风险，不仅对全球经济治理造成持续损害，全球治理体系的有效性和合法性也受到质疑。

（三）金砖等新兴合作平台助力缓解全球经济治理困局

在中国和其他新兴大国的推动和支持下，一些新的全球和区域治理平台脱颖而出并不断壮大。金砖机制已成长为最具全球影响的南南合作平台。习近平主席指出，金砖国家不是封闭的俱乐部，也不是排外的小圈子，而是守望相助的大家庭、合作共赢的好伙伴。2022年中国担任金砖轮值主席国期间，伊朗、阿根廷、阿尔及利亚、沙特阿拉伯和印度尼西亚等国先后提出加入意愿，显示出金砖机制的全球吸引力、感召力和影响力越来越大，开放包容、合作共赢的金砖精神正不断为全球治理注入新动力和正能量。上海合作组织也蓬勃发展，2022年的撒马尔罕峰会期间，伊朗成为上合组织第9个正式成员国，白俄罗斯入会程序正式启动，埃及、沙特、卡塔尔、巴林、马尔代夫、阿联酋、科威特、缅甸获批成为新的对话伙伴，土耳其总统埃尔多安也表示希望从上合对话伙伴国转为正式成员国，上合大家庭不断壮大，已成为促进世界和平与发展、维护国际公平正义的重要力量。此外，非洲自贸区建设稳步推进，拉美和加勒比共同体经历数年停滞后重新成为地区一体化的主要推动力量，东盟峰会、阿盟峰会相继举行，更加团结、包容、务实的区域治理合作正成为全球治理的有益补充。

三、"中间地带"抱团取暖谋出路

在小圈子与大冲突不断撕裂多边治理机制、加大全球治理赤字的动荡时局下，身处大国博弈和不结盟运动之间的一批中等实力的发展中国家纷纷抱团取暖，构成国际权力体系中的中间地带，力争以更加团结、灵活、自主的方式在困局中谋发展，在变局中图自强。

（一）中等国家联合自强意识上升

百年变局、世纪疫情和乌克兰危机的交织跌宕令广大发展中国家尤其中等强国感受到前所未有的发展危机。在非洲，粮食危机、安全危机、健康危机和气候变化危机空前加剧；[1] 在拉美，

---

[1] "Speech By H. E. Moussa Faki Mahamat Chairperson of the African Union Commission on the Occasion of the 4th Coordination Meeting Between the African Union, Regional Economic Communities/Regional Mechanisms And Member States," https：//au.int/en/speeches/20220717/speech - he - moussa - faki - mahamat - chairperson - african - union - commission.

政局动荡、经济低迷和社会冲突并没有因各国政坛集体"左转"而有所缓解;在中东,内乱冲突、经济困顿、贫富分化等问题构成严峻挑战;[①]亚太则成为大国博弈的前沿,域外霸权势力的介入干扰和破坏了地区国家追求和平、稳定和发展的努力。与此同时,一批中等实力的发展中国家对全球秩序乱象越来越感到焦虑和不安,日益认识到搭乘全球治理的顺风车、坐享全球化与和平发展红利的时代一去不复返了,纷纷以更加积极、进取的姿态在全球舞台发声。

团结协作成为共识。近年来,特别是乌克兰危机爆发以来,面对世界滑入大国对抗甚至"新冷战"的危险,处于中间地带的一批发展中国家和新兴经济体愈加认识到,必须通过更一致的声音、更团结的行动和更深入的合作,才能在大变局中实现稳定发展。一方面,各国普遍主张在地区层面加强团结。第35届非盟峰会重点讨论建设非洲自贸区,[②]阿联酋、阿曼等海湾国家积极推动叙利亚重返阿盟,[③]哥伦比亚、智利等拉美新上台左翼总统提出成立"太平洋左翼联盟"主张……[④]这些行动皆旨在通过加强一体化合作来协调政策、整合市场,从而作为一个整体增强在纷繁复杂国际变局中的影响力和竞争力。另一方面,发展中国家在多边层面也越来越主张协同一致,对全球治理体系改革发出"属于第三世界"的声音。非盟轮值主席、塞内加尔总统萨勒在

---

① 《中国倡议为中东发展与安全提供新路径》,http://www.chinaarabcf.org/chn/zagx/sssb/202205/t20220516_10686367.htm。

② "Opening of the 35th Ordinary Session of the AU Assembly," https://au.int/en/newsevents/20220205/opening-35th-ordinary-session-au-assembly.

③ 孙琪:《叙利亚"回归"阿盟路难行》,http://www.news.cn/globe/2022-03/03/c_1310483042.htm。

④ Priscila Celedón, "Análisis: ¿Petro y Boric podrán cimentar una nueva izquierda latinoamericana?" https://www.elespectador.com/mundo/america/analisis-petro-y-boric-podran-cimentar-una-nueva-izquierda-latinoamericana/.

联大一般性辩论中,代表所有55个非盟成员国呼吁建立"更公平、更包容、更适应时代"的全球治理体系。拉美和加勒比国家共同体轮值主席、阿根廷总统费尔南德斯则发出疫苗公平分配、建立疫苗研发和生产共同体的呼吁。[1] 由墨西哥、印度尼西亚、韩国、土耳其、澳大利亚组成的中等强国合作体集体发挥地区强国影响力,依托 G20 平台就联合国改革、减贫、疫苗合作等议题发出一致声音。[2]

自立自强心态上扬。在当前国际政治日趋集团化、对抗化背景下,一批中等强国正成为各大国际力量重视和团结的对象。他们也有意充分把握这一契机,以更加灵活、独立、自主的方式开展平衡外交,主动塑造更好的外部环境。一方面,在与大国交往中展现出更强的独立自主性。沙特顶住美国的警告和威胁,坚决推动"欧佩克+"减产;墨西哥则因美国在美洲峰会上拒绝邀请古巴、委内瑞拉、尼加拉瓜三个左翼国家而带头向美发难,拒绝参会。另一方面,普遍主张多元外交,不愿在大国博弈中选边站队。乌克兰危机爆发后,多达25个非洲国家在联合国就是否谴责俄罗斯投了弃权票,南非总统拉马福萨表示"非洲不应被要求在乌克兰危机中选边站队"。[3] 东盟十国领导人虽赴美参加

---

[1] "Palabras del presidente de la Nación, Alberto Fernández, en la sesiónplenaria CELAC – UE, desde Centro Cultural Kirchner (CCK)," https://www.casarosada.gob.ar/informacion/discursos/49275 – palabras – del – presidente – de – la – nacion – alberto – fernandez – en – la – sesion – plenaria – celac – ue – desde – centro – cultural – kirchner – cck.

[2] "Joint Statement of Deputy Ministers of Health and Deputy Ministers of Foreign Affairs of MIKTA Countries," http://mikta.org/document/joint – statement – of – deputy – ministers – of – health – and – deputy – ministers – of – foreign – affairs – of – mikta – countries – 08 – september – 2022/.

[3] Stephen Phiri, "Africa Should Not Be Pressured into Picking Sides in the Ukraine – Russia War," https://panafricanreview.rw/africa – should – not – be – pressured – into – picking – sides – in – the – ukraine – russia – war/.

美国—东盟特别峰会，但涉华表态谨慎，柬埔寨首相洪森明确表示"柬埔寨不会在美中之间选边站队"。① 在拉美，哥伦比亚总统佩特罗在主张以平等姿态发展对美关系的同时，提出"欧亚并重"外交方针，主张扩大对欧盟、中国、日本等国经贸往来。② 智利总统博里奇则提出"既不能依赖美国，也不完全寄望中国"，③ 表明在大国博弈中保持超然态度的立场。

（二）"中间地带"积极参与全球治理

广大发展中国家尤其一批中等实力的新兴经济体在全球治理体系中的地位和作用不断上升，参与全球治理的意愿和能力进一步增强，正在这个大变局、大动荡、大变革时代扮演越来越重要的角色。

世界经济的主要引领者。近年来，尽管受到新冠病毒感染疫情和乌克兰危机等因素冲击，新兴市场与发展中国家始终保持了高于发达经济体的增长速度。2022年10月，IMF世界经济展望数据库统计显示，发展中国家和新兴经济体2022年经济增速有望达到3.7%，好于发达经济体2.4%的平均水平。④ 发展中国家和新兴经济体在世界经济中的地位不断上升，据IMF估算，截至2022年底，新兴市场与发展中国家按购买力平价计算的经济总量占全球经济比重已达58.8%，显示其正为世界经济复苏发挥不可替代的推动作用，甚至引领作用。

---

① Sochan, "PM: Neutral in US – China ties," https://www.phnompenhpost.com/national-politics/pm-neutral-us-china-ties.

② Gustavo Petro, Programa de Gobierno, p. 44.

③ "Boric evitaríivitomarpartidoendisputas entre China y EE. UU.," https://www.bnamericas.com/es/noticias/boric-evitaria-tomar-partido-en-disputas-entre-china-y-ee-uu.

④ World Economic Outlook: Countering the Cost-of-Living Crisis, International Monetary Fund, Washington DC, October 2022, p. 125.

地区安全的重要协调者。土耳其在乌克兰危机爆发后积极斡旋，先后促成俄乌外长伊斯坦布尔和谈、交换战俘等重大行动，为冲突降温；2022年7月还与俄罗斯、乌克兰和联合国在伊斯坦布尔共同签署乌克兰粮食出口运输协议。非盟多次呼吁并主持推进埃塞俄比亚和平进程，努力为非洲安全形势降温。中东国家也愈加重视内部安全协调，在沙特阿拉伯西部海滨城市吉达举行的"安全与发展"峰会上，与会各方一致同意"消除一切威胁地区安全与稳定的行为"。

非传统安全问题治理践行者。美欧等西方发达国家沉迷于集团对抗，日渐陷入传统安全困境，对气候变化、粮食安全、网络空间治理等非传统安全议题关注度下降，一批中等实力的新兴国家则承担起应对和治理的重任。2022年8月，非洲国家加蓬主办联合国"非洲气候周"，旨在推动非洲应对气候变化合作；11月，埃及举办第27届联合国气候变化大会，继续力推发展中国家的主张——要求发达国家给予"气候变化损害融资"。[①] 巴西、阿根廷为全球重要农产品出口国，两国农业部长频繁对话，决定加强农产品物流运输连通、扩大农村基础设施投资合作，以提高产量、应对全球粮食危机。发展中国家和新兴经济体在数字经济领域的合作也走在世界前列，智利、新西兰、新加坡创立的《数字经济伙伴关系协定》展现出极强的包容性和可拓展性，正吸引包括中国、韩国、加拿大等越来越多的国家加入。

多边机制的坚定捍卫者。在以联合国为核心的多边机制面临前所未有的分裂与挑战之际，以中等实力国家为核心的广大发展中国家纷纷表达对联合国的支持。非盟轮值主席、塞内加尔总统

---

① Catherine Early, "What Is COP27? This Year's Crucial Climate Talks, Explained," https：//chinadialogue.net/en/climate/what-is-cop27-this-years-crucial-climate-talks-explained/.

萨勒重申联合国是多边主义的基石，呼吁维护安理会权威、加快安理会改革。① 中等强国合作体发表联合声明，支持联合国"在人道主义、发展建设与和平干预中发挥核心主导作用"。② 此外，泰国作为 APEC 峰会东道主也顶住少数西方国家压力邀请俄罗斯参会，并与东盟峰会东道主柬埔寨、G20 峰会东道主印尼发表联合声明，呼吁为推动世界和平、稳定与发展加强合作，为弥补日渐加深的全球治理体系裂痕贡献了重要力量。

展望未来，广大发展中国家，特别是一批中等强国将日益从被忽视的"第三世界"走向全球治理舞台的中央。据 IMF 预测，新兴经济体和发展中国家经济总量占世界的比重将逐年增加，到 2027 年将达到 61.3%。③ 广大发展中国家凭借雄厚的人口基础、庞大的新兴市场和对重要能源资源以及物流通道不断增强的掌控力，有望进一步提高在国际多边组织和全球治理体系中的话语权和影响力，倡导以对话取代对抗、以协商取代胁迫、以结伴取代结盟、以共赢取代零和，为危机丛生的全球治理注入正能量。

四、中国新倡议践行真正多边主义

面对全球治理赤字日趋严重、全球公共产品供需严重失衡，近年来美国为维护霸权、遏制中国与俄罗斯等"战略竞争对

---

① "Stronger United Nations – African Union Partnership Vital to Tackle Increasing Terrorism, Governance Gaps, Humanitarian Plight in Africa, Speakers Tell Security Council," https：//press. un. org/en/2022/sc15058. doc. htm.

② "Joint Statement：UN ECOSOC OAS (18 May, 2022)，" http：//mikta. org/document/mikta – joint – statement – at – un – ecosoc – oas – 18 – may – 2022/.

③ International Monetary Fund, "World Economic Outlook Database, October 2022," https：//www. imf. org/en/Publications/SPROLLS/world – economic – outlook – databases# sort = %40imfdate%20descending.

手"，不仅未提供新增全球公共产品为全球治理体系改革作贡献，还不断将全球治理平台政治化、工具化和武器化，破坏已然危机重重的全球治理体系，加剧了全球治理危机。"世界各国乘坐在一条命运与共的大船上，要穿越惊涛骇浪、驶向光明未来，必须同舟共济"，[①] 历史经验表明，越是在关键时刻，世界越需要有担当的大国挺身而出，团结引领各国走出难关，共谋全人类福祉。"世界又一次站在历史的十字路口"，面对美西方国家围堵，中国负重前行，展现出非同寻常的战略定力和大国担当。

（一）坚守新型全球治理观，努力捍卫世界和平与安全

当前，全球秩序正面临日益严重的和平赤字、发展赤字、治理赤字和信任赤字挑战，全球治理理念及模式亟待完善升级。对此，中国站在全人类安全与发展的高度，不断思考应对之策。2012 年中国就明确提出，"要倡导人类命运共同体意识，在追求本国利益时兼顾他国合理关切"。党的十八大以来，以习近平同志为核心的党中央统揽全局，顺势而为，在人类命运共同体思想上认识不断深化。在随后近 10 年间，习近平主席在国际场合数十次谈及人类命运共同体思想，赋予了该思想丰富的内涵，获得国际社会广泛认同。2022 年 10 月，党的二十大报告重申，中国始终坚持维护世界和平、促进共同发展的外交政策宗旨，致力于推动构建人类命运共同体，积极参与全球治理体系改革和建设，践行共商共建共享的全球治理观，推动全球治理朝着更加公正合理的方向发展。[②]

2021 年 9 月 21 日，习近平主席出席第 76 届联合国大会一

[①] 习近平：《携手迎接挑战 合作开创未来》，在博鳌亚洲论坛 2022 年年会开幕式上的主旨演讲。

[②] 习近平：《高举中国特色社会主义伟大旗帜 为全面建设社会主义现代化国家而团结奋斗——在中国共产党第二十次全国代表大会上的报告》。

般性辩论并发表重要讲话，首次提出全球发展倡议，呼吁将全球发展推向平衡协调包容的新阶段。[①] 该倡议提出以来获得全球空前支持，不仅支持倡议的国家和国际组织增至100多个，相关支持组织如雨后春笋般涌现：在联合国平台成立的"全球发展倡议之友小组"吸纳了60多个成员，并就粮食安全问题在联大表明共同主张；国际民间减贫合作网络成立，首批已有来自17个国家和地区的相关机构加入；中国正同近40个国家和地区的150家机构共同筹建世界职业技术教育发展联盟；中国—太平洋岛国应对气候变化合作中心已经落地；中国同13个国家开展新冠疫苗联合生产，不仅已完成1000多期能力建设项目，还为发展中国家提供4万余人次培训。2022年4月，习近平主席在博鳌亚洲论坛年会上发表主旨演讲，提出全球安全倡议，包含"六大坚持"等内容，再度得到多国欢迎和支持。

（二）不断以中国新发展为世界提供新机遇

2022年以来，面对新形势，中国坚持力推高质量发展和高水平开放，以中国自身的发展为不确定的世界注入确定性。为促进经济增长，中国出台积极投资、宽松财政、灵活货币的经济政策，稳经济效果明显。在全球持续收紧流动性、世界经济信心脆弱时刻，中国的努力对稳定全球信心意义重大。与此同时，中国力推"一带一路"高质量发展，为全球增长贡献力量。截至2021年末，中国已与145个国家、32个国际组织签署200余份共建"一带一路"合作文件，涵盖投资、贸易、金融、科技、社会、人文、民生等领域；在此基础上，积极履行国际责任，深化同各方发展规划和政策的对接。在全球层面，共建"一带一

[①] 习近平：《坚定信心 共克时艰 共建更加美好的世界——在第七十六届联合国大会一般性辩论上的讲话》。

路"同联合国 2030 年可持续发展议程有效对接,形成了促进全球共同发展的政策合力。在区域层面,共建"一带一路"与"东盟互联互通总体规划"、非盟《2063 年议程》、欧盟欧亚互联互通战略等区域发展规划或合作倡议有效对接,达成促进互联互通、支持区域经济一体化进程的共识。[①]

(三) 引领示范推动解决国际热点难点问题

在气候变化方面,中国已建立起碳达峰碳中和"1+N"政策体系,制定中长期温室气体排放控制战略,推进建设全国碳排放权交易市场,编制实施国家适应气候变化战略。经初步核算,2021 年,中国单位 GDP 碳排放较 2020 年降低 3.8%,较 2005 年累计下降 50.8%;非化石能源占一次能源消费比重达到 16.6%,风电、太阳能发电总装机容量达到 6.35 亿千瓦,单位 GDP 煤炭消耗显著降低;森林覆盖率和蓄积量连续 30 年增长;全国碳排放权交易市场启动一周年,碳排放配额累计成交量 1.94 亿吨,累计成交金额 84.92 亿。截至 2022 年 7 月,中国已与 38 个发展中国家签署 43 份气候变化合作文件,与老挝、柬埔寨、塞舌尔合作建设低碳示范区,与埃塞俄比亚、巴基斯坦、萨摩亚、智利、古巴、埃及等 30 多个发展中国家开展 40 个减缓和适应气候变化项目;同时,积极开展能力建设培训,累计在华举办 45 期应对气候变化南南合作培训班,为 120 多个发展中国家培训约 2000 名气候变化领域的官员和技术人员。[②] 在抗疫合作方面,中国通过全球发展和南南合作基金等项目支持非洲国家开展抗疫工作,截至 2022 年 10 月,已向全球 120 多个国家和国际组

[①] 《"一带一路"建设成果丰硕 推动全面对外开放格局形成》,党的十八大以来经济社会发展成就系列报告之十七,中华人民共和国国家统计局,2022 年 10 月 9 日。

[②] 《中国应对气候变化的政策与行动 2022 年度报告》,中华人民共和国生态环境部,2022 年 10 月。

织提供22亿剂疫苗。在难民救助方面，中方通过各种渠道向阿富汗、南苏丹、伊拉克、乌克兰、缅甸等有关国家和难民署提供援助，为新冠病毒感染疫情下国际难民保护和人道主义事业作出积极贡献。在国际维和方面，中国近30年来共派出维和人员5万余人次，赴20多个国家和地区参加近30项联合国维和行动，是派遣维和人员最多的安理会常任理事国和联合国第二大维和摊款国，也是联合国维和行动的关键力量。

2022年6月23~24日，习近平主席主持金砖国家领导人第14次峰会，呼吁各国践行真正的多边主义，维护以联合国为核心的国际体系和以国际法为基础的国际秩序，摒弃冷战思维和集团对抗。① 2022年9月16日，习近平主席参加上合峰会，敦促各国不断加强团结合作，推动构建更加紧密的上海合作组织命运共同体。② 由于上合组织的理念深入人心，发展前景被广泛看好，目前越来越多国家申请加入上合大家庭。2022年11月15~16日，习近平主席赴印尼出席G20巴厘岛峰会，发表《共迎时代挑战 共建美好未来》重要讲话，对破解"世界怎么了、我们怎么办"这一时代课题贡献中国智慧，就抗疫、复苏、债务、贸易、数字经济、绿色转型、反腐败以及粮食、能源等重大议题提出中国方案，为不确定的世界注入确定性。③

（审定：张健）

---

① 习近平：《构建高质量伙伴关系 开启金砖合作新征程》，在金砖国家领导人第十四次会晤上的讲话。
② 习近平：《把握时代潮流 加强团结合作 共创美好未来》，在上海合作组织成员国元首理事会第二十二次会议上的讲话。
③ 习近平：《共迎时代挑战 共建美好未来》，在二十国集团领导人第十七次峰会第一阶段会议上的讲话。

第二十二章　2023 全球十大趋势[*]

回首 2022，世纪疫情反复延宕，地缘角逐卷土重来，气候危机更显紧迫，国际形势动荡不安。展望 2023，世界经济困难重重，大国博弈更趋激烈，全球性挑战有增无减，党的二十大后中国将进一步统筹发展和安全、内外兼修担当引领。

一、后疫情时代道阻且长，生物安全风险犹存

新冠病毒感染疫情已持续 3 年，全球确诊、重症和死亡病例增速总体放缓，全球战疫露出曙光。据世卫组织统计，截至 2022 年 11 月 25 日，全球累计报告确诊人数超过 6.36 亿，死亡病例 660 多万。但从每周报告新增数量来看，新冠病毒致死率和重症率已呈下降之势。世卫组织总干事谭德塞 9 月表示，全球报告死亡病例数已降至 2020 年 3 月以来的同比最低水平，战胜疫情终点在望，呼吁各国继续努力。[①] 未来，在各国疫苗接种率持续提高、社会免疫屏障不断强化、新治疗药物广泛应用、公共卫生系统不断完善等因素共同作用下，新冠病毒感染疫情对人类社

---

[*] 本章撰稿人：陈向阳、邓门佳、徐刚、李东、董春岭、巩小豪、孙建红、吕洋、李亚男、韩一元。

[①] 《世卫组织：战胜新冠疫情的"终点线"已在眼前》，https://news.un.org/zh/story/2022/09/1109351。

会的影响终将变得更加可控。在此背景下,全球多国逐步放松旅游限制。据世界旅游组织统计,截至2022年10月4日已有111个国家和地区取消针对新冠病毒感染疫情的入境限制。该组织估计,到2022年底,全球旅游业将恢复至新冠病毒大流行前水平的65%。

与此同时,其他新发、突发传染病区域暴发、跨境传染风险上升。2022年3月以来,全球多个国家和地区报告了不明原因儿童严重急性肝炎,且重症病例占比较高。7月23日,世卫组织宣布猴痘疫情构成国际关注的突发公共卫生事件,截至10月报告感染人数7万多例,包括26例死亡。此外,2022年已有29国报告霍乱疫情,而过去5年报告该疫情的国家数平均不到20个。世卫组织总干事谭德塞11月强调,气候变化正助长霍乱和登革热疫情,并加大出现具有流行和大流行可能的新病原体的风险。加拿大科学家研究指出,气候变暖可能导致北极地区的病毒接触到新的环境和宿主,增加病毒外溢风险。随着全球工业化、城市化水平提高,气候危机加剧,未来各类新发、突发传染病或进入历史高发期。

生物实验室意外引发"黑天鹅"事故的风险亦不容小觑。新冠病毒感染疫情暴发以来,全球生物实验室数量激增,个别国家和实验室打着科研名义从事高风险研究。如美国波士顿大学国家新兴传染病实验室通过将奥密克戎变种病毒的刺突蛋白与新冠病毒原始毒株相结合,创造出危害更大的新冠病毒毒株,备受国际社会诟病。

二、滞胀风险显著加大,脆弱国家处境堪忧

世界经济的滞胀特征愈发凸显,增长疲弱甚至面临二次衰退

风险，通胀压力高位徘徊。一批新兴市场和发展中国家陷入经济基本面恶化、外部融资条件收紧的困境，偿债压力持续上升，爆发大范围债务危机和社会动荡的可能性增大。

各国决策者不但面临保增长和稳物价之间的两难，而且解决方案超出经济领域。一方面，为抑制通胀，由美联储引领的全球激进加息浪潮已对经济增长前景造成沉重打击，叠加地缘政治因素持续发酵，2023年世界经济增长前景被普遍看淡。IMF、世界银行、世贸组织、联合国贸发会、经合组织等连续、同步下调预期，警告世界经济增长大幅放缓，2023年增速将显著低于2022年。而如想实现通胀受控，政策力度仍显不足，必须付出更大代价。世界银行估算，到2023年，全球货币政策利率平均水平将升至4%，要将通胀降至目标水平，各国央行可能需再将利率提高2个百分点，或导致全球GDP增速进一步放缓。另一方面，2023年全球通胀预期虽有下降，但仍保持较高水平。本轮通胀成因复杂，既是新冠病毒感染疫情期间各国"直升机撒钱"救助模式导致的后遗症，也是美国对华"脱钩断链"引发全球市场和供应链裂变的恶果，还与乌克兰危机引发的世界性能源和粮食危机密切相关。地缘政治博弈正成为影响全球增长前景和通胀水平的重要因素，单靠加息这种抑制需求的纯经济手段或能收一时之功，但乌克兰危机等地缘矛盾一旦激化，将再度阻滞关键产品的全球供应链，推升输入性通胀压力，加剧全球滞胀风险。

由于激进加息潮导致偿债成本激增、国际融资受阻，地缘对抗导致全球治理和国际政策协调缺失，广大新兴市场和发展中国家不得不面对资本大幅外流、融资成本上升、能源和粮食进口成本激增、国际收支迅速恶化的窘境，部分经济基础脆弱、正进入偿债高峰期的国家危机加速爆发，且呈现复合型特征。美联社称，全球94个国家约16亿人面临粮食、能源和金融系统至少一个方面的危机,阿富汗、阿根廷、老挝、黎巴嫩、埃及、缅甸、巴基斯坦、土耳其、津巴布韦面临最大风险。世界银行称,阿富汗、厄立特里亚、毛里塔尼亚、索马里、苏丹、塔吉克斯坦、也门7国债务与粮食危机交织。世界银行行长马尔帕斯警告,当前全球正面临第五波债务危机,世界经济应为可能出现的债务违约潮做好准备。

诚如IMF总裁格奥尔基耶娃所言,当前世界经济正经历一场根本性转变,从一个拥有国际合作框架、低利率和低通胀、相对可预测的世界,转向一个不确定性上升、经济波动增强、地缘对抗加剧、自然灾害频发的更加脆弱的世界。

三、乌克兰危机僵持难解,俄美对抗欧盟受罪

乌克兰危机长期化趋势明显,美国极力以乌制俄,与俄罗斯展开全方位博弈,欧盟受美裹挟参与遏俄,身陷困局。

乌克兰危机陷入僵局。俄乌历经近一年战事消耗巨大,均面临上千公里冲突接触线的兵员补给等后勤保障难题,双方或转入阵地战、持久战,以时间、空间消耗对手争取获胜。俄乌各不相让,俄罗斯以部分动员征召30万大军充实前线、乌东四地转入战时状态等举措全力蓄势备战;乌克兰挟哈尔科夫、赫尔松等地局部反攻得手之势,继续寻求美欧加大支持,攻击俄军软肋,欲以弱搏强。美国则持续拱火援乌作战,不会让战事停歇。在未来战事胶着状态下,交战一方一旦陷入被动可能铤而走险令战局失控升级;随北约介入力度加大,不排除俄罗斯与北约偶发意外或误判局势致使冲突扩大。俄乌谈判道阻且长,各方意愿低,目标相互排斥。俄罗斯以乌东四地为红线,乌克兰则发誓夺回乌东地区及克里米亚,且将"不与普京谈判"写入法律。但随美欧政

局演变，俄罗斯与美欧关系或有限缓和展开接触，带动俄乌重启谈判。

乌克兰危机不仅是俄乌矛盾的总爆发，更是俄美博弈的全方位对决。美国将趁势保持援乌力度，以代理人战争巩固乌克兰抗俄桥头堡地位，继续消耗俄罗斯；进一步斩断俄欧合作纽带，撕裂俄欧关系强化反俄联盟，对俄罗斯全面遏制打压。面对美国主导的"混合战"和"围殴"，俄罗斯奋力自救，欲与西方打持久战、消耗战，加紧实施"东进南下"战略，拓展新的发展与外交空间，以突破美欧封锁。未来一段时期，俄美难改对峙主基调，合作回暖空间有限，双方对抗虽尚不致失控，但"混合战"复杂多变，彼此缺乏战略互信、沟通意愿、危机管控，存在对抗升级的意外风险。

在乌克兰危机中，美国威逼利诱欧盟与美利益捆绑，使欧盟在安全、经贸甚至能源上不得不更加依赖美国，欧盟战略自主让位于美国战略主导，欧盟被拖入一场看不到尽头的战争漩涡，遭受多重危机考验：经济衰退迫近，制裁俄罗斯的反噬效应持续加大，能源危机、通胀高企、资本外流、去工业化等因素动摇自身发展基础，欧盟深陷新一轮经济危机；安全困境加剧，美国主导的北约在欧洲强化战略部署，巩固集体防御，但俄罗斯作为欧盟搬不走的邻居，北约与俄罗斯对峙加剧将使欧盟时刻处于俄罗斯的安全威胁与压力之下；政治社会危机同频共振，经济困顿之下民生多艰，多重社会问题诱发不满情绪滋长，民粹主义抬头，社会动荡蔓延加剧；援乌义务沉重，欧美结成统一战线，既要提供军援，又要承担经济援助，甚至战后重建支出，欧盟不堪重负；欧盟裂痕渐显，危机下德法分歧浮出水面，匈牙利、比利时、荷兰等为自身利益各行其是，欧盟团结面临考验。

四、美国内耗党争不断，中美博弈更为复杂

2022年的中期选举被视为美国两条道路、两种哲学之争的延续，进一步加剧美国的政治极化和社会撕裂。共和党炒作拜登治下的通胀危机、能源危机、移民危机、治安危机，民主党则掀起堕胎权保卫战、民主保卫战、执政成就保卫战，两党在国会大厦暴乱事件追责、搜查并起诉特朗普、佩洛西丈夫遇袭等热点议题上相互攻讦。共和党在中期选举后赢得国会众议院，拜登在一定程度上成为"跛脚鸭"，其新的国内治理议题将备受掣肘，两党之争、府会之争致使美国内耗加剧，但民主、共和两党在加紧遏压中国这一问题上立场高度一致，故美国党争对美对华政策的影响有限。与此同时，随着2024年总统大选临近，两党内部斗争亦趋于激烈。

美国新版《国家安全战略》报告和《国防战略》等一系列战略文件框定了下阶段外交政策方向。美国视未来十年为"决定性的十年"，面临的威胁主要有中国、俄罗斯和美国自身民主遭遇挑战，而中国则是超过俄罗斯的"压倒性"挑战。美将聚焦"应对并赢得与中国的竞争"，集全政府、全社会之力与中国对抗，继续对华制裁遏压。美国将遵循"投资、结盟、竞争"的对华政策路线，通过《芯片和科学法案》《通胀削减法案》等支持国内高端制造业和科技创新；通过深化外交合作等建立更强大的盟友伙伴体系；通过加强军队建设和核威慑、实施"一体化威慑"等战略，增强以军事手段对抗中俄的能力。下阶段，美国将持续推进"印太战略"、强化美欧同盟、深化北极战略等，竭力维护在海洋、太空和网络空间的霸权。

美国新版《国防战略》明确将对华实施一体化威慑战略，

美国防部、中情局、国务院等均成立了针对中国的专门机构，国会亦在推动成立"中国大战略委员会"、拟统筹各部门对华长期竞争。中美战略博弈全方位展开，美国在科技、金融、产业链供应链等领域加强对华围堵，中美围绕台湾问题的博弈更趋激烈，加之拜登政府渲染中美意识形态对抗，中美博弈更趋复杂激烈。

五、军备竞赛升温，核扩散风险增大

1962 年美苏之间爆发的古巴导弹危机导致人类一度处在核大战的边缘，60 年后的今天，核战阴云再起。面对复杂的国际形势和普遍的安全焦虑，军备竞赛卷土重来，核扩散情势更是加剧。

受俄乌冲突影响，西方各国纷纷打算或正在大幅提高国防预算。美国参议院提出的"2023 财年国防授权法案"列出 8470 亿美元的国防开支，创历史新高。[1] 法国国防部公布的 2023 财年国防预算达到 439 亿欧元，并计划每年增加 30 亿欧元，直到年度军费达到 500 亿欧元。[2] 英国军费到 2030 年将比目前增加一倍，达到 1000 亿英镑。[3] 在亚太，日本寻求未来五年军费开支倍增。由于美欧与俄罗斯对抗加剧，中东和亚太地区主导权竞争激烈，各国涨军费、升装备、扩军队势头显著。主要大国军费普涨，反

---

[1] Katy Stech Ferek, "Senate Pushes ＄847 Billion Defense Bill to Meet China, Russia Challenges," https：//www.wsj.com/articles/senate-pushes-847-billion-defense-bill-to-meet-china-russia-challenges-11665514223.

[2] Vivienne Machi, "French 2023 Defense Budget Adds ＄3 Billion to Fund 'War Economy'," https：//www.defensenews.com/global/europe/2022/09/28/french-2023-defense-budget-adds-3-billion-to-fund-war-economy/.

[3]《英国计划到 2030 年底前将国防预算翻倍》，https：//sputniknews.cn/20220925/1044239043.html。

映的是大国军事竞争加剧、全球和地区安全形势恶化。

较之军费普涨，更令人担忧的是全球核态势危险迹象。乌克兰危机持续之下，核威胁阴云再现，俄罗斯与西方频频发出的涉核言论引发一系列连锁反应。一是拥核国持续"扩核"。瑞典斯德哥尔摩国际和平研究所发布的最新报告称，全球核武数量在历经35年的下降之后，或在未来10年重新增长。[①] 国际核裁军的黄金时代渐行渐远，世界正走向核军备重整新阶段。二是无核国趁机"求核"。乌克兰危机使部分国家在拥核问题上蠢蠢欲动，"拥核自保"或"倚核自强"的意愿更加强烈，美国盟友尤为突出。波兰总统杜达透露，波兰正与美国就参与北约核武器共享计划进行谈判。个别日本前政要、自民党高官亦鼓噪"核共享"，呼吁打破日本国内的"核禁忌"。韩国执政党呼吁美国在朝鲜半岛重新部署战术核武器的声音日渐高涨。三是核大国肆意"散核"。美国《2022年核态势审议报告》鼓吹加强与亚太盟友的延伸威慑，企图把北约"核共享"模式复制到亚太。美英澳三方借"奥库斯协议"助澳建造核潜艇更是打开了核扩散的潘多拉魔盒，美国有智库还鼓噪仿照"奥库斯协议"开展印法美核潜艇合作。美国在核扩散领域的双标引发核军备竞赛与核对抗风险，刺激核扩散，严重影响全球战略稳定。

六、亚太地缘角逐加剧，周边稳定备受考验

区内外大国为营造于己有利态势，加大战略投入，加剧地缘角逐。

[①] "Global Nuclear Arsenals Are Expected to Grow as States Continue to Modernize," https：//www.sipri.org/media/press – release/2022/global – nuclear – arsenals – are – expected – grow – states – continue – modernize – new – sipri – yearbook – out – now.

一是美日澳扩充军备。美国国防部在"2023财年国防授权法案"中为"太平洋威慑倡议"拨付61亿美元经费，用于推进关岛防御、导弹预警和跟踪能力建设。日本即将出台的新版《国家安全保障战略》将把发展反击能力作为重点，包括部署中远程巡航导弹，进一步突破"专守防卫"原则。澳大利亚将确定核潜艇建造方案，并谋划在核潜艇列装之前部署替代性战略武器。

二是美为塑造中国周边环境加紧编织多领域印太联盟网络。美国全面推进"印太战略"，强化三边、四边、多边等安全合作。美日韩军演规模扩大，针对性更强。美日澳协调安全战略，强化联合训练、情报共享和技术合作。美英澳"奥库斯协议"将合作开发高超声速和反高超声速武器等。美日澳印"四方安全对话"机制走深走实，开展海洋、太空情报共享，该框架下的多个双边关系将有实质性进展。美国强推所谓"芯片四方联盟"，试图完全控制芯片产业链供应链，强化对华封锁。美国拉拢区内外国家参加由其主导的"环太平洋-2022"军演等，连同出售军火，谋求增强盟友和伙伴国战力，提升联合作战水平。美国还加紧与相关国家就IPEF进行谈判，力争取得突破；美加强与东盟国家、太平洋岛国的经济、安全关系，地区国家面临更大的"选边站队"压力，现有地区合作受冲击。

三是英法德等区外大国加大介入力度。英国有意逐步增加在印太地区的常态化海上军事存在，同时承诺向印太地区投入5亿英镑，用于支持印度尼西亚、越南、菲律宾、柬埔寨、老挝的"绿色基建"，并与美国"印太战略"对接；法国与印度推进武器装备联合研发，加大联合演训力度和频次，推动双边军事关系发展，继续与美日澳举行联合演训；德国计划继续派遣部队参加在澳大利亚的演训，并考虑日后向该地区派遣一支舰队。

四是朝鲜半岛、台海局势严峻。对于美韩、美日韩大规模、实战性军演，朝鲜通过导弹发射、火炮射击、战机逼近等方式还以颜色。双方对峙尚无缓解迹象，2023年恐进一步升级。美国国会炮制所谓"台湾政策法案"，加大扶持"台独"势力，顽固"以台制华"，岛内"台独"势力挟洋自重，台海局势暗流涌动。

七、新兴大国各展其能，多边合作路径分野

更趋动荡复杂的国际时局下，一批新兴大国趁势而起、扩大影响。乌克兰危机爆发后，土耳其凭借横跨欧亚的特殊地缘战略地位，及其北约成员国、欧盟候选国、伊斯兰国家、中东大国等多重身份，是为数不多能同时与俄乌双方都建立信任关系的国家，成为调停冲突、左右地区局势绕不开的重要力量。面对乌克兰危机加剧全球粮食短缺的挑战，印度、巴西、阿根廷等重要产粮国作用凸显，巴西粮食产量达到2.63亿吨的历史记录，其农业部长直言巴西将在危机中担起重担。以沙特阿拉伯为代表的产油国几番增产、减产表态在全球能源市场掀起风浪，再度彰显"石油武器"威力。伊朗、埃及、尼日利亚、墨西哥、印度尼西亚等一批中等强国也都在各自地区展现出越来越大的影响力和话语权。

随着自身实力的提升，新兴大国和中等强国将动荡变局视为提升影响力、塑造外部环境的良机。一方面，拒绝选边站队，独立自主性不断增强。墨西哥不理会美国阻挠，坚持从中国采购入境口岸用扫描设备；智利总统博里奇提出"既不依赖美国，也不完全寄望中国"；沙特阿拉伯顶住美国警告，坚决推动"欧佩克+"减产协议。另一方面，各国纷纷提出雄心勃勃的对外战略主张：土耳其以2023年建国一百周年为契机，推动"进取和

人道主义"外交战略。巴西左翼总统候选人卢拉胜选后提出"重谈南共市与欧盟自贸协定""构建平等对美关系"等主张,还考虑重启停滞多年的南美洲国家联盟组织,意图重新扛起地区一体化大旗。尼日利亚愿为非洲地区提供"更稳固的安全框架",有意在调解地区冲突中发挥更重要作用。

新兴大国和中等强国崛起引领多边合作向更加多元方向发展。在全球层面,以联合国为核心的全球治理体系有望收获新的支撑。5个新当选安理会非常任理事国将于2023年1月履职,来自拉美的厄瓜多尔和来自非洲的莫桑比克将承担重任。印度接任G20轮值主席国,计划以"更具包容性和公平性的议程",为稳定世界经济、推动多边合作发挥作用。2023年金砖峰会将在南非召开,南非总统拉马福萨表示将重点讨论金砖扩容事宜,这一汇聚全球主要发展中大国的多边平台有望迎来新的大发展。

在地区层面,一体化合作将成为解决地区内部难题、寻找发展方向的良方。拉美迎来新一轮左翼群体性崛起浪潮,左翼费尔南德斯政府执政的阿根廷积极争取在2023年继续担任拉美和加勒比共同体轮值主席,推动地区国家在减贫、基建、贸易和对外政策上加强团结。非洲联盟将缓和地区冲突、争取金融援助和债务减免作为下阶段重点工作,继续呼吁推动联合国改革。东盟出台《东盟与中日韩(10+3)合作工作计划(2023—2027)》,将通过加强与中日韩合作推动产业链供应链融合升级。在次区域层面,一些手握重要资源的国家协同合作将产生全球性影响。智利、阿根廷、玻利维亚三国加紧推动建立锂矿行业生产协会,酝酿十余年的"锂欧佩克"呼之欲出,届时或将给全球锂矿生产、定价和流通格局带来巨变。

八、西方民粹极右抬头，暴恐势力浑水摸鱼

受新冠病毒感染疫情冲击和世界经济复苏乏力影响，西方国家通胀、失业、移民等经济与社会问题凸显，贫富差距进一步拉大，导致民粹主义思潮泛滥，右翼政党趁势崛起。2022年瑞典、匈牙利、意大利等国右翼政党联盟接连在大选中获胜，法国极右翼总统候选人勒庞支持率大幅提升，欧洲政治"向右转"明显加速。美国反建制、反移民运动持续发酵，右翼民粹主义政客欲借中期选举等卷土重来。

上述态势将在2023年持续发展。一是全球经济低迷与地缘政治危机叠加，加剧西方国家发展困境，民粹主义滋生土壤肥沃。美欧陷于滞胀，国内分配和社会公平问题无解。乌克兰危机充满不确定性，欧洲能源短缺和安全脆弱短期难解。二是民粹思潮与右翼政治势力相互促进，加剧西方民主危机。右翼政党靠迎合、煽动民粹主义赢得选票，但执政经验普遍不足，无力解决现实问题，只会制造更多党派恶斗、政治极化和社会撕裂。三是民粹主义对阵进步主义，加剧国际失序乱象。西方各国内部要求限制移民、反思全球化、反对文化多元的声音高涨，进一步助推经济民族主义、宗教保守主义、单边主义、排外主义等，严重影响国际多边合作与世界和平发展。四是民粹主义与网络科技深度融合，加速极端思潮传播。互联网改变了传统民意产生的过程和基础，小众、边缘化民粹诉求亦能通过网络找到支持群体，助长民粹主义极端化趋势。极右翼政党和极端团体充分利用新媒体放大社会矛盾，扭曲甚至诱导民意，为极端思想滋长蔓延创造空间。

西方民粹极右抬头造成诸多负面外溢效应，给国际暴恐势力带来可趁之机，全球恐怖主义或将呈现隐蔽扩张、多点散发的新

趋势。一是右翼政治暴力活动增多，西方本土恐怖主义威胁上升。近年来极右翼、白人至上、反政府主义频繁触发暴力恐怖活动，政治暴恐逐渐取代宗教暴恐成为西方恐袭主流，恐怖分子亦多来自本土、不隶属特定组织。未来随着西方社会极化、对立程度加深，极端政治主张和政治暴力的支持者将日益增多，本土恐袭风险随之上升。二是大国博弈冲击国际反恐合作，暴恐势力赢得喘息空间。美国新版《国家安全战略》报告将"大国竞争"置于"反恐"之前，不惜将反恐政策政治化、工具化，服务于大国竞争，严重削弱国际社会反恐合力。暴恐势力面临的军事、政治压力减轻，或将加速从战乱地区向政治动荡、经济脆弱、社会矛盾高发地区扩散。三是部分国家民生和治理问题凸显，助长暴恐势力壮大。暴恐组织利用民众不满，在社会基层广泛传播极端思想，招募信徒。部分极端组织甚至通过提供有限公共服务，填补当地政府治理赤字，向"类国家组织"转型。四是网络普及和新技术发展，拉低暴恐活动门槛。极端组织利用网络、物流获取技术和原材料，制造简易爆炸装置；利用人工智能、3D打印、无人驾驶等技术制造非传统武器；利用社交媒体、全球定位系统和加密信息服务等，实施组织动员和宣传鼓动。受极端思想蛊惑并获得技术支持的暴恐分子随机发起"独狼式恐怖袭击"，防范和打击难度增大。

此外，随着中国海外利益布局持续铺开、总量不断扩大，遭受暴恐袭击的风险升高。美西方民粹主义和保守政治势力崛起，将自身衰退和发展困境归咎于中国崛起，刻意煽动仇华、反华情绪，企图将右翼极端主义的矛头引向中国。

九、气候变化危机频发，连锁冲击更加凸显

全球变暖导致极端天气频繁发作，与气候变化相关的全球生态环境危机呈加剧之势，严重冲击各国发展与安全，与此同时全球气候行动备受挤压，前景不容乐观。

全球升温持续加剧。《联合国气候变化框架公约》第27次缔约方会议召开前夕，各大国际机构纷纷发布相关报告，强调各方采取紧急行动、减少温室气体排放的极端必要性和紧迫性。世界气象组织最新发布的《温室气体公报》显示，二氧化碳、甲烷和氧化亚氮三种主要温室气体的大气水平在2021年均创新高，其中甲烷浓度同比增幅为40年前开始系统测量以来最大值。联合国环境规划署《2022年排放差距报告》指出，国际社会无法实现《巴黎协定》的目标，尚无可靠路径将升温控制在1.5℃以内。在各方目前政策下，到21世纪末，全球气温可能上升2.8℃，只有紧急采取行动才能避免气候灾难。[①]

气候变化加剧系统性风险。2022年世界多地高温纪录被打破，各类极端天气和罕见自然灾害更加频繁、猛烈。欧洲、美国西部、非洲等多个地区遭遇严重干旱，巴基斯坦和澳大利亚发生严重洪灾。未来随气候变化加剧，全球季节性降雨和温度模式异常现象会更加频繁，极端天气的频度和烈度也会更高，不仅扰乱全球能源供应，大幅加剧粮食不安全状况，还将严重威胁人类生存与发展，尤其是对最脆弱群体而言。如非洲之角连续四个雨季缺雨干旱，目前第五个雨季情况亦不乐观，正处于人道主义灾难

---

① 《2022年排放差距报告》，https：//www.unep.org/zh－hans/resources/2022nianpaifangchajubaogao。

边缘，数千万人面临饥饿风险，索马里部分地区或将出现饥荒。英国权威医学刊物《柳叶刀》载文称，过去20余年，全球与高温有关的死亡人数增加了2/3，对化石燃料的持续依赖还将继续增加传染病流行以及与高温相关疾病的风险。[1] 此外，尽管气候变化与地区冲突之间没有直接联系，但日益频发的气候灾难无疑将加剧争夺资源的地区冲突。加蓬外交部长穆萨在参加安理会辩论时警告，未来的战争可能不再是为了争夺石油和黄金，而是为了获取水和粮食。[2]

全球气候行动严重不足。当前通货膨胀、乌克兰危机等正在分散各国政府的注意力。一些欧美国家气候与能源政策开倒车，重新诉诸化石能源以求度过危机，以至损害全球气候行动的连贯性、一致性。联合国贸发会议报告指出，2022年1~9月，气候变化减缓和气候适应部门宣布的新项目分别减少了7%和12%，同期采矿业的跨境合并和收购额则增长了6倍。在全球投资低迷的背景下，未来用于减缓气候变化的跨境投资恐进一步减少。[3]

十、党的二十大后中国再出发，发展安全统筹前进

党的二十大是在全党全国各族人民迈上全面建设社会主义现代化国家新征程、向第二个百年奋斗目标进军的关键时刻召

---

[1] 《COP27：〈柳叶刀倒计时〉报告称气候变化威胁全球人口健康》，https://www.bbc.com/zhongwen/simp/science-63413912。
[2] 《非洲：气候紧急情况对和平与安全构成危险》，https://news.un.org/zh/story/2022/10/1111372。
[3] 《贸发会议：在全球危机中，气候投资减少》，https://news.un.org/zh/story/2022/10/1111842。

开的一次十分重要的大会，习近平总书记作的大会报告深刻分析国际国内形势，吹响了以中国式现代化全面推进中华民族伟大复兴的进军号角。党的二十大报告首次专章论述国家安全，彰显国家安全工作在新时代党和国家事业全局中的重要地位。党的二十大报告首次明确提出"以新安全格局保障新发展格局"，[①] 彰显新征程上党中央统筹发展和安全、统筹构建"两个格局"的大战略。

当前，世界百年未有之大变局加速演进，新一轮科技革命和产业变革深入发展，国际力量对比深刻调整，中国发展面临新的战略机遇。同时，世纪疫情影响深远，逆全球化思潮抬头，单边主义、保护主义明显上升，世界经济复苏乏力，局部冲突和动荡频发，全球性问题加剧，和平赤字、发展赤字、安全赤字、治理赤字加重，世界进入新的动荡变革期。在此背景下，中国发展进入战略机遇和风险挑战并存、不确定难预料因素增多的时期，各种"黑天鹅""灰犀牛"事件随时可能发生。必须增强忧患意识，坚持底线思维，做到居安思危、未雨绸缪，准备经受风高浪急甚至惊涛骇浪的重大考验。必须发扬斗争精神，知难而进、迎难而上，统筹发展和安全，全力战胜前进道路上各种困难和挑战，依靠顽强斗争打开事业发展新天地。

党的二十大报告指出，国家安全是民族复兴的根基，社会稳定是国家强盛的前提。必须坚定不移贯彻总体国家安全观，把维护国家安全贯穿党和国家工作各方面全过程，确保国家安全和社会稳定。我们要坚持以人民安全为宗旨、以政治安全为根本、以经济安全为基础、以军事科技文化社会安全为保障、以促进国际

[①] 习近平：《高举中国特色社会主义伟大旗帜 为全面建设社会主义现代化国家而团结奋斗——在中国共产党第二十次全国代表大会上的报告》。

安全为依托，统筹外部安全和内部安全、国土安全和国民安全、传统安全和非传统安全、自身安全和共同安全，统筹维护和塑造国家安全，夯实国家安全和社会稳定基层基础，完善参与全球安全治理机制，建设更高水平的平安中国，以新安全格局保障新发展格局。报告还就"推进国家安全体系和能力现代化"作出战略部署，包括健全国家安全体系、增强维护国家安全能力、提高公共安全治理水平、完善社会治理体系。

统筹发展和安全源自总体国家安全观，既是新时代党治国理政成就卓著的一条重要经验和一个重要法宝，也是新时代的一个鲜明特征。党的十九届五中全会首次将统筹发展和安全纳入"十四五"时期经济社会发展的指导思想，党的二十大报告多次提到统筹发展和安全，表明其已成为新时代党治国理政的重大原则。统筹发展和安全也是党中央统筹国内国际两个大局的新方略，不仅对内，而且对外，既要加快构建新发展格局和新安全格局、实现高质量发展与高水平安全的动态平衡，又要推进全球发展倡议和全球安全倡议、统筹引领全球发展和安全。

党的二十大报告再次强调加快构建"以国内大循环为主体、国内国际双循环相互促进"的新发展格局，并明确提出"以新安全格局保障新发展格局"，加快构建新安全格局被进一步提上议事日程。国家安全的分析维度比发展更多，借鉴新发展格局的表述及其"双循环"特征，可以将新安全格局表述为"以国内安全稳定为优先、国内与国际安全良性互动、传统与非传统安全有力统筹"，其特征是"双统筹"（统筹国内与国际安全、统筹传统与非传统安全）。

面对世界进入紊乱失序的动荡变革期，新征程上中国将全面贯彻党的二十大精神，高效统筹发展和安全，统筹构建"两个格局"、以新安全格局保障新发展格局，统筹推进"两个倡议"、以全球安全倡议保障全球发展倡议,内外兼修、趋利避害、稳中求进,以中国式现代化全面推进中华民族伟大复兴和推动构建人类命运共同体。

(审定:傅小强)